PLATON MEISTERDIALOGE

MEISTERWERKE
DER ANTIKE

PLATON
MEISTERDIALOGE

PHAIDON SYMPOSION
PHAIDROS

Eingeleitet von Olof Gigon

Übertragen von Rudolf Rufener

INHALTSVERZEICHNIS

EINLEITUNG

I

Seitdem es den Tod gibt, gibt es auch Bemühungen, sich selbst und den andern Menschen über ihn hinwegzuhelfen. Zuversichtliche Zeiten hoffen auf ein jenseitiges Leben, in welchem die höchsten Wünsche und die eigentliche Bestimmung des Menschen sich erfüllen können, wenn man sich schicklich darauf vorbereitet. Weniger zuversichtliche Zeiten rechnen damit, daß immerhin die Erinnerung an ein bedeutendes Dasein bei den später Geborenen erhalten bleibt oder gar unzerstörbar die Jahrhunderte überdauert. Wieder andere Zeiten sind es zufrieden, wenn die Mühsal des irdischen Lebens endlich ein Ende nimmt und man zur Ruhe gehen darf. Welche dieser Tröstungen recht hat, vermag keine von den verschiedenen Epochen mit völliger Sicherheit zu wissen. Aber jede versucht, wie sie kann, mit dem Tode fertig zu werden.

Und als nun im Jahre 399 v. Chr. in Athen Sokrates, der Sohn des Sophroniskos, im Alter von etwa siebzig Jahren sterben mußte, da werden sich wohl alle seine Freunde und Verwandten zunächst bemüht haben, Trost und Hilfe aus eben jenen Gedanken zu schöpfen, die den Griechen längst vertraut waren und seit Jahrhunderten für solche Situationen zur Verfügung standen.

Allein, Sokrates war kein Mensch wie die anderen, und auch sein Tod kam nicht so, wie der Tod der meisten zu kommen pflegte. Er war ein Philosoph, und wenn man dieses sein Philosophentum ernst nahm, so hieß dies, daß ihm mit den traditionellen Beruhigungen und Hoffnungen nicht beizukommen war. Schon die ersten, die – wenige Generationen vor Sokrates – sich als die Vertreter »der Philosophie«, einer bis dahin ganz unbekannten und von Grund auf paradoxen Sache, empfanden, wußten, daß neben allen andern Dingen auch ihr Verhältnis zu Leben und Tod ein anderes war als dasjenige der gemeinen Menge. Mochten sie den Rätseln der Natur nachgehen oder ein System des Alls zu konstruieren suchen oder gar endgültige Maßstäbe des Guten und Schlechten aufstellen, immer stand ihnen fest, daß die Wahrheit anderswo zu finden sei, als die Leute glaubten. Dann war aber auch der Tod nicht das, wofür man ihn gemeinhin hielt, und dessen hatte sich der Philosoph für seinen eigenen Tod bewußt zu sein, wenn anders er wirklich Philosoph heißen wollte.

Dazu kam, daß man den Tod des Sokrates beinahe einen frei gewählten nennen mußte, zum mindesten einen durch seltsame Leichtfertigkeit, so schien es, heraufbeschworenen; denn es war bekannt, daß es vermutlich gar nicht zu einem Todesurteil gekommen wäre, wenn Sokrates die Richter nicht derart herausgefordert hätte. Als Philosoph wußte er aber wohl, was er tat, und in diesem Falle war es schließlich nicht so sehr die Sache der Freunde, Trost für denjenigen zu suchen, der sterben sollte, als vielmehr die Sache des Sokrates, vor den Freunden Rechenschaft abzulegen über die Gründe, die ihn so befremdlich todesbereit machten. Diese Rechenschaft konnte den Überlebenden als Mahnung und Vorbild dienen. So hat Platon seinen »Phaidon« geschrieben als Belehrung darüber, wie der Philosoph stirbt und das Sterben liebt.

Unzweifelhaft hat der »Phaidon« um dieses seines Gegenstandes willen unter allen Dialogen Platons einen Platz für sich. Denn keiner verknüpft so wie er die altertümlichsten Traditionen mit ganz persönlichem Philosophieren und rückt vor die allgemein-menschliche Erfahrung ein einmaliges Ereignis. Das Sterben geht jeden Menschen an, und zugleich ist es eine elementare Vorstellung, daß in der Art des Sterbens das gesamte vergangene Leben des einzelnen Menschen repräsentativ dargestellt wird; in seinen letzten Worten und Gesten zeigt er, was er eigentlich ist. Sagen wir es ganz pedantisch: Ein Bericht über den Tod eines Mannes wie Sokrates wird von vornherein drei Elemente enthalten, eine Auseinandersetzung mit den Traditionen, die in diesem Bereich so stark sind wie nirgendwo sonst, ferner eine Beispielhaftigkeit, die den spätern Leser unmittelbar angreifen soll, und endlich eine Zusammenfassung dessen, was Sokrates letzten Endes gewesen ist. Der »Phaidon« führt wie kein anderer Dialog in den Mittelpunkt des sokratischen Wesens und zeigt zugleich Sokrates in derjenigen Situation, die als einzige ihm mit allen Menschen vor ihm und nach ihm grundlegend gemeinsam ist.

Wir dürfen noch um einen Grad pedantischer werden und feststellen, daß im Leben des Sokrates offensichtlich kein Ereignis so reich war an gedanklichen wie an dramatischen Perspektiven wie eben der Augenblick des Todes. Wir werden zu verfolgen haben, wie Platon als Philosoph und Dichter diese Perspektiven zur Geltung gebracht hat. Aber eine Vorfrage drängt sich noch auf: Sollte er unter allen Sokratikern, von denen wir wissen (und gerade der »Phaidon« selbst zählt ihrer eine ganze Menge auf), der einzige gewesen sein, der den Tod seines Meisters zu einem philosophischen Werk gestaltet hat? Unserm natürlichen Empfinden nach werden wir es als unwahrscheinlich bezeichnen. Konkret wissen wir indessen fast nichts darüber. Sokratische Bücher, die dem »Phaidon« parallel liefen, lassen sich nur noch in winzigen Spuren erschließen. Es wird wohl so sein, daß sie sich neben Platons unvergleichlichem Gemälde nicht zu behaupten vermochten und frühzeitig untergegangen sind. Was geblieben ist, sind eine Handvoll Einzelheiten anekdotischer Natur und einige Anspielungen in den sokratischen Schriften Xenophons.

Eine allgemeinere Erwägung schließt sich an. Mag auch Sokrates nahezu der einzige antike Philosoph von Rang gewesen sein, der im Zusammenstoß mit den antiphilosophischen Mächten des Staates unterging, so sind doch auch alle andern Philosophen einmal gestorben; und wenn auch die Umstände ihres Todes nur gelegentlich eine gewisse äußere Bedeutsamkeit besaßen, so hatten sie doch mit dem Tode des Sokrates immer dies gemein, daß sie eine Bewährung des Philosophen darstellten und seine eigentliche Natur offenbarten. Wir dürfen uns also fragen, wie weit es in der Antike Bücher gegeben hat, die den Tod anderer Philosophen in ähnlicher Weise schilderten wie Platon den Tod seines Sokrates.

Auch diese Frage ist nicht befriedigend zu beantworten, freilich vor allem deshalb, weil die moderne Philosophiehistorie sich noch merkwürdig wenig mit ihr beschäftigt hat. So beschränken wir uns hier auf den Hinweis, daß allem Anscheine nach recht viel Derartiges existiert hat. Wir besitzen die Reste von (möglicherweise ausführlichen) Erzählungen über die letzten Lebensaugenblicke Platons selbst, dann des Aristoteles, Theophrast und anderer.

Sehr merkwürdig muß, um nur dies zu erwähnen, die teilweise phantastisch bunte, aber auch großartige Geschichte gewesen sein, die Herakleides, ein Schüler Platons, über das Ende des sizilischen Philosophen Empedokles verfaßt hat; die kläglichen Fragmente, die wir besitzen, haben Hölderlin das Substrat zu seiner Empedokles-Dichtung geliefert.

Direkt gewirkt hat Platons »Phaidon« auf einige Werke, in denen (anders als bei ihm) es weniger auf die Persönlichkeit dessen ankam, der den Tod erlitt, als auf die Philosophen, die sich über den Tod eines ihnen nahestehenden Menschen Gedanken machten. Vor allem ist ein Dialog des Aristoteles zu nennen: In einem Bürgerkrieg in Syrakus fiel im Jahre 354 v.Chr. nicht nur Platons großer Freund und Gönner Dion, sondern auch ein gewisser Eudemos von Kypros, ein Freund des Aristoteles. Der Philosoph hat diesen Tod zum Ausgangspunkt eines Dialogs gemacht, den er »Eudemos« nannte und bewußt als Gegenstück zum »Phaidon« schrieb. Die Unsterblichkeit der Seele wurde da auf mannigfache Arten bewiesen, der Tod als die Rückkehr des Geistes in seine wahre Heimat aufgefaßt, und das Ganze schloß (wenn wir die Fragmente richtig deuten) mit einem Mythos, in welchem ähnlich wie im »Phaidon« die neuesten weltgeographischen Erkenntnisse sich vermischten mit märchenhaften Bildern von fernab gelegenen Regionen der Seligen.

Viel zu wenig wissen wir leider von einem Dialoge Theophrasts, der von dem düsteren Schicksal des Kallisthenes ausging; dieser war ein leiblicher Neffe des Aristoteles und begleitete als gelehrter und gewandter Historiker den König Alexander auf dessen Feldzug nach Asien; er konnte es indessen nicht unterlassen, abfällige Bemerkungen über die immer exaltierteren Huldigungen zu machen, die Alexander von seinen Untertanen forderte, und geriet schließlich in den Verdacht, von einer Verschwörung gegen Alexander gewußt zu haben, und wurde hingerichtet. In seinem »Kallisthenes« scheint Theophrast den Tod dieses Mannes teilweise mit dem Tode des Sokrates in Parallele gesetzt zu haben.

Berühmt war sodann eine etwas jüngere Schrift, die der Akademiker Krantor (um 280 v.Chr.) für einen Freund zum Trost in einem Todesfall verfaßt hat. Sie war kein Dialog mehr, sondern ein erbaulicher Traktat, in welchem versucht war, die bedeutendsten Gedanken des platonischen »Phaidon« und des aristotelischen »Eudemos« in einer Synthese zusammenzufassen. In dieselbe Zeit gehört ein sonderbares Werk des Hegesias, eines Enkelschülers des Sokratikers Aristippos (der uns auch in einer Stelle des »Phaidon« begegnet). In ihm trat ein Mann auf, der entschlossen war, durch Aushungerung seinem Leben freiwillig ein Ende zu bereiten; die Freunde greifen ein und suchen ihn zurückzuhalten, doch vergebens; er zählt ihnen den ganzen Jammer des menschlichen Daseins so drastisch auf, daß sie ihm zum Schlusse recht geben müssen. Das Buch soll in Ägypten, wo es erschien, so viele Selbstmorde veranlaßt haben, daß König Ptolemaios (so wird uns erzählt) Hegesias die öffentliche Verbreitung seiner Lehren untersagte.

Wir erwähnen noch zwei römische Autoren, von denen wenigstens der eine zeitweilig unter stärkstem Einfluß des »Phaidon« gestanden hat. Es ist Cicero. Schon im Rahmengespräch eines seiner frühesten philosophischen Werke, der sechs Bücher »Über den Staat«, werden Gedanken des »Phaidon« abgewandelt, und als später, im Jahre 45 v. Chr., unerwartet seine Tochter Tullia starb, an der er sehr gehangen hatte, verfaßte er eine Trostschrift an sich selbst, in die, vermittelt durch Krantor, Elemente des »Phaidon« wie des aristotelischen »Eudemos« in breitem Strome eingeflossen sind. Wir besitzen freilich nur wenige Fragmente, doch ist ein guter Teil der Substanz des Buches von Cicero in das wenig später verfaßte erste Buch der »Gespräche in Tusculum« hinübergenommen worden. Da stehen wir dem Geiste des »Phaidon« so nahe wie in wenigen Texten der späteren Antike, – in jedem Falle unendlich viel näher als in der Textgruppe, die wir hier als die letzte anführen wollen, in der Trilogie der Trostschriften des Philosophen Seneca. In ihnen ist der hoffende, planvoll Beweisgründe aufbauende Ausblick auf die Unzerstörbarkeit des Geistes ersetzt durch ein

Feuerwerk weltverachtender Moralistik, das viel zu schön ist, um ernst gemeint zu sein.

Doch nun zurück zum »Phaidon« selbst.

Ehe wir aufs einzelne eintreten, werfen wir einen kurzen Blick auf die Szenerie im ganzen. Wie hat Platon den einzigartigen Gegenstand gestaltet? Die Frage ist um so berechtigter, als wir einen höchst eigentümlichen Umstand nicht vergessen dürfen. Sokrates stirbt im Jahre 399 v. Chr. Es besteht aber eine an Sicherheit grenzende Wahrscheinlichkeit, daß zwischen diesem Ereignis und der Zeit, in der Platon seinen »Phaidon« schrieb, mehrere Jahrzehnte liegen. Platon hat vermutlich erst rund zehn Jahre nach dem Tode des Sokrates überhaupt zu schreiben angefangen; und gerade in den Frühdialogen, deren Abfassung sich wiederum über eine ganze Reihe von Jahren erstreckt haben wird, ist vom Tode des Sokrates mit keinem Worte die Rede. Niemand, der etwa den »Charmides« oder »Euthydemos« liest, wird erraten können, welches Schicksal dem Manne beschieden war, den wir da so unbeschwert und weltgewandt diskutieren sehen. Erst auf der Höhe seines Schaffens hat Platon es unternommen, das Ereignis zu schildern, das ihn doch wie kein anderes ergriffen haben muß. Wir werden daraus folgern dürfen, daß es ihm, als er den »Phaidon« schrieb, nur in zweiter Linie darauf ankam, den historischen Tatbestand als solchen festzuhalten, ja noch mehr: in einer vielbehandelten Stelle scheint er uns ausdrücklich davor warnen zu wollen, den Dialog als den Bericht »eines, der dabei gewesen ist«, aufzufassen. Hier (Kap. 2, S. 109) wird uns gesagt, Platon sei beim Tode des Sokrates gar nicht anwesend gewesen. Die Gelehrten werden wahrscheinlich bis ans Ende der Zeiten darüber streiten, ob diese Mitteilung historisch zu nehmen sei oder vielmehr als wohlüberlegte Fiktion Platons zu gelten habe, der bestrebt gewesen sei, auch in diesem Dialoge wie in allen übrigen sein

Inkognito und damit seine dichterische Freiheit unbedingt festzuhalten. Wie dem auch sei, – schon die Chronologie widerspricht der Hypothese, es habe Platon beim »Phaidon« primär an der Berichterstattung gelegen. Ein anderes Moment muß im Vordergrund gestanden haben.

Welches es war, läßt sich nun gerade an der Szenerie mit ziemlicher Sicherheit ablesen. Das Rahmengespräch findet, wie wir gleich vernehmen, in der altehrwürdigen nordpeloponnesischen Stadt Phleius statt. Partner sind Phaidon, ein Schüler des Sokrates, einerseits und eine Gruppe von Phleiasiern anderseits, als deren Sprecher Echekrates genannt wird. Lassen wir Phaidon für einen Augenblick beiseite, so führen uns Phleius und Echekrates in eine ganz bestimmte Richtung. Phleius ist für das 4. Jahrhundert v. Chr. eines der Zentren des Pythagoreertums und der Pythagoraslegende. Eine der berühmtesten Erzählungen von Pythagoras zeigt den Philosophen im Gespräch mit Leon, dem Fürsten von Phleius. Eine andere Geschichte läßt ihn gar in der fünften Generation von einem Bürger dieser Stadt abstammen. Aristoxenos von Tarent, ein etwas jüngerer Zeitgenosse Platons und begeisterter Pythagoreer, nennt unter den bedeutendsten Pythagoreern seiner eigenen Zeit vier Männer aus Phleius, unter ihnen unseren Echekrates.

Dazu kommt folgendes. Betrachten wir das Hauptgespräch, so fällt es sofort auf, daß von der ansehnlichen Zahl der in Kapitel 2 (S. 109 f.) genannten Personen außer dem Berichterstatter selbst nur vier wirklich in Aktion treten, zwei in einem äußeren, zwei in einem inneren Kreise: im äußern Kreise derer, die Sokrates menschlich nahestehen, ohne an seinem Philosophieren teilzuhaben, begegnen wir seiner Frau Xanthippe und seinem alten Freund Kriton; im inneren Kreise stehen zwei junge Leute aus Theben, Simmias und Kebes. Sie sind mit Sokrates zusammen die ausschließlichen Träger des philosophischen Gespräches. Warum dies? Warum läßt Platon sie allein sprechen und keinen von den Athenern, die uns (wie etwa Menexenos) aus frühern Dialogen so wohl vertraut sind, – und auch keinen von denjenigen, die neben Platon als sokratische Schriftsteller in die Literaturgeschichte eingegangen sind: Aischines, Antisthenes, Eukleides? Nun, den Hauptgrund wird man wohl in einer Bemerkung am Anfang der eigentlichen philosophischen Diskussion (S. 113 f.) sehen dürfen. Die beiden Thebaner schlagen die Brücke zu dem Tarentiner Philolaos, der nach dem Zeugnis des bereits genannten Aristoxenos einer der letzten großen Pythagoreer war, nach dem Untergang der pythagoreischen Gemeinde Süditaliens nach Griechenland floh, Lehrer der phleiasischen Pythagoreer wurde und sich auch eine Zeitlang in Theben aufhielt. Wir wissen außerdem, daß Philolaos ein Buch geschrieben hat, oder vorsichtiger gesagt: daß Theophrast, der Schüler des Aristoteles, ein Buch besessen hat, als dessen Verfasser sich Philolaos bezeichnete. Ob es wirklich von ihm stammt, brauchen wir hier nicht zu erörtern. Die erhaltenen Fragmente und Auszüge sind sehr interessant, haben indessen zum Gegenstand unseres »Phaidon« keine wahrnehmbare Beziehung. Das schließt aber nicht aus, daß Philolaos in der Tat ein hochbedeutender Pythagoreer gewesen sein muß. »Phaidon« (S. 113 f.) kann nur so verstanden werden, daß Platon beabsichtigt, bestimmte Lehren dieses Philolaos zu untersuchen. Sokrates diskutiert mit Simmias und Kebes, weil von ihnen allein vorausgesetzt werden darf, daß sie die Lehren kennen.

Formulieren wir die Dinge allgemeiner und weniger pedantisch, so werden wir sagen dürfen: Platon hat sich in dem Augenblick entschlossen, den Tod des Sokrates zum Mittelpunkt eines philosophischen Dialogs zu machen, als ihm die pythagoreische Seelenlehre nahetrat und ihm eine Möglichkeit eröffnete, das Phänomen des Todes mit seinem ursprünglichen und dauernden Anliegen, der Erkenntnis des Guten und der Idee, unmittelbar zu verknüpfen. Gewiß sind einzelne Grundgedanken des »Phaidon« schon in den frühesten Dialogen angelegt: schon der »Laches« fragt einmal, ob es nicht Situationen gebe, in denen das Sterben im höchsten Sinne besser sei als das Weiterleben. Auch anderes ließe sich anführen. Dennoch tritt im »Phaidon« ein durchaus neues Element herzu, ein pathetisches, wissendes Vertrauen auf die jenseitigen Dinge, das (um es »szenisch« auszudrücken) die Grenzen des athenischen Denkens und Wesens resolut überschreitet. Daß Sokrates sich nicht mit seinen athenischen Freunden unterhält, sondern mit den beiden Thebanern und mit ihnen gemeinsame Erinnerungen an Philolaos anruft, weist eindrucksvoll und unmißverständlich darauf hin, daß Platons Philosophieren um eine neue Dimension reicher geworden ist.

Das heißt natürlich nicht, daß diese neue Dimension, die wir wohl oder übel werden pythagoreisch nennen müssen (obschon Platon, zweifellos mit voller Absicht, diesen Namen im ganzen Dialog nirgends anführt), nun etwa in allen Dialogen nach dem »Phaidon« sichtbar würde. Es sind im Gegenteil nur wenige Stellen etwa im »Philebos« oder im »Timaios«, in welchen die Hinweise gleich deutlich sind. Das hat nicht bloß szenische Gründe (dieser Begriff im weitesten Sinne gefaßt). Dies liegt auch daran, daß eine bestimmte Anschauung von der Unsterblichkeit der Seele und von der Vorbereitung des Menschen auf seine jenseitige Existenz zu den wenigen ganz alten und anerkannten Stücken pythagoreischer Doktrin gehört. Wenn Platon daran ging, das Problem der Seele und ihrer Relation zum Körper frontal anzugreifen, war es nahezu unvermeidlich, daß er auf diese Doktrin stieß, die ja bereits im 5. Jahrhundert v. Chr. in

Empedokles einen ebenso großartigen wie einflußreichen Verkündiger erhalten hatte. Was wir oben formulierten, ist ja nicht so zu verstehen, daß Platon eines schönen Tages (etwa als er bei König Dionysios in Syrakus war, wie man in alter und neuer Zeit immer wieder gemeint hat) mit den Pythagoreern und ihren Büchern bekannt wurde, das Bedürfnis empfand, sich mit ihnen auseinanderzusetzen, und nun pythagorisierende Dialoge schrieb, den »Phaidon« oder den »Timaios«. Daß der Tod des Sokrates über Platons Leben entschieden hat, würden wir glauben, auch wenn er nie den »Phaidon« geschrieben hätte. Und daß die Frage nach dem Wesen der Seele schon im »Laches« im Hintergrund wartet, ist unverkennbar. Doch die Möglichkeit, diese Frage aus dem Tode des Sokrates hervorgehen und in die Wissenschaft von der Idee münden zu lassen, bot die pythagoreische Lehre, die im übrigen sehr frei und mit jener Nonchalance behandelt wird, die dem sokratischen Dialog Platons eigen ist.

Es ist noch ein letztes Element der Szenerie zu berühren, die Gestalt des Titelhelden und Berichterstatters Phaidon. Im Hauptgespräch tritt er nur noch einmal hervor, und zwar an der Stelle, die man im Sinne der Tragödie die Peripetie der Untersuchungen nennen könnte (S. 160): die bisherigen Versuche, die Unsterblichkeit der Seele zu beweisen, scheinen gescheitert zu sein, und wir wissen nicht, ob es noch eine letzte Möglichkeit gibt, sie zu retten. Da greift Sokrates in die nach peloponnesischer Art lang herabfallenden Haare Phaidons und scherzt leise, nicht erst morgen, sondern jetzt gleich müsse er sie abschneiden, da der Logos am Sterben sei.

Phaidon ist also ein Peloponnesier, und zwar aus der Landschaft Elis, was uns freilich Platon nirgends mitteilt, wohl aber die antike Philosophiehistorie. Wir wissen weiterhin von ihm, daß er einige sokratische Dialoge geschrieben hat, von denen uns aber nur bescheidenste Reste erhalten sind. Sie weisen auf ethisch-pädagogische Interessen und haben schwerlich philosophische Ansprüche im engern Sinne erhoben. Dennoch gilt er den Späteren als Archeget einer eigenen sokratischen Schule, der elischen. Im übrigen wird uns von ihm nur noch eine recht extravagante Geschichte berichtet (etwa aus einem Dialog des Aischines?), die demonstrieren soll, daß ein philosophisch veranlagtes Gemüt auch in der denkbar unwürdigsten Lage sich selbst zu bewahren vermag und fähig bleibt, sich von Sokrates gewinnen zu lassen.

Mit der Szenerie und den Philosophemen des Dialogs »Phaidon« haben diese Dinge schlechterdings nichts zu schaffen. Besäßen wir vom Dialog nur den Titel und dazu die antiken Notizen über den Philosophen Phaidon von Elis, es wäre unmöglich zu erraten, was der Dialog enthalten haben könnte. Was war wohl Platons Motiv, als er Phaidon zum Berichterstatter über die letzten Stunden des Sokrates machte? Mehrere Vermutungen sind denkbar. Es könnte sein, daß in den Jahren 380/70 v. Chr. persönliche Beziehungen zwischen den beiden Sokratikern bestanden und daß Platon den Dialog Phaidon als Freund hat dedizieren wollen. Man dürfte vielleicht auch annehmen, daß Phaidons eigene Dialoge (oder gar Dialoge anderer Sokratiker, in denen Phaidon auch schon vorkam) Dinge enthielten, die Platon zu seiner Darstellung anregten. Oder wir könnten uns schließlich auf die äußerst nüchterne Tatsache zurückziehen, daß Phleius auf dem Weg zwischen Athen und Elis liegt: Phleius war als Ort des Gesprächs gegeben durch den schon erwähnten pythagoreischen Einschlag der verhandelten Probleme. Da lag es nahe, den Eleer gleich nach dem Tode des Sokrates auf der Rückkehr in seine Heimat durch Phleius reisen und bei dem Anlaß über die Ereignisse in Athen berichten zu lassen.

Welche dieser Hypothesen zutrifft, werden wir schwerlich je erfahren. Zum Glück kommt auf sie auch nicht so viel an. Wichtig ist nur die methodische Regel, die auch der nicht-philologische Leser gelegentlich beachten sollte: Es kommt nicht bloß darauf an, wie ein Dialog wie der »Phaidon« auf uns wirkt – es kommt auch darauf an, wie er nach der Absicht seines Schöpfers auf die Leser wirken soll, was bedeutet: weshalb Platon ihn gerade so und nicht anders gestaltet hat.

2

Der Dialog beginnt mit einem Vorspiel, das den äußeren Rahmen des Hauptgesprächs skizziert (S. 107–111). Echekrates erkundigt sich bei Phaidon nach den näheren Umständen des Todes des Sokrates. Die allgemeinsten Tatsachen und insbesondere der gesamte Verlauf des Prozesses von der Klageerhebung bis zum Urteil gelten als bekannt. Davon ist nicht weiter die Rede. Dagegen muß Phaidon mit einer gewissen Umständlichkeit erklären, weshalb zwischen dem Urteil und der Hinrichtung eine so lange Zeit verstrichen ist (S. 107f.). Mag sein, daß Platon eine solche Erklärung den nicht-athenischen Lesern des Dialogs schuldig zu sein glaubte oder daß ein geheimer Zusammenhang zwischen dem Tod des Sokrates und dem Kult des delischen Apollon angedeutet werden soll. Sicher ist, daß schon diese Umständlichkeit dazu dient, jene Atmosphäre der Ruhe und Gelassenheit zu schaffen, die dann den ganzen Dialog beherrschen wird.

Es folgt ein erstes Bild des Sokrates, getragen von dem bei Platon wie bei Aristoteles immer wieder beziehungsreichen Begriff der »Eudaimonia« (S. 109); Heiterkeit und Schmerz mischen sich in unbegreiflicher Weise. Dann treten wir in die Liste der Anwesenden ein, die auch diejenigen berücksichtigt, die anwesend hätten sein sollen. Das Einzelne können wir hier nicht analysieren. Viele Figuren sind uns aus andern Dialogen wohlbekannt, so gleich etwa Apollodoros, der der Berichterstatter des »Symposion« ist. Ist die Liste als Ganzes historisch zu nehmen? Schon in der Antike ist gelegentlich daran gezweifelt und behauptet worden, Platon habe aus reiner Bosheit erfunden, daß Aristippos dem Sokrates an dessen Todestag ferngeblieben sei. Wir können dies heute nicht mehr kontrollieren und müssen die Möglichkeit offen lassen, daß die Reihe der Namen mit einer bestimmten Absicht zusammengestellt ist, die wir nicht zu fassen vermögen. Überhaupt nicht genannt sind beispielsweise Phaidros oder die aus dem »Staat« bekannten Brüder Platons oder auf der andern Seite Xenophon.

Mit der Frage, was an jenem Tage geredet worden sei (S. 110), beginnt die eigentliche Erzählung. In einfachen ergreifenden Worten wird der Anbruch des schicksalsschweren Morgens geschildert. Die ersten, die bei Sokrates sind, sind, wie sich schickt, die Gattin und der kleine Sohn. Auf ihre Verzweiflung fällt kein ernstlicher Tadel sowenig wie später auf die ahnungslose Besorgnis des alten Kriton (S. 116f., 203ff.). Beide repräsentieren die Welt der einfachen unphilosophischen Menschlichkeit, die Achtung verdient, aber zurücktreten muß, wo die Philosophie auf den Plan tritt.

Der nächste Abschnitt (S. 111–113) führt denn auch in raschem Tempo zum philosophischen Hauptproblem. Zuerst ergreift Sokrates das Wort, und zwar mit einer völlig beiläufigen Reflexion. Aus der Situation entwickelt er eine in sich harmlose kleine Beobachtung und bricht damit sofort die düstere Stimmung. Sein Versuch, die Korrelativität von Lust und Schmerz in der Weise der äsopischen Fabel anschaulich zu machen, liefert dem Kebes das Stichwort zu einer Frage. Sokrates hat nämlich im Gefängnis einige Gedichte gemacht, einen Hymnus auf Apollon (wir erinnern uns dabei an S. 108) und einige Fabeln auf Grund von Geschichten des Äsop (daß der alte, historisch kaum mehr faßbare Fabeldichter Äsop in mehr als einer Geschichte wie eine Präfiguration des Sokrates wirkt, sei nebenbei angemerkt); diese sind offenbar schon ins Publikum gedrungen, und Euenos hat nun Kebes gefragt, in welcher Absicht Sokrates sich so plötzlich ans Dichten gemacht habe. Dieser Euenos ist eine recht sonderbare Gestalt. Er stammt aus Paros, war Sophist und Dichter (einige Fragmente sind erhalten) und tritt bei Platon nur hier und in der »Apologie« auffallend in den Vordergrund – auffallend darum, weil wir den Eindruck haben, Platon spiele in beiden Stellen auf eine bestimmte Beziehung zwischen ihm und Sokrates an, die wir nicht mehr kennen.

Sokrates beruft sich auf einen Traumbefehl, den wir in gewisser Weise als Ergänzung und Konkurrenz zu dem berühmten Spruch auffassen dürfen, den Apollon dem Chairephon erteilt hat. Denn der Befehl, die Musenkunst zu treiben, läuft genau wie die Mitteilung, Sokrates sei (paradoxerweise) der Weiseste unter den Menschen, darauf hinaus, daß Sokrates sich zum Philosophieren aufgefordert fühlt. Freilich ist er hier im »Phaidon« (S. 112) seiner Sache noch weniger sicher als in der »Apologie«, und mit derselben ängstlichen Gewissenhaftigkeit, die ihn zuallerletzt noch (S. 208) veranlaßt, Kriton an ein versprochenes Opfer zu erinnern, versucht er sich an der gewöhnlichen Musenkunst, falls nämlich der Traum diese gemeint haben könnte.

Dies ist seine Auskunft an Euenos. Doch nun biegt das Gespräch scharf ab ins Wesentliche. Dem Abschiedsgruß an Euenos fügt Sokrates die Aufforderung bei, ihm so rasch als möglich im Tode nachzufolgen; flüchtig und dennoch voll Absicht spielt er auf einen vielzitierten alten Weisheitsspruch an, den später auch Aristoteles im Dialog »Eudemos« berührt hat: »Von allem das beste für die Sterblichen ist es, nicht geboren zu sein, und wenn man geboren ist, so schnell als möglich zu den Toren des Hades zu gelangen.« Simmias ist über die Aufforderung des Sokrates mit Recht erstaunt, aber dieser fährt unbeirrt und mit einer Selbstverständlichkeit, die den Partner noch mehr verblüffen soll, fort, wer ein Philosoph sei (wir beachten, wie sehr »der Philosoph« zu einem festen Begriff geworden ist), werde ohne weiteres jener Aufforderung nachkommen, freilich ohne sich selbst Gewalt anzutun.

Damit ist das Problempaar formuliert, das die Diskussion in den Kapiteln 5–13 (S. 113–127) beherrschen wird, zwei übereinander gelagerte Paradoxa: der Philosoph wird den Tod erstreben – es ist ihm aber verboten, sich selbst den Tod zu geben.

Bevor Sokrates auf die Begründung eintritt, weist er auf Philolaos hin. Daß die beiden Thebaner bei Philolaos waren, ist ihm bekannt; und obschon sie, wie er selbst, versichern, sie wüßten nichts Näheres über seine Lehren, müssen wir doch folgern, daß das, was nun vorgetragen wird, mehr oder weniger auf ihn zurückgeht. Der Abschnitt S. 114–116 ist textlich und sachlich schwierig. Sokrates beruft sich für das zweite Paradoxon auf alte sakrale Formeln: der Mensch ist den Göttern untertan und darf das Leben nicht ohne ihren ausdrücklichen Willen verlassen. Doch damit wird, wie Kebes hervorhebt (S. 114f.), die Schwierigkeit um so größer: Wenn wir mit unserm Leben in der Gewalt, Obhut und Fürsorge der Götter stehen (der später so geläufige Begriff der göttlichen Vorsehung ist da schon ganz nahe), ist es geradezu widersinnig, durch eine Todessehnsucht dieser Fürsorge entlaufen zu wollen. In der Tat vermag Sokrates diesen Einwand nicht wirklich zu widerlegen. Denn der Gedanke, es fänden sich auch im Jenseits gute und fürsorgliche Götter (S. 116), ist keine Widerlegung: daß der Selbstmord untersagt ist, leuchtet ein. Aber was kann den Philosophen veranlassen, auch nur den Wunsch zu haben, den Göttern des Diesseits den Rücken zu kehren und diejenigen des Jenseits aufzusuchen? Und mit einer scharfen Wendung, die uns an den »Laches« zurückerinnert, erklärt Simmias (S. 115 f.), es handle sich da um keine theoretische Frage, sondern um eine solche, die Sokrates persönlich betreffe.

Sokrates sieht sich also gezwungen, seinen persönlichen Todeswillen zu rechtfertigen und damit das erste Paradoxon zu erläutern. Das geschieht in einer Darlegung, die mit Absicht und gutem Grunde zur Verteidigungsrede vor den Richtern in Parallele gesetzt wird (S. 117–127). Denn wir erhalten nun (in platonischer Sicht – die etwa von derjenigen Xenophons völlig verschieden ist) die Antwort auf die Frage, weshalb Sokrates sich vor den Richtern so provozierend selbstsicher benommen hat.

Voran steht diejenige Stelle (S. 117), die zusammen mit ihrem Gegenstück (S. 123), den in der Antike berühmtesten Gedanken des »Phaidon« enthält: »Philosophieren heißt an den Tod denken.« Für die spätantike Systematik ist dies eine der klassischen Definitionen der Philosophie überhaupt.

Die Begründung vollzieht sich in einem zuweilen fast schulmäßigem Tone (S. 118 ff.). Wir skizzieren nur die Etappen. I. Der Tod ist die radikale Trennung von Körper und Seele. II. Der Philosoph wird sich von seinem Körper, sofern dieser Träger der (animalischen) Lust ist, distanzieren, soweit dies im Leben irgend möglich ist. Dies wird von vornherein gefordert; die positive Ergänzung besteht III. darin, daß das Forschen nach der Wahrheit durch die Sinnesorgane nicht nur nicht gefördert wird, sondern vielmehr am erfolgreichsten vor sich geht, wenn der Geist durch den Körper so wenig als möglich gestört wird. Fanden wir in II eine moralistische Erwägung, die beinahe an Xenophon anklingt, so zieht Platon in III ein Theorem heran, das letzten Endes auf Parmenides, den Schöpfer der abendländischen Ontologie, zurückgeht.

Ontologie ist auch der Inhalt des zunächst anschließenden Stückes (S. 120): die in III gemeinte Wahrheit präzisiert sich als die Welt der Ideen (um dieses praktische, wenn auch mißverständliche Wort beizubehalten); gesucht wird (ethisch) das Gerechte an sich usw. und (naturphilosophisch) die Größe an sich usw. Diese höchsten Gegenstände lassen sich nur mit dem reinen Geist erfassen.

Recht merkwürdig wird das bis dahin Erreichte in einem fiktiven Gespräch der »wahren Philosophen« unter sich nochmals formuliert (S. 121 f.). Erreichbar ist das Ziel der Philosophie nur, wenn der Geist sich von allem Körperlichen frei macht und »rein« wird (der Begriff der Reinheit hat, ausgehend von dieser Stelle, im Neuplatonismus eine ungeheure Rolle gespielt). Vollkommen geschehen kann dies indessen erst nach dem Tode. Die Schlußfolgerung für den Philosophen im allgemeinen und Sokrates im besondern drängt sich auf: Wenn der Tod die Befreiung des Geistes zur klaren Erkenntnis der ewigen Wesenheiten bedeutet, so wäre es unbegreiflich, wenn der Philosoph sich vor einem solchen Tod fürchten würde. Es ergibt sich vielmehr, daß der Philosoph im Besitz zweier Tugenden ist, der Besonnenheit und Selbstzucht gegenüber dem Körper und der Tapferkeit gegenüber dem Tode. In Kap. 13 (S. 124–127) erhalten wir eine überraschend ausführliche Analyse dieser beiden Tugenden, die teilweise bis auf die Frühdialoge (»Laches«, »Charmides«, »Protagoras«) zurückweist. Es ist, als ob Platon auf dieser Stufe des Dialoges von den ontologischen Perspektiven möglichst rasch wieder zu dem praktisch-ethischen Charakter des Philosophen herabsteigen möchte.

Nun erklärt Sokrates seine Verteidigung für abgeschlossen. Die Freunde wissen nun, daß er die im Diesseits waltenden Götter ohne Furcht verläßt, weil ihn im Jenseits ebensolche Götter erwarten (S. 126 f.). In dieser Bemerkung, vgl. S. 116, liegt zweifellos auch, daß das diesseitige Leben trotz dem Gesagten nicht vollständig verwerflich ist; was der Geist will, ist nicht einfach die Zerstörung des Körpers, sondern seine Distanzierung, »soweit dies möglich ist«; diese Einschränkung kehrt im ganzen Abschnitt immer wieder. Allgemein scheint es, daß die Körperfeindlichkeit im aristotelischen »Eudemos«, den wir erwähnten, stärker ausgedrückt war als im »Phaidon«.

Wir könnten vielleicht vermuten, daß mit Kap. 13 das Gespräch zu Ende ist; Sokrates hat seine Stellung dem Tode gegenüber erläutert. In Wirklichkeit stehen wir erst an einem Anfang. Kebes greift auf Punkt I der sokratischen Verteidigung zurück und erklärt, die Formel, der Tod sei die Trennung von Körper und Seele, bedürfe dringend näherer Untersuchung. Es kann ja sein, daß die Seele bei dieser Trennung ganz zugrunde geht, genauer: daß sie sich auflöst und zerstreut in dem Augenblick, in dem sie nicht mehr durch das feste Gefäß des Körpers zusammengehalten wird (es ist die Theorie, die später vor allem Epikur vertreten hat; sie ist aber sicher älter als der »Phaidon«, wie denn Platon hier dauernd älteres Gedankengut heranzieht). Damit die Verteidigung des Sokrates Bestand hat, muß also zuvor die Unsterblichkeit der Seele bewiesen werden.

Das geschieht in dem großen Abschnitt S. 117–154.

Der erste Beweis verläuft – wiederum teilweise sonderbar schulmäßig – in Kap. 14–17 (S. 127–132). Begonnen wird mit der Anrufung einer ehrwürdigen Tradition (unbekannter Herkunft); dann aber biegen wir rasch ab in eine spekulative Gegensatzlehre. Alles Werden spielt zwischen zwei Gegensätzen, und zwar so, daß Bewegung und Gegenbewegung einander unaufhörlich ablösen. Das Kalte wird durch Erwärmung warm und das Warme durch Abkühlung wieder kalt usw. Sokrates weist dieses Gesetz im ganzen belebten und unbelebten Kosmos nach und zieht den Schluß, daß dem Sterben ein Aufleben entspricht. Zwischen Totsein und Lebendigsein wechseln die Seelen unaufhörlich hin und her. Wäre dies nicht der Fall, so wäre übrigens alles Leben schon längst in den endgültigen Tod eingegangen. Das Totsein ist also für die Seele nur die Periode zwischen zwei Zeiten des Lebendigseins.

Ging dieser erste Beweis von allgemeinsten, kosmischen Tatbeständen aus, so konzentriert sich der zweite umgekehrt auf ein Phänomen, das ausschließlich dem menschlichen Geiste zukommt (S. 132–142). Es handelt sich um die Erkenntnis der Ideen, die nur als Wiedererinnerung erklärbar ist. Kebes weiß darüber schon Bescheid, doch für Simmias wird sie kurz resümiert; Platon setzt augenscheinlich voraus, daß der Leser die umfassende Beweisführung des »Menon« schon kennt. Das Entscheidende ist dies. Der Mensch vermöchte niemals mit seinen Sinnen ähnliche und unähnliche Gegenstände zu unterscheiden, wenn er nicht von vornherein den Begriff der Ähnlichkeit besäße, also mit dem Ähnlichen an sich Bekanntschaft gemacht hätte. Denn die Sinnesdinge erweisen sich bald als ähnlich, bald als unähnlich; sie setzen ein Ähnliches voraus, das immer und überall ähnlich ist (von dieser Relation zwischen Ambivalenz und Eindeutigkeit war schon im »Laches« und »Charmides« die Rede). Anders gesagt: die Sinnesdinge in ihrer Vieldeutigkeit streben nach dem an sich Seienden, das eindeutig ist. Das Wissen von einem solchen Seienden kann der Mensch nur in einer Situation erworben haben, in der er noch nicht mit der Sinneswelt verflochten ist, also vor seiner körperlichen Geburt. Mit der Geburt geht dieses Wissen zunächst verloren (Aristoteles hat in seinem »Eudemos« aus dieser beunruhigenden Tatsache weitreichende Schlüsse gezogen), kann aber später durch die Wiedererinnerung teilweise zurückgewonnen werden.

Da erweist sich also nicht die Seele als ein dem Werden unterworfener Teil des Kosmos, sondern der Geist als Träger des Wissens von den Ideen als unsterblich. Daß dieser Beweis eine Entfaltung dessen darstellt, was schon vorher (S. 120f.) skizziert war, liegt auf der Hand. Außerdem erhalten wir mehrere Hinweise darauf, daß wir es da mit einem (so müssen wir es sagen) im Kreise Platons viel diskutierten Problemkomplex zu tun haben; man bedenke die Bemerkungen auf Seite 132, 137, 138.

Nun bemüht sich Sokrates, die beiden ersten Unsterblichkeitsbeweise miteinander zu einem Ganzen zu verknüpfen, derart, daß Präexistenz und Postexistenz der Seele gesichert erscheinen (S. 141f.). Wir haben hier nicht zu prüfen, wie weit diese Verknüpfung als organisch gelten darf.

Etwas unvermittelt hebt Sokrates in Kap. 24 von neuem an. Trotz den Beweisen mag ein Zweifel übriggeblieben sein, ob es sich mit der Seele nicht doch so verhalte, wie Kebes vermutet hatte (S. 127). Kebes bestätigt es, und Sokrates ermahnt ihn nun zunächst, jetzt und nach seinem Tode unermüdlich nach Waffen gegen diesen Zweifel zu suchen (S. 142f.). Hier wie schon vorher (Kap. 21) bricht in die ruhige Unterhaltung ein Ton verhaltener Leidenschaft ein und erinnert uns daran, daß wir uns im Abschiedsgespräch zwischen dem Meister und seinen Jüngern befinden.

Ein dritter Beweis soll nun in Angriff genommen werden, einer, der noch weiter führt als die bisherigen und noch mehr Gewißheit verschafft (S. 142–152).

Daß die Seele beim Tode sich auflöse, hatte der Einwand des Kebes (S. 127) behauptet. Die Widerlegung erfolgt Schlag auf Schlag (S. 142–145). I. Nur das Zusammengesetzte kann sich auch wieder auflösen, das Einfache nicht. II. Was ewig mit sich selbst identisch ist, ist einfach, das Wandelbare dagegen zusammengesetzt. III. Die Idee ist einfach und dem Denken zugeordnet, die Einzeldinge dagegen sind wandelbar und zusammengesetzt und gehören der Sinneswahrnehmung. IV. Nehmen wir das Sichtbare und das Unsichtbare als zwei Gattungen des Seienden, so fällt der Körper unter das Sichtbare, die Seele unter das Unsichtbare. V. Nun wird auf vorher Gesagtes (S. 119f.) zurückgegriffen und gewissermaßen empirisch konstatiert, daß die Seele im Umgang mit dem Körperlichen sich verwirrt, im Umgang mit dem ewig Seienden dagegen zur Ruhe kommt; dies kann nur bedeuten, daß sie mit dem Ewigen verwandt ist (womit Platon ein Theorem berührt, das in der griechischen Philosophie von den Vorsokratikern an immer wieder auftaucht). VI. Wo Seele und Körper verbunden sind, kommt es der Seele zu, zu herrschen, dem Körper, zu dienen. VII. Damit gelangen wir schließlich (S. 145) zum zusammenfassenden Ergebnis: Die Seele ist dem Unsichtbaren und Ewigen verwandt, also einfach und nicht zusammengesetzt, kann also ihrer Natur nach nicht sich auflösen. Bekräftigt wird das mit einem Vergleich, der an sich keine logische Bedeutung besitzt, doch einen späteren Einwand des Kebes vorbereiten soll: Wenn schon ein sichtbarer, dem Zerfall geweihter Körper noch lange bestehen kann, wie man es an den ägyptischen Mumien sieht, wieviel länger wird dann die unsichtbare, der Auflösung entzogene Seele dauern!

In den nachfolgenden Abschnitten wechselt der Ton. Aus dem theoretischen Beweisgang werden Folgerungen gezogen, teils Betrachtungen über das Jenseitsschicksal der Seele, die bis an den Rand des Mythos gelangen (S. 147–149), teils Beschreibungen der Lebensform des Philosophen (S. 149–153). Hier wie dort wirken alte Traditionen und Doktrinen kräftig nach.

Die Seele, die sich in Selbstzucht von den körperlichen Begierden freigemacht hat, gelangt nach dem Tode zu der ihr verwandten göttlichen Welt. Umgekehrt bleibt die Seele, die weder Selbstzucht übte noch die Furcht vor dem Tode überwand – die beiden schon (S. 124f.) genannten Tugenden kommen hier wieder zur Geltung –, an die irdische Region gebunden. Physikalische Vorstellungen spielen da von weitem herein zugleich mit seltsamen Erfahrungsbelegen: man habe schon solche Seelen bei Grabstätten umhergeistern sehen. Und dies ist nicht alles. Die ungereinigten Seelen werden zu neuen Einkörperungen gedrängt; die Schlemmer treten in die Körper von Eseln ein, die Tyrannen in diejenigen von Wölfen usw. Befremdlich genug wird auch von Seelen gesprochen, die zwar nicht philosophieren, aber doch zu einer gewissen bürgerlichen Tugend gelangen; ihnen entsprechen die Körper von Bienen oder Ameisen usw.

Das Ziel des philosophierenden Menschen ist damit klar (S. 149). Vier Lebensformen gibt es (noch Aristoteles berücksichtigt sie): das Leben der Lust, der Habgier, des Ehrgeizes und des Erkennens; die letzte dieser Formen hat der Philosoph zu verwirklichen. Mit einem starken, von Aristoteles in seinen Dialogen aufgenommenen Pathos erinnert Sokrates daran, daß die Philosophie allein die Seele von den Fesseln des Körpers löst. Eine ganze Reihe von bildhaften Wendungen tritt auf: die Seele ist an den Körper geklebt, in ihn eingeschlossen wie in ein vergittertes Gefängnis, wird durch die Begierden an den Körper angenagelt, die Philosophie allein vermag in der Seele die Meeresstille zu schaffen, die zur Betrachtung der ewigen Dinge befähigt.

Hier ist die Mitte des Dialogs erreicht. Wieder werden wir daran erinnert, daß Sokrates zum letzten Male mit seinen Freunden spricht. Und gerade darum muntert er sie zuversichtlich auf, ihre Einwände gegen seine Gedanken nicht zu verschweigen.

Die Einwände kommen in der Tat auch. Jeder der beiden Thebaner hat den seinigen. Sie vertreten Anschauungen, die (wie so oft) von Platon nicht für den Zusammenhang des Dialogs erdacht, sondern aus älterer Diskussion übernommen und eingepaßt sind.

Simmias beginnt (S. 154–156). Wenn wir die Seele nach 80 ab unsichtbar, unkörperlich, einfach und göttlich nennen, so passen diese Attribute auch auf die musikalische Harmonie, die doch nur der Ausdruck der richtigen Gestimmtheit eines durchaus körperlichen Musikinstrumentes ist. Man könnte also annehmen, daß die Seele nur der Ausdruck der richtigen Mischung der Stoffe ist, die den menschlichen Körper aufbauen; wird diese Mischung zerstört, hört das Leben und die Seele auf. Das ist eine Theorie, die primär medizinisch-biologisch begründet ist, doch der Anschaulichkeit halber einen Vergleich mit der Musik heranzieht. Obschon Platon sie widerlegen wird (S. 164–171), hat sie weit über Aristoteles hinunter eine sehr große Rolle gespielt.

Es folgt der Einwand des Kebes (S. 156–159). Er knüpft an das vorher (S. 146) Gesagte an. Wenn wir schon die Dauerhaftigkeit eines Körpers mit der Dauerhaftigkeit der Seele vergleichen, so könnte man sich denken, daß die Seele dem Körper gegenüber nicht absolut ewig ist, sondern nur außerordentlich viel länger besteht und nach soundso vielen Einkörperungen eben doch einmal zugrunde geht. Die Stoa scheint später eine ähnliche These vertreten zu haben.

Beiden Einwänden ist gemeinsam, daß sie die Seele aus einer metaphysischen Größe in ein biologisches Phänomen verwandeln, sei es eine Resultante bestimmter körperlicher Dispositionen, sei es ein eigenständiges Lebewesen von relativ langer, aber doch beschränkter Lebensdauer.

Eindrucksvoll wird die Wirkung der Einwände nicht nur auf die um Sokrates Versammelten, sondern auch auf die Hörer Phaidons in Phleius geschildert. Alles ist tief betroffen. Die Gewißheit über das Schicksal der Seele, die schon (S. 153) erreicht schien, ist wieder völlig entschwunden. Doch Sokrates bleibt unbeirrt. Allerdings haben die Worte, die er zunächst an die Freunde richtet, den besonderen Klang, den bereits einige frühere Stellen besaßen: es sind »letzte Worte« des sterbenden Meisters an die Jünger (S. 160–163).

Sokrates warnt eindringlich (und wir spüren, daß Platon bestimmte Richtungen seiner eigenen Zeit im Sinne hat) vor einer Disputierkunst, die die Argumente pro und kontra derart gleichmäßig gegeneinander ausspielt, daß die Beteiligten schließlich den Eindruck erhalten, man könne überhaupt nichts sicher wissen. Die Stelle gewinnt ein eigentümliches Gewicht, wenn wir uns erinnern, wie viele Frühdialoge Platons selbst gerade einen solchen Eindruck zu erwecken scheinen.

Es folgt die Widerlegung des Simmias (S. 164–170), nachdem die zwei Einwände noch einmal rekapituliert worden sind (S. 164). Wir versuchen den ziemlich komplizierten Abschnitt so einfach als möglich aufzugliedern.

An der Spitze steht die Feststellung, daß die Harmoniethese des Simmias mit der früher entwickelten Lehre von der Wiedererinnerung (S. 132–141) unvereinbar ist. Wer die eine annimmt, muß die andere verwerfen. Es folgen zwei Beweise, die einander in gewissem Sinne ergänzen. Der erste ist ethisch orientiert: Eine musikalische Harmonie ist die Resultante des Zusammenspiels ihrer Teile, kann also unmöglich mit ihren eigenen Teilen in einen Konflikt geraten. Daß die Vernunft und die Leidenschaften einander bekämpfen können, ist indessen eine Tatsache. Die Harmoniethese vermag diese Tatsache nicht zu erklären. Der zweite Beweis hat logischen Charakter: Wenn wir voraussetzen, daß die Seele eine Wesenheit und die Harmonie eine Qualität ist, so ergeben sich zwei unüberwindliche Schwierigkeiten, denn 1. besitzt eine Wesenheit Qualitäten, während eine Qualität ihrerseits nicht wieder Qualitäten haben kann; und 2. kann man von Qualitäten ein Mehr oder Weniger aussagen, was bei einer Wesenheit ausgeschlossen ist.

Ungleich umfangreicher ist die Widerlegung des Kebes (S. 171–192). Der Grund ist leicht einzusehen. Kebes hatte der Seele eine biologisch begründete und quantitativ ausdrückbare Langlebigkeit zugestanden. Gefordert wird aber eine absolute Unsterblichkeit. Diese kann nur erreicht werden, wenn die Untersuchung die Grenzen der quantitierenden Naturwissenschaft bewußt überschreitet und ontologisch wird, das heißt das »Leben« nicht als eine vorübergehende Eigenschaft, sondern als das Wesen der Seele schlechthin bestimmt. Freilich ist auch so zuzugeben, daß die Ausführungen des Sokrates (S. 172ff.) weit über ihr unmittelbares Ziel hinaus gehen. Sie enthalten eine grundsätzliche Konfrontation von Naturwissenschaft und Ontologie und eine Art von Lebensrückschau des Sokrates, wie sie der Situation des »Phaidon« wohl angemessen ist. Die modernen Interpreten haben sich schon seit sehr langer Zeit gefragt, ob und in welchem Sinne diese Lebensrückschau historisch genommen werden dürfe; heute werden wir uns eingestehen, daß diese Frage genau so wenig endgültig beantwortet werden kann wie etwa jene andere, der wir schon begegneten, ob nämlich Platon am Todestag des Sokrates wirklich krank gewesen sei oder nicht. Wir wissen nicht, wo die Faktizität aufhört und die bewußte Stilisierung des Verfassers beginnt.

In jedem Falle erhalten wir hier einen überaus wichtigen Überblick über die Leistungen der frühen Naturphilosophie unter dem allgemeinen Gesichtspunkt, wie die Früheren die

Frage nach der Ursache des Werdens und Vergehens beantwortet hätten. Der Text steht dem berühmten philosophiegeschichtlichen Abriß im ersten Buch der aristotelischen Metaphysik erstaunlich nahe.

Zuerst erfolgt die Auseinandersetzung mit denjenigen ältesten Naturphilosophen, die (aristotelisch gesprochen) lediglich die Materialursache berücksichtigt haben (S. 173–175). In Stichworten werden Beispiele aufgezählt dafür, wie sie die Ursache des Belebten im allgemeinen, des menschlichen Geistes im besonderen und endlich der kosmischen Erscheinungen bestimmt haben. Sokrates erklärt sich für völlig unbegabt in diesen Dingen und führt zum Beweis die Probleme an, deren Lösung er bei jenen alten Philosophen nicht finden kann: Wie entsteht das Wachstum? Die Biologie kann ohne weiteres eine Materialursache nennen. Doch da zieht Sokrates die Zahlenvermehrung durch Addition herein. Wie aus einer ersten Eins durch das Dazutreten einer zweiten Eins eine Zwei, also eine ganz neue Wesenheit entsteht, das vermag die auf die Materialursache beschränkte Naturphilosophie nicht zu erklären. Platon zielt evident auf eine andere Art von Ursache, jene, die Aristoteles später die Formursache genannt hat: durch sukzessive Teilnahme an mehreren Ideen (Idealzahlen) wird aus den zwei Einsen eine Zwei. Uns mutet eine solche Zusammenstellung von Biologie und Mathematik recht sonderbar an, doch gerade sie ist für die Philosophie Platons zutiefst charakteristisch.

Es folgt die Auseinandersetzung mit Anaxagoras (S. 175–177), der als einziger unter den Alten über die Materialursache hinausgekommen ist. Denn er hat neben den Seinspartikeln einen »Geist« als Ordner des Kosmos angenommen. Dieser Geist wird nun von Sokrates-Platon nicht etwa für die Formursache, sondern (was keineswegs selbstverständlich ist) für eine dritte Ursachenart, die Zweckursache, in Anspruch genommen. Wir hören eine Reihe von kosmologischen Fragen, deren Beantwortung Sokrates von Anaxagoras auf Grund der Zweckursache erwartet. Die Enttäuschung bleibt nicht aus. Anaxagoras hat es gröblich versäumt, die teleologische Welterklärung konsequent durchzuführen. Bei der ersten Gelegenheit fällt er zur Materialursache zurück.

Drastisch wird der Unterschied zwischen den beiden Erklärungsweisen erläutert (S. 176 f.). Die augenblickliche Lage des Sokrates kann physiologisch im Sinne der Materialursache oder teleologisch als Resultat eines am Guten orientierten Entschlusses interpretiert werden. Die aus den Frühdialogen wohlbekannte »Wissenschaft vom Guten« taucht hier auf. Sehr wichtig ist aber, daß die beiden Interpretationen einander keineswegs ausschließen. Wohl ist die Zweckursache die unbedingt höhere, aber die Materialursache bleibt als »conditio sine qua non« unentbehrlich.

Auffallend ist der Schluß des Kapitels 47 (S. 177 f.). Sokrates bekennt unvermittelt, daß die bis dahin diskutierten Typen von Ursachen seinem Verstand unzugänglich seien, die Zweckursache also genau so sehr wie die Materialursache. Er habe also versucht, einen anderen Weg zu gehen, und damit erhalten wir eine dritte und letzte Exposition der Ideenlehre. Die Stelle ist in jeder Hinsicht paradox. Wenn nämlich Sokrates selbst bekennen muß, daß er die Zweckursache nicht zu bewältigen vermag, so verliert seine Kritik an Anaxagoras stark an Gewicht. Und wenn er selbst die Ideenlehre als einen »Notausgang« bezeichnet, so liegt darin, daß nicht sie, sondern nur die teleologische Erklärung den Problemen des Kosmos wirklich gerecht werden könnte. Wozu dieser Vorbehalt? Hängt er damit zusammen, daß eine Teleologie unweigerlich zur Theologie werden müßte, zu einer Interpretation der Welt von Gott her, der alles ordnet, so wie es dem Guten entspricht? Und daß Platon der Theologie hier aus dem

Wege gehen will, weil er schon die Absicht hat, sie für ein anderes Gespräch, dasjenige des »Timaios«, aufzusparen?

Von der Ideenlehre soll nun die Rede sein. Wir halten uns nicht auf bei den einleitenden Bemerkungen, in denen Sokrates nicht völlig klar Begriffe (Logoi) und Dinge (Pragmata) einander gegenüberstellt und sich dann halbwegs entschuldigt, daß er einmal mehr die Ideenlehre vortrage, die ihm die Schwierigkeiten verhältnismäßig am besten zu überwinden scheine.

Nun folgt die Grundlegung mit (leicht klischeehaft wirkendem) ironischem Seitenblick auf die naturphilosophische Ursachenlehre (S. 178 f.). Alles partikuläre Schöne wird schön durch die Gegenwart des Schönen an sich, wozu hervorgehoben wird, daß die Tatsache einer solchen Gegenwart und Teilhabe feststünde, obschon über die Art der Teilhabe nichts Sicheres auszusagen sei. Mit Hilfe dieser Theorie wird das Problem der mathematischen Addition erledigt (S. 180 f.), das vorher (S. 173–175) aufgeworfen worden war, und das Folgende (S. 181 f.) unterstreicht im Anschluß an das auf S. 160–164 Gesagte, daß die Hörer sich auf die Wahrheit dieser Theorie getrost verlassen können.

Der Hauptbeweis (S. 182–192) wird durch zwei Thesen eingeleitet, in denen sich Ideenlehre und Gegensatzlehre verflechten. I. Die partikularen Dinge können sukzessive an gegensätzlichen Ideen teilhaben, doch kann eine Idee selbst niemals in ihren eigenen Gegensatz übergehen. II. Wesenheiten, die an sich keinen Gegensatz haben (die Dreizahl), können als wesentliche Eigenschaft das eine Glied eines Gegensatzpaares besitzen (die Ungradheit), niemals dagegen auch das andere Glied (die Gradheit).

Mit Kap. 54 (S. 188) beginnt die Anwendung auf die Seele. Etwas allzu rasch wird erklärt, es sei besser, nun nicht mehr von den Qualitäten (Wärme, Krankheit, Ungradheit), sondern von den entsprechenden Substanzen zu reden (Feuer, Fieber, Einheit). Doch nur so kann auf die entscheidende Frage die gewünschte Antwort erfolgen: Wodurch leben die Lebewesen? Durch die Teilhabe am Leben als Qualität, an der Seele als Substanz. Das Leben ist also genau so die wesentliche Eigenschaft der Seele wie die Wärme die des Feuers. Und wie das Feuer niemals die Eigenschaft der Kälte besitzen kann, so kann die Seele niemals die Eigenschaft des Totseins an sich haben. Also ist sie unsterblich. Damit ist der immer unzulängliche physikalische Beweis aus der Unkörperlichkeit und Unzusammengesetztheit (S. 142–147) gewissermaßen überhöht durch den ontologischen Beweis, der die Unsterblichkeit aus der Wesensbestimmung der Seele unmittelbar deduziert.

Allerdings werden wir sagen, daß auch in diesem Falle ein physikalisches, ja biologisches Axiom am Anfang steht: die Seele wird unbesehen als Prinzip des Lebens gefaßt, woraus sich dann ohne sonderliche Mühe alles Weitere entwickelt. Wie aber verhält sich, um dies gleich anzufügen, dieser Seelenbegriff etwa zu dem auf S. 132–136 Gesagten? Dort war die Unsterblichkeit gefolgert worden aus der Tatsache, daß das Wissen von der Idee nur als die Erinnerung an eine Präexistenz des reinen Geistes erklärbar sei. Da hatte sich also die Seele auf den erkennenden Geist reduziert.

Es darf an dieser Stelle angemerkt werden, daß die Schwierigkeit, der wir damit begegnen, nicht nur den »Phaidon« beherrscht, sondern auch und vor allem die in der Schrift »Über die Seele« niedergelegte Psychologie des Aristoteles. Hier wie dort schwingt das Denken zwischen zwei ganz verschiedenen Begriffen von »Seele«: sie ist entweder das Prinzip des Lebens und läuft dann leicht Gefahr, zu einer bloß biologischen Größe zu werden, an der die Botanik und Zoologie nicht minder interessiert sind als die Wissenschaft vom Menschen, – oder aber sie wird zum Prinzip des Erkennens und kann sich dann in eine metaphysische Wesenheit verwandeln (den reinen, den ewigen Dingen wesensgleichen Geist), die mit der psychologischen Empirie nichts mehr gemein hat.

Der Abschnitt S. 179–192 bildet im Gespräch des »Phaidon« den Höhepunkt subtiler Abstraktion. Wir glauben uns in einer Schulddiskussion der platonischen Akademie zu befinden und vergessen völlig, daß inzwischen die Todesstunde des Sokrates näher und näher gerückt ist. Es wird Zeit, daß Platon uns wieder daran erinnert. So steigt denn das Gespräch schrittweise aus der Abstraktion wieder in die Anschauung herab (S. 192f.): Die Schüler werden ermahnt, im Forschen nicht abzulassen und die ethischen Konsequenzen der Unsterblichkeit zu bedenken; die Art der Unsterblichkeit hängt davon ab, wie man im Diesseits gelebt hat. Und ein breit und farbig angelegtes Bild der Jenseits- und Diesseitsregionen schließt die gesamte Untersuchung (S. 193–202).

Es ist wohl richtig, es nicht einen Mythos zu nennen. Platon selbst verwendet das Wort hier nicht, und wir möchten annehmen, daß dies seinen guten Grund hat. Unmaßgebliche Geschichten über den Ort zu erzählen, den die Seele des Sokrates in wenigen Augenblicken kennenlernen wird, wäre nicht recht schicklich gewesen. So gilt das, was Sokrates nun vorträgt, als Wahrheit, auch wenn sich mit den philosophischen Gedanken uralte Motive der Dichtung und moderne naturwissenschaftliche Theorien zu einem höchst komplizierten Ganzen vermischen.

Begonnen wird mit dem Schicksal der Toten (S. 193f.). Einen jeden geleitet sein Daimon zu der Richtstätte, wo das Urteil gesprochen wird. Die Seele, die im Leben sich der Erkenntnis gewidmet hatte, begibt sich rasch und willig an den Ort, der ihr zukommt; diejenige dagegen, die sich von den körperlichen Begierden nicht gereinigt hat (die Beziehung zu dem auf S. 147f. Gesagten ist deutlich), gelangt nur nach vielen Mühen und Irrwegen an den ihr angemessenen Ort.

Um diese Orte näher zu fixieren, holt Sokrates zu einer Weltbeschreibung aus. Sie hat zunächst betont wissenschaftlichen Charakter (S. 194–197). Wir vernehmen, aus welchen Gründen die Erde in der Mitte des Kosmos zu verharren vermag, daß sie viel größer ist, als wir meinen, und vor allem, daß zwei Erdoberflächen unterschieden werden müssen. Was wir als bewohnte Erde kennen, ist wie der Boden einer riesigen Grube, auf dem sich Wasser und trübe, neblige Luft angesammelt haben. In der Höhe gibt es eine andere Erde, bei der die Luft die Stelle des Wassers und der reine Äther die Stelle der Luft einnimmt. Das ist die wahre Erde.

Von ihrer Schönheit spricht Sokrates (S. 196–198), und an dieser Stelle wechselt er nun doch von der Wissenschaft zum Mythos hinüber. Denn wie das Leben auf der wahren Erde aussieht, können wir uns nur in der Art des Märchens vorstellen, nicht aber wissen. Ein Wunderland wird uns beschrieben, in dem alles von strahlenden Farben erglänzt, Mensch und Tier aufs herrlichste gedeihen, eine Welt der Glückseligkeit.

Doch das ist nicht alles. Der wahren Erde in der Höhe steht ein System von Höhlen und Kanälen im Erdinnern gegenüber, in welchem das Wasser unaufhörlich hin und her strömt. Mit einer beinahe pedantisch zu nennenden wissenschaftlichen Exaktheit wird es beschrieben (S. 198–201). Es ist bezeichnenderweise der einzige Abschnitt des »Phaidon«, den wir in den erhaltenen Schriften des Aristoteles ausdrücklich diskutiert finden. Vier Kanäle werden hervorgehoben und mit Namen benannt: Okeanos, Acheron, Pyriphlegethon und Styx-Kokytos. Es sind, außer dem Okeanos, die in der Dichtung längst geläufigen Namen der Unterweltsflüsse, die Platon hier bedenkenlos in seine physikalische Konstruktion einzeichnet.

Nun wissen wir Bescheid über die Orte, die den Toten zukommen, und der letzte Teil dieser Beschreibung (S. 201 f.) kehrt zum ersten zurück. Vier Gruppen von Toten werden unterschieden je nach dem Leben, das sie geführt haben. Den unheilbar Verruchten stehen diejenigen gegenüber, die sogleich zum seligen Leben auf der wahren Erde aufsteigen dürfen; wir erkennen ohne Mühe in jenen vorzugsweise die großen Tyrannen (etwa den im »Gorgias« angeführten Archelaos von Makedonien), in diesen die Philosophen. Dazwischen stehen zwei Gruppen (warum es zwei sind, wird uns nicht gesagt), die sich kleinerer Vergehen schuldig gemacht haben und nach einiger Zeit sich zu reinigen vermögen.

Damit ist das Gemälde abgeschlossen, und wir kehren auf die Erde und in das Gefängnis des Sokrates zurück. Die Einfachheit, mit der Sokrates ein letztes Mal die Freunde zu einem Leben des philosophischen Lernens ermahnt und sich selbst zum Sterben bereit macht, steht im vollkommensten und ergreifendsten Kontrast zu den subtilen Beweisgängen und den weitläufigen kosmologischen Konstruktionen, die wir im Gespräch hinter uns gebracht haben.

Über die letzte Szene des »Phaidon« noch Worte zu machen, ist überflüssig. Das einzige, was wir nach Platons Absicht besonders beachten dürfen und sollen, ist der Unglaube Kritons, der gleich zweimal sich verrät (S. 203 f. und 206). Wenn die beiden an Philosophie längst gewöhnten Thebaner sich erst nach umständlichen Untersuchungen als überzeugt erklären, so hat der alte Freund des Sokrates von alledem überhaupt nichts begriffen. Auch in diesem Augenblick sollen wir nicht vergessen, wie selten es gelingt, einen Menschen, und wäre es der willigste, auch nur halbwegs zur philosophischen Einsicht zu bringen. Kriton bleibt draußen. Und doch ist ihm nicht zu verargen, daß er sich in seiner Einfalt an das hält, was seit jeher Brauch und Sitte war. Denn dem fügt sich auch Sokrates in seinem allerletzten Worte, dessen Sinn man nicht ärger zerstören kann, als wenn man schwere philosophische Symbolik hineingeheimnißt. Denn der Tod, auch derjenige des Philosophen, verträgt keinen spekulativen Lärm. Er ist eine so ernsthafte Sache, daß er nur in der äußersten Einfachheit bestanden werden kann. Es gehört zu Platons Größe, daß er das gewußt hat.

3

Mit dem »Phaidon« ist das »Symposion« dadurch verbunden, daß es wie jener in ungewöhnlichem Umfang aus ältern griechischen Traditionen herauswächst. Sind aber im »Phaidon« die Traditionen in der Sache selbst begründet, in der allen Menschen gemeinsamen Situation des Sterbens, so bleiben wir mit dem »Symposion« zunächst mehr im Bereich der literarischen Form. Das »Symposion« schildert, wie der Name sagt, ein Trinkgelage, an welchem die Teilnehmer der Reihe nach das Ihrige zur Unterhaltung beisteuern. Durch eine Rahmenerzählung wird also eine Mehrzahl von Darbietungen (um es so allgemein zu sagen) miteinander verknüpft. Uns ist diese Forderung vor allem aus Werken vertraut, die nicht der antiken Literatur angehören. Man mag an Tausendundeine Nacht oder Boccaccios Dekamerone denken. Den Griechen mußte das Symposion als Rahmen besonders naheliegen. Daß die Männer sich beim Weine sammelten und reihum Geschichten und mehr oder weniger improvisierte Lieder zum besten gaben, ist eine Sitte, die schon in archaischer Zeit bestanden hat. Die im frühen 4. Jahrhundert v. Chr. ausgebildete Erzählung vom Skythen Anacharsis, der nach Athen kommt und sich als ebenso kluger wie schlichter Barbar über die Errungenschaften der griechischen Kultur lustig macht, hat neben der Gymnastik vor allem den Betrieb des Symposion aufs Korn genommen.

Literarisch gestaltete Symposien hat es sicherlich schon vor Platon mehrfach gegeben. Greifbar ist uns nichts, aber es müßte merkwürdig zugehen, wenn nicht schon im 5. Jahrhundert Symposien der bekannten Sieben Weisen geschrieben worden wären. Wir besitzen noch ein solches unter dem Namen Plutarchs, also etwa aus dem Anfang des 2. Jahrhunderts n. Chr., ein ziemlich dürftiges Elaborat, das jedoch in seinem Kerne als die Bearbeitung eines bedeutend älteren Werkes gelten darf. Durch die Sokratik wurde das Symposion geradezu zu einer Modeform philosophischer Schriftstellerei. Neben demjenigen Platons ist uns ein »Symposion« Xenophons erhalten, ein nicht gerade tiefsinniges, aber liebenswürdiges kleines Buch, das streckenweise Platon recht nahesteht. Es ist aber wahrscheinlich nicht von ihm, sondern von einem andern, älteren Sokratiker angeregt. Später haben Aristoteles, Epikur und andere hellenistische Philosophen Symposien verfaßt. Die Form empfahl sich überall dort, wo ein Autor die Absicht verfolgte, ein oder mehrere Probleme der Lebensführung, der allgemeinen Bildung oder der Wissenschaft von verschiedenen Seiten zu beleuchten. Schwierigkeiten konnte allerdings die Komposition bieten: die Äußerungen der einzelnen Symposiasten mußten aufeinander abgestimmt und in eine sinnvolle Reihe gebracht werden, ohne daß das Ganze pedantisch wirkte. Wir werden sehen, wie Platon diesen Punkt behandelt hat. Daß er Vorgänger hatte, vielleicht sogar unter den Sokratikern selbst, damit müssen wir immer rechnen.

Der Gegenstand des platonischen »Symposion« ist die Liebe. Man könnte also sagen, daß »Phaidon« und »Symposion« auch im Gegenständlichen nahe miteinander verwandt sind. Denn die Liebe ist eine ebenso elementare menschliche Tatsache wie der Tod. Allerdings mag man versucht sein, einen nicht unwesentlichen Unterschied darin zu erkennen, daß sich der Tod als Ereignis zu allen Zeiten nicht bloß in der Intimität des einzelnen Daseins abspielt, sondern auch mitten in der politischen und kriegerischen Öffentlichkeit; die Epen aller Völker sind voll von ihm. Die Liebe als eine die Seele ergreifende und verwandelnde Macht bleibt dagegen ausschließlich in der privaten Sphäre und geht die Öffentlichkeit nichts an. Die hohe Literatur altertümlicher Zeiten nimmt nur sparsam von ihr Notiz.

Dieser Unterschied scheint mit allen seinen Konsequenzen evident zu sein. Aber im Bereich des Griechentums gilt er nur mit starken Einschränkungen. Die Geschichte des Troischen Krieges, wie sie dem Griechen der klassischen Zeit aus dem epischen Kyklos geläufig war, beginnt mit einer Liebesaffäre: Der troische Königssohn Paris, von Aphrodite beschützt, entführt Helena, die schönste der griechischen Frauen, und daraus entsteht der ganze endlose und schreckliche Krieg. Ein ionischer Historiker des 5. Jahrhunderts hat diese und verwandte Sagen zusammengestellt und konstatiert, daß die Konflikte zwischen Griechen und Asiaten überhaupt samt und sonders durch dergleichen Entführungsangelegenheiten verursacht seien. Zuerst entführten die Phönizier die Argiverin Io, dann die Griechen die Phönizierin Europa und etwas später die Kolcherin Medea, und dann kam Paris und holte sich Helena, und damit brach der erste der großen Kriege aus.

Diese erstaunliche Rolle des Eros im griechischen Epos (eine Rolle, die dadurch nicht geringer wird, daß es keine Schilderungen der Liebe als Leidenschaft, Sehnsucht und Erfüllung gibt) bildet den Hintergrund zu andern Dingen:

einmal zur archaischen Lyrik vor allem Sapphos, in welcher zum ersten Male die Liebe als das Erlebnis des einzelnen Menschen gestaltet wird; dann vor allem zu den großartigen Versuchen, Eros nicht nur als Lenker der menschlichen Geschichte, sondern als Herrn des kosmischen Werdens überhaupt zu begreifen. Wir müssen die Theogonie Hesiods nennen, in welcher Eros als eine der ursprünglichen göttlichen Wesenheiten neben dem leeren Raume und der festen Erde aufgezählt wird. Denn er ist, wie Hesiod ausdrücklich sagt, der schönste unter den Göttern und vermag die Vernunft bei Göttern und Menschen zu bezwingen. Er bringt das Werden der Göttergenerationen in Gang dadurch, daß er immer wieder Götter und Göttinnen zusammenführt, – und gerade darum (so scheint es Hesiod zu meinen) ist er der einzige der Götter, der keine eigene Nachkommenschaft besitzt.

Hesiods Gedanke hat auf die alte Naturphilosophie weitergewirkt. In der Globuskonstruktion des Parmenides finden wir einen Ort, an dem (wie die mit Absicht orakelhaft unbestimmt formulierenden Verse sagen) »Nacht mit Flamme sich mischt. Da, mittendrin, ist die Göttin, die alles lenkt. Denn überall regt sie Geburt und Vereinigung an und sendet dem Männlichen das Weibliche und umgekehrt wieder das Männliche zum Weiblichen.« Die Mondregion scheint gemeint. Sie ist der Sitz einer Göttin, die man teils mit der Geburtshelferin Eileithyia, teils und vor allem mit Aphrodite vergleichen muß. Denn sie bringt noch andere Götter hervor und »als ersten unter allen Eros«. Wir werden im »Symposion« (S. 114) diesem Verse begegnen. Aufs Ganze gesehen noch bedeutender ist der Gedanke des Empedokles. Er nimmt sechs Wesenheiten an, die später klassisch gewordenen vier Elemente und zwei bewegende Kräfte: Streit und Liebe. Die Liebe, die öfters auch Aphrodite heißen kann, überwindet den Streit, versöhnt die Elemente, bringt sie zusammen und läßt dadurch Tier und Mensch entstehen und alles übrige. Von Empedokles ist über Jahrhunderte hinweg der Römer Lukrez direkt angeregt, wenn er sein naturphilosophisches Gedicht mit einem Preis der lebenschaffenden Venus beginnt.

So wird die Liebe zu einer kosmischen Macht, zum Urheber und Ausdruck des Zusammenwirkens der Weltteile und des Werdens aller lebendigen Wesen. Das philosophische Nachdenken hat damit Grund genug, sich ihr zuzuwenden.

Von ganz anderer Seite her kommt noch etwas hinzu. Zu Beginn des 5. Jahrhunderts v. Chr. bildet sich bei den Griechen die Wissenschaft der Ethnologie. Die Sitten fremder Völker werden beobachtet und aufgezeichnet. Einige erweisen sich als vorbildlich, andere als abstoßend, viele einfach als Kuriositäten. Auf Geburt und Tod, Liebe und Ehe richtet sich dabei vorzugsweise die Aufmerksamkeit. Es ergibt sich, daß nicht nur zwischen Griechen und Barbaren, sondern auch unter den griechischen Stämmen selbst starke Unterschiede bestehen darin, was in der Liebe als zulässig, schicklich oder geboten gilt und was nicht. Das eröffnet weite Felder der Diskussion. Endlich ist es klar, daß eine kultivierte, geistig bewegliche und aufgeklärte Gesellschaft wie die attische an der Wende vom 5. zum 4. Jahrhundert v. Chr. ihr Vergnügen daran fand, Probleme der Liebeskunst zu erörtern: Wie gewinnt man Liebe? Wie erhält man sie sich? Welche Rechte und Pflichten hat der Liebende? Was da herauskam, wird auf weite Strecken den Betrachtungen und Theorien nicht unähnlich gewesen sein, die vierhundert Jahre später Ovid in eleganten Gedichten vorgetragen hat. Auch dies hat natürlich Platon alles gekannt. Als Hintergrund des »Symposion« sind solche »Erotikoi Logoi« (»Liebes-Geschichten«) ebenso wichtig wie die Spekulationen über den kosmischen Eros und die Diskussionen, die sich an das ethnologische Material angeknüpft haben werden.

Es mögen noch zwei Bemerkungen angeknüpft werden, die den Gesamtaufbau unseres »Symposion« angehen.

Mit der Szenerie ist, wie schon gesagt, eine Reihe von Vorträgen unmittelbar gegeben. Jeder der Teilnehmer hat zu einem allgemeinen Thema das Seinige beizusteuern. Wo es sich um ein literarisches Symposion handelt, wird der Verfasser fast zwangsläufig darauf geführt, die Reihe zu einem systematischen Aufbau zu ordnen: sei es in der Form eines regelmäßigen Anstieges oder sei es so, daß der letzte Vortrag allen vorangehenden so gegenübersteht wie die Wahrheit einer Anzahl möglicher Irrwege. Wir werden noch sehen, daß Platon versucht hat, diese beiden Formprinzipien miteinander zu kombinieren. Allein, dazu kommt folgendes: Unter allen Situationen und Veranstaltungen des athenischen Lebens ist das Symposion sicher diejenige, die am vollständigsten dem Vergnügen, dem sorglosen Spiel und unverbindlichen Geplauder dient. Gleich anfangs erinnert der Gastgeber unseres »Symposion« einen unerwarteten Ankömmling daran, daß für Geschäfte jetzt keine Zeit sei. Stimmungsmäßig verlangt also das Symposion ein Feuerwerk freier Improvisationen und amüsanter Einfälle, die heute unterhalten und morgen schon vergessen werden dürfen. Platon ist sich dessen natürlich bewußt. Er sieht sich also vor der Forderung, alle Konturen der Systematik nach Kräften auch wieder zu verwischen und alles philosophisch Relevante hinter einem bunten Nebel urbaner Konversation zu verstecken. Nur ganz selten tritt die logische Struktur und der ontologische Gehalt der Philosopheme unmittelbar vor den Blick des Hörers. Zumeist aber bleibt es bei Andeutungen und Bildern. Die Wahrheit ist eben genau in dem Maße gegenwärtig, wie sie nach dem alten Sprichwort, das Alkibiades zitiert, beim Weine gegenwärtig zu sein pflegt.

Dies wird wohl auch eine Besonderheit des »Symposion« erklären, die seit jeher aufgefallen ist. Es ist die unglaubliche Kompliziertheit der Berichterstattung. Ein junger Mann namens Glaukon trifft auf Apollodor und erzählt ihm, er habe einiges wenige über jenes bekannte Symposion gehört, und zwar von einem Freund, der es von einem gewissen Phoinix gehabt habe, und dieser wieder von Aristodemos, einem Teilnehmer am Feste. Es ergibt sich dann, daß Apollodor besser informiert ist, da sein Bericht von Aristodemos direkt stammt. Was wir hören, ist sodann die Erzählung Apollodors, eine Erzählung aus zweiter Hand. Als Zeitpunkt dieser Szene ist anscheinend etwa das Jahr 400 v. Chr. gedacht, kurz vor dem Tode des Sokrates. Das Symposion selbst soll dagegen, wie schon die antike Gelehrsamkeit herausfand, im Jahre 416 v. Chr., also rund 15 Jahre früher stattgefunden haben. Und das ist nicht alles: das innere Zentrum des Dialogs sind die zwei Vorträge des Sokrates und des Alkibiades. Sokrates erzählt in dem seinigen von einer Begegnung mit der arkadischen Priesterin Diotima, die nach seinen Angaben um etwa 440 v. Chr., also fast 25 Jahre vor dem Symposion stattgefunden haben soll; Alkibiades berichtet von seinen ersten Begegnungen mit Sokrates, die unbestimmt lange Zeit vor der Schlacht von Poteidaia (432 v. Chr.) vorgefallen seien. Der auffallenden Indirektheit der Erzählung Apollodors entspricht demnach eine ebenso auffallende Weiträumigkeit der chronologischen Verhältnisse. Wozu das? Nun doch wohl, um den Leser daran zu mahnen, daß er nichts an diesem »Symposion« genau und wörtlich nehmen darf. Nicht bloß spielt sich alles beim Weine ab, es ist auch sehr lange her, und was wir bei Apollodor, Sokrates und Alkibiades hören, sind nicht mehr als unbestimmte Erinnerungen an ein einzigartiges längstvergangenes Ereignis.

4

Der allgemeine Eindruck und eine Stelle ganz am Ende des Werkes (S. 287) haben oft zu der Behauptung geführt, das »Symposion« verhielte sich zum »Phaidon« wie die Komödie zur Tragödie. Schwerlich ist dies in Platons Sinn. Denn daß Platon an jener Stelle sich selbst als den vollendeten Dramatiker gegen Agathon und Aristophanes hätte ausspielen wollen, halte ich für ausgeschlossen, und vor allem: das Porträt der beiden Gestalten, die unter allen Figuren des »Symposion« Sokrates am nächsten stehen – so nahe, daß sie ihm geradezu verfallen sind –, ist alles andere als komisch. Am Ende haben wir Alkibiades in seiner verzweifelt zerrissenen Liebe und am Anfang den Erzähler Apollodor.

Die Eingangsszene (S. 209–212) verfolgt ja den doppelten Zweck, einmal, den Bericht in der soeben charakterisierten, umständlichen Art zu beglaubigen, und sodann, ein Bild Apollodors zu geben. Apollodor würde in kein Symposion passen. Denn sein Wesen ist die schwermütige Leidenschaft, die das eine ergriffen hat, auf das es allein ankommt, und die doch nie Ruhe findet. Der Begriff der Glückseligkeit (Eudaimonia) des einen Menschen Sokrates lastet auf dieser Szene nicht minder schwer als auf der Eingangsszene des »Phaidon«. Er allein schon warnt uns davor, Apollodor als eine komische Figur und das Symposion, von dem er nun berichten wird, als eine Komödie aufzufassen, – so unbeschwert heiter es zunächst auch ist.

Das Vorspiel (S. 212–214) soll uns vor allem einige Hauptpersonen vorstellen. Da ist zunächst Aristodemos, der Gewährsmann Apollodors und diesem offenbar in seinem Verhältnis zu Sokrates ähnlich. Schon eine frühere Stelle (S. 210) wies darauf hin, und hier sehen wir vor allem, daß er die Lebensart des Sokrates besser kennt als irgendein anderer der zunächst Anwesenden. Dann haben wir den Gastgeber Agathon, dessen Dichtersieg gefeiert werden soll, ein liebenswürdiger und weltgewandter junger Herr; daß er bei all seinem Ruhme noch außerordentlich jung ist, wird mehrfach hervorgehoben und darf nicht vergessen werden. Endlich Sokrates selbst. Er kommt als weitaus letzter zum Essen, denn ihm ist unterwegs plötzlich ein Gedanke gekommen, den er für sich zu Ende denken muß, ehe er sich der Gesellschaft anschließen kann. Dies wirkt wie eine weitere Warnung davor, die muntere Konversation, die nun beginnen wird, allzu ernst zu nehmen. Die wirklich ernsthaften Gedanken hat Sokrates, der Sokrates des »Symposion«, für sich in der Stille. Davon abgesehen soll durch die Verzögerung erreicht werden, daß Sokrates bei Tisch den letzten Platz erhält, also auch als letzter reden wird. Agathon und Sokrates wechseln freundliche Komplimente; wir werden uns freilich eingestehen, daß die Selbstbescheidung, mit der Sokrates auf Agathon antwortet, etwas klischeehaft und übertrieben wirkt. Da kündigt sich die Doppelrolle an, die Platon dem Agathon zugedacht hat: strahlender Gastgeber zu sein, der Eros als Gott preist wie kein anderer, und zugleich Sophistenschüler, dessen einschmeichelndes Gerede über seine Unwissenheit nicht hinwegzutäuschen vermag.

Dann kommt das Gespräch in Gang (S. 215–217). Zuerst wird vereinbart, man wolle mäßig trinken. Eryximachos, der Arzt, warnt vor den Gefahren der Trunkenheit, und wir dürfen dabei bedenken, daß etwa Aristoteles und seine Schule gelehrte Traktate über die Ursachen und Folgen der Trunkenheit verfaßt haben. Es kann sogar literarische Symposien gegeben haben, die ausdrücklich dieses naheliegende Thema diskutierten.

Es ist dann wiederum der Arzt, der in seinem und des Phaidros Namen (dem Phaidros werden wir im gleichnamigen Dialog wieder begegnen) den Vorschlag macht, reihum Lobreden auf den Gott Eros zu halten. Dichter und Prosaiker hätten dies bisher versäumt (eine Behauptung, die man nicht zu streng interpretieren darf); es sei geziemend, dies hier nachzuholen. Alle Anwesenden sind einverstanden, als erster Sokrates, der versichert, Liebesdinge seien das einzige, was er verstünde. Wir kennen eine Versicherung dieser Art schon aus dem Dialog »Lysis«, wie ja denn ein für allemal festgestellt sei, daß »Lysis« und »Symposion« einander thematisch außerordentlich nahestehen. Freilich wissen wir nicht, wie Platon selbst das Verhältnis zwischen »Lysis« und »Symposion« hat verstanden wissen wollen.

Es folgen die drei ersten Reden, die man in gewissem Grade als eine Einheit nehmen darf (S. 218–232). Reduzieren wir sie auf ihre Grundgedanken, so erkennen wir, wie durch das farbige Spiel der Darbietung von ferne derselbe Prozeß der Wesensbestimmung hindurchscheint, den Sokrates schon im »Laches« an Hand der Tapferkeit durchexerziert hatte.

Phaidros konzentriert sich auf zwei einfache Aussagen. Eros ist erstens ein Gott, und zwar der älteste, wie die alten Kosmologen bezeugen; Sokrates wird in seiner Darlegung bestreiten, daß er ein Gott sei, jedenfalls sofern mit ihm die Liebe des Liebenden gemeint sei; Agathon wird ihn den jüngsten Gott nennen, während Eryximachos aus der These des Phaidros die Konsequenzen zieht, die dieser zu ziehen versäumt: nämlich, daß Eros den ganzen Kosmos durchwaltet. Denn die zweite Aussage des Phaidros, die vom Wesen des Eros auf das Wirken übergeht, greift nur einen ganz partikularen, rein menschlichen Aspekt heraus. Eros ist der kräftigste Erzieher zur Tugend und vor allem zur Tapferkeit vor dem Tode, da der Liebende kein höheres Streben kennt, als sich vor dem Geliebten zu bewähren und sich für ihn einzusetzen. Wenn die alte Lebensweisheit erklärte, daß man recht handeln solle aus Scheu vor den Göttern, und wenn später Demokrit dem entgegenhielt, daß man vor allem vor sich selbst Scheu zu empfinden habe, so behauptet hier Phaidros, daß die Scheu vor dem Geliebten mehr als alles andere zum Rechttun verhelfe.

Daß Phaidros ausführlich bei mythologischen Beispielen verweilt, ist diesem ersten Versuch einer Wesensbestimmung des Eros völlig gemäß.

Pausanias, der zweite Redner, korrigiert Phaidros. Eros ist nicht schlechthin der Tugend zugeordnet. Vielmehr gibt es neben einem edlen Eros einen unedlen, oder genauer, unmythologisch und im Prinzip durchaus sokratisch-platonisch: Der Eros ist an sich ambivalent wie alles äußere Handeln. Durch das Wie, also durch eine hinzukommende Qualität, wird er erst gut oder schlecht. Was diese Qualität sei, wird breit und umständlich dargelegt, derart, daß das Entscheidende immer wieder greifbar nahe ist und doch nie klar zum Ausdruck gelangt. Gut ist der Eros, der sich auf die Seele richtet und auf deren Vorzüglichkeit und Einsicht. Wo dies feststeht, darf unbesorgt auch das Körperliche seinen Platz beanspruchen. Wo dagegen nur das Körperliche gemeint wird und nichts außerdem, da haben wir es mit dem unedlen Eros zu tun. Hatte Phaidros Mythologie herangezogen, so diskutiert nun Pausanias Ethnologica, prüft vorhandene Gesetze und möchte neue entwerfen, die im Einklang mit den Forderungen des edlen Eros stehen. Hübsch ist es, daß die athenische Sitte gelobt wird, die als einzige der Distinktion der zwei entgegengesetzten Formen des Eros gerecht wird.

Auf diese Rede folgt ein kurzes Zwischenspiel (S. 228). Aristophanes sollte sprechen, wird aber durch ein heftiges Schlucken gehindert. So springt der Arzt Eryximachos ein, nicht ohne dem Geplagten zuvor einige ärztliche Ratschläge erteilt zu haben. Die szenische Notwendigkeit dieses Zwischenspiels leuchtet ein. Der Leser muß nach den zwei Reden daran erinnert werden, daß wir uns an einem zwanglosen Gelage befinden, wo allerlei Zwischenfälle passieren können und von der Abwicklung eines festen Programms keine Rede sein soll. Dem widerspricht nicht, daß philosophisch-systematisch Eryximachos auf Pausanias folgen und Aristophanes dem Agathon vorausgehen muß.

Eryximachos will die Gedanken des Pausanias vollenden. Das tut er in der Tat. Hatte Pausanias gegen Phaidros gezeigt, daß im menschlichen Bereich der Eros gut oder schlecht sein könne, so weist nun Eryximachos nach, daß es den Eros weit über den menschlichen Bereich hinaus gibt (so hatte Sokrates dem Laches im gleichnamigen Dialog bewiesen, daß man weit über den Bereich des Krieges hinaus von Tapferkeit sprechen kann). Eros ist eine kosmische Macht, die überall anzutreffen ist, so etwa in den körperlichen Verhältnissen, mit denen die Medizin zu tun hat. Mit ihren Heilmitteln versucht sie liebend das Gesunde am Körper zu fördern und bewährt damit den edlen Eros; die Gesundheit selbst aber ist die Herstellung der Liebe und Eintracht unter den Qualitäten, die als Gegensatzpaare den Körper beherrschen. Dann wird die Musik herangezogen. Für sich genommen ist sie die Herstellung der Eintracht unter den Tönen; betrachten wir sie im Blick auf den Menschen als Hörer, so kommt es darauf an, daß sie das Züchtige am Menschen fördert und nicht das Zuchtlose. Im ersten Fall wirkt in ihr der edle Eros, im zweiten der unedle. Aber auch die Jahreszeiten lassen sich so verstehen: Wenn zwischen dem Warmen und Kalten, dem

Trockenen und Feuchten eine harmonische Ordnung besteht, so gedeihen Mensch, Tier und Pflanze. Herrscht aber ein übermütiger Eros, so kommt es zu Unwettern und Schaden aller Art. Mit diesen Unterscheidungen hat es die Astronomie zu tun, und in derselben Weise wird zum Schluß auch die Seherkunst ausgedeutet. Denn der edle Eros macht die Menschen fähig, mit den Göttern geziemend umzugehen.

Man tut der Rede des Eryximachos Unrecht, wenn man in ihr lediglich witzlose Pedanterie und skurrile Wichtigtuerei sieht. Zweifellos hat Platon Eryximachos als den Gelehrten unter den Symposiasten gezeichnet, dem es Mühe macht, seine Anschauungen mit der gebotenen Nonchalance zu vertreten; und damit doch wenigstens etwas Nonchalance dabei sei, hat Platon den Vortrag willkürlich in Unordnung gebracht, so daß der Leser sich nicht leicht zurechtfindet. Was aber Eryximachos faktisch bietet, sind durchaus ernsthafte Dinge, die über die Sophistik bis tief in die Vorsokratik hinaufreichen. Daß Platon sich ausgerechnet über einen Arzt hätte lustig machen wollen, ist schon aus allgemeinen Erwägungen nicht recht wahrscheinlich.

Völlig anderer Art ist freilich die Rede des Aristophanes. Daß sie nach Tonlage und Gehalt zu derjenigen des Eryximachos im größten Gegensatz steht, sagt der Redner selbst (S. 233, 240). Diejenigen Interpreten werden schon recht haben, die mit dieser Rede eine neue Linie der Untersuchung beginnen lassen. Die drei ersten Reden bilden mehr oder weniger ein Ganzes. Wir lernen aus ihnen mindestens dies, daß der Eros je nach seiner Richtung gut oder schlecht sein kann und daß er keineswegs nur in der Seele des Menschen zu Hause ist, sondern im ganzen Kosmos.

Hatte vor allem Phaidros von den Wirkungen des Eros gesprochen, so wendet Aristophanes seinen Blick auf den Ursprung. Den menschlichen Eros hat er im Sinne, aber indem er einen Mythos erzählt, der vom Urzustand der Menschheit handelt, verbindet er das Menschliche mit dem Kosmischen.

Im Mythos soll der Leser denselben Dichter wieder erkennen, den Platon und seine Zeitgenossen in zahllosen Komödien bewundert haben: die hinreißende Genialität, die tiefsinnige Wahrheiten in grotesk phantastischer Verkleidung auf die Bühne zu bringen vermag. Die schwere Anklage, die die »Apologie« gegen Aristophanes erhoben hatte, ist vergessen, oder besser gesagt: das »Symposion« warnt uns davor, die »Apologie« allzu direkt und historisch aufzufassen.

Nach dem Mythos ist der Eros entstanden, als ein ursprünglich kugelig ganzes Menschenwesen in zwei Hälften zerschnitten wurde. Seither ist jeder Liebende ein halbes Wesen, das die andere, zu ihm gehörende Hälfte sucht, damit die ursprüngliche Ganzheit wieder hergestellt werde.

Damit ist zum erstenmal ausgesprochen, was bei Sokrates in ein Philosophem verwandelt wiederkehren wird. Eros, als Liebe des Liebenden verstanden, ist wesenhaft Mangel und Bedürftigkeit und der Versuch, dasjenige wiederzugewinnen, was einstmals dem Liebenden von Rechts wegen zugehörte, was er verlor und ohne das er doch nicht sein kann. Für die Lebensweisheit des Aristophanes ist es der andere Mensch, mit dem der Liebende einst ein Ganzes war; für den philosophierenden Sokrates ist es die Wissenschaft von der Idee, an die sich der Liebende als »Liebhaber der Weisheit« wiedererinnern soll.

Die vorangegangenen Reden sind dadurch nicht entwertet. Wir werden nur sagen, daß sie ausschließlich von den äußeren, ordnenden Wirkungen des Eros sprechen und noch nicht von seinem inneren Wesen, dem Streben, ein ursprünglich Zugehörendes wiederzufinden. Aber es gibt vielleicht den Eros nicht bloß als die Liebe des Liebenden.

Man könnte ihn auch als die anziehende Kraft des Geliebten auffassen.

Diesen Aspekt herauszuheben ist die Aufgabe der Rede Agathons (S. 242–246). Voraus geht ein kurzes Zwischenspiel, in welchem Sokrates Agathon leise stichelt: Wozu sollte er heute Angst haben, sich vor den Gästen seines Symposion zu produzieren, nachdem er gestern vor den Tausenden von Zuschauern im Theater nicht die geringste Hemmung empfunden habe? Die Stelle erinnert recht eigentümlich an ein Gespräch, das Xenophon seinen Sokrates mit Charmides führen läßt (Memorabilien III,6). Was sie in unserm Zusammenhang soll, wird nicht völlig deutlich.

Die meisten modernen Interpreten pflegen die Rede Agathons mit Spott und Verachtung abzutun; sie gilt ihnen als sophistisches, hohles Wortgeklingel. Richtig ist daran, daß die Rede den preziösen und etwas dekadenten Stil der Tragödien Agathons ebenso nachbilden soll wie die Rede des Aristophanes die Kunst des großen Komödiendichters. Richtig ist ferner daran, daß nach Platons Willen in Agathon ein Stück Sophistik stecken soll, und zwar genau so viel, daß zwischen seiner etwas naiven Großartigkeit und dem nüchternen und zähen Fragen des Sokrates ein kräftiger Kontrast herauskommt.

Der aufmerksame Leser wird aber zweierlei nicht übersehen. Einmal, daß Sokrates in seinen scheinheiligen Komplimenten (S. 247) betont, ihm habe vor allem der Schluß der Rede gefallen; es ist dieser Schluß (und er allein), der in der Tat in einen reinen Hymnus auf Eros hinausläuft, in welchem alle Konturen verschwimmen. Und später erklärt Sokrates nicht nur, er habe selbst früher dieselben Ansichten wie Agathon gehabt; er läßt sich auch von Diotima ausdrücklich darüber belehren, worin sein und Agathons Irrtum besteht (S. 257). Er habe bei der Gestalt des Eros nicht an den

Liebenden, sondern an den Geliebten gedacht. Aber ist denn dies wirklich ganz falsch? Dem Wortsinn von Eros nach gewiß. Dennoch wäre das Bild des Eros unvollständig, wenn nicht auch vom Objekt der Liebe die Rede wäre. Bei Aristophanes ist das Objekt die andere Hälfte. Man könnte sich aber denken, daß das Objekt der Liebe nicht ein Gleiches und Zugeordnetes wäre, sondern ein durchaus Ungleiches und Übergeordnetes, eben Gott. Von dieser zweiten Möglichkeit redet Agathon, und bei Sokrates-Platon werden wir letzten Endes beides finden: die Idee des Schönen ist der erkennenden Seele zugleich »verwandt« und übergeordnet.

Im einzelnen sei an der Rede Agathons nur hervorgehoben, wie scharf sie disponiert. In gewissem Sinne will sie dem Mythos des Aristophanes gegenüber Logos sein, – ohne daß man ihr das, wie es allzu viele Interpreten getan haben, zum Vorwurf machen dürfte. Als Wesen des Eros wird das Jugendliche, das Zarte und das Gewinnende bezeichnet, und als sein Werk im ethischen Bereich die vier Tugenden und im übrigen alle edlen Künste, deren Lehrer er ist, angefangen bei der Dichtkunst. »Er macht uns leer von Fremdartigkeit und voll von Vertrautheit« (S. 245), und wir erinnern uns an eine bedeutende Stelle des frühen Dialogs »Charmides«, in welcher das Vertraute dem Guten, das Fremde dem Schlechten gleichgesetzt war.

Befremdlich scharf ist die Reaktion des Sokrates auf die von den übrigen Hörern mit lautem Beifall aufgenommene Rede (S. 246–248). Denn seine Komplimente verwandeln sich rasch in ein Eingeständnis der eigenen Unfähigkeit, ein Eingeständnis, dessen ironische Unaufrichtigkeit nur allzu deutlich ist; schließlich erklärt er, er habe gemeint, man müsse die Wahrheit über Eros sagen, doch, wie man an Agathon sehe, komme es auf die Wahrheit überhaupt nicht an. Die Gedanken und Formulierungen erinnern unmittelbar an die erste Seite der »Apologie«. Was aber dort, in einer Auseinandersetzung auf Tod und Leben, völlig legitim war, wirkt hier übertrieben und peinlich unliebenswürdig. Es ist, wie wenn Sokrates in Agathon nur den Sophisten, den Jünger des Gorgias sehen wollte.

Es folgt die aus andern Polemiken des Sokrates wohlbekannte »kleine Frage« (S. 249), die das ganze pompöse Gedankengebäude zu Fall bringen soll, – unschön, wenn man bedenkt, daß Agathon selbst am Schluß seiner Rede bekannt hat, er habe teils Ernst, teils Scherz bieten wollen. Da wirkt das schwere Geschütz, das Sokrates auffährt, etwas unangemessen.

Was Sokrates von Kap. 21 (S. 249) an vorträgt, ist der Anfang eines systematischen Aufbaus, der sich bis Kap. 29 (S. 269) entwickelt. In einem ersten Teil setzt sich Sokrates belehrend mit Agathon auseinander, in einem zweiten wird er als Schüler von Diotima belehrt (wodurch seine Unfreundlichkeit gegen Agathon in einem gewissen Sinne wettgemacht wird), in einem dritten endlich spricht Diotima allein.

Der erste Teil (S. 249–252) weist Agathons Unwissenheit nach. Mit schulmäßiger Umständlichkeit (wir vergessen beinahe, daß wir uns bei einem gesellschaftlichen Anlaß befinden) wird festgestellt, daß jeder Eros auf einen Gegenstand zielt, diesen Gegenstand begehrt, ihn also gerade nicht besitzt. Jedes Begehren beruht auf einem Mangel, dies in einem ganz allgemeinem Sinne, der weit über die erotische Sphäre hinausgreift. Zielt also Eros auf das Schöne, so bedeutet dies, daß er selbst gerade nicht schön ist. Agathon sieht das ein und anerkennt in urbaner Loyalität, daß er vorhin unbedacht geredet habe (S. 251). Doch Sokrates stößt weiter nach. Er führt Agathon zu einer zweiten »kleinen« Konzession, daß nämlich das Schöne dem Guten gleich sei. Sofern Eros demnach das Gute begehrt, ist er selbst auch gerade nicht gut. Abermals gibt

Agathon nach, was freilich Sokrates zu einer arg übertriebenen Äußerung seiner Selbstironie veranlaßt (S. 252).

Doch nachdem endlich Sokrates mit einer etwas lehrerhaften Gebärde erklärt hat, er wolle nun Agathon in Ruhe lassen, betreten wir einen neuen Bezirk. Sokrates will seine Gespräche mit Diotima erzählen.

Sie ist eine Priesterin aus Mantineia in Arkadien (wir dürfen flüchtig anmerken, daß unter den Schülern Platons eine Frau aus Mantineia, Lastheneia, aufgeführt wird). Zehn Jahre vor der großen Pest des Jahres 430 v. Chr. war sie in Athen. Sokrates ist ihr nicht nur einmal begegnet, sondern war, wie sich im Verlauf seiner Erzählung ergibt, längere Zeit hindurch ihr Schüler.

Was ist der Sinn dieser Gestalt, die bekanntlich noch der fernen und früh entrückten Geliebten Hölderlins ihren Namen geliehen hat? Wir dürfen eine innere und eine äußere Bedeutung vermuten. Äußerlich ist Diotima die Gegenfigur zu Aspasia, die uns im vielleicht unechten »Menexenos« begegnet, die in einem Dialog des Aischines allen Ernstes als Lehrerin des Sokrates und seiner Freunde in Sachen der Liebe und Ehe vorgestellt worden ist und die in derselben Rolle sogar noch gelegentlich bei Xenophon auftaucht. Daß Platon dem Porträt der klugen, gewandten, aber entschieden mondänen Aspasia die Priesterin als die wahre Lehrerin des Sokrates entgegenstellen wollte, ist höchst wahrscheinlich.

Indessen wird auch ein tieferer Grund nicht fehlen. Dürfen wir sagen, daß Sokrates dort, wo er das Entscheidende ausspricht, mit Absicht sich auf ein bloßes Schülersein zurückzieht? – ein Schülersein, von dem sich dann um so kräftiger die einzigartige Huldigung abhebt, die ihm Alkibiades kurz nach der Diotima-Erzählung darbringen wird. Als Nebenergebnis dürfen wir vielleicht gelten lassen, daß die Verwandlung des Sokrates aus dem Lehrer des Agathon in den Schüler Diotimas sich zwar etwas abrupt vollzieht, aber doch den Schroffheiten an die Adresse Agathons einigermaßen die Spitze abbricht. Sollen wir außerdem folgern, daß nun Dinge zur Sprache kommen, die »der geschichtliche Sokrates« nicht gesagt haben kann? Wohl kaum. Denn was Diotima vorträgt, ist von den Sokratika des »Phaidon« oder »Phaidros« nur in der Nuancierung, nicht aber grundsätzlich verschieden.

Etwas verblüffend ist es schon, daß nun Sokrates zu Beginn seines Berichts sofort bemerkt, er wolle sich Agathons Einteilung der Materie aneignen, und weiterhin feststellt, er habe seinerzeit gegenüber Diotima genau so argumentiert wie heute Agathon gegen ihn. Dadurch gerät die ganze scharfe Auseinandersetzung mit Agathon (S. 246–252) in ein eigentümliches Licht. Doch die Hauptsache ist für Platon die, daß das Gespräch mit Diotima genau an dem Punkt beginnt, an dem Sokrates dasjenige mit Agathon unterbrochen hatte.

Was ist Eros, wenn er weder schön noch gut ist? Er ist etwas dazwischen, und wie das zu verstehen sei, wird am Begriffspaar wissend-unwissend demonstriert. Dieses Paar erscheint hier (S. 252 f.) als bloße Illustration, doch wird sich bald zeigen, daß es weit mehr ist als dies. Von der Mitte zwischen dem Wissenden und dem Unwissenden hatte schon der »Lysis« gesprochen; doch an unserer Stelle erhält diese Mitte einen eigenen Namen: »wahre Meinung« (letztlich aus dem »Menon«). Der Gedanke ist erlaubt, daß Platon diese Begriffsgruppe auch darum eingeführt hat, weil es ungleich schwerer gewesen wäre, die Mitte zwischen schön und häßlich, zwischen gut und schlecht eigenständig zu charakterisieren. Allerdings muß auch sie charakterisiert werden, denn sie ist der Ort des Eros. Aber dies geschieht nun (S. 253–255) auf eine außerordentlich überraschende Weise. Platon wagt eine der kühnen Synthesen, an denen sein Werk so reich ist, und geht von der ethischen Begrifflichkeit unvermittelt zur Theologie über. Eros ist weder ein Gott noch ein Mensch, sondern ein Dämon. Für die nachplatonische Spekulation bis hinab zur Dämonologie des Apuleius und der Neuplatoniker hat diese Stelle eine ungeheure Bedeutung gehabt. Wir lassen das auf sich beruhen und heben statt dessen lieber hervor, daß hier (S. 254f.) offensichtlich an das Daimonion des Sokrates gedacht wird. Es übermittelt ja dem Sokrates den Willen der Gottheit; so hat es Platon immer gemeint, auch wenn er es nicht auszusprechen pflegt, sondern es dem ebenso frommen wie naiven Xenophon überläßt, den theologischen Ort des Daimonion exakt zu bestimmen.

Unerwartet ist auch die Frage, die Sokrates anschließt (S. 255). Sie hat keinen andern Zweck, als den kleinen Mythos zu motivieren, den Diotima skizziert (S. 255 f.). Spielerisch werden einige, in älteren Sagen gewiß schon längst bereit liegende Züge zusammengerafft zu einer Improvisation, in der die Zwischenstellung des Eros auf das schönste anschaulich wird. Es ist schon beachtet worden, daß der Eros dieses Mythos in mehr als einer Einzelheit dem platonischen Sokrates selbst ähnlich sieht. Darum überrascht es uns auch nicht mehr, wenn er als der Philosoph par excellence erscheint (schon S. 255, dann nachdrücklich S. 256). Die Formel, daß der Philosoph derjenige ist, der zwischen dem Wissenden und dem Unwissenden in der Mitte steht, berührt sich beinahe wörtlich mit derjenigen des »Lysis«. Ob der Philosoph auch derjenige ist, der »die wahre Meinung« vertritt (vgl. S. 253), erfahren wir nicht, und vorsichtigerweise werden wir dies auch in der Schwebe lassen. Wir werden uns mit der Auskunft begnügen, daß Eros als Dämon zwischen Gott und Mensch, als Philosoph zwischen Wissen und Unwissenheit steht.

Damit ist die Frage nach dem Wesen des Eros beantwortet. Diotima schließt damit, daß sie den Irrtum aufklärt, dem Sokrates anfangs (und in unserm Symposion Agathon) erlegen war: er hatte Eros für einen Gott gehalten, weil er nicht an den Liebenden, sondern an das Geliebte gedacht hatte. Der Leser wird sich sagen, daß dieser Irrtum nicht von ungefähr entstanden ist, doch Platon läßt diesen Punkt vorläufig auf sich beruhen.

Der Disposition Agathons gemäß (vgl. S. 249 und 252) folgt auf die Wesensfrage die Frage nach dem Wirken des Eros. Und zwar wird gefragt: Was erstrebt der Liebende, wenn er das Schöne oder das diesem hier wie schon vorher (S. 252) gleichgesetzte Gute erstrebt? Die Antwort lautet: Er will es besitzen, denn in diesem Besitz liegt die Eudaimonia, womit wir augenscheinlich in die unmittelbare Nähe eines berühmten Abschnittes des »Euthydemos« geraten. Dazu stimmt die weitere Feststellung, daß diese Liebe zum Guten allen Menschen zu allen Zeiten eigen ist; freilich wird in einer kurios pedantischen Art angemerkt, daß der Sprachgebrauch den Begriff der Liebe viel enger faßt, als er hier gemeint ist; doch das soll uns nicht anfechten (S. 257f.).

Das bisher gewonnene Ergebnis erlaubt nun eine kurze, aber überaus bezeichnende Ablehnung der These, die Aristophanes in seiner Rede vertreten hatte: Wir lieben nicht die »andere Hälfte« von uns, sondern nur das Gute. Höchstens dann hätte jene These recht, wenn man das Gute zugleich als das wahrhaft »Eigene« auffassen wollte, womit ein Gedanke der Agathonrede (S. 246) aufgegriffen ist. Er findet sich aber bereits in »Charmides«.

Von da an werden die Ausführungen Diotimas immer verschlungener und, wie wir uns eingestehen müssen, unübersichtlicher. Zunächst wird wiederholt, daß der Liebende den immerwährenden Besitz des Guten erstrebt. Dann stellt

Diotima die Frage nach dem Werk des Eros aufs neue (S. 260) und beantwortet sie selbst mit einem Begriff, der auf Sokrates als ein Rätsel wirkt und auch so wirken soll: »Das Zeugen im Schönen.« In der folgenden Erläuterung (S. 261–265) verflechten sich kühn ganz verschiedene Gedanken. Auf einer ersten Ebene steht das einfache Hervorbringen des Schönen und Guten, sozusagen als Ergänzung zum Erstreben und Besitzen des Guten. Auf einer zweiten Ebene begegnen wir einem Gedanken naturphilosophischer Herkunft; Aristoteles hat ihn mehrfach aufgenommen, doch ist er bestimmt älter als Platon: Alle Lebewesen, Menschen wie Tiere, streben nach der Unsterblichkeit. Sie vermögen sie aber nur in der Weise zu erlangen, daß sie immer wieder ein neues Wesen hervorbringen, das ihnen ähnlich ist. Im Wunsche, zu zeugen und zu gebären, verbirgt sich der Wunsch nach Unsterblichkeit. Drittens hören wir endlich, daß es jenseits des körperlichen Zeugens auch ein geistiges gibt, das Hervorbringen edler Taten vor allem in der Dichtung und in der Verwaltung von Staaten. In einer seltsam altertümlich wirkenden Weise werden Homer und Hesiod genannt, Lykurg und Solon als Männer, die die höhere Unsterblichkeit des Nachruhmes ihrer Werke erlangt haben.

Doch das ist noch nicht alles. In Wendungen, die der Mysteriensprache entlehnt sind (S. 265 f.); der Neuplatonismus hat diese Wendungen ausgebaut und ist dadurch in beträchtlichem Umfang zum Anreger der mittelalterlichen Mystik geworden), verkündet Diotima, daß noch ein letzter Ausblick auf die Werke des Eros übrigbleibe (S. 266–269). Geschildert wird der gesamte Weg der Philosophie, den ein junger Mensch wird gehen können, falls er unter rechter Führung steht. Den Anfang macht die Liebe zu einem einzelnen schönen Körper; es folgt die Liebe zur körperlichen Schönheit überhaupt derart, daß das Einzelne im Allgemeinen aufgeht. Der nächste Schritt ist die Liebe zur seelischen Schönheit und (mit einer nicht selbstverständlichen Verschiebung) zu den Dingen, die die Seele schön und gut machen können. Unter diesen sind als erstes die edlen Sitten und Gesetze zu nennen, dann die von ihnen durchaus unterschiedenen edlen Wissenschaften und schließlich als letztes und höchstes die eine Wissenschaft vom Schönen an sich. Mit neuem Ansatz wird von Kap. 29 (S. 267) an beschrieben, was ihr Gegenstand eigentlich ist. Es ist die Idee des Schönen, die vor dem Liebenden plötzlich sichtbar wird wie eine Offenbarung in den Mysterien. Sie erweist sich als ewig, als unwandelbar mit sich selbst gleich, als gestaltlos und für sich bestehend. Das Werdende und Vergehende hat an ihr teil, ohne daß sie selbst jemals sich veränderte. Dies ist, wie Diotima sagt (S. 267 f.), das Ziel aller Liebeskunst. Ausdrücklich erklärt sie (und der Begriff wird für die spätere Philosophie überaus wichtig werden), daß man in Stufen zu dem Ziel emporsteigt. Zusammenfassend werden die Stufen noch einmal genannt, und in einen enthusiastischen Preis des »Schönen selbst« mündet die Rede. Schon im irdischen Leben möchte man um der Schau dieses Schönen willen alles andere fahren lassen; wie wird es erst sein, wenn wir es in seiner vollen göttlichen Klarheit zu erblicken vermögen. Wer diesem Schönen an sich nahekommt, dem allein wird es gelingen, wahrhaft im Schönen zu zeugen.

Dieser Text ist der philosophische Mittelpunkt des »Symposion«. Die Moderne hat ihn wohl im ganzen mehr geschätzt als die Antike, was nicht unverständlich ist. Denn da werden einige platonische Grundgedanken ausgesprochen ohne den methodischen Unterbau, den etwa der »Phaidon« so sorgfältig zubereitet. Diotima ist und bleibt ja Priesterin. Ihre Aufgabe ist es, Wahrheiten zu verkündigen, und nicht etwa, weitläufige logische und ontologische Untersuchungen durchzuführen. So bietet das »Symposion« der Antike, die dem System nachgeht, weniger als einer spätern Zeit, die sich an der Schau des ewig Schönen aufrichten möchte. Aber die Kraft, mit der Platon gerade in dieser Rede die verschiedenartigsten Gedanken zusammengezwungen hat, ist und bleibt bewunderungswürdig.

In wenigen Schlußsätzen legt nun Sokrates den Zuhörern die Weisheit Diotimas ans Herz und bekennt, daß eben diese Weisheit ihn dazu gebracht hat, Eros ganz besonders zu ehren und zu huldigen.

Und darauf folgt der Umschlag, gestaltet mit derselben unendlichen Kunst, die in den letzten Seiten des »Phaidon« lebt, aber auch schon am Ende des »Euthydemos« zu spüren ist. Aus der Entrücktheit in die fernsten Höhen großartiger, aber auch etwas mühseliger Spekulation kehren wir mit einem Ruck in die Realität des Tages zurück. Aristophanes möchte die Anspielung des Sokrates auf seine eigene Rede (S. 260) zur Diskussion stellen. Aber er kommt nicht mehr zum Wort, denn unter lautem Lärm stürmt nun, begleitet von einer Flötenspielerin und einer Schar ausgelassener Genossen, Alkibiades herein und verlangt Agathon zu sehen. Er will ihn bekränzen und setzt sich ohne Umschweife neben ihn. Erst zu spät bemerkt er zu seiner Bestürzung, daß sein anderer Nachbar bei Tisch Sokrates ist. Es beginnt ein Wortgeplänkel, in welchem trunkenes Spiel und tiefe Leidenschaft sich auf das seltsamste vermischen (S. 269–273).

Alkibiades ist eifersüchtig auf Sokrates, daß er sich ausgerechnet neben Agathon gesetzt hat. Sokrates bittet Agathon, ihn vor der Eifersucht zu schützen, die ihn verfolgt. Doch Alkibiades will nichts davon wissen, und in plötzlichem Entschluß greift er nach dem Kranz, den er Agathon gebracht hat, und setzt ihn Sokrates aufs Haupt. Denn der Logos des Sokrates siegt nicht nur für einen Tag und vor wenigen Menschen wie derjenige Agathons, sondern immer und überall.

Nach dieser aufblitzenden Huldigung gleitet die Konversation eine Weile ab ins Banale. Alkibiades läßt größere Becher bringen und fordert zu lebhafterem Trinken auf. Eryximachos orientiert ihn darüber, was die Gesellschaft bis dahin getrieben hat. Man wird nun auch von ihm eine Lobrede auf Eros erwarten. Doch Alkibiades erklärt malitiös und bedeutungsvoll, er traue sich nicht, in der Gegenwart des Sokrates eine Lobrede auf jemand andern zu halten als eben auf Sokrates selbst. Eryximachos ist es recht, Sokrates protestiert, und Platon läßt nun mit subtilster Kunst Alkibiades dasselbe Postulat gegen Sokrates ausspielen, das dieser nicht sehr urban gegen Agathon eingewandt hatte: Es gilt die Wahrheit zu sagen und nichts anderes (S. 273; vgl. S. 247f.).

Und nun folgt die Alkibiades-Rede (S. 273–285), dem Diotima-Gespräch ebenbürtig gegenübertretend und sich zu ihm verhaltend wie die Wirklichkeit zur bloßen Theorie.

Aufs Ganze gesehen besteht sie aus drei Teilen, die sich recht deutlich unterscheiden lassen. Zwei Teile sind von je einem Vergleich beherrscht. Mit dem zaubermächtigen Flötenspieler Marsyas wird Sokrates verglichen dort, wo von der überwältigenden Kraft seines Logos geredet werden soll. Schon eine frühere Stelle (S. 271) hatte dies flüchtig berührt; nun erfahren wir (S. 274–277), wie derjenige, der Sokrates einmal gehört hat (oder, wie beziehungsreich gesagt wird, wer einen andern hörte, der in der Art des Sokrates sprach), an andern Rednern kein Interesse mehr finden kann. Alkibiades selbst ist immer wieder im Innersten erschüttert von den Worten des Sokrates, ja noch mehr: mag er sich noch so oft von seinem Ehrgeiz und der Gunst der Menge verführen lassen, er weiß doch unentrinnbar, daß Sokrates recht hat. Er schämt sich vor Sokrates und kommt sich vor wie ein Sklave.

Daß Platon hier das Verhältnis zwischen Sokrates und Alkibiades ähnlich schildert wie wohl schon vor ihm der Sokratiker Aischines in einem uns verlorenen Dialog »Alkibiades«, sei nur am Rande angemerkt.

Zweitens wird Sokrates mit einer Silen-Statuette verglichen, wie sie in Platons Zeit offenbar häufig angefertigt wurden. Äußerlich zeigt sie den munteren, zu verliebtem Spiel jederzeit aufgelegten Waldkobold, doch wenn man sie aufmacht, findet man in ihrem Innern Götterbilder (S. 274, 277–282). So ist Sokrates zunächst der Verliebte, der mit ruheloser Leidenschaft allem Schönen nachjagt. Lernt man ihn aber näher kennen, so entdeckt man, daß hinter solcher Verliebtheit eine wahrhaft übermenschliche Selbstzucht sich verbirgt. Alkibiades selbst hat dies auf das schmerzhafteste und demütigendste erfahren. In Kap. 33 und 34 (S. 277–281) steht die berühmte Erzählung (in einer Geschichte vom Philosophen Xenokrates, zwei Generationen nach Platon, ist sie, freilich mit arger Vergröberung, nachgebildet worden), wie Alkibiades Sokrates mit List und Leidenschaft zu verführen sucht; und selbst der kühnste Versuch scheitert an der unangreifbaren Ruhe des Freundes.

Die Gewalt des Logos und die Selbstbeherrschung: dies sind die beiden Elemente, die für Alkibiades mehr als alles andere das Wesen des Sokrates ausmachen. Es trifft sich eigentümlich, daß der wohlmeinende und schreibfreudige Literat Xenophon dort, wo er von den Beziehungen zwischen Sokrates und Alkibiades spricht, ebenfalls von diesen beiden Wesenszügen ausgeht, sie dann allerdings ganz anders auswertet als Platon. – Miteinander verknüpft erscheinen sie im letzten Abschnitt der Rede des Alkibiades (S. 284f.). Der Silenvergleich erhält hier eine neue Bedeutung, die ihn ganz nahe zum Marsyas-Vergleich rückt. Wenn man den Reden des Sokrates oberflächlich zuhört, so scheint er dauernd nur von Schustern, Schmieden und ähnlichem Zeug zu schwatzen. Sucht man aber ihren verborgenen Sinn, so entdeckt man, wieviel Geist und göttliche Würde in ihnen wohnt. Von diesen Reden ist nicht nur Alkibiades selbst überwältigt worden, sondern auch viele andere, die seither von unheilbarer Liebe zu Sokrates gefangen sind.

Es bleibt der dritte Hauptteil der Alkibiades-Rede, der einzige, den man in einem gewissen Umfang als konventionell empfinden mag (S. 281–284). Er enthält einige Berichte über das Verhalten des Sokrates in den Feldzügen von Poteidaia und Delion (den ersten hatte kurz der »Charmides« erwähnt, den zweiten der »Laches«). Sie fügen sich gewiß einwandfrei ein insofern, als sie sich als persönliche Erinnerungen des Alkibiades geben. Aber mit dem zentralen Gedanken: Sokrates als Philosoph und als Liebender haben sie unmittelbar nicht zu tun. Man hat den Eindruck, Platon habe sie beigegeben, weil er an dieser einzigartigen Stelle seines Werkes ein möglichst umfassendes Porträt des Sokrates habe gestalten wollen; vielleicht auch, weil ihm daran lag, den Bericht über das Intimste zu ergänzen durch Hinweise auf die Bewährung des Sokrates in der Öffentlichkeit. So hören wir, daß er Hunger erträgt wie kein anderer, aber auch, daß niemand sich mit ihm an Trinkfestigkeit messen kann. Kälte belästigt ihn ebensowenig wie Hitze. In der siegreichen Schlacht bei Poteidaia hat er sich so tapfer geschlagen, daß ihm der Siegespreis gebührt hätte und nicht Alkibiades; und nicht minder bewundernswert war seine unerschütterliche Standhaftigkeit in der Niederlage bei Delion. Das sind Dinge, die sogar der Biedermann Xenophon hätte anführen können. Wir hören gerne zu, wenn Platon sie in seiner unvergleichlichen Sprache erzählt, aber daß sie etwas aus dem Rahmen fallen, ist unverkennbar.

Mit einer Warnung an Agathon, sich nicht wie er und so

viele andere von Sokrates in eine Falle locken zu lassen, schließt Alkibiades seinen Vortrag. Sokrates, der doch unter den Hörern war, hat kein einziges Mal Einspruch erhoben. Er konnte es auch nicht; denn Alkibiades hat nicht versäumt, ihm immer wieder einzuhämmern, daß er ja nur die Wahrheit sage und nichts als die Wahrheit. Aber nun, nach dem Ende der Rede, meldet sich Sokrates zum Worte, und wir kehren für eine kurze Weile (S. 285 f.) zu dem symposiastischen Geplänkel zurück, das schon den Auftakt zur Rede gebildet hatte (S. 269–274). Geschickt und angemessen sucht Sokrates die Lobrede dadurch abzuwehren, daß er behauptet, sie habe keinen andern Zweck verfolgt als den, Sokrates und Agathon zu entzweien. Denn daß nun etwa Sokrates und Agathon einander lieben, kann die Eifersucht des Alkibiades unter keinen Umständen dulden. Agathon stimmt Sokrates zu und möchte darum seinen Platz wechseln. Doch da ergeben sich neue Schwierigkeiten. Denn Sokrates möchte seinerseits zu einer weitern Lobrede ausholen, nicht etwa auf Alkibiades, sondern auf Agathon – ein prächtiger Einfall: dies muß nicht bloß die Eifersucht des Alkibiades aufs äußerste reizen; es schickt sich auch, daß das Fest, das nun seinem Ende entgegengeht, sich noch einmal dem Gastgeber zuwendet. Doch es kommt nicht mehr zu einer solchen Rede. Ein zweites Mal stürmt von draußen her eine ausgelassene Gesellschaft in den Saal, und alle Ordnung löst sich auf.

Es bleibt eine letzte Szene, eine letzte Huldigung an Sokrates (S. 286 f.). Die Nacht ist fortgeschritten, und die meisten Symposiasten haben sich entfernt, unter ihnen augenscheinlich auch Alkibiades. Zurückgeblieben sind nur noch Aristodemos, der Berichterstatter, und einige Ungenannte, die gleich ihm immer wieder vom Schlaf übermannt werden, dann Sokrates, Agathon und Aristophanes. Sokrates, dem weder der Wein noch die Müdigkeit etwas anhaben können, beginnt mit den beiden ein neues Gespräch. Dichter sind die beiden, und so klingt der Gedanke an, der schon den Dialog »Ion« beschäftigt hatte: wer die Dichtung als wirkliche Kunst ausübt, darf sich nicht auf eine der üblichen Gattungen beschränken, sondern muß sie alle beherrschen können. Während des Gesprächs schläft allmählich auch Aristophanes ein und als letzter Agathon. Darin liegt ein diskretes und doch unüberhörbares Lob auf den jungen Gastgeber: er ist nicht nur schön und liebenswürdig, er ist auch derjenige, der von allen am längsten beim sokratischen Logos auszuharren vermag; kein Zweifel, daß Platon diese Gestalt im Grunde sehr geliebt hat.

Unbesiegbar ist freilich allein Sokrates. Er steht auf und begibt sich, da es nun Morgen geworden ist, an seine gewohnte Tätigkeit. Die kleine Szene will auch nicht mehr als von der Tapferkeit der beiden Dichter, zumal Agathons, und eben von der Unbesieglichkeit des Sokrates reden. Was an einer Stelle des Berichts des Alkibiades schon angedeutet war, dort freilich eher als eine Kuriosität (S. 282 f.), das zeigt sich hier in seinem vollen Sinne: die Unbedingtheit, mit der Sokrates dem Logos dient und bei Tag und Nacht ohne Unterbruch philosophiert. Auf das Thema dieses letzten kleinen Gesprächs kommt nicht viel an. Ich bemerkte schon, daß es grundfalsch wäre, es so aufzufassen, daß Platon bei der Tragödie an seinen eigenen »Phaidon« und bei der Komödie an das »Symposion« gedacht hätte. Platon ist kein Literat, dem man derart aufdringliche Anspielungen zutrauen dürfte. Die Beharrlichkeit des sokratischen Logos ist das einzige, was dem Leser in dieser großartigen Geste noch einmal entgegentreten soll.

Es wurde oben schon gesagt, daß das »Symposion« alles in allem genommen in der modernen Zeit vermutlich bedeutend mehr aufmerksame Leser gefunden hat als in der Antike. Das hat seinen guten Grund. Ich meine damit allerdings nicht die Tatsache, daß die moderne Hintertreppenpsychologie aus dem »Symposion« den ebenso bekannten wie berüchtigten Begriff der »platonischen Liebe« herausgezogen hat. Wir halten uns bei ihm nicht auf. Denn er ist in der Tat das volle Eigentum der Bewohner der Hintertreppen.

Man wird aber wohl sagen dürfen, daß das »Symposion« unter allen Dialogen dem modernen Leser den (relativ) leichtesten und gewiß schönsten Zugang zu den Zentren des platonischen Philosophierens bietet. Platon hat da bis auf wenige Stellen den Charakter einer heiteren und unbeschwerten Konversation festzuhalten gewußt. Die wissenschaftliche Apparatur der Definitionen, Dihäresen und Syllogismen tritt völlig zurück. Was Platon gibt, ist ein in großen Strichen gezeichnetes Gesamtbild seiner Grundgedanken wie der Person des Sokrates. Der Grundgedanken insofern, als wir nicht übersehen können, daß der Eros im besondern und eigentlichen Sinne nur teilweise den Gegenstand der Gespräche ausmacht. Vor allem in der Diotima-Rede geht er so gut wie völlig auf in ein ganz elementares und allgemeines Streben nach dem Guten und Schönen überhaupt, nach der Wissenschaft vom Guten, nach der Schau des ewigen Seienden. Und wenn auch alle übrigen Dialoge die Absicht verfolgen, nicht bloß Probleme zu verhandeln, sondern auch Sokrates als den wahren Philosophen zu schildern, so ist doch das »Symposion« in einem einzigartigen Ausmaße ein Porträt des Sokrates. Von Anfang an ist es durchzogen von porträtierenden Einzelheiten, und die Rede des Alkibiades, in der sich Realität und Idealität vermischen, findet im gesamten Corpus Platonicum nicht ihresgleichen.

Die systematische Ausbeute des Dialogs ist verhältnismäßig gering. Darum hat die Antike, von wenigen Stellen abgesehen, nicht viel mit ihm anzufangen gewußt. Der moderne Leser aber, der vor allem einem lebendigen, großzügigen Philosophieren zuhören möchte, wird vom »Symposion« mehr als von den meisten andern Dialogen ergriffen sein.

5

Wir besitzen aus der vorchristlichen Zeit sehr wenig Äußerungen über den literarischen Rang der Dialoge Platons. Um so bemerkenswerter ist ein Urteil, das von Dikaiarchos stammt, der ein Schüler des Aristoteles war und vermutlich Platon noch persönlich gekannt hat. Er spricht über den Dialog »Phaidros« und meint, es sei ein wenig geglücktes Werk. Die gesamte Darstellungsweise ermangle der Vornehmheit, und die Behandlung des Gegenstandes habe etwas Unreifes. Dieses scharfe Urteil kommt nicht von ungefähr. Der »Phaidros« ist der locus classicus Platons für die Lehre von der sich selbst bewegenden Seele. Dikaiarchos hat sie (unter dem Einfluß des Aristoteles) entschieden abgelehnt, doch ohne sich damit als Gegner Platons schlechthin erklären zu wollen. Er wählte vielmehr einen Mittelweg, indem er den »Phaidros« als Werk diskreditierte und zu verstehen gab, er dürfe nicht als gültiger Ausdruck der platonischen Philosophie aufgefaßt werden. Rund vier Generationen später hat ein Gesinnungsverwandter Dikaiarchs, Panaitios, nicht bloß, wie es scheint, den aristotelischen Dialog über die Unsterblichkeit, den »Eudemos«, als ein Buch bezeichnet, in welchem Aristoteles gar nicht ernsthaft seine eigene Meinung vertreten habe; er hat es sogar gewagt, die Echtheit des platonischen »Phaidon« anzuzweifeln. Die Antike ist, wie man sieht, beim Wegräumen unbequemer Texte autoritativer Philosophen nicht zimperlich gewesen.

Ob Dikaiarch mit seinem Urteil auch behaupten wollte, der »Phaidros« sei nicht allein unreif im Gehalt, sondern auch faktisch in Platons Jugendzeit verfaßt, läßt sich nicht sicher sagen. Allerdings ist in der spätern Antike und bis in die Neuzeit hinein in der Tat immer wieder gemeint worden, der »Phaidros« sei einer der frühesten, wenn nicht überhaupt der früheste Dialog Platons. Erst die Forschung der letzten Jahrzehnte hat diese Einordnung als völlig unmöglich erwiesen. Es kann gar keine Rede davon sein, daß Platon den »Phaidros«, so, wie wir ihn lesen, zu derselben Zeit geschrieben hätte wie etwa den »Charmides« oder »Lysis«. Viele Jahre werden dazwischen liegen, und manches spricht dafür, daß er sogar um ein beträchtliches später entstanden ist als der »Phaidon«.

Dies schließt freilich nicht aus, daß Platon bei der Abfassung des »Phaidros« (so wie es bei der »Politeia« ohne Frage geschehen ist) ältere Skizzen und Entwürfe benutzt und eingearbeitet hat. Doch diese Möglichkeit lassen wir hier auf sich beruhen.

Wichtiger für uns ist, daß in einem andern Sinne die Kritik des Dikaiarchos eine gewisse Berechtigung besitzen mag. Trotz der schön gestalteten äußern Szenerie des Gesprächs zeigt der »Phaidros« nicht die innere Geschlossenheit, die den »Phaidon« oder das »Symposion« auszeichnet; und der aufmerksame Leser wird sich am Ende nicht recht klar darüber, was denn eigentlich der letzte und umfassende Sinn des gesamten umfangreichen Dialoges ist.

Darum wird es auch das beste sein, sogleich in die Übersicht über den Inhalt einzutreten.

Die Szenerie ist ungewöhnlich. Sokrates befindet sich (wir erfahren nicht, warum) auf freiem Feld außerhalb der Mauern von Athen und begegnet da dem Phaidros, dem an urbanem Gespräch wie an Liebesdingen interessierten jungen Mann, der uns schon aus dem »Protagoras« und vor allem dem »Symposion« bekannt ist. Phaidros hat sich schon seit dem frühen Morgen beim berühmten Redner Lysias aufgehalten. Jetzt, um die Mittagszeit, hat er das begreifliche Bedürfnis, ein wenig im Freien spazieren zu gehen, zumal da er weiß, daß auch vom ärztlichen Standpunkt aus solche Spaziergänge ungemein gesund sind.

Sokrates erkundigt sich sofort nach Lysias und wünscht Einzelheiten über die Darbietung zu erfahren, die Phaidros gehört hat; denn für solche Dinge hat er immer Zeit.

Damit beginnt das Vorgespräch (S. 288–293). Phaidros berichtet, Lysias habe eine Rede vorgetragen, und zwar über ein Problem der Liebeskunst: ein junger Mann beweist einem Knaben, daß es besser sei, seine Gunst jemandem zu schenken, der nicht verliebt ist, als einem Verliebten. Diese These gilt sofort als paradox (wie wenig sie es im Grunde ist, wird sich später zeigen), und Sokrates reagiert zunächst mit einer etwas groben Zurechtweisung: Lysias hätte eher darlegen sollen, daß ein Knabe sich einem Armen und nicht einem Reichen, einem ältern und nicht einem jungen Manne zuwenden solle. Denn da hätte Sokrates (der selbst arm und nicht mehr jung ist) auch einen Gewinn davon gehabt (S. 289). Auf den modernen Leser wirkt diese Art und Weise, mit der Sokrates hier (und öfters bei Platon) mit seiner Armut und seinem vorgerückten Alter kokettiert, etwas peinlich.

Außerdem sind wir etwas verwundert, daß er trotz dieser Kritik sich gerne bereit erklärt, einem noch so langen Bericht des Phaidros zuzuhören. Phaidros ziert sich zwar und behauptet, die wundervolle Rede (»Essay« würden wir modern wohl eher sagen) unmöglich reproduzieren zu können. Doch Sokrates läßt nicht locker und errät rasch, daß Phaidros den Text aus Begeisterung nicht bloß auswendig gelernt, sondern auch ausgeliehen hat und bei sich trägt. Sehr hübsch wird bemerkt (S. 290), daß sich eben in Sokrates und Phaidros zwei gleichgesinnte Liebbhaber des Logos getroffen hätten.

So gibt denn Phaidros nach. Der Text soll vorgelesen werden (S. 290). Die Stelle ist aus drei Gründen von ungewöhnlicher Bedeutung. Zunächst steht das Vorlesen eines geschriebenen Textes, wie das hier geschieht (S. 293 ff.), zweifellos im stärksten Gegensatz zum lebendigen Gespräche; die Traktatform, wie sie der Essay des Lysias zeigt, ist ja gerade das, was durch den sokratischen Dialog überwunden werden soll. Platon ist dies durchaus bewußt. Darum schafft er gegen Ende des Dialoges ein Gegengewicht gegen den Buchvortrag in dem berühmten Abschnitt (S. 365 ff.), in welchem der Rang des Geschriebenen und des Gesprochenen gegeneinander abgewogen werden; er läßt keinen Zweifel daran, daß dasjenige, was als Gesprochenes unmittelbar in die Seele dringt, unvergleichlich viel höher steht. Dennoch hat es zweitens natürlich seinen guten Grund, wenn Platon in einem Dialog ein geschriebenes Werk wörtlich vorgelesen werden läßt. Es kommt ihm eben in diesem Dialog nicht allein auf die Sache, sondern auch auf die Form an, in der Lysias seine These entwickelt. Es sollen formale Kompositionsprobleme diskutiert werden, und dies kann nur an Hand eines bestimmten, im vollen Umfang mitgeteilten Textes geschehen. Dies führt nun zum dritten Problem. Was ist dieser Text? Ist er faktisch vom Redner Lysias (von dem uns im übrigen ziemlich viel erhalten ist) verfaßt und von Platon zitiert oder hat ihn vielmehr Platon selbst »in der Manier des Lysias« geschrieben? Das Problem ist viel diskutiert worden. Vermutlich ist es mit unsern Mitteln unlösbar. Für die Herkunft von Lysias spricht: erstens, daß der Stil einwandfrei lysianisch ist, und zweitens, daß Platon mit seiner Kritik augenscheinlich den geschichtlichen Lysias selbst treffen will. Wir werden noch sehen, wie Fachausdrücke aus den Büchern zeitgenössischer Redelehrer klar zitiert werden (ab S. 351); das könnte einen Rückschluß gestatten. Gegen die Herkunft von Lysias spricht, daß ein derart umfangreiches Zitat aus einem fremden Autor in einem künstlerisch anspruchsvollen Werke, wie es die Dialoge Platons sind, in der Zeit der griechischen Klassik sehr selten vorkommt. Wo Platon sonst fremde Texte diskutiert, formt er sie gründlich um; und wenn in unserm Falle daran erinnert wird, daß es eben auf den Wortlaut ankommt, so darf man nicht übersehen, daß die Antike eine zuweilen phänomenale Fähigkeit besessen hat, fremde Stile getreu zu imitieren. Selbst moderne Forscher, die über alle Mittel der Stilanalyse verfügen, lassen sich noch von antiken Imitationen des Stils Platons selbst oder etwa des Sallust oder Seneca irreführen.

Klarheit ist also nicht zu erlangen. Doch hübsch ist, daß wir Reste eines Parallelfalls besitzen. Antike Anekdoten berichten, Lysias habe im Jahre 399 v. Chr. für Sokrates eine schöne Verteidigungsrede verfaßt und sie ihm zur Verfügung gestellt. Sokrates habe erwidert, sie sei zwar schön, aber nicht zu ihm passend. Und nun besitzen wir tatsächlich einige Fragmente einer solchen »Verteidigungsrede des Lysias«. Sollten auch sie samt der Anekdote letzten Endes aus einem sokratischen Dialog stammen? Wenn ja, so stellt sich bei ihnen das Problem ihres Verfassers zwangsläufig genau so wie im »Phaidros« beim Essay über die Liebe.

Nun zurück zum Dialog. Es gilt jetzt, einen behaglichen Platz für die Lektüre zu suchen. Nahe beim Flüßchen Ilissos im Schatten einer hohen Platane findet er sich. Ein eigenes kleines Gespräch knüpft an ihn an (S. 291–293). Phaidros fragt, ob nicht an diesem Orte der Sage nach der Windgott Boreas die Nymphe Oreithyia geraubt habe. Sokrates berichtigt ihn, der Ort befinde sich einige hundert Meter weiter, worauf Phaidros weiter fragt, was Sokrates denn grundsätzlich von solchen Sagen halte. Deutlich vermeidet es Sokrates, eine entschiedene Antwort zu geben. Weise Leute, erwidert er, würden antworten, hinter der Sage stecke nichts weiter als die Erinnerung an einen gewöhnlichen Unfall; doch solche rationalistischen Erklärungen seien ihm höchst zuwider. Wollte man sie auf alle Sagen anwenden, so ende man bei einer verzweifelten Spießbürgerlichkeit (S. 291 f.).

Platon polemisiert da – sehr klug – gegen die Vertreter einer bestimmten Art von Aufklärung, die ja noch zu Anfang unseres 20. Jahrhunderts in hoher Blüte stand.

Sokrates geht aber noch weiter. Für den Logos hat er Zeit, wie wir hörten (S. 288), nicht aber für solche Dinge. Denn lächerlich wäre es, die äußere Welt erforschen zu wollen, ehe er sich selbst kennengelernt hat (S. 292). Merkwürdige Beziehungen zu einem Weisheitsspruch Demokrits, einem bekannten Satz des xenophontischen Sokrates (Memorabilien I, 1,12) und schließlich zu Platons eigenem »Charmides« kreuzen sich da; doch müssen wir dies auf sich beruhen lassen.

Denn das kleine Gespräch ist noch nicht zu Ende. Die beiden Freunde sind inzwischen bei der Platane angelangt. In begeisterten Worten beschreibt Sokrates den freundlichen Ort und dankt Phaidros für die gute Führung, was Phaidros verwundert: Sokrates scheine sich in der Umgebung seiner Vaterstadt wie ein Fremder zu fühlen (ganz stimmt es ja nicht: vorher (S. 291) war es Sokrates und nicht Phaidros, der wußte, wo der Boreasaltar steht!). Sokrates weiß dies wohl zu erklären. Nur die Menschen, nicht die Natur vermögen ihn zu belehren. Dieser etwas allzu berühmte Ausspruch (S. 293) soll evident als Ergänzung zu dem vorher Gesagten (S. 292) aufzufassen sein. Denn das »Erkenne dich selbst« meint das Erkennen des eigenen Menschseins, und das kann nur im Umgang mit den andern Menschen recht geschehen, während die außermenschliche Natur in jeder ihrer Gestalten draußen bleibt. Auf großartige Weise ist hier ins Leben transponiert, was die antiken Handbücher der Philosophiegeschichte als »Gleichgültigkeit des Sokrates gegenüber der Naturphilosophie« rubrizieren.

Es folgt die Rede, der Essay des Lysias (S. 293–299).

Einleitend wird in wenigen unbestimmten Worten vorausgesetzt, daß ein enges Verhältnis zwischen dem Sprechenden und einem angeredeten Knaben schon besteht. Es soll nun gezeigt werden, daß der Knabe nicht nur keinen Schaden, sondern Nutzen davon hat, daß der Sprecher in ihn nicht verliebt ist. Die These ist nur scheinbar ein paradoxes Spiel. Faßt man die Liebe ausschließlich als eine vernunftwidrige und eigensüchtige Leidenschaft, so leuchtet ein, daß man einen Partner vorziehen wird, den diese Leidenschaft nicht beherrscht. Der Sache nach wird Sokrates dagegen nur einzuwenden haben, daß es eben auch noch einen anderen Eros gibt.

Lysias beweist seine Behauptung in einer archaisch locker aufgereihten Folge von Reflexionen. Wir fassen sie so kurz wie möglich zusammen.

Erstens bereuen die Verliebten die dem Geliebten erwiesenen Freundlichkeiten, sobald ihre Leidenschaft abklingt; die Nichtverliebten dagegen nicht.

Zweitens ärgern sich die Verliebten über den Schaden, den die Liebesleidenschaft über ihre eigenen Angelegenheiten gebracht hat, und rechnen diesen Schaden dem Geliebten vor. Bei den Nichtverliebten gibt es dies nicht.

Drittens verwöhnen die Verliebten ihre jeweiligen Geliebten, wollen aber von demjenigen, den sie früher liebten, nichts mehr wissen.

Viertens gestehen die Verliebten selbst, daß ihr Zustand eine Krankheit und eine bedauerliche Schwäche ist.

Fünftens wird ein Knabe unter der Menge der Nichtverliebten weit eher einen wirklich wertvollen Menschen finden als unter den wenigen, die in ihn verliebt sind.

Sechstens werden die Verliebten gegen alle gute Sitten hemmungslos mit ihren Liebeseroberungen prahlen, die Nichtverliebten hingegen nicht.

Siebentens wird der Verliebte den Geliebten immer wieder in kompromittierende Situationen bringen, nicht aber der auf Höheres bedachte Nichtverliebte.

Achtens ist das Untergehen einer bloß auf Leidenschaft gegründeten Beziehung nicht nur häufig, sondern auch viel demütigender für den Geliebten, als wenn keine Leidenschaft im Spiele war.

Neuntens sind die Verliebten eifersüchtig und suchen jeden Kontakt des Geliebten mit andern Menschen zu hintertreiben. Da zehntens die Verliebten nur die körperlichen Vorzüge schätzen, so schwindet ihre Liebe, sobald jene verlorengehen. Anderseits vermögen elftens die Verliebten nicht das Beste für den Geliebten zu erstreben, teils weil sie schmeicheln wollen, teils weil die Leidenschaft ihre Maßstäbe verfälscht; der Nichtverliebte bedenkt jedoch den wahren Nutzen für die Zukunft und macht sich auch aus kleinen Streitigkeiten nichts.

Zwölftens zeigt unser Verhältnis zu Eltern oder Kindern, wie dauerhaft gerade eine leidenschaftslose Liebe ist.

Endlich soll man grundsätzlich nicht demjenigen seine Liebe gewähren, der am meisten danach verlangt, sondern der ihrer am würdigsten ist. Eine sechsgliedrige Antithesenreihe rekapituliert an dieser Stelle die bisherigen Ratschläge (S. 297f.). Einen Nachtrag bilden zwei letzte Bemerkungen: Verliebte werden von ihren eigenen Freunden getadelt, Nichtverliebte dagegen nicht; doch soll das nicht besagen, daß man unbesehen allen Nichtverliebten seine Gunst schenken solle.

Mit der unerwarteten und hübsch urbanen Aufforderung, Fragen zu stellen, endet der Essay.

Zweifellos fehlt dem Text die systematische Ordnung, und besonders originell wird man die Gedanken nicht nennen wollen. Aber es wird in der Zeit des Sokrates und Platon mancherlei dieser Art gegeben haben. In die Werke von Platons Altersgenossen Isokrates ist ein im Gesamtcharakter vergleichbarer Traktat hineingeraten, und was wir von der Lebensweisheit eines Demokrit wissen, gehört letzten Endes in denselben Umkreis. Mit dem Urteil, unsere Lysiasrede sei nur hohles Geschwätz, wird man ihr entschieden nicht gerecht. Man tut auch Platon keine Ehre an, wenn man (wie im Falle der Agathonrede des »Symposion«) die boshaften Bemerkungen, die seinen Sokrates anbringen zu lassen er für gut hält, einfach paraphrasiert oder gar überbietet.

Boshaft ist die Reaktion des Sokrates allerdings (S. 299–304). Phaidros fragt nach seinem Urteil über das Meisterwerk. Schon seine erste Antwort enthält eine schlimme Kritik: Sokrates ist hingerissen, aber nicht vom Werk, sondern von der Begeisterung des Phaidros, und die zweite Antwort ist noch deutlicher: Es ist Sokrates gar nicht in den Sinn gekommen, daß es bei einem solchen Produkt neben der Gewähltheit des Stiles auch noch auf den Inhalt ankommen könne. Und grob fährt er fort (S. 299), Lysias selbst habe sich wohl kaum um den Inhalt gekümmert, sonst hätte er nicht dieselben Dinge zwei- und dreimal wiederholt.

Der moderne Leser hat das Recht, sich über diese Kritik zu wundern. Denn Wiederholungen wird er, von der erwähnten Antithesenreihe abgesehen, schwerlich entdecken. Platon liegt es im Grunde nur daran, die locker gefügte Darbietung verschiedener Aspekte einer These aufs schärfste abzuheben von einem systematischen Aufbau, wie ihn Sokrates entwickeln wird (ab S. 304).

Phaidros verteidigt sich. Lysias hat alles gesagt, was zur Sache gehört. Das bestreitet Sokrates rundweg, indem er im dritten Anlauf seiner Kritik – ungewohnt genug in solchem Zusammenhang – alte Autoritäten anruft. Er weiß sich fähig, genau so gut zu reden wie Lysias, natürlich nicht aus Eigenem, sondern eben auf Grund der Autoritäten (S. 300). Der Hinweis auf das sokratische Nichtwissen wirkt hier doppelt seltsam, wenn man die Äußerungen des Sokrates im »Lysis« oder »Symposion« bedenkt, Liebesdinge seien das einzige, worin er kompetent sei.

Doch nun springt Phaidros sofort an. Um keinen Preis möchte er, der unersättliche Liebhaber des Logos, sich die in Aussicht gestellte Rede des Sokrates entgehen lassen. Sokrates zögert: er müßte entweder die Themastellung oder die Durchführung des Lysias überbieten können. Das erste lohnt sich nicht, weil das Thema gar zu banal ist, das zweite getraut er sich nicht. Phaidros läßt indessen nicht locker. Jetzt (S. 301 f.) sind gegenüber vorher (S. 289 f.) die Rollen witzig vertauscht. Phaidros weiß ganz genau, wie Sokrates darauf brennt, seine Rede halten zu können. Und wie Sokrates sich ein letztes Mal ziert, spricht Phaidros die schrecklichste Drohung aus: er werde Sokrates nie mehr eine Rede zum besten geben.

Also kapituliert Sokrates, will freilich nur verhüllten Hauptes reden, da er sich allzusehr seiner Verwegenheit schämt (S. 302). Später (S. 313), wird diese Verhüllung einen ganz andern Sinn erhalten.

Es folgt (S. 304–311) die durch ein kurzes Zwischenspiel (S. 305 f.) unterbrochene erste Rede des Sokrates.

Begonnen wird spielerisch-feierlich mit einer Anrufung der Musen. Dann skizziert Sokrates die dramatischen Voraussetzungen seiner Rede. Sie sind nicht allein klarer formuliert als bei Lysias, sondern überhaupt etwas anderes: Es spricht der Liebhaber eines Knaben, der bloß so tut, als liebe er nicht. Denn (so meint es Platon) auch wer wie Lysias spricht, ist ein Liebender, bloß auf eine andere Weise als der gewöhnliche Verliebte. Der Einsatz der Rede (S. 304) überrascht. In absichtlich lehrhafter Pose formuliert Sokrates die Regel, man müsse zuerst das Wesen der Sache kennen, über die man reden wolle; erst von der Wesensbestimmung her ließe sich prüfen, wieweit sie nützlich oder schädlich sei. Schon vom »Symposion« her (S. 242, 248, 252) ist uns diese Regel bekannt. Und hier wie dort ist ihr Anwendungsbereich der Eros. Es erfolgt die Wesensbestimmung des Eros (S. 304f.), die zu geben Lysias versäumt hatte. Sie beruht auf einer recht eigentümlichen und bemerkenswerten Psychologie. Zwei Kräfte werden im Menschen unterschieden, eine ursprüngliche, die nach Lust begehrt, und eine durch Lernen erworbene, die nach dem Guten strebt. Herrscht die zweite, so sprechen wir von Besonnenheit (Sophrosyne), herrscht die erste allein, so haben wir es mit der Hybris zu tun; und zwar kann sich die Hybris auf Speise und Trank oder auf körperliche Schönheit richten. In diesem letzten Falle nennen wir sie Eros.

Soweit der erste, definitorische Abschnitt der Rede, über dessen teils auf Aristippos zurückweisende, teils Aristoteles vorbereitende Psychologie noch mancherlei anzumerken wäre, was wir uns hier versagen müssen.

Das Zwischenspiel (S. 306f.) verblüfft etwas. Phaidros staunt über den Redefluß des Sokrates; dieser wiederum erklärt, er fühle sich dichterisch beschwingt und wie von göttlicher Begeisterung hingerissen. Wir konstatieren für unser Teil, daß sich dieser Abschnitt (S. 303–305) durch einen gewiß äußerst gewählten, beinahe preziösen Stil auszeichnet, der Sache nach aber schwerlich dichterisch-enthusiastisch genannt werden kann. Handelt es sich doch um ein solid gebautes Stück philosophischer Psychologie. Wir lassen indessen auch dies auf sich beruhen und verfolgen den Text weiter.

Jetzt wird programmgemäß die Frage nach Nutzen oder Schaden des seinem Wesen nach nun bestimmten Eros entwickelt (S. 306–310). Ein erster Abschnitt (S. 306–308) folgt dem vielfach bezeugten und naheliegenden Schema der Güterhierarchie. Es gibt Güter des Geistes, des Körpers und der äußeren Verhältnisse. Daß der als Teil der Hybris verstandene Eros verderblich wirkt, liegt auf der Hand. An Verstand darf der Geliebte den Liebhaber weder übertreffen noch ihm gleich sein, sondern muß ihm nachstehen. Der Verliebte wünscht nicht nur, daß der Geliebte geistig schwächlich sei, er bemüht sich auch zu verhindern, daß er sich geistig entwickle. Vor allem wird er ihn von der Philosophie abhalten.

Physisch wird der Geliebte weichlich und unsportlich sein und sich dafür mit allerlei fremdem Schmuck ausstaffieren.

Was endlich das Äußere betrifft, so ist dem Liebhaber ein Knabe am liebsten, der weder Familie noch Freunde noch Vermögen besitzt, jenem also völlig ausgeliefert ist.

Etwas unerwartet und sententiös wird beigefügt, diese und andere Übel seien darum so gefährlich, weil sie im Augenblick immer mit Lust vermischt seien. Anderseits ist für einen jugendlichen Geliebten der Umgang mit dem älteren Liebhaber, je länger er dauert, desto mehr eine Quelle der äußersten Unlust; verläßt schließlich den Liebhaber seine Leidenschaft, so ist der Geliebte erst recht der Betrogene. Denn die Versprechungen für die Zukunft, die ihm allein die zudringliche Nähe des Liebhabers erträglich gemacht hatten, erweisen sich plötzlich als nichtig: der zur Vernunft gekommene Liebhaber schämt sich ihrer und will von ihnen nichts mehr wissen (S. 308–311). Wuchtig endet die Rede mit einer an archaische Dichtung anklingenden Warnung: die Liebe des Liebhabers zum Knaben ist wie die des Wolfes zum Lamm.

Damit erklärt Sokrates schließen zu wollen; er habe schon

genug dahergeredet wie ein Dichter, und das Lob des Nichtverliebten könne ja in nichts anderm bestehen als im genauen Gegenteil dessen, was über den Verliebten gesagt wurde. Er will nun das Flüßchen Ilissos überschreiten, um nicht von Phaidros, dem unersättlichen Liebhaber des Logos (die Anspielung auf Simmias, der ihn noch übertreffe, S. 311 f., vermögen wir nicht mehr ganz zu verstehen), zu weiteren Reden verführt zu werden.

Allein, da geschieht etwas Eigentümliches. Das Daimonion gibt ein Zeichen, und sogleich begreift Sokrates, daß er mit seiner Rede sich gegen die Gottheit verfehlt habe. Denn Eros ist ein Gott oder etwas Göttliches, und wer dies bedenkt, muß sowohl die Rede des Lysias wie auch die eigene Rede des Sokrates als schamlos empfinden. Es gibt ja einen edlen Eros, von dem die beiden Reden in ihrer Vulgarität nichts zu wissen scheinen (daß dies auf die Distinktion der zwei Arten der Liebe zielt, die im »Symposion« die Pausanias-Rede vertreten hatte, liegt auf der Hand). Von ihm muß nun die Rede sein.

So hebt nun Sokrates zu einer zweiten Darlegung an, einem Lob der Liebe und des Liebenden (S. 314–335). Sie ist nach Umfang und Gehalt nicht nur der Mittelpunkt unseres Dialoges, sondern auch seit dem Altertum eines der berühmtesten Stücke platonischer Philosophie. Sie ist freilich auch an Schwierigkeiten besonders reich. Der Stil geht an Gewähltheit und kunstvoller Umständlichkeit noch wesentlich über die erste Sokrates-Rede hinaus, und was die Sache angeht, so ist es Platon augenscheinlich nicht leicht geworden, die Fülle der verschiedenartigen Philosopheme und Bilder, die er aufgehäuft hatte, zu einem organischen Ganzen zusammenzuzwingen.

Wir heben nur die entscheidenden Momente heraus.

In der vorangehenden Rede war Eros der Besonnenheit

entgegengestellt und als ein Teil der Hybris aufgefaßt und verworfen worden. Unsere Rede beginnt damit, daß sie diese Definition im Prinzip annimmt; sie ersetzt nur den Begriff der Hybris durch denjenigen des Wahnsinnes. Dies gestattet ihr nachzuweisen, daß durchaus nicht jede Art von Wahnsinn verwerflich sei. Es gebe vielmehr Arten von hohem Rang: Erstens den prophetischen Wahnsinn der delphischen Priesterin und verwandter Gestalten, zweitens den heiligen Wahnsinn bestimmter Reinigungsriten, drittens den dichterischen Wahnsinn und viertens endlich den Wahnsinn des Eros (man vergleiche die Rekapitulation S. 349). Die mannigfachen Probleme dieser Reihe lassen wir auf sich beruhen und fragen auch nicht näher danach, welches Gewicht wir diesem in Platons Mund keineswegs selbstverständlichen Lob des Wahnsinns zubilligen sollen.

Die Frage nach dem Wesen des Eros gilt damit als erledigt, und wir gelangen nun zur Untersuchung der Wirkungen. Sokrates kündigt sofort an, daß dies nur geklärt werden könne, wenn wir zuvor vom Leben und Wirken der göttlichen und der menschlichen Seele gesprochen haben werden (S. 317f.).

Voran steht der Beweis der Unsterblichkeit der Seele (S. 317f.). Da die Seele sich selbst bewegt, ist ihre Bewegung eine ewige. Also ist sie auch ihrem Wesen nach unentstanden und unvergänglich. Aristoteles hat gegen die Schlüssigkeit dieses Beweises eine ganze Serie von Argumenten ins Feld geführt, doch Cicero hat sich dadurch nicht abhalten lassen, die letzten Seiten seiner Schrift »Über den Staat« mit einer nahezu wörtlichen Übersetzung unseres Abschnittes zu schmücken. Von den Beweisen, die der »Phaidon« geliefert hatte, unterscheidet sich der unsrige grundsätzlich. Dort stand die Erkenntnisfähigkeit bzw. die Idee des Lebens im Vordergrund. Hier haben wir es mit einem physikalisch gefaßten Begriff der Bewegung zu tun, der mit platonischer Ontologie weit weniger verknüpfbar ist als mit vorsokratischen Spekulationen über die Bewegung im allgemeinen und die kreisförmig in sich selbst zurücklaufende Bewegung der Gestirne im besonderen.

So feierlich dieser Abschnitt stilisiert ist, so spüren wir doch, daß der Beweis als wissenschaftlich stringent gelten soll. Anders steht es mit den in Kap. 25 (S. 318) beginnenden Darlegungen über die innere Struktur der Seele. Da erklärt Platon offen, daß wir als Menschen über gleichnishafte Beschreibungen nicht hinauskommen.

Demgemäß wird die Seele verglichen mit einer Ganzheit, die aus einem Wagenlenker und zwei geflügelten Rossen besteht. Bei den Göttern sind Lenker und Rosse gut, bei den Menschen (wir erfahren nicht, warum) das eine Roß gut, das andere nicht. Diejenigen Seelen, bei denen die Ordnung und die Beflügelung der Rosse erhalten bleibt, ziehen ihre Bahn am Himmel und verwalten den Kosmos. Verlieren sie jedoch ihre Flügel, so stürzen sie ab und in die Tiefe, bis sie auf den festen Grund der Erde treffen. Aus Erde bilden sie sich einen Körper, und die so entstehende Fügung aus Seele und Körper wird Lebewesen, und zwar sterbliches Lebewesen genannt. Ob auch die Götter Lebewesen und auf ihre Weise aus Körper und Seele zusammengesetzt sind, dies, so sagt Platon ausdrücklich (S. 318), müssen wir auf sich beruhen lassen; wissen können wir es nicht.

Wie es zum Verlust der Flügel kommt, soll von Kap. 26 (S. 319) an berichtet werden. Doch hören wir zunächst, daß die Flügel fähig sind, die Schwere zu überwinden und die Seele in die Höhe zu den Behausungen der Götter zu tragen. Und in einer für uns seltsamen Verbindung physikalischer und ethischer Kategorien heißt es weiter, daß die Seelenflügel dann am kräftigsten wachsen, wenn die Seele sich von dem Schönen, Weisen und Guten ernährt, das bei den Göttern ist. Dann wird vom Leben der Götter selbst gesprochen, vom Zug der Götter mit Wagen und Rossen am Himmel hin und schließlich über den Himmel hinaus an den »überhimmlischen Ort« (S. 320). Er ist der Ort des reinen Seins, der Gerechtigkeit an sich, der Selbstzucht an sich und der Wissenschaft an sich. Nur der reine Geist vermag sie zu erkennen, aber selbst die Götter verweilen nicht immer an diesem Orte, sondern nachdem sie die Wesenheiten eine Weile betrachtet und sich an ihnen genährt haben, tauchen sie wieder hinunter in das Innere des Himmels.

Mit Kap. 28 (S. 321) wenden wir uns den Seelen der Menschen zu. Den besten gelingt es, sich wenigstens mit dem Kopf in den überhimmlischen Ort emporzurecken. Den zweitbesten gelingt es nur noch dann und wann, da das schlechtere Pferd immer wieder nach unten zieht. Andern gelingt es überhaupt nicht, sosehr sie sich bemühen; da sie sich nicht vom Seienden nähren können, müssen sie sich mit dem Vermeinten (der »Doxa«) begnügen.

In feierlicher Sprache wird das Schicksal der Seelen verkündet (S. 321–323). Wem es gelingt, bei jeder Fahrt über den Himmel hin das wahrhaft Seiende zu erblicken, der wird immer bei den Göttern verweilen. Wem es nur selten und kaum gelingt, der verliert die Flügel. Er stürzt zur Erde und körpert sich ein. Je nach dem Maße seiner Schau wird er in eine von neun Gruppen eingeordnet, deren erste die Philosophen, deren letzte die Tyrannen sind. Zehntausend Jahre dauert es, bis die Flügel wieder neu wachsen, den Philosophen allein gelingt es schon nach dreitausend Jahren. Alle andern Seelen müssen, nachdem sie ihr erstes irdisches Leben abgeschlossen haben, ein Gericht bestehen, das darüber entscheidet, ob sie bis zum Ende der ersten tausend Jahre über oder unter der Erde verweilen müssen. Nach tausend Jahren beginnt ihr zweites Leben; doch da kann es sein, daß sie sich auch in Tiergestalt einkörpern.

Die Bestimmung des Menschen (so wird dieser Abschnitt geschlossen, S. 324) ist es, sich an das zu erinnern, was die Seele bei ihrer Fahrt am Himmel gesehen hat. Keiner kann dies so wie der Philosoph, der freilich bei den Leuten als ein Sonderling gilt.

Es ist hier nicht darzulegen, mit welchem Eifer sich die Antike bemüht hat, aus der ganzen phantastischen Erzählung (S. 318–324) ein Maximum an Kohärenz und philosophischem Sinn herauszuholen, während moderne Interpreten eher dazu neigten, in ihr ein nur teilweise verbindliches Spiel zu erkennen. Wir werden uns wohl ein Doppeltes eingestehen müssen: Einmal, daß Platon diesen Text tatsächlich bis an die Grenze des Tragbaren mit verschiedenen Theoremen und Bildern aller Art beladen hat; und zweitens, daß wir bei einer ganzen Reihe von Einzelheiten einfach nicht wissen, was Platon eigentlich gemeint hat.

Mit Kap. 30 (S. 324) kehren wir endlich zum Eros zurück, zur vierten Art des edlen Wahnsinns, wie wir schon vorher (S. 315–317) vernahmen. Der Anblick irdischer Schönheit erweckt die Erinnerung an das Schöne an sich und läßt die Flügel der Seele wachsen. Die Zahl derer, die sich die Möglichkeit solcher Erinnerung bewahrt haben, ist freilich gering; doch wenn sie auf einen Anblick treffen, der sie erinnert, dann geraten sie außer sich wie Wahnsinnige. Denn das Schöne hat einen Vorzug vor allen andern Wesenheiten. Auf die Gerechtigkeit an sich oder auf die Weisheit an sich weisen in der irdischen Welt nur kümmerliche Spuren. Doch die Erinnerung an das Schöne an sich wird unmittelbar erregt durch die Schönheit, die uns das Auge, das vornehmste unserer Sinnesorgane, zu zeigen vermag.

Immerhin geht nicht jeder den Weg von der körperlichen

Schönheit zur Schönheit an sich. Die verdorbene Seele bleibt bei der körperlichen Schönheit und jagt niedriger Lust nach. Aber derjenige, in dem die Schau des Schönen an sich noch nachwirkt, wird ergriffen von der Schönheit, die er erblickt, und möchte ihr am liebsten huldigen wie einem Gotte, und in der Ergriffenheit beginnen ihm die Flügel wieder zu wachsen (S. 324–326).

Es folgt (S. 327 f.) eine lebendige Schilderung des Liebenden, seiner Freude in der Gegenwart des leibhaft Schönen, seines Kummers, wenn es ferne ist, seiner Ruhelosigkeit und endlich seiner Gleichgültigkeit, mit der er um des Schönen willen alle andern Dinge vernachlässigt. Den Schluß bildet ein rätsel- und beziehungsreiches Zitat aus einer uns verschollenen altepischen Dichtung. Dann kehren wir zur Phantastik des Wagenlenkermythos zurück (S. 328–330). Wir erfahren, daß jeden der vorher (S. 319) erwähnten Götter eine Schar menschlicher Seelen begleitet. Jede Seele hat denjenigen Charakter, der dem Gotte entspricht, dem sie dient; und noch mehr: Im irdischen Leben sucht sie sich auch einen Geliebten, der diesen selben Charakter besitzt, und wenn sie ihn gefunden hat, so strengt sie sich an, ihn dem Gotte, dem sie beide folgen, noch ähnlicher zu machen. Der Gedanke der »Verähnlichung mit Gott«, die der Dialog »Theaitetos« an einer berühmten Stelle als das Ziel allen Philosophierens bezeichnet, wird hier auf überraschende Weise abgewandelt.

Doch nun will Platon zeigen, wie die Liebe in der Seele des Menschen überhaupt entsteht. Ausdrücklich greift er auf das Gleichnis vom Wagenlenker und den beiden Rossen zurück (S. 330), aber nicht in der Richtung auf den Mythos, sondern um anschaulich zu machen, welche Spannungen in der Seele entstehen können. Von den beiden Rossen ist das eine gut, stolz und nur der Vernunft gehorchend, das andere schlecht, frech und störrisch zugleich. Sieht nun der Wagenlenker etwas Liebenswertes, so hält sich das edle Roß voll Scheu in der Ferne, das freche dagegen stürmt sogleich voran und reißt Lenker wie Begleiter mit. Doch beim Anblick des Schönen erinnert sich der Lenker des Schönen an sich und zieht beide Rosse mit aller Kraft zurück. Das edle Roß folgt willig, allein das andere läßt sich nicht lange bändigen, stürmt ein zweites Mal los und muß mit Gewalt zurückgerissen werden. Das wiederholt sich so lange, bis das schlechte Roß den Kampf aufgibt; und nun erst vermag der Liebende dem Geliebten in der geziemenden Ehrfurcht sich zu nähern. So kommt es denn zu einem innigen Einvernehmen zwischen dem Geliebten, der das Schöne repräsentiert, und dem Liebenden, der das Schöne wie eine Gottheit verehrt. Der Geliebte erwidert die Liebe und erblickt sich selbst im Liebenden wie in einem Spiegel (S. 330–333).

Freilich wird das freche Roß in der Seele des Liebenden immer wieder aufbegehren und nach gewaltsamem Genuß drängen; und das entsprechende Roß in der Seele des Geliebten ist nur allzu willig. Wo aber in beiden das edle Roß siegt, da wird das Ziel erreicht: die Eintracht in der vollkommenen Selbstzucht und das freie Wachsen der Flügel der Seele. Allerdings rechnet Sokrates auch mit Fällen, in denen zuweilen die beiden frechen Rosse die Oberhand gewinnen. Doch braucht dadurch die Eintracht nicht zerstört zu werden. Solche Seelen bleiben zwar zunächst unbeflügelt; sie dürfen aber hoffen, daß ihnen die Flügel später zu wachsen beginnen werden.

Damit schließt Sokrates. Wie nahe der ganze Abschnitt (S. 329–335) dem Diotima- und Alkibiades-Teil des »Symposion« steht, bedarf keiner näheren Ausführung.

Nur in wenigen Worten wird auf die These der Lysias-Rede eingegangen: was der Nichtliebende zu bieten hat, ist nichts als eine dürftige Bekanntschaft, die irdisch ist und irdisch bleibt. Um so mehr hofft Sokrates, daß Eros ihm nach dieser Palinodie verzeihen und auch Lysias sowie Phaidros zur Liebe und zur Philosophie geleiten möge. Die Anspielung auf Polemarchos, den Bruder des Lysias (der uns aus Platons »Staat« bekannt ist), gehört wie die frühere Anspielung auf Simmias zu den »biographischen Notizen«, an denen unser Dialog verhältnismäßig reich ist (S. 335).

Unter den großen Mythen Platons ist derjenige des »Phaidros« zweifellos der schwierigste. Er bezahlt seine Gedankenfülle mit einem empfindlichen Mangel an Anschaulichkeit und kompositorischer Geschlossenheit; und sachlich haben wir Mühe, das Lob des edlen Wahnsinns oder die komplizierte Seelenlehre mit den Philosophemen zu verknüpfen, die uns etwa aus dem »Staate« oder dem »Phaidon« vertraut sind. Eine ganze Reihe von Stellen scheint für uns hoffnungslos dunkel zu bleiben.

Phaidros hält mit seinem Lob nicht zurück (S. 336). Er zweifelt, ob Lysias etwas Ähnliches würde leisten können; es habe ihn ja auch kürzlich ein Politiker verächtlich einen bloßen Redenschreiber genannt. Doch an diesem Punkte schlägt der Gedanke um. Sokrates greift den Begriff des Redenschreibens auf (S. 336–338) und zeigt in einer summarischen Beweisführung, daß auch die Politiker, wie die Volksbeschlüsse und die Gesetzestexte belegen, keineswegs das Verfassen von »Reden« schlechthin verwerfen. Das Redenschreiben an sich, so sollen wir folgern, ist weder gut noch schlecht; es kommt alles darauf an, ob es auf richtige oder falsche Weise geübt wird. Damit kehren wir aus dem Bereich der Spekulationen über Eros und Seelenschicksal zurück zum Problem der Redekunst, und die beiden Reden des Sokrates werden bis zum Ende des Dialogs in einem eigentümlichen Zwielicht stehenbleiben: Geht es in ihnen darum, eine bestimmte Sache vorzutragen, oder nur darum, ein Beispiel einer korrekt aufgebauten Rede zu liefern? Gewiß dürfen wir vorgreifend sagen, daß die beiden Aspekte sich in einem Punkte berühren: in der Forderung nach Wahrheit. Eine gute Rede soll wahr sein, und sofern der Eros das gegebene Thema war, muß die Wahrheit über den Eros vorgetragen werden, – wobei sich erst noch erwies, daß der eigentliche Gegenstand des Eros selbst auch gerade nichts anderes ist als das wahre Sein, die Wahrheit an sich. Doch trotz dieser unterirdischen Verflechtung der verschiedenen Teile des Dialogs untereinander muß zugegeben werden, daß (grob gesagt) der Sprung vom rednerischen Exerzitium zur Seelenmetaphysik und von dieser wieder zurück zur Theorie der Redekunst außerordentlich kühn ist. Der unvorbereitete Leser wird ihn nicht leicht mitmachen können.

Es stellt sich also die Frage (S. 338), worin sich gute von schlechten Reden unterscheiden. Phaidros ist mit Freude zur Untersuchung dieser Frage bereit; denn, wie er leise pedantisch bekennt, die Freuden des Logos sind die einzigen, die nicht sklavisch sind. Sokrates stimmt zu. In schönem dichterischem Spiel erklärt er, auch die Zikaden würden sich freuen, wenn die beiden Freunde selbst in der Mittagsglut nicht vom Gespräch abließen.

So wird denn begonnen (S. 340). Die erste Frage ist die aus dem »Gorgias« vertraute. Muß der Redner die Wahrheit kennen oder kann er sich mit den Meinungen der Leute begnügen, da es sich für ihn nur darum handelt, eben die Leute zu überreden? Mit einem drastischen Vergleich zeigt Sokrates (S. 340), daß die bloßen Meinungen nicht genügen. Wer etwas empfiehlt, muß wissen, was er empfiehlt, wenn er nicht das größte Unheil anrichten will. Doch da meldet sich eine Gegenfrage: Selbst wenn die Kenntnis der Wahrheit unerläßlich sein sollte, so genügt sie doch nicht, um den Partner zu überzeugen (S. 341). Dagegen wird wiederum eingewandt, daß eine Redekunst, die auf die Wahrheit verzichtet, zu einer bloßen empirischen Fertigkeit herabsinkt. Nun will Sokrates nachweisen, daß eine wirkliche Redekunst ohne Philosophie (deren Feld die Wahrheit ist) unmöglich sei (S. 341 f.).

Vorerst wird festgestellt (S. 342), daß jede »Seelenführung« durch den Logos Redekunst genannt werden kann, welches immer ihr besonderes Objekt sein möge. Sonderbar spielerisch erklärt Sokrates, wie es vor Troia die redegewaltigen Helden Nestor, Odysseus und Palamedes gegeben habe, so gebe es auch in der Gegenwart nicht bloß die Künstler der Prunk- und Gerichtsrede wie Gorgias, Thrasymachos und Theodoros, sondern auch den modernen Palamedes, nämlich Zenon von Elea, der wie die Advokaten Thesen gegen Thesen setzt, aber nicht im Bereiche der Rechtsprechung, sondern in demjenigen der spekulativen Naturphilosophie (S. 343).

Dann kommen wir zur Sachfrage. Ausgegangen wird vom Begriff des Täuschens. Wer täuscht, vermag ähnliche Dinge miteinander zu vertauschen. Doch das kann nur der, der für sich persönlich die ähnlichen Dinge der Wahrheit gemäß zu unterscheiden versteht. Soweit also die Redekunst auf ein Täuschen ausgeht, ist sie auf das Wissen der Wahrheit angewiesen. Damit ist schon bewiesen (S. 344), was vorher (S. 342) angekündigt worden war. Ohne auf die Konsequenzen dieses Ergebnisses weiter einzugehen, wird nun sofort gefragt, wie weit die vorgetragenen Reden über den Eros den Anforderungen einer echten Redekunst genügen. Die eigenen Reden will Sokrates aus dem Spiel lassen, doch die Rede des Lysias wird von Kap. 45 (S. 344) an einer erstaunlich schulmäßigen Kritik unterzogen. Als erstes wird gezeigt (S. 345–347), daß sich Lysias eine grundlegende Distinktion nicht klargemacht habe. Es gibt eindeutige und mehrdeutige

Begriffe. Eindeutig sind alle Bezeichnungen materieller Gegenstände, vieldeutig sind Begriffe wie Gerechtigkeit, Liebe usw. Von ihnen kann man erst reden, nachdem sie angemessen bestimmt worden sind, was zwar Sokrates in seiner ersten Rede getan (S. 304–306), Lysias hingegen unterlassen hat. Die zweite Kritik (S. 347–351) richtet sich auf die Ordnung der Rede im ganzen. Bei Lysias ist nicht bloß der Ansatz schief; es fehlt auch im Nachfolgenden jede notwendige Verbindung zwischen den einzelnen Thesen. Sokrates formuliert den überaus wichtigen Grundsatz (S. 348), daß eine Rede wie ein organisches Wesen sein soll, also ein zusammenhängendes, vollständiges und wohlproportioniertes Ganzes. Es ist ein Grundsatz, der vor allem in der spätern antiken Poetik immer wieder ausgesprochen wird. Daß die organische Ordnung bei Lysias völlig fehlt, hebt Sokrates so drastisch hervor (S. 348), daß Phaidros sich beinahe verletzt fühlt. Wie man es machen soll, zeigt der Anfang der zweiten Sokrates-Rede, auf den im Folgenden (S. 349) gegriffen wird. Es kommt auf die rechte Aufteilung der Begriffe an. Vom Wahnsinn war die Rede gewesen. So wurde er eingeteilt in einen menschlichen und einen göttlichen und dieser zweite wiederum in vier Unterarten.

Für die sokratische Redekunst sind also zwei einander ergänzende Regeln konstitutiv (S. 350f.). Die eine betrifft die Zusammenfassung verschiedener Erscheinungen unter einer sachgemäßen Definition, die andere die ebenso sachgemäße Aufgliederung eines Ganzen in seine Teile. Wer diese beiden Regeln beherrscht, den nennt Sokrates Dialektiker. Der Begriff wird hier (S. 351) mit auffallendem Nachdruck angeführt, – auffallend darum, weil schon der bedeutend ältere Dialog »Euthydemos« ihn ganz selbstverständlich zur Bezeichnung des wahren Philosophen platonischer Prägung zu verwenden scheint.

Mit der Dialektik wird nun die Kunst der zeitgenössischen Redelehrer in effektvoller Weise konfrontiert. Es prasselt eine ganze Fülle von Namen und rhetorischen Fachausdrücken auf uns nieder (S. 351–353). Eine gewisse Systematik wird auch da angestrebt, doch der Leser spürt sofort die dürftige Oberflächlichkeit des Vorgehens wie der Ziele. Besonders klar wird dies an den Zitaten des am Ende der Liste genannten Thrasymachos von Chalkedon. Seine Theorie der Redekunst bezweckte nichts anderes, als die Gefühle der Hörer zu beherrschen und je nach Belieben Mitleid oder Zorn in ihnen zu erregen. Wie beschränkt eine solche Zielsetzung ist, zeigt Sokrates ausführlich (S. 354–356). Drei Beispiele führt er an. Der Arzt wird seine Kunst nicht darin erblicken, daß er nach Belieben Erbrechen, Durchfall usw. erzeugen kann, sondern daß er weiß, in welchen Fällen man das eine oder das andere tun soll; das läßt sich freilich, wie Phaidros bedeutungsvoll bemerkt, nicht einfach aus einem Buch lernen. Desgleichen besteht die Kunst des tragischen Dichters nicht bloß darin, daß er mit Hilfe von langen oder kurzen Reden die Zuschauer in Mitleid oder Furcht versetzt, sondern daß er ein organisches Ganzes schafft, in welchem die Reden ihren angemessenen Platz haben. Wenn endlich einer behaupten wollte, die Musik bestünde in der Erzeugung von hohen und tiefen Tönen, so wird der Musiker einwenden, daß dies die Präliminarien der Musik seien, aber doch nicht die Musik selbst.

So enthält auch die Theorie des Thrasymachos nichts anderes als die Präliminarien einer wahren Redekunst, nicht aber diese selbst. Entschuldigen läßt sich dies bloß damit, daß eben nur derjenige die wahre Redekunst aufzubauen vermag, der in der Dialektik Bescheid weiß.

Was die wahre Redekunst sei, wird nun skizziert (S. 356–360). Voran steht ein knapper Hinweis auf die drei Faktoren, die nach einer längst vor Platon fixierten Anschauung bei jedem ernsthaften Tun zusammenwirken müssen: Begabung, Ausbildung und Übung bzw. Erfahrung. Dann aber wird – mit einer im Grunde nur scheinbaren Ironie – Perikles als der vollkommene Redner gerühmt. Denn er allein hat begriffen, daß eine wirkungsvolle Redekunst nur auf dem Hintergrund einer umfassenden Kenntnis der Natur entstehen kann. Darum ist er Schüler des Anaxagoras geworden; und wir glauben zu spüren, daß es Platon an dieser Stelle gereizt hat, gerade die Beziehung zwischen Perikles und Anaxagoras zu loben, die bei andern Sokratikern auf das gehässigste behandelt worden ist.

Redekunst und Medizin werden parallelisiert. Die eine gibt dem Körper, die andere der Seele Nahrung, Kraft und Gesundheit. Doch damit das geschehen kann, muß man die Natur von Körper und Seele kennen (Gedanken, die Platon vor langer Zeit im »Charmides« ausgesprochen hatte, tönen hier an). Dies ist wiederum nur dann möglich, wenn man das Wissen von der Natur des Alls dazu nimmt. Überall nämlich gelten dieselben Fragen: Liegt ein einfaches oder ein vielfach gegliedertes Wesen vor, und welches sind in jedem der beiden Fälle seine aktiven und passiven Eigenschaften? Die Redekunst hat es mit der Seele zu tun. Also müssen wir wissen, ob die Seele einfach ist oder in verschiedene Arten aufgegliedert und welches ihre jeweiligen Eigenschaften sind. Solange die Redekünstler diese Frage nicht als die erste behandeln, gehen sie nicht sachgemäß vor (daß hier unterirdische Beziehungen zur Psychologie des Mythos zurücklaufen, sei nebenher angemerkt).

In Kap. 56 (S. 360f.) sucht Sokrates die aufgestellten Forderungen konkreter zu fassen. Es gibt soundso viele Typen von Seelen. Bestimmte Typen lassen sich aus bestimmten Ursachen durch bestimmte Argumente in bestimmte Richtungen lenken. Das muß man sich zuerst theoretisch klarmachen und dann praktisch erproben. Daraus wird sich ergeben, welche der Kunstmittel der vorhin genannten Redelehrer in welchen Fällen angewandt werden können und sollen. Daß damit das Programm einer sehr modern anmutenden praktischen Psychologie angedeutet wird, ist evident. Freilich ist dies, wie Phaidros sagt (S. 361), ein großes und mühsam zu verwirklichendes Programm. Es fragt sich, ob es nicht einen kürzeren Weg gibt.

Sokrates behauptet von einem solchen gehört zu haben, und nun (S. 362–364) wird in neuer Formulierung derselbe Gedankengang wiederholt, den wir bereits vorher (S. 340–344) vollzogen haben. Es wird die These vertreten, daß man als Gerichtsredner auf die Wahrheit in den Sachen und auf die Kenntnis der menschlichen Seele verzichten und sich mit dem »Vermutbaren« (Eikos) begnügen könne. Dies wird als die These des ältesten bekannten Redelehrers, des Sizilianers Teisias, bezeichnet (S. 362). Wie sich dies vor Gericht auswirkt, demonstriert Sokrates an einem hübschen Einzelfall. Doch der frühere Nachweis ist nicht widerlegbar: Alles Vermutbare ist dem Wahren ähnlich, und erfolgreich mit dem Vermutbaren operieren kann nur der, der die Wahrheit kennt. Es bleibt also bestehen, daß man die Methoden der Definition und der Aufgliederung beherrschen, die Wahrheit über die Sachen und die Natur der Seele kennen muß. Und wenn dies ein anspruchsvolles Programm darstellt, so ist es nicht verwunderlich. Denn unser Ziel darf nicht sein (wie mit einem überraschenden und beinahe befremdlichen Umschlagen des Tons gesagt wird), den andern Menschen, unsern Mitsklaven, zu gefallen, sondern nur den Göttern, unseren Herren.

Damit gilt die Frage, wodurch sich die wahre Redekunst auszeichne, als erledigt. Es bleibt die Frage nach der Angemessenheit einer Rede. Nach der Kategorie der Wahrheit soll nun also die Kategorie der Schönheit zu Geltung kommen. Doch schon nach wenigen Worten biegen wir ab in eine ebenso eigenartige wie berühmte Diskussion (S. 364–369).

Sokrates beginnt in dem soeben schon angeschlagenen Tone. Wir müßten eigentlich wissen, welche Art der Rede der Gottheit am meisten gefällt. Da die Gottheit uns dies nicht sagt, so bleibt uns nur übrig, uns an die alten Überlieferungen zu halten. Also erzählt Sokrates eine ägyptische Geschichte vom Gotte Theut, der mit seiner Erfindung, der Schrift, zum König Thamus geht und sie ihm empfiehlt: die Schrift sei eine Bewahrerin der Erinnerung und der Weisheit. Der König weist ihn zurecht. Schon deshalb könne seine Empfehlung nicht gelten, weil der Erfinder einer Kunst (der Handwerker) immer ein anderer sei als derjenige, der ihren Nutzen zu beurteilen vermöge (der Philosoph); es ist einer der ältesten und fundamentalsten Gedanken Platons, der damit aufgenommen ist. Der Nutzen der Schrift ist denn auch ein höchst zweifelhafter. Sie bewahrt nicht die Erinnerung, sondern verführt vielmehr zum Vergessen, und sie verschafft nicht Weisheit, sondern ein Scheinwissen.

An dieser Stelle macht Phaidros (recht merkwürdig) Sokrates ein leise ironisches Kompliment über seine Talente als Geschichtenerfinder. Sokrates repliziert mit einem auch schon sehr alten Gedanken Platons: Es komme immer nur auf die Wahrheit einer Aussage an und nicht darauf, von wem sie stamme. Immerhin wird von jetzt an (S. 367) der Mythos fallengelassen. Das Geschriebene ist wie ein Mensch auf einem Gemälde, der zwar lebensecht aussieht, aber stumm bleibt. Außerdem steht ein geschriebenes Wort jedem beliebigen Menschen zur Verfügung, mag es ihn angehen oder nicht. Daß Platon an dieser Stelle esoterische Wahrheiten und esoterische Unterweisung im Auge hat, ist nicht zu verkennen.

Der wahre Logos ist also derjenige, den sich der Hörende in seiner Seele einprägt und über den er wirklich verfügt. Das Geschriebene ist davon bloß ein Abbild.

Das wird in einem Gleichnis erläutert (S. 368 f.). Wer gute Frucht will, wird nicht im Hochsommer in ein Treibbeet säen, um Pflanzen zu erlangen, die ebenso schnell wieder verwelken, wie sie emporgeschossen sind. Er wird vielmehr wie ein rechter Landwirt im Frühjahr seinen Acker bestellen und im Herbst ernten. So wird es auch derjenige machen, dem am wirklichen Wissen gelegen ist. Zu seinem Vergnügen mag er dann und wann einmal etwas niederschreiben, so wie andere Leute zu ihrem Vergnügen ein Symposion arrangieren. Doch eine wirkliche Frucht des Wissens erlangt man nur, wie noch einmal betont wird, auf dem langen Weg der Dialektik.

Zu diesem Text darf ganz knapp zweierlei angemerkt werden. Zum ersten ist es wichtig, daß wir diese Ablehnung des geschriebenen Wortes weder über- noch unterschätzen. Wir werden zu bedenken haben, daß der historische Sokrates tatsächlich nichts Geschriebenes hinterlassen hat; das bleibt als Tatsache bestehen, auch wenn wir nicht wissen können, ob seine Gründe diejenigen waren, die ihm Platon im »Phaidros« in den Mund legt. Tatsache ist auch, daß allein in der Schule Platons nicht weniger als zwei hochbedeutende Philosophen ausdrücklich dem Vorbild des Sokrates nachgelebt und ebenfalls nichts geschrieben haben. Es ist Arkesilaos im 3. und Karneades im 2. Jahrhundert v. Chr. Auf der andern Seite haben die Schüler des Sokrates viel, sogar sehr viel geschrieben. Und daß sie es ausschließlich zum Zeitvertreib getan hätten, wird man weder Platon noch den andern glauben wollen. Wir werden uns vorsichtigerweise auf die Folgerung beschränken, daß mindestens Platon neben seiner Schriftstellerei auch mündliche Diskussion und Unterweisung sorgfältig gepflegt hat, und dies in einem mehr oder weniger esoterischen Rahmen. Der spätere Platonismus hat es nicht anders gehalten. Die Frage bleibt freilich offen, wie sich dieser Hang zur Esoterik vereinigen läßt mit der rückhaltlosen Öffentlichkeit, die anderwärts das Wirken des Sokrates charakterisiert.

Daß übrigens Platon mit seiner Entwertung des geschriebenen Wortes nicht allein steht, mögen zwei Äußerungen anderer Sokratiker zeigen. Von Antisthenes (der selbst ein Vielschreiber war) hören wir, er habe einem Schüler, der über den Verlust seiner Bücher jammerte, gesagt: »Du hättest eben dein Wissen nicht in deine Bücher, sondern in deine Seele schreiben sollen.« Und von Diogenes, dem Schüler des Antisthenes, wird berichtet, er habe einem Freund, der ihn um Bücher bat, erwidert: »Du pflegst ja auch nicht gemalte Feigen zu essen, sondern wirkliche. Warum also begnügst du dich mit einer bloß gemalten Belehrung, wenn du die wirkliche haben kannst?«

Auf der andern Seite darf auf den Vergleich der philosophischen Belehrung mit der Arbeit des Landwirts hingewiesen werden. Er ist nicht allzu selten. Aristoteles hat einen ganzen (uns leider verlorenen) Dialog auf diesem Vergleich aufgebaut, den »korinthischen Dialog«, in welchem ein korinthischer Bauer durch Platons »Gorgias« zur Philosophie gewonnen wird. In Ciceros trotz seiner Berühmtheit verlorenem »Hortensius« kam der Vergleich ebenfalls ausführlich vor, und ciceronische Stellen sind letztlich die Quelle für unsern Begriff der »Kultur«. Er ist ja daraus entstanden, daß der »cultura agri«, der Bearbeitung des Ackers, die ungleich wichtigere »cultura animi«, die Bearbeitung des Geistes, gegenübergestellt wurde.

Und nun der Schluß des Dialoges, der in drei Teile zerfällt. Ein erster Teil (S. 369–371) resümiert das Programm der wahren Redekunst und schärft nochmals ein, daß es nicht auf das Geschriebene ankomme, sondern auf das, was man sich in seine Seele eingeprägt habe. Ein zweiter Teil (S. 371 f.) trägt zuerst dem Phaidros auf, seinem Freunde Lysias die Ergebnisse des Gesprächs über die Redekunst mitzuteilen. Wenn jener sie beherzige, so würde er zwar nicht weise werden – denn weise ist Gott allein, wie wir schon aus der »Apologie« wissen –, wohl aber möglicherweise ein Freund der Weisheit, ein Philosoph. Wer allerdings die vorgetragenen Regeln nicht beachtet, so wie sie Lysias bisher nicht beachtet hat, der darf sicherlich nicht den Namen eines Dichters, Gesetzgebers oder Redenschreibers beanspruchen.

Phaidros nimmt den Auftrag an, doch nicht ohne sich eine Revanche zu verschaffen. Denn auch Sokrates hat unter den Redenschreibern einen guten Freund, einen nicht minder berühmten als Lysias: Isokrates. Auch er verdient seine Ermahnung, so meint Phaidros. Doch das läßt Sokrates nur teilweise gelten. Denn Isokrates ist begabter als Lysias, hat eine natürliche Liebe zur Weisheit und kann es darum noch weit bringen.

Die Gelehrten haben sich immer wieder gefragt, was Platon mit diesem Urteil über Isokrates (den wir als Verfasser mehrerer formvollendeter Essays über Probleme der griechischen Politik und über Bildungsfragen kennen) eigentlich hat sagen wollen. In der Zeit, in der nach Platons Voraussetzung das Gespräch spielt, ist Isokrates (geb. 436 v. Chr.) nicht viel mehr als dreißig Jahre alt. Faktisch geschrieben wurde der Dialog, als Platon gegen sechzig Jahre und Isokrates gar zwischen sechzig und siebzig Jahre alt war. Beide haben in diesem Augenblick schon viel publiziert, und wir werden wohl Platons Worte so auffassen müssen, daß er den Wunsch hatte, bestimmten Werken des Isokrates seine Anerkennung auszusprechen. Aber weiter kommen wir nicht. Was Platon im besondern gemeint hat, können wir nicht sagen. Daß ihm die disziplinierte und an grundsätzlichen Problemen durchaus interessierte Natur des Isokrates sympathischer war als der reine Praktiker Lysias, würden wir vermuten, selbst wenn wir das ausdrückliche Zeugnis des »Phaidros« nicht besäßen. Doch das bleibt im Allgemeinen.

Ein merkwürdiges kleines Problem kommt dazu. Während wir von Platon kein weiteres Urteil über Isokrates mehr haben, wird uns aus mehr oder weniger zuverlässiger Überlieferung berichtet, der Erfolg der Lehrtätigkeit des Isokrates habe Aristoteles gezwungen, die Redekunst in sein eigenes Lehrprogramm aufzunehmen. Moderne Forscher nehmen an, daß dies höchstens etwa zehn Jahre nach der Niederschrift des platonischen »Phaidros« geschehen sei. Das eröffnet recht seltsame Perspektiven. Darauf sei indessen nicht mehr näher eingegangen.

Es folgt der knappe, aber schöne szenische Abschluß (S. 372 f.). Die Hitze hat nachgelassen. Nun können die Freunde es wagen, aus dem schützenden Schatten der Platane herauszutreten und in die Stadt zurückzuwandern. Doch das geschieht nicht, ehe Sokrates ein kurzes Gebet an die Gottheiten des Ortes gerichtet hat, ein Gebet, das um die inneren Güter bittet, um die äußeren nur so weit, als sie den inneren nicht abträglich sind.

Es ist kein Zweifel, daß der »Phaidros« eine ganze Fülle von Stellen enthält, die an philosophischem Gewicht und an dichterischer Kraft zum Vollkommensten gehören, was Platon geschrieben hat. Dennoch ist es beschwerlich, ihn zu lesen. Es fehlt ihm der große Schwung, der den Leser des »Phaidon«, des »Symposion« oder auch des »Gorgias« von Anfang bis zu Ende mitreißt. Ein bedeutender Gelehrter der vorletzten Generation hat die Stimmung des »Phaidros« die eines »glücklichen Sommertages« genannt. Das mag zutreffen, wenn man seinen Blick einzig auf die in der Tat wunderbar ausgearbeitete Szenerie richtet. Verfolgt man aber den Fortschritt des Gedankens, so wird man den Eindruck nicht los, daß dieser Dialog Platon mehr Mühe gemacht hat als viele andere. Wohl ahnt man, daß die verschiedenen Problemkreise: der Eros, die Seelenlehre, die zur Dialektik führende Auseinandersetzung mit der zeitgenössischen Redekunst, nach Platons Meinung irgendwie miteinander zu tun haben. Aber die Zusammenhänge selbst bleiben im Halbdunkel, und dasselbe gilt von vielen Einzelfragen, die flüchtig berührt werden, ohne daß der Leser erfährt, woher sie kommen und wohin sie führen. Der »Phaidros« ist ein zutiefst unruhiges, unausgeglichenes Werk. Das müssen wir uns eingestehen und werden dann auch zugeben, daß das Urteil Dikaiarchs, von dem wir ausgingen, nicht nur der schlechten Laune eines Epigonen entsprungen ist.

OLOF GIGON

DIE MEISTERDIALOGE

PHAIDON

Die Personen des Dialogs: ECHEKRATES, PHAIDON
Ort: Phleius (im Nordosten des Peloponnes), kurz nach dem Tode des Sokrates

ECHEKRATES: Phaidon, warst du selbst bei Sokrates an jenem Tage, als er das Gift trank im Gefängnis, oder hast du es von einem anderen gehört?
PHAIDON: Ich war selbst bei ihm, Echekrates.
ECHEKRATES: Was waren denn eigentlich die letzten Worte dieses Mannes? Und wie starb er? Das möchte ich gerne hören. Denn gegenwärtig kommt von meinen Mitbürgern in Phleius nicht leicht einer nach Athen, und auch von dort ist seit langer Zeit kein Gastfreund zu uns gekommen, der uns etwas Bestimmtes über diese Begebnisse hätte berichten können, außer eben, daß er den Giftbecher trank und so gestorben ist. Von den weiteren Umständen aber konnte niemand etwas erzählen.
PHAIDON: Auch vom Prozeß habt ihr nichts erfahren, wie er verlaufen ist?
ECHEKRATES: Doch, darüber hat uns jemand berichtet, und wir wunderten uns noch, daß Sokrates offenbar viel später gestorben ist, nachdem der Prozeß schon lange stattgefunden hatte. Wie war das doch, Phaidon?
PHAIDON: Ein Zufall kam ihm zustatten, Echekrates. Am Vorabend des Prozesses war eben das Heck des Schiffes bekränzt worden, das die Athener nach Delos zu schicken pflegen.
ECHEKRATES: Was ist das für ein Schiff?
PHAIDON: Das ist, so behaupten die Athener, das Schiff, in

dem einst Theseus fuhr, als er jene sieben Jünglinge und sieben Jungfrauen nach Kreta brachte, die er dann rettete, und er selbst wurde auch gerettet. Man erzählt nun, sie hätten dem Apollon damals gelobt, alljährlich eine Festgesandtschaft nach Delos zu senden, wenn sie gerettet würden. Diese schicken sie seither dem Gotte immer und auch jetzt noch jedes Jahr. Sie haben aber ein Gesetz, daß vom Beginn der Festgesandtschaft an während dieser Zeit die Stadt rein gehalten werden muß und daß niemand hingerichtet werden darf, bevor das Schiff nach Delos und von dort wieder hierher gelangt ist. Das dauert zuweilen ziemlich lange, wenn etwa Winde aufkommen, die sie zurückhalten. Die Festgesandtschaft beginnt aber mit dem Augenblick, wo der Apollonpriester das Heck des Schiffes bekränzt, und das war, wie gesagt, am Tag vor der Gerichtsverhandlung geschehen. Deshalb also war Sokrates von der Verurteilung bis zu seinem Tode so lange im Gefängnis.

2. ECHEKRATES: Wie waren denn eigentlich die näheren Umstände bei seinem Tode selbst, Phaidon? Was sprach er, was tat er und wer war bei ihm von seinen Bekannten – oder ließen die Behörden ihre Gegenwart nicht zu, und starb er einsam und ohne seine Freunde?

PHAIDON: O nein, es waren einige bei ihm, und sogar recht viele.

ECHEKRATES: Sei so gut und erzähle uns das alles so genau wie möglich, wenn du nicht gerade sonst etwas zu tun hast.

PHAIDON: Nein, ich habe Zeit, und ich will versuchen, es euch zu erzählen; denn Erinnerungen an Sokrates sind für mich von allem das Schönste, sei es, daß ich selber von ihm erzählen kann oder daß ich einem anderen zuhören darf.

ECHEKRATES: Nun wahrlich, Phaidon, du hast hier Zuhörer, die ebenso denken wie du. Versuche nur alles so genau wie möglich zu berichten.

PHAIDON: Fürwahr, seltsam war mir dabei zumute. Das Mitleid, wie wenn man dem Tode eines befreundeten Mannes beiwohnt, empfand ich nicht. Denn glücklich, Echekrates, schien er mir, in seinem Verhalten und in seinen Worten, wie er so furchtlos und beherzt in den Tod ging. Ich bekam so den Eindruck, er gehe auch in die Unterwelt nicht ohne göttliche Bestimmung, sondern nach seiner Ankunft dort werde ihm wohl sein wie nur je irgendeinem. Deshalb ergriff mich nicht das geringste Mitleid, wie es doch unter so traurigen Umständen natürlich schiene. Aber auch jene Freude, die wir sonst immer empfanden, wenn wir beim Philosophieren waren, spürte ich nicht, trotzdem unsere Unterredung von dieser Art war. Ich hatte vielmehr ein geradezu ungewöhnliches Gefühl, eine seltsame Mischung von Freude und Schmerz, wenn ich daran dachte, daß er nun bald sterben müsse. Und alle Anwesenden waren ungefähr ähnlich gestimmt: bald lachten wir, bald weinten wir wieder, besonders einer von uns, Apollodoros – du kennst ihn ja und seine Art.
ECHEKRATES: Natürlich kenne ich ihn.
PHAIDON: Also, Apollodoros war ganz in dieser Stimmung, und ich selbst war erschüttert, und auch die anderen.
ECHEKRATES: Wer war denn noch dabei, Phaidon?
PHAIDON: Von den Einheimischen war also einmal dieser Apollodoros da, dann Kritobulos und sein Vater Kriton, und Hermogenes und Epigenes und Aischines und Antisthenes; dann Ktesippos vom Demos Paiania und Menexenos und noch einige andere Einheimische; Platon aber, glaube ich, war krank.
ECHEKRATES: Waren auch Fremde dabei?
PHAIDON: Ja, der Thebaner Simmias, und Kebes und Phaidonides, und von Megara Eukleides und Terpsion.
ECHEKRATES: Und Aristippos und Kleombrotos, waren die auch da?

Pheidon: Nein. Man sagte, sie seien in Aigina.
Echekrates: War sonst noch jemand anwesend?
Phaidon: Ich glaube, das sind ungefähr alle, die dabei waren.
Echekrates: Und jetzt? Was weißt du von ihren Reden zu erzählen?
3. Phaidon: Ich will versuchen, dir alles von Anfang an genau zu schildern. Schon die Tage vorher waren wir, ich und die anderen, jeweils zu Sokrates gegangen. Am frühen Morgen versammelten wir uns beim Gerichtsgebäude, in dem auch der Prozeß stattgefunden hatte; dieses war nämlich ganz in der Nähe des Gefängnisses. Wir warteten dann jeweilen, bis das Gefängnis geöffnet wurde, und unterhielten uns miteinander; denn es wurde nicht sehr früh geöffnet. Sobald es aber offen war, gingen wir zu Sokrates hinein und verbrachten den größten Teil des Tages mit ihm. An jenem Tage aber hatten wir uns noch früher versammelt. Als wir nämlich am Abend vorher aus dem Gefängnis kamen, hatten wir erfahren, daß das Schiff von Delos angekommen war. Wir hatten darauf miteinander verabredet, so früh als möglich am gewohnten Orte zusammenzukommen. Wir waren dann auch da, und der Türhüter, der uns gewöhnlich öffnete, kam heraus und sagte, wir müßten noch eine Weile warten und dürften nicht eintreten, bevor er uns riefe. »Denn die Elfmänner«, sagte er, »lösen dem Sokrates gerade die Fesseln und verkünden ihm, daß er heute sterben muß.« Nach kurzer Zeit kam er dann und rief uns herein. Als wir eintraten, fanden wir den Sokrates eben von seinen Fesseln befreit; neben ihm saß die Xanthippe – du kennst sie ja – und hielt sein Knäblein auf dem Arm. Als sie uns sah, begann sie zu jammern und sagte allerlei, was Weiber etwa zu sagen pflegen: »Sokrates, zum letzten Male also werden jetzt deine Freunde mit dir reden und du mit ihnen.« Sokrates schaute den Kriton an;

»Kriton«, sagte er, »es soll sie doch einer nach Hause bringen.« Da führten sie einige von den Leuten des Kriton weg, während sie schrie und sich an die Brust schlug.

Sokrates aber setzte sich auf seinem Lager auf, zog sein Bein an und rieb es mit der Hand; und während er so rieb, sagte er: »Wie seltsam, ihr Männer, scheint doch das zu sein, was die Menschen als angenehm bezeichnen, und wie merkwürdig sind seine Beziehungen zum Unangenehmen, das man doch für sein Gegenteil hält. Zwar wollen sich die beiden beim Menschen nie gleichzeitig einstellen; wenn aber jemand dem einen nachjagt und es erreicht, so ist er fast gezwungen, auch das andere in Kauf zu nehmen, als ob die beiden am obern Ende zusammengebunden wären. Ich glaube«, sagte er, »wenn Äsop auf diesen Gedanken gekommen wäre, hätte er darüber eine Fabel geschrieben: Gott habe diese beiden Feinde versöhnen wollen, und als ihm das nicht gelungen sei, habe er ihre Köpfe zusammengebunden. Wenn sich daher bei einem Menschen das eine einstelle, folge gleich darauf auch das andere nach. Gerade so geht es nun scheinbar auch mir selber: nachdem in meinem Bein infolge der Fesseln der Schmerz saß, folgt nun offenbar die angenehme Empfindung.«

4. Jetzt nahm Kebes das Wort: »Beim Zeus, Sokrates«, sagte er, »gut, daß du mich daran erinnerst. Wegen der Werke nämlich, die du verfaßt hast, wegen der äsopischen Fabeln, die du in Verse setztest, und wegen des Apollonhymnus haben mich schon einige Leute befragt und gerade letzthin wieder Euenos. Sie wollten wissen, was dir denn eingefallen sei, seitdem du dich hier befindest, diese Werke zu schreiben, nachdem du doch vorher nie etwas verfaßt hättest. Wenn es dir nun daran gelegen ist, daß ich dem Euenos antworten kann, wenn er mich wieder fragt – und ich weiß bestimmt, daß er das tun wird –, so sage mir, was ich ihm erwidern soll.«

»Sag ihm die Wahrheit, Kebes«, antwortete Sokrates; »sag ihm, daß ich das nicht gedichtet habe, um mit ihm und seinen Werken zu wetteifern; ich weiß, daß das gar nicht so leicht wäre; sondern ich tat es, um damit die Deutung einiger Träume zu versuchen und um mich einer heiligen Pflicht zu entledigen, falls sie mir nämlich diese Art musischer Kunst aufgetragen haben sollten. Es verhielt sich nämlich so damit: immer wieder in dem nun vergangenen Leben kam der gleiche Traum zu mir, bald in dieser, bald in jener Gestalt. Und jedesmal sagte er dasselbe zu mir: ›Sokrates‹, sprach er, ›beschäftige dich mit allem Fleiße mit der musischen Kunst.‹

Früher sah ich darin eine Mahnung und eine Aufforderung zu etwas, was ich schon immer getan hatte; so, wie man die Schnelläufer antreibt, so schien mich der Traum zu etwas zu ermuntern, was ich ohnehin schon tat, mich nämlich in der Musenkunst zu betätigen; denn das Philosophieren sei doch die höchste Musenkunst, und damit hatte ich mich ja abgegeben. Als nun aber das Urteil gegen mich gefällt war und als das Fest des Gottes meinen Tod noch hinausschob, da hielt ich es für meine Pflicht, nicht ungehorsam zu sein, falls sich die steten Mahnungen des Traumes etwa auf diese gewöhnliche Art von musischer Kunst bezogen hätten, sondern danach zu handeln. Ich glaubte, es sei doch sicherer, nicht hinwegzugehen, bevor ich meine heilige Pflicht erfüllt und diese Gedichte, dem Traum gehorchend, geschrieben hätte. So verfaßte ich denn zunächst das Gedicht auf den Gott, dessen Opferfest gerade stattfand. Und nachher bedachte ich, daß es einem Dichter zieme, wenn er schon ein Dichter sein will, Mythen zu dichten und nicht nur Reden; weil ich aber selbst kein Mythenerfinder bin, nahm ich solche, die mir gerade zur Hand waren und die ich kannte, die des Äsop nämlich, und faßte davon die in Verse, die mir gerade einfielen.

5. Dies, Kebes, magst du dem Euenos antworten. Und ich lasse ihm Lebewohl sagen, und wenn er weise ist, dann soll er mir so bald wie möglich nachfolgen. Ich werde allem Anschein nach heute noch hinweggehen; denn so gebieten es die Athener.«

Da sagte Simmias: »Sokrates, was gibst du da dem Euenos für einen Rat? Ich bin schon oft mit ihm zusammengewesen; doch nach meinem Eindruck möchte ich behaupten, daß er dir ganz gewiß nicht freiwillig folgen wird.«

»Wieso, Simmias«, fragte Sokrates; »ist denn Euenos nicht Philosoph?«

»Ich glaube wohl«, sagte Simmias.

»Dann wird er mir auch folgen wollen, er und jeder andere, der auf würdige Art an dieser Sache Anteil hat. Freilich wird er sich vermutlich nicht selbst Gewalt antun; denn das, sagt man, ist nicht erlaubt.«

Bei diesen Worten setzte er seine Füße auf den Boden und führte so in sitzender Stellung das Gespräch weiter. Kebes fragte ihn nun: »Wie meinst du das, Sokrates, daß es nicht erlaubt sei, sich selbst Gewalt anzutun, daß aber der Philosoph doch den Wunsch habe, dem Sterbenden nachzufolgen?«

»Wie, Kebes, habt ihr denn nie etwas über diese Dinge gehört, du und Simmias, die ihr doch mit Philolaos zusammengewesen seid?«

»Nichts Genaues, Sokrates.«

»Nun, fürwahr, auch ich rede nur vom Hörensagen darüber. Was ich aber zufällig davon vernommen habe, soll euch gerne gesagt sein. Vielleicht ziemt es sich ja für einen, der bald ins Jenseits geht, ganz besonders, daß er sich überlegt und sich eine Vorstellung davon macht, was es denn mit dieser Wanderung dorthin auf sich habe und was wir darunter verstehen sollen. Was wollte man denn in der Zeit bis zum Sonnenuntergang auch anderes tun?«

6. »Wieso kann man nun also behaupten, es sei nicht erlaubt, sich selbst umzubringen, Sokrates? Denn wie du in deiner Frage erwähnt hast, habe ich bereits von Philolaos, als er mit uns zusammen lebte, und auch schon von einigen anderen gehört, daß man das nicht tun dürfe. Aber etwas Bestimmtes darüber habe ich noch von niemandem erfahren.«

»Paß nur auf«, sagte er da, »vielleicht kannst du es jetzt hören. Wahrscheinlich kommt es dir seltsam vor, daß dies als einziges von allen Dingen nur eine Seite hat und daß es sich für den Menschen niemals so verhält wie die andern. So ist es manchmal und für manchen Menschen besser, tot zu sein als zu leben; bei den Menschen aber, für die der Tod besser ist, scheint es dir vielleicht seltsam, daß diesen nicht erlaubt sein soll, sich selbst diese Wohltat zu erweisen, sondern daß sie einen fremden Wohltäter abwarten müssen.«

Da lächelte Kebes leise; »Weiß Gott«, sagte er in seiner (böotischen) Mundart.

»Es mag wirklich unlogisch scheinen«, fuhr Sokrates fort; »und doch steckt vielleicht ein richtiger Sinn darin. Der Satz nämlich, der in den Geheimlehren über diese Dinge verbreitet wird, daß wir Menschen hier gewissermaßen auf einem Wachtposten stehen und daß wir uns nicht selbst davon ablösen oder weglaufen dürfen, dieser Satz scheint mir etwas wahrhaft Großes zu sein und gar nicht leicht zu durchschauen. Denn auch dieses halte ich für zutreffend, Kebes, daß die Götter für uns sorgen und daß wir Menschen eines ihrer Besitztümer sind. Hältst du das nicht auch für richtig?«

»Doch«, sagte Kebes.

»Wenn nun einer deiner Sklaven sich selbst umbrächte, ohne daß du ihm bedeutet hast, daß du seinen Tod wünschest – da würdest du doch auf ihn schelten und ihn bestrafen, wenn du das noch könntest?«

»Gewiß«, erwiderte er.

»So aufgefaßt, ist es also vielleicht doch nicht widersinnig, daß man sich nicht selbst umbringen darf, bevor uns Gott einen schicksalhaften Zwang auferlegt, so wie er jetzt für mich besteht.«

7. »Das leuchtet mir freilich ein«, sagte da Kebes. »Was du hingegen gerade vorher behauptet hast, daß nämlich die Philosophen gerne sterben möchten, das nimmt sich seltsam aus, Sokrates, besonders wenn unsere eben geäußerte Meinung richtig ist, daß Gott für uns sorge und wir sein Eigentum seien. Denn daß sich gerade die Verständigsten gerne aus diesem Dienst wegbegeben sollten, wo sie doch die besten Aufseher haben, die es überhaupt gibt, die Götter – das ist widersinnig. Es wird doch niemand glauben, er könne selber besser für sich sorgen, wenn er frei ist. Ein unvernünftiger Mensch hingegen könnte freilich der Ansicht sein, er müsse seinem Herrn entfliehen, und würde nicht überlegen, daß man einem guten Herrn nicht fortlaufen, sondern so lange wie möglich bei ihm bleiben soll. Aus Unbedacht würde er also weglaufen. Der vernünftige dagegen möchte immer bei seinem Herrn bleiben, der besser ist als er selbst. Und so ergibt sich daraus das Gegenteil von dem, was du eben gesagt hast, Sokrates: die Verständigen dürfen nur ungern in den Tod gehen, die Unverständigen aber sollen sich darüber freuen.«

Als Sokrates dies hörte, schien er am Eifer des Kebes Freude zu haben. Er schaute uns an und sagte:

»Immer spürt Kebes irgendwelche Gründe aus und läßt sich gar nicht leicht überzeugen, was einer auch behaupten mag.«

Simmias aber sprach: »Sokrates, ich habe jetzt tatsächlich auch den Eindruck, Kebes habe etwas Beachtenswertes gesagt. Warum sollten wahrhaft weise Menschen ihren besseren Herren entfliehen wollen und sich gerne von ihnen wegbegeben? Kebes bezieht offenbar seine Worte auf dich, weil du es so leicht nimmst, uns zu verlassen, uns und auch die Götter, deine guten Herren, wie du sie selbst nennst.«

»Da habt ihr recht«, gab Sokrates zur Antwort. »Ich nehme an, ihr meint, ich solle mich dagegen verteidigen wie vor einem Gerichtshof.«

»Gerade so ist es«, erwiderte Simmias.

8. »Wohlan denn«, fuhr Sokrates fort, »so will ich versuchen, mich vor euch überzeugender zu verteidigen als vor meinen Richtern. Wenn ich nicht glauben könnte, Simmias und Kebes, daß ich erstlich zu anderen weisen und guten Göttern komme und dann aber auch zu gestorbenen Menschen, und zwar zu besseren als hier auf Erden, dann hätte ich wohl unrecht, über den Tod nicht unwillig zu sein. Nun aber müßt ihr wissen, daß ich die bestimmte Hoffnung habe, zu guten Menschen zu kommen. Freilich kann ich das nicht ganz sicher behaupten; daß ich jedoch zu Göttern kommen werde, die ganz besonders gute Herren sind, das, sollt ihr wissen, möchte ich, wenn irgend etwas von diesen Dingen, mit Gewißheit behaupten. Deshalb bin ich nicht dermaßen unwillig, sondern habe die feste Hoffnung, es gebe für die Gestorbenen noch etwas, und zwar, wie man ja schon lange behauptet, für die Guten etwas viel Besseres als für die Schlechten.«

»Wie nun, Sokrates?« fragte Simmias. »Hast du im Sinn, mit dieser Einsicht, die du besitzest, von uns wegzugehen, oder willst du sie auch uns vermitteln? Mir scheint, sie ist für uns alle ein gemeinsames Gut. Zudem verteidigst du gleichzeitig auch dich selbst, wenn du uns mit deinen Worten überzeugen kannst.«

»Nun gut, ich will es versuchen«, sagte Sokrates. »Zuerst aber wollen wir sehen, was uns Kriton da schon lange sagen will.«

»Nichts, Sokrates«, erwiderte Kriton, »als daß der Mann, der dir das Gift reichen muß, mir schon lange sagt, man möge dir mitteilen, du solltest dich sowenig als möglich unterhalten. Er behauptet nämlich, daß man sich beim Reden eher erhitze, dies aber sei der Wirkung des Giftes unzuträglich. Denn sonst müssen die, welche das tun, zwei- oder dreimal trinken.«

»Laß ihn doch«, sagte Sokrates darauf; »er soll seine Sache nur vorbereiten und mir das Gift eben zweimal reichen, wenn es sein muß, oder dreimal.«

»Das wußte ich ungefähr schon«, sagte Kriton, »aber er drängt mich eben schon lange.«

»Laß ihn nur«, antwortete Sokrates. »Euch aber, als meinen Richtern, will ich nun Rechenschaft darüber ablegen, daß – wie mir scheint – ein Mensch, der sein Leben wirklich im Streben nach der Weisheit verbracht hat, mit Recht guten Mutes in den Tod gehen soll und hoffen darf, er werde nach seinem Tode in jener Welt der höchsten Güter teilhaft. Wie das gemeint ist, Simmias und Kebes, das will ich euch jetzt zu erklären suchen.

9. Alle die, welche sich mit der Philosophie richtig befassen, beschäftigen sich offenbar, ohne daß die anderen es merken, eigentlich mit nichts anderem als mit dem Sterben und mit dem Totsein. Ist dem nun so, dann wäre es doch widersinnig von ihnen, das ganze Leben hindurch kein anderes Ziel vor Augen zu haben, wenn es dann aber so weit ist, über das unwillig zu sein, was sie so lange begehrt und worum sie sich bemüht haben.«

»Beim Zeus, Sokrates«, sagte da Simmias und lachte, »obwohl es mir gegenwärtig gar nicht darum ist, hast du mich doch zum Lachen gebracht. Ich glaube nämlich, wenn sie dich hörten, wären die meisten der Meinung, du habest das von den Philosophen sehr treffend gesagt. Bei uns wären die Leute jedenfalls sehr damit einverstanden, daß die Philosophen wirklich sterben möchten, und sie behaupteten auch, sie wüßten genau, daß sie das verdienten.«

»Damit hätten sie auch ganz recht, Simmias, abgesehen allerdings von der Behauptung, sie wüßten, warum. Sie wissen eben gerade nicht, inwiefern die echten Philosophen sterben möchten und inwiefern sie den Tod und welchen Tod sie verdienen. Aber bleiben wir bei uns und lassen wir jene reden. Ist nach unserer Ansicht der Tod etwas?«

»Gewiß«, nahm Simmias das Wort.

»Ist er nicht die Trennung der Seele vom Leib? Und ist nicht das Totsein der Zustand, wo der Leib getrennt von der Seele für sich allein, die Seele aber getrennt vom Leib für sich allein ist? Oder ist der Tod etwas anderes als das?«

»Nein, gerade das«, antwortete Simmias.

»Prüfe denn, mein Guter, ob du der gleichen Ansicht bist wie ich. Ich glaube nämlich, wir können daraus größere Klarheit über das gewinnen, was wir untersuchen wollen. Glaubst du, ein Philosoph solle nach den Dingen trachten, die man Genüsse nennt, etwa nach Speise und Trank?«

»Sicher nicht, Sokrates«, gab Simmias zur Antwort.

»Oder nach Liebeslust?«

»Auf keinen Fall.«

»Oder glaubst du, der Philosoph halte die übrigen Bedürfnisse des Leibes für wichtig? Etwa den Besitz von prächtigen Kleidern oder von Schuhen oder von sonstigem Putz? Was meinst du, hält er dies alles für wertvoll oder für wertlos, soweit er zu ihrem Besitz nicht gerade gezwungen ist?«

»Ich glaube, er hält es für wertlos«, antwortete Simmias, »wenigstens der echte Philosoph.«

»Glaubst du nicht auch«, fuhr jetzt Sokrates fort, »daß er sein ganzes Streben nicht auf den Leib richtet, sondern daß er diesen nach Möglichkeit zurückstellt, um sich ganz nur seiner Seele zuzuwenden?«

»Jawohl.«

»Darin zeigt sich doch vor allem sehr deutlich, daß der Philosoph gerne die Seele von der Gemeinschaft mit dem Leib lösen wird, eher als alle anderen Menschen?«

»Ja, das zeigt sich.«

»Und doch meinen die meisten Menschen, Simmias, daß einer, der an diesen Dingen keine Freude und keinen Anteil hat, nicht würdig sei zu leben; und wer sich nichts aus den sinnlichen Vergnügungen mache, sei beinahe schon tot.«

»Du hast vollkommen recht.«

10. »Wie verhält es sich nun aber mit dem Erwerb der vernünftigen Einsicht selbst? Ist der Leib ein Hindernis oder nicht, wenn ihn jemand beim Suchen zu Hilfe nehmen will? Ich meine dies so: vermittelt uns Menschen etwa das Gesicht oder das Gehör irgendeine Wahrheit? Oder stimmt das, was auch die Dichter uns immer vorschwatzen, daß wir etwas Genaues weder hören noch sehen? Wenn aber diese beiden Sinnesempfindungen ungenau und unzuverlässig sind, dann sind es die anderen sicher noch mehr; sind sie doch alle noch minderwertiger als sie. Bist du nicht auch dieser Meinung?«

»Gewiß.«

»Wann erfaßt denn die Seele überhaupt die Wahrheit? Solange sie mit Hilfe des Leibes etwas zu erkennen sucht, wird sie offenbar von ihm getäuscht.«

»Da hast du recht.«

»So wird ihr also, wenn überhaupt irgendwo, im vernünftigen Denken etwas vom wahren Wesen der Dinge offenbar?«

»Ja.«

»Am allerbesten aber kann sie dann vernünftig denken, wenn nichts von diesen Dingen sie stört, weder das Gehör noch das Gesicht, weder Schmerz noch Lust, sondern wenn sie möglichst für sich allein bleibt, den Leib beiseite läßt und, soweit dies geht, keine Gemeinschaft mit ihm hat und so, von ihm unberührt, nach dem Seienden trachtet.«

»Ja, so ist es.«

»Auch hierin schätzt wohl die Seele des Philosophen den Leib ganz gering, flieht vor ihm und sucht ganz für sich allein zu sein.«

»Offenbar.«

»Wie steht es nun aber mit folgendem, Simmias: Sagen wir, es gebe ein Gerechtes an sich oder nicht?«

»Das sagen wir, beim Zeus.«

»Und ein Schönes und ein Gutes?«

»Selbstverständlich.«

»Hast du nun aber schon irgendeinmal etwas Derartiges mit Augen gesehen?«

»Nein, niemals», erwiderte er.

»Oder bist du durch irgendeine andere sinnliche Wahrnehmung damit in Berührung gekommen? Ich rede nun von all diesen Dingen wie Größe oder Gesundheit oder Kraft, mit einem Wort, von allem übrigen, was ein jedes seinem Wesen nach sein mag. Kann mit Hilfe des Leibes ihr eigentlich wahres Wesen erkannt werden? Oder ist es so, daß der unter uns der Erkenntnis der Dinge am nächsten kommt, der am schärfsten und am genauesten über das nachzudenken sich anschickt, was er erkennen möchte?«

»Gewiß.«

»Und das kann doch wohl der am reinsten tun, der am meisten nur mit dem Denken an jedes Ding herantritt und der dabei weder die Augen zu Hilfe nimmt noch irgendein anderes Sinnesorgan beim vernünftigen Überlegen beizieht, sondern einzig und allein mit dem reinen Nachdenken ein jedes Ding ganz in seiner Wesensart erfassen will, möglichst ohne die Augen und ohne die Ohren, sozusagen ganz ohne den Leib, weil der Leib die Seele verwirrt und sie die wahre

Erkenntnis nicht erlangen läßt, solange er mit ihr Gemeinschaft hat. Simmias, wird nicht der, wenn überhaupt einer, das Seiende erfassen?«

»Ja, Sokrates, was du sagst, ist über alle Maßen richtig«, gab Simmias zur Antwort.

11. »Auf Grund von alledem«, fuhr jetzt Sokrates fort, »müssen nun doch die echten Philosophen zu dieser Ansicht kommen und zueinander etwa folgendes sagen:

›Es scheint uns doch ein gewisser Ausweg weiter zu führen: solange wir nämlich beim Forschen neben dem reinen Denken noch den Leib gebrauchen und solange unsere Seele mit diesem Übel vermengt ist, werden wir das, wonach wir begehren – nämlich die Wahrheit – niemals recht erlangen. Unendlich viele Schwierigkeiten bereitet uns der Leib schon wegen der Notwendigkeit seiner Ernährung; wenn erst noch irgendwelche Krankheiten dazu kommen, dann hindern auch sie unsere Jagd nach dem Seienden. Aber auch mit Liebesverlangen, mit Begierden, mit Furcht, mit allerlei Illusionen und mit mancherlei Torheit erfüllt uns der Leib, so daß er uns, wie man mit Recht zu sagen pflegt, ja wirklich gar nicht zur Vernunft kommen läßt. Auch Kriege und Aufstände und Schlachten haben keine andere Ursache als den Leib und seine Begierden. Wegen des Gelderwerbs nämlich entstehen alle Kriege; Geld aber müssen wir erwerben des Leibes wegen, indem wir seiner Pflege dienstbar sind; und darum haben wir aus all diesen Gründen keine Zeit mehr für die Philosophie.

Das Schlimmste von allem aber ist, daß uns der Leib auch dann, wenn er uns Zeit läßt und wir uns irgendeiner Betrachtung hingeben, mitten im Suchen immer wieder stört und verwirrt und erschreckt, so daß es seinetwegen nicht möglich ist, das Wahre einzusehen. Vielmehr ist uns in der Tat bewiesen, daß wir uns, wenn wir von irgend etwas die reine

Erkenntnis erlangen wollen, von ihm losmachen und allein mit der Seele die Dinge an sich betrachten müssen. Das, wonach wir verlangen und als dessen Liebhaber wir uns ausgeben, der vernünftigen Einsicht nämlich, das wird uns offenbar erst dann zuteil werden, wenn wir gestorben sind, wie diese Untersuchung zeigt, nicht aber im Leben. Denn wenn es nicht möglich ist, in Verbindung mit dem Leibe irgend etwas rein zu erkennen, so bleibt nur eines von beiden: entweder können wir das Wissen überhaupt nicht erlangen oder erst nach unseren Tode. Dann wird die Seele ganz für sich sein, getrennt vom Leibe, vorher aber nicht. Und solange wir leben, werden wir offenbar in dem Maße dem Wissen am nächsten kommen, als wir mit dem Leibe möglichst wenig verkehren und keine Gemeinschaft mit ihm haben, soweit es nicht unbedingt notwendig ist, und uns von seiner Natur nicht erfüllen lassen, sondern uns von ihm rein halten, bis Gott selbst uns von ihm löst. Und so, rein und von der Unvernunft des Leibes befreit, werden wir dann wohl unter gleichartigen Wesen leben und durch uns selbst die ganze reine Wahrheit erkennen; und das ist dann wohl das wirklich Wahre. Denn ein Unreiner darf Reines wohl nicht erfassen.‹

So glaube ich, Simmias, müssen alle echten Philosophen denken und zueinander reden. Bist du nicht auch dieser Meinung?«

»Durchaus, Sokrates.«

12. »Wenn dem so ist, mein Freund«, fuhr Sokrates fort, »dann besteht doch für jeden, der dorthin kommt, wohin ich jetzt gehe, die große Hoffnung, an jenem Orte, wenn überhaupt irgendwo, das in reichem Maße zu erlangen, worum wir uns in dem gegenwärtigen Leben so sehr bemühen. Dann ist also die Reise, die ich jetzt antreten muß, mit einer herrlichen Hoffnung verbunden. Und das gilt auch für jeden

anderen Menschen, der glaubt dafür gesorgt zu haben, daß sein Geist gewissermaßen gereinigt ist.«

»Gewiß«, sagte Simmias.

»Die Reinigung besteht aber doch darin, daß wir die Seele, wie ich in meiner Rede schon immer gesagt habe, so viel als möglich vom Leibe trennen und sie daran gewöhnen, sich allerseits von ihm zurückzuziehen und sich zu sammeln und sowohl in diesem wie im künftigen Leben möglichst allein für sich zu wohnen, gleichsam befreit von den Banden des Leibes?«

»Gewiß«, gab er zur Antwort.

»Ist es denn nicht das, was wir als ›Tod‹ bezeichnen: die Erlösung und Befreiung der Seele vom Leib?«

»Allerdings«, sagte er.

»Wie wir aber behaupten, bemühen sich die echten Philosophen jederzeit am meisten und als einzige darum, ihre Seele löszulösen; gerade das ist doch ihr Bestreben, die Loslösung und Trennung der Seele vom Leib, oder nicht?«

»Offenbar.«

»Wäre es also nicht lächerlich, wie ich schon anfangs sagte, wenn sich ein Mensch das ganze Leben hindurch bemühte, so zu leben, daß er dem Totsein ganz nahe ist, und er sich dann unwillig gegen den Tod sträuben wollte, wenn er wirklich an ihn herantritt?«

»Freilich wäre das lächerlich.«

»In der Tat, Simmias«, fuhr Sokrates fort, »bereiten sich die echten Philosophen auf das Sterben vor, und der Tod ist für sie weniger schrecklich als für alle anderen Menschen. Du kannst das aus folgendem ersehen: wenn sie sich wirklich in jeder Hinsicht mit dem Leib überworfen haben und die Seele für sich allein haben möchten, dann wäre es doch ganz widersinnig, wenn sie sich im Augenblick, da dies geschieht, fürchteten und unwillig würden und wenn sie nicht freudig

an jenen Ort gingen, wo sie hoffen dürfen, bei ihrer Ankunft jene vernünftige Einsicht zu erlangen, nach der sie sich das ganze Leben hindurch gesehnt hatten, und von dem Zusammensein mit dem befreit zu werden, womit sie sich so überworfen hatten. Viele sind ja schon bereit gewesen, nach dem Tode ihrer menschlichen Geliebten oder ihrer Frauen oder ihrer Söhne freiwillig in die Unterwelt nachzufolgen, in der Hoffnung, die dort wiederzusehen, nach denen sie sich sehnten, und mit ihnen zusammen zu sein. Wenn sich nun jemand wirklich nach der vernünftigen Einsicht sehnt und wenn er die bestimmte Hoffnung hat, sie an keinem anderen Ort als in der Unterwelt wirklich zu finden, – wird er sich dann unwillig sträuben, wenn er sterben muß, und nicht freudig dorthin gehen?
Von einem echten Philosophen wenigstens, Simmias, sollte man das annehmen können; denn er wird völlig davon überzeugt sein, daß er die vernünftige Einsicht an keinem Ort in seiner Form finden kann als dort. Wenn dem aber so ist, wie ich eben sagte, dann wäre es doch völlig widersinnig, wenn so ein Mann sich vor dem Tode fürchtete.«
»Wahrlich, beim Zeus, das wäre es«, antwortete er.
13. »Siehst du also einen, der unwillig wird, wenn er sterben soll, so ist das für dich ein genügender Beweis, daß er nicht die Weisheit lieb hat, sondern seinen Leib. Der ist dann wohl auch habsüchtig oder ehrgeizig, eines von beiden gewiß, oder gar beides zugleich.«
»In der Tat«, erwiderte er, »es ist so, wie du sagst.«
»Nun, mein Simmias«, fuhr er fort, »kommt nicht auch das, was man Tapferkeit nennt, am ehesten zu denen, die so gesinnt sind?«
»Ganz gewiß«, war die Antwort.
»Und auch die Besonnenheit, das, was auch die Menge Besonnenheit nennt, daß man sich nämlich von seinen Leiden-

schaften nicht hinreißen läßt, sondern daß man bescheiden und ordentlich lebt, – findet sich nicht auch sie allein bei denen, die am meisten den Leib gering achten und in der Liebe zur Weisheit leben?«

»Notwendig«, erwiderte er.

»Denn willst du die Tapferkeit und Besonnenheit der anderen Menschen betrachten«, fuhr er fort, »so wird dir das seltsam vorkommen.«

»Wieso denn, Sokrates?«

»Du weißt«, sagte dieser, »daß die anderen alle meinen, der Tod sei eines der großen Übel?«

»Freilich«, war die Antwort.

»Und so ertragen denn die Tapfern unter ihnen den Tod bloß aus Furcht vor noch größeren Übeln, wenn sie ihn ertragen?«

»So ist es.«

»Weil sie ihn fürchten, und aus Furcht sind also alle tapfer, außer den Philosophen. Und doch ist es widersinnig, aus Furcht und Feigheit tapfer zu sein.«

»Gewiß.«

»Und wie ist es denn mit den Sittsamen unter ihnen? Sind sie nicht ganz im gleichen Fall? Infolge einer Art von Zügellosigkeit sind sie besonnen. Wenn wir auch behaupten, das sei unmöglich, geht es ihnen doch ganz ähnlich mit ihrer törichten Besonnenheit. Weil sie nämlich fürchten, sonst auf andere Lüste verzichten zu müssen, nach denen sie doch Verlangen tragen, enthalten sie sich der einen, indes sie von den anderen beherrscht werden. Und das nennt man doch Zügellosigkeit, von den Lüsten beherrscht zu werden. Während sie aber von den einen Lüsten beherrscht werden, gelingt es ihnen, über die anderen Herr zu werden. Und deshalb ist es ganz so, wie ich eben gesagt habe: sie sind besonnen infolge einer Art von Zügellosigkeit.«

»Ja, es scheint so.«

»Mein lieber Simmias, dies ist also schwerlich der rechte Tausch zur Erlangung der Tugend, indem man Lust gegen Lust und Schmerz gegen Schmerz und Furcht gegen Furcht eintauscht, eine größere gegen eine geringere, so wie man Geld wechselt. Vernünftige Einsicht allein ist die wahre Münze, für die man alles eintauschen soll. Und nur das alles, was mit ihr gekauft und verkauft wird, ist wirkliche Tapferkeit und Besonnenheit und Gerechtigkeit, mit einem Wort: wahre Tugend, verbunden mit vernünftiger Einsicht und unabhängig von den Lüsten und Sorgen und von allem Derartigen. Wird aber dies alles ohne die Einsicht gegeneinander eingetauscht, dann ist eine solche Tugend nur ein Trugbild und in Wirklichkeit etwas Knechtisches, das nichts Gesundes oder Wahres an sich hat. Das Wahre aber ist nichts anderes als eine Reinigung von alledem, und die Besonnenheit und die Gerechtigkeit und die Tapferkeit und die Einsicht selbst sind eine Art von Reinigung.

So mögen auch die bekannten Stifter der Geheimlehren keine geringen Leute gewesen sein, haben sie doch in Wirklichkeit schon lange angedeutet, daß, wer ohne die Weihen und ungeheiligt in die Unterwelt kommt, im Schlammstrom liegen muß, während der, der gereinigt und geweiht dorthin kommt, bei den Göttern wohnen wird. ›Viele sind Thyrsosträger‹ – so sagen die in die Mysterien Eingeweihten – ›wenige aber sind echt Begeisterte.‹ Dies sind aber nach meiner Meinung keine anderen als die echten Philosophen. Nach bestem Vermögen habe auch ich in meinem Leben nichts versäumt, einer von ihnen zu werden, sondern mich auf alle Art darum bemüht. Ob ich aber auf die rechte Weise und mit Erfolg danach gestrebt habe, das werde ich offenbar gleich nach meiner Ankunft dort genau erfahren, und zwar binnen kurzem, wenn es Gottes Wille ist.

»Das also, Simmias und Kebes«, sagte er, »kann ich zu meiner Verteidigung sagen, und damit kann ich es rechtfertigen, daß ich es so leicht nehme und nicht darüber unwillig bin, daß ich euch und die Herren dieser Welt verlassen muß. Ich glaube nämlich, dort ebenso gute Herren und gute Freunde zu finden wie hier. Ich hoffe nur, ich habe mich jetzt vor euch ein wenig überzeugender verteidigt als vor den athenischen Richtern.«

14. Als Sokrates das gesagt hatte, ergriff Kebes das Wort und sprach: »Sokrates, mit allem anderen, das du gesagt hast, bin ich ganz einverstanden; einzig deine Ansicht über die Seele erweckt bei den Menschen Zweifel; denn sie befürchten, daß die Seele gleich nach ihrer Trennung vom Leib verschwinde und daß sie am selben Tage, wo der Mensch stirbt, zerstört werde und zugrunde gehe, und daß sie sich, sobald sie sich vom Leib getrennt hat und aus ihm gewichen ist, wie der Atem oder der Rauch verflüchtigt und nichts mehr und nirgends mehr ist. Denn wenn sie irgendwo weiterexistierte, in sich gesammelt und von den Übeln, die du eben erwähnt hast, befreit, dann dürfte man allerdings die große und schöne Hoffnung haben, daß das, was du behauptest, Sokrates, auch wahr sei. Doch bedarf es wohl noch große Überredung und eines sicheren Beweises, daß die Seele nach dem Tode des Menschen weiterexistiert und daß sie dann noch irgend Vermögen und Einsicht besitzt.«

»Du hast ganz recht, Kebes«, erwiderte Sokrates. »Doch was sollen wir da machen? Möchtest du, daß wir uns darüber aussprechen, ob es sich wahrscheinlich so verhalte oder nicht?«

»Ich würde freilich gerne hören, was du darüber denkst«, erwiderte Kebes.

»Ich glaube wenigstens nicht«, sagte da Sokrates, »daß jemand, der uns zuhörte, und wäre er auch ein Komödienschreiber, behaupten könnte, ich treibe leeres Geschwätz und rede ungehörige Dinge. Wenn ihr also meint, wollen wir die Sache untersuchen.

15. Auf folgende Weise wollen wir prüfen, ob die Seelen der Gestorbenen im Hades sind oder nicht. Ich erinnere mich an ein altes Wort: sie kommen von hier und weilen dort und kommen wieder hierher zurück. Wenn dem wirklich so ist, daß von den Toten wiederum die Lebenden erstehen, dann müssen sich doch wohl unsere Seelen dort befinden; denn wenn sie nicht ein Dasein hätten, könnten sie nicht wiedererstehen. Es wäre also ein überzeugender Beweis, daß dem so ist, wenn sich tatsächlich herausstellte, daß die Lebenden nirgend anderswoher kommen als von den Toten. Ist dies aber nicht der Fall, dann bedürfte es eines anderen Beweises.«

»Gewiß«, erwiderte Kebes.

»Willst du es jedoch leichter begreifen«, fuhr Sokrates fort, »so untersuche die Frage nicht nur im Hinblick auf die Menschen, sondern auch auf alle Tiere und Pflanzen. Mit einem Wort: bei allem, was entsteht, wollen wir sehen, ob denn nicht alles auf dieselbe Art entsteht, nichts anders als aus seinem Gegensatze nämlich, soweit es einen solchen hat – so wie das Schöne dem Häßlichen entgegengesetzt ist und das Gerechte dem Ungerechten und ebenso zahllose andere Dinge. Das also wollen wir untersuchen, ob nicht alles, was einen Gegensatz hat, notwendigerweise aus nichts anderem entstehen kann als aus eben diesem seinem Gegensatz. So muß zum Beispiel etwas, das größer wird, zuerst klein sein und kann dann erst größer werden, nicht wahr?«

»Ja.«

»Und wenn etwas kleiner wird, so ist es doch zuerst größer und wird nachher erst kleiner werden?«

»So ist es«, gab Kebes zu.

»Und so entsteht doch auch aus dem Stärkeren das Schwächere und aus dem Langsameren das Schnellere?«

»Gewiß.«

»Und weiter: wenn etwas schlechter wird, entsteht es dann nicht auch aus Besserem, und wenn gerechter, aus Ungerechterem?«

»Ohne Zweifel.«

»Haben wir damit nicht überzeugend bewiesen, daß alles auf diese Weise entsteht: der Gegensatz aus seinem Gegensatz?«

»Doch, gewiß.«

»Liegt nun aber nicht noch jedesmal etwas zwischen den beiden Gegensätzen drin, zwei Werdeprozesse, nämlich vom einen zu seinem Gegensatz hin und dann wieder vom anderen zurück zum ersten. So liegt zwischen dem Größeren und dem Kleineren Wachstum und Abnahme, und wir bezeichnen das eine als Wachsen und das andere als Abnehmen.«

»Ja«, erwiderte er.

»Und so ist es doch auch mit Trennung und Vereinigung, mit Abkühlung und Erwärmung und mit all diesen Vorgängen: manchmal haben wir zwar keine besondere Bezeichnung dafür; aber in Wirklichkeit muß es sich doch überall so verhalten, daß eines aus dem anderen entsteht und daß der Werdeprozeß von dem einen zu dem anderen verläuft, nicht wahr?«

»Ja, gewiß«, antwortete er.

16. »Ist nun nicht auch dem Leben etwas entgegengesetzt«, fuhr Sokrates fort, »so, wie dem Wachsein der Schlaf?«

»Doch, gewiß«, war die Antwort.

»Was denn?«

»Das Totsein.«

»So entstehen also die beiden auch auseinander, wenn sie Gegensätze sind, und es gibt zwischen ihnen, da sie ihrer zwei sind, auch zwei Werdeprozesse?«

»Ohne Zweifel.«

»Das eine der beiden Paare, von denen ich eben gesprochen habe, will ich dir erklären«, sagte Sokrates, »und auch die beiden Werdeprozesse – du mir dann das zweite. Ich nenne also das eine Schlafen, das andere Wachen, und aus dem Schlafen gehe das Wachen und aus dem Wachen der Schlaf hervor, und die beiden Werdeprozesse sind im einen Falle das Einschlafen, im anderen das Erwachen. Ist dir das klar oder nicht?«

»Durchaus.«

»So sage es mir jetzt auch so vom Leben und vom Tod. Behauptest du nicht, der Gegensatz zum Leben sei das Totsein?«

»Doch.«

»Und es entsteht das eine aus dem anderen?«

»Ja.«

»Was entsteht demnach aus dem Lebenden?«

»Das Tote«, war die Antwort.

»Und was aus dem Toten?« fragte er weiter.

»Ich muß zugeben, daß es das Lebende ist.«

»Aus dem Toten, Kebes, entsteht also das Lebende und die Lebenden?«

»Offenbar«, erwiderte er.

»So sind also unsere Seelen in der Unterwelt?«

»Es scheint.«

»Im weiteren«, fuhr Sokrates fort, »ist von den beiden Werdeprozessen doch wohl der eine klar, das Sterben nämlich ist klar, oder nicht?«

»Gewiß«, erwiderte er.

»Wie wollen wir nun fortfahren?« fragte Sokrates. »Müssen wir nicht den umgekehrten Werdeprozeß gegenüberstellen? Ist die Natur in diesem Punkte inkonsequent oder müssen wir nicht dem Sterben einen entgegengesetzten Vorgang gegenüberstellen?«

»Ganz sicher«, erwiderte er.
»Welchen denn?«
»Das Wiederaufleben.«
»Wenn es also ein Wiederaufleben gibt«, fuhr Sokrates fort, »dann wäre das wohl das Werden aus den Toten zu den Lebenden, dieses Wiederaufleben?«
»Gewiß.«
»Wir sind uns also auch darin einig, daß die Lebenden aus den Toten entstanden sind, gleich wie die Toten aus den Lebenden. Wenn dem aber so ist, dann schien uns das ein genügender Beweis dafür, daß die Seelen der Toten irgendwo ein Dasein haben müssen, von wo sie dann wieder lebendig werden können.«
»Ja, Sokrates, ich glaube, daß sich das aus unseren übereinstimmenden Ansichten ergeben muß«, antwortete er.
17. »Sieh, Kebes«, sagte er, »ich habe den Eindruck, wir seien mit gutem Recht gleicher Meinung. Denn wenn nicht gleichsam im Kreislauf die Entstehungsprozesse einander entsprächen, sondern wenn das Werden sozusagen geradlinig verliefe, immer nur von dem einen zu seinem Gegensatz, ohne sich dann wieder zum ersten zurückzuwenden, und wenn es keine rückläufige Bewegung gäbe, dann hätte doch sicherlich zuletzt alles dieselbe Gestalt und befände sich im gleichen Zustand, und alles Werden müßte aufhören.«
»Wie meinst du das?« fragte Kebes.
»Es ist nicht schwer zu verstehen, was ich meine«, sagte er. »Wenn es zum Beispiel nur ein Einschlafen gäbe, ohne daß ihm ein Erwachen aus dem Schlafe entspräche, dann würde sich offenbar allem nach die Sage von Endymion als Geschwätz erweisen und hätte keine Geltung mehr, weil dann zuletzt die ganze Welt so schlafen würde wie Endymion. Und wenn alles sich vermischte, aber nicht wieder geschieden würde, dann würde sich bald das einstellen, was Anaxagoras

behauptet: daß alle Dinge beisammen seien. Und ganz gleich, mein lieber Kebes: wenn alles, was am Leben teil hat, stürbe, und wenn es dann nach seinem Tode in dieser Gestalt verbliebe und nicht wieder auflebte, dann müßte doch unbedingt zuletzt alles tot sein und nichts mehr leben. Denn wenn zwar aus etwas anderem das Lebende entstünde, das Lebende aber stürbe, was gibt es da noch für einen Ausweg, daß nicht schließlich alles dem Totsein anheimfällt?«

»Es gibt offenbar keinen, Sokrates«, erwiderte Kebes, »sondern was du sagst, scheint mir durchaus richtig.«

»Ja, Kebes, es ist ganz gewiß so«, fuhr er fort, »und wir täuschen uns sicher nicht, wenn wir uns darin einig sind: es gibt tatsächlich ein Wiederaufleben und ein Werden der Lebenden aus den Toten, und die Seelen der Gestorbenen haben ein Dasein, und zwar die Guten ein besseres, die Schlechten aber ein schlechteres.«

18. »Ja, fürwahr«, nahm nun Kebes das Wort, »das entspricht auch – wenn anders sie wahr ist – deiner Behauptung, Sokrates, die du häufig aufzustellen pflegtest, daß unser Lernen nichts anderes als ein Sicherinnern ist. Nach diesem Satz müssen wir doch in einer früheren Zeit das gelernt haben, woran wir uns jetzt wieder erinnern. Das wäre aber unmöglich, wenn unsere Seele nicht irgendwo gewesen wäre, bevor sie in dieser menschlichen Gestalt geboren wurde, so daß auch aus diesem Grunde die Seele offenbar etwas Unsterbliches ist.«

»Aber, mein Kebes«, fiel da Simmias ein, »was gibt es denn für Beweise dafür? Rufe sie mir wieder ins Gedächtnis zurück; ich besinne mich gegenwärtig nicht mehr genau daran.«

»Ein einziger Beweis mag genügen«, sprach Kebes, »und zwar ein sehr schöner. Die Menschen geben, wenn man sie richtig fragt, von selbst über alles die richtige Auskunft. Und doch wären sie dazu nicht imstande, wenn sie nicht in ihrem Innern ein Wissen besäßen und einen richtigen Begriff. Und wenn man sie auf geometrische Figuren oder sonst so etwas führt, so stellt man den deutlichsten Beweis dafür auf, daß dem so ist.«

»Wenn dich das noch nicht überzeugt, Simmias«, fuhr jetzt Sokrates fort, »dann schau zu, ob du mit mir einig wirst, wenn du folgende Überlegung machst. Du glaubst also nicht, daß das, was wir ›Lernen‹ nennen, ein Sichwiedererinnern ist?«

»Das glaube ich zwar schon«, sagte Simmias; »nur möchte ich an mir erfahren, was diese Erinnerung eigentlich ist, von der wir reden. Was Kebes darzulegen suchte, hat mir die Sache so ziemlich wieder ins Gedächtnis zurückgerufen und mich überzeugt. Trotzdem hörte ich nun noch gerne, wie du das erklären wolltest.«

»Ich erkläre das so: wir sind uns doch darüber einig, wenn einer sich an etwas erinnern soll, so muß er das vorher schon wissen.«

»Ja, gewiß«, erwiderte er.

»Und auch darüber sind wir uns wohl einig, daß es sich um ein Erinnern handelt, wenn auf folgende Art eine Erkenntnis entsteht. Ich meine das so: wenn jemand etwas sieht oder hört oder auf andere Art wahrnimmt, jedoch nicht nur den betreffenden Gegenstand erkennt, sondern sich dabei auch noch etwas anderes bewußt wird, dessen Erkenntnis nicht dieselbe, sondern eine andere ist – sagen wir da nicht mit Recht, er habe sich an das, was in seinem Bewußtsein aufgetaucht ist, erinnert?«

»Wie meinst du das?«

»Etwa so: das Wissen um einen Menschen ist doch sicher etwas anderes als das Wissen um eine Leier?«

»Selbstverständlich.«

»Du weißt aber doch«, fuhr Sokrates fort, »wie es den Liebhabern ergeht, wenn sie eine Leier oder ein Kleid oder sonst etwas sehen, dessen sich ihr Liebling zu bedienen pflegt? Sie erkennen die Leier, und in ihrer Vorstellung taucht das Bild des Knaben auf, dem sie gehört. Das ist doch Erinnerung. So wie es immer wieder vorkommt, daß einer an den Kebes erinnert wird, wenn er den Simmias sieht. Und noch tausend solche Beispiele gäbe es da.«

»Ja, beim Zeus, so viele gäbe es in der Tat«, sagte Simmias.

»So ist das also Erinnerung«, erwiderte er, »besonders dann, wenn das jemand mit Dingen erlebt, die er vergessen hatte, weil er sie schon lange nicht mehr sah.«

»Gewiß.«

»Kann es auch sein«, fuhr Sokrates fort, »daß man durch den Anblick eines gemalten Pferdes oder einer gemalten Laute an einen Menschen erinnert wird oder daß einen ein Gemälde von Simmias an Kebes erinnert?«

»Ja, freilich.«

»Aber auch an Simmias selbst erinnert man sich, wenn man ein Bild von ihm sieht?«

»Ja, allerdings.«

19. »Geht aus alledem nun nicht hervor, daß sich die Erinnerung das eine Mal aus Ähnlichem, das andere Mal aus Unähnlichem ergibt?«

»Ja.«

»Wenn man sich aber dank der Ähnlichkeit an etwas erinnert, muß man da nicht auch die weitere Erfahrung machen, daß man sich bewußt wird, ob die Ähnlichkeit dieses Dinges mit jenem anderen, an das es uns erinnert, zu wünschen übrig läßt oder nicht?«

»Notwendig«, erwiderte er.

»So sieh denn«, fuhr Sokrates fort, »ob das sich so verhält: Es gibt doch etwas, das wir ›gleich‹ nennen? Ich meine nicht, ein

Holz dem andern oder ein Stein dem andern oder sonst so etwas, sondern außer alledem noch etwas anderes: ich meine das Gleiche an sich. Gibt es das nach unserer Ansicht oder nicht?«

»Ja, freilich, beim Zeus, das behaupten wir ganz entschieden«, antwortete Simmias.

»Aber wissen wir auch, was das ist?«

»Ja, gewiß.«

»Woher aber nehmen wir dieses Wissen? Doch wohl aus den Dingen, die ich eben genannt habe. Wenn wir sahen, wie Hölzer oder Steine oder andere Dinge einander gleich sind, so leiteten wir jenes daraus ab, das selbst etwas anderes ist als die genannten Dinge – oder glaubst du, es sei nicht etwas anderes? Betrachte es aber auch so: erscheinen nicht manchmal dieselben gleichen Steine oder Hölzer dem einen gleich, dem anderen aber nicht?«

»Gewiß.«

»Wie ist es aber mit dem Gleichen an sich? Ist es dir je schon als ungleich erschienen, oder die Gleichheit als Ungleichheit?«

»Niemals, Sokrates.«

»Dann ist es also nicht dasselbe«, fuhr dieser fort: »diese gleichen Dinge oder das Gleiche an sich?«

»Meiner Meinung nach durchaus nicht, Sokrates.«

»Und doch hast du aus diesen gleichen Dingen, die also etwas anderes sind als jenes Gleiche an sich, vom Wissen um dieses eine Vorstellung bekommen und es erfaßt?«

»Sehr richtig«, erwiderte er.

»Gleichgültig, ob es jenen Dingen ähnlich ist oder nicht?«

»Gewiß.«

»Es kommt also gar nicht darauf an«, fuhr Sokrates fort. »Solange nur beim Anblick eines Gegenstandes die Vorstellung eines anderen in uns auftaucht, ob dieser nun ähnlich sei oder nicht, so ist dies«, sagte er, »notwendig ein Sichwiedererinnern gewesen.«

»Ja, gewiß.«

»Wie nun? Geht es uns etwa ähnlich«, fuhr er fort, »mit den Hölzern und den anderen gleichen Dingen, die wir eben genannt haben? Scheinen sie uns auf dieselbe Art gleich zu sein wie das Gleiche an sich sich selber gleich ist, oder bleiben sie hinter jenem Gleichsein zurück?«

»Sie bleiben weit dahinter zurück«, antwortete Simmias.

»Darin sind wir uns aber doch einig: wenn einer etwas sieht und dabei den Eindruck hat: das, was ich eben sehe, möchte etwas anderem gleich sein, bleibt aber dahinter zurück und vermag dem anderen nicht zu entsprechen, sondern ist geringer – dann muß doch der, welcher diese Feststellung macht, jenes andere vorher einmal gesehen haben, von dem er sagt, daß dies da ihm gleiche, ohne es indes zu erreichen.«

»Notwendig.«

»Wie nun? Erging es nicht auch uns so mit den gleichen Dingen und dem Gleichen an sich?«

»Durchaus.«

»Wir müssen also das Gleiche an sich vor jener Zeit schon gekannt haben, da wir zum erstenmal beim Anblick von gleichen Dingen feststellen, daß sie sich zwar alle bemühen, dem Gleichen an sich zu entsprechen, ohne es aber zu erreichen.«

»So ist es.«

»Aber auch darin sind wir uns wohl einig: daß wir das nirgend anderswoher erkannt haben und auch nicht erkennen können als einzig durch das Sehen oder das Berühren oder durch eine andere Sinneswahrnehmung – was nach meiner Ansicht auf dasselbe herauskommt.«

»Es ist auch dasselbe, Sokrates; wenigstens für das, was du beweisen willst.«

»Durch die Sinneswahrnehmungen müssen wir also einsehen, daß alles mit den Sinnen Wahrnehmbare nach dem Gleichen an sich strebt, daß es aber hinter ihm zurückbleibt; oder wie sollen wir's sagen?«

»Gerade so.«

»Bevor wir also zum ersten Male gesehen oder gehört oder sonst etwas wahrgenommen haben, müssen wir irgendwoher das Wissen vom Wesen des Gleichen an sich gewonnen haben, um daran das messen zu können, was nach unserer Wahrnehmung gleich ist, weil sich zwar alles Derartige bemüht, jenem zu entsprechen, aber doch dahinter zurückbleibt.«

»Das geht notwendig aus dem hervor, Sokrates, was wir vorher gesagt haben.«

»Und nun haben wir doch gleich nach unserer Geburt schon gesehen und gehört und die übrigen Sinnesempfindungen gehabt?«

»Gewiß.«

»Wir müssen also, behaupten wir, das Wissen vom Gleichen an sich vorher erhalten haben?«

»Ja.«

»Schon vor der Geburt müssen wir es also offenbar erhalten haben.«

»Offenbar.«

20. »Wenn wir es nun vor der Geburt erhalten haben und mit ihm geboren wurden, so erkannten wir doch schon vor der Geburt und gleich nach ihr nicht nur das Gleiche und das Größere und das Kleinere, sondern alles Derartige insgesamt? Denn es handelt sich jetzt bei unserer Untersuchung nicht vorzugsweise um das Gleiche, sondern ebenso um das Schöne an sich und um das Gute an sich und um das Gerechte und um das Fromme und, wie gesagt, um alles, dem wir den Stempel des ›Seins an sich‹ aufdrücken, sowohl mit den

Fragen, die wir stellen, als auch mit den Antworten, die wir geben. Wir müssen also das Wissen von alledem vor unserer Geburt erhalten haben.«

»So ist es.«

»Und wenn wir dies, nachdem wir es einmal erhalten, nicht jedesmal wieder vergessen haben, so müssen wir also als Wissende geboren werden und das ganze Leben hindurch Wissende sein. Denn das heißt wissen: eine Erkenntnis gewinnen und sie dann behalten und nicht wieder verlieren. Oder nennen wir nicht das ›Vergessen‹, Simmias, den Verlust eines Wissens?«

»Ja, durchaus, Sokrates«, erwiderte er.

»Wenn wir aber, meine ich, sie vor unserer Geburt erhalten und sie dann bei der Geburt wieder verloren haben und wenn wir dann später mit Hilfe der Sinneswahrnehmungen dieselben Erkenntnisse aufs neue gewinnen, die wir schon vorher hatten, dann wäre eben das, was wir ›Lernen‹ nennen, nichts anderes als das Wiedergewinnen einer Erkenntnis, die uns bereits gehört hatte. Und hätten wir nicht recht, dies als ein Sichwiedererinnern zu bezeichnen?«

»Gewiß.«

»Denn es hat sich ja als möglich erwiesen, daß man etwas wahrnimmt, indem man es sieht oder hört oder mit einem anderen Sinne erfaßt, und daß dabei eine andere Vorstellung auftaucht, und zwar von etwas, das man vergessen hatte und zu dem jene Wahrnehmung in irgendeiner Beziehung stand, ob sie ihm nun ähnlich ist oder nicht. Es ergeben sich also zwei Möglichkeiten: entweder werden wir alle mit dem Wissen von diesen Dingen geboren und behalten es unser ganzes Leben hindurch, oder dann tun diejenigen, von denen wir sagen, daß sie lernen, nichts weiter, als daß sie sich erinnern, und das Lernen überhaupt wäre dann ein Sichwiedererinnern.«

»Gerade so verhält es sich, Sokrates.«

21. »Wofür entscheidest du dich nun, Simmias: werden wir als Wissende geboren, oder erinnern wir uns später wieder an das, dessen Wissen wir früher erhalten hatten?«

»Ich weiß im Augenblick nicht, wie ich mich entscheiden soll, Sokrates.«

»Vielleicht kannst du aber folgendes entscheiden. Was meinst du: einer, der etwas weiß, sollte doch über das Rechenschaft geben können, was er weiß, oder nicht?«

»Gewiß muß er das, Sokrates«, erwiderte er.

»Glaubst du auch, daß alle Menschen imstande sind, über das Rechenschaft zu geben, wovon wir jetzt gesprochen haben?«

»Ich wollte es gerne glauben«, sagte Simmias, »aber ich fürchte, daß es morgen um diese Zeit keinen Menschen mehr geben wird, der das richtig zu tun vermöchte.«

»Du glaubst also, daß nicht alle dieses Wissen besitzen, Simmias?«

»Sicher nicht.«

»Sie erinnern sich also wieder an das, was sie früher einmal gelernt hatten?«

»Notwendig.«

»Wann haben denn unsere Seelen das Wissen von diesen Dingen erhalten? Gewiß nicht erst, seit wir als Menschen geboren worden sind.«

»Sicher nicht.«

»Also früher?«

»Ja.«

»So hatten also unsere Seelen schon früher ein Dasein, bevor sie in menschlicher Gestalt waren, und zwar ohne Körper, und besaßen Einsicht.«

»Es müßte denn sein, Sokrates, wir hätten diese Erkenntnisse gerade bei der Geburt erhalten. Denn einzig dieser Zeitpunkt bleibt noch übrig.«

»Gut denn, mein Freund; zu welchem anderen Zeitpunkt aber

verlieren wir sie dann wieder? Wir sind doch eben überein gekommen, daß wir nicht mit ihnen geboren werden. Verlieren wir sie im selben Augenblick, wo wir sie erhalten? Oder kannst du einen anderen Zeitpunkt nennen?«

»Durchaus nicht, Sokrates; es entging mir, daß ich Unsinn sagte.«

22. »Verhält es sich nun aber nicht so, Simmias«, sagte er: »wenn es das wirklich gibt, was wir immer im Munde führen, das Schöne und das Gute und all diese Wesenheiten und wenn wir darauf unsere gesamten sinnlichen Wahrnehmungen beziehen, weil diese Wesenheiten, wie wir herausgefunden haben, schon vorher in uns bestanden hatten – und wenn wir dieses mit jenem vergleichen, dann muß doch auch unsere Seele, gleich wie diese Wesenheiten, schon vor unserer Geburt existieren? Sonst haben diese Überlegungen keinen Sinn. Ist es also nicht so, daß ebenso wie diese Wesenheiten auch unsere Seelen vor unserer Geburt existieren müssen, andernfalls können es auch jene nicht.«

»Das scheint mir im höchsten Grade notwendig zu sein, mein Sokrates«, gab Simmias zur Antwort; »und unsere Rede findet eine schöne Zuflucht in dem Satz, daß unsere Seele gleichermaßen vor unserer Geburt existiert wie die Wesenheit, von der du sprichst. Für mich ist nichts so klar wie der Satz, daß das Schöne und das Gute und alle diese Wesenheiten, von denen du gesprochen hast, im vollsten Sinne des Wortes existieren. Für mich wenigstens scheint dies hinlänglich bewiesen zu sein?«

»Und für Kebes?« sagte Sokrates. »Denn auch ihn müssen wir überzeugen.«

»Gewiß auch für ihn, glaube ich«, sagte Simmias, »obschon er sonst so hartnäckig ist wie kein anderer in seinem Mißtrauen gegen alle Beweise. Doch glaube ich, er ist völlig davon überzeugt, daß unsere Seele vor unserer Geburt existiert hat.

23. Ob sie aber auch nach unserem Tode weiterexistieren wird, Sokrates, das halte auch ich nicht für bewiesen. Vielmehr besteht, wie Kebes eben gesagt hat, noch immer die Befürchtung, die auch die Menge hegt, daß beim Tode des Menschen die Seele sich auflöst und daß das für sie das Ende ihrer Existenz ist. Denn was hindert, daß sie zwar irgendwoher entsteht und sich bildet und daß sie vor ihrem Eintritt in unseren Leib schon existiert, daß sie dann aber, wenn sie in ihn gelangt ist und sich nun wieder von ihm getrennt hat, selbst auch ihr Ende findet und zugrunde geht?«

»Du hast ganz recht, Simmias«, sagte Kebes. »Es scheint, es sei gewissermaßen nur die Hälfte von dem bewiesen, was nötig ist, daß nämlich unsere Seele schon vor ihrer Geburt existiert hat. Es muß aber noch bewiesen werden, daß, wenn wir gestorben sind, die Seele nicht weniger existieren wird, als sie vor der Geburt existiert hat – wenn anders der Beweis vollständig sein soll.«

»Bewiesen ist es zwar auch jetzt schon, Simmias und Kebes«, sagte Sokrates. »Ihr braucht nur diesen letzten Beweis mit dem anderen zu verbinden, den wir gerade vorhin als richtig anerkannt haben, daß nämlich alles Lebende aus dem Toten entstehe. Denn wenn die Seele früher schon existiert und wenn sie ferner, um ins Leben einzutreten und geboren zu werden, nirgend anderswoher kommen kann als aus dem Tode und dem Totsein, so muß sie doch auch nach dem Tode weiterexistieren, da sie doch wieder geboren werden soll.

24. Nun scheint mir aber, du und Simmias möchten diese Frage gerne noch eingehender behandeln und ihr fürchtet wie die Kinder, daß wahrhaftig der Wind die Seele bei ihrem Austritt aus dem Körper verweht und zerstreut, besonders wenn jemand zufällig nicht während einer Windstille, sondern bei großem Sturme stirbt.«

Da lachte Kebes und sagte: »So nimm denn an, wir fürchten

uns, und versuche, uns zu beschwichtigen! Oder besser: nimm an, nicht wir fürchten uns, sondern vielleicht ist auch in uns noch ein Kind, das solche Furcht hegt. Dieses versuche zu beschwichtigen, daß es vor dem Tode nicht Angst hat wie vor einem Gespenst.«

»Ihr müßt aber täglich Beschwörungen vornehmen«, sagte Sokrates, »bis ihr das herausbeschworen habt.«

»Woher sollen wir jetzt aber dafür einen guten Beschwörer nehmen, Sokrates, wenn du uns verlässest?« fragte er.

»Hellas ist groß, Kebes«, gab Sokrates zur Antwort, »und es gibt darin tüchtige Männer, und zahlreich sind auch die Stämme der Barbaren. Diese alle müßt ihr nach einem solchen Beschwörer durchforschen und dabei weder Geld noch Mühe sparen; denn es gibt nichts, wofür ihr euer Geld passender anwenden könnt. Aber auch unter euch selber müßt ihr suchen; denn ihr findet wohl nicht leicht jemanden, der besser dafür geeignet ist als ihr selbst.«

»Ja, das soll geschehen«, sagte Kebes. »Jetzt aber wollen wir wieder dorthin zurückkehren, wo wir abgeschweift sind, wenn es dir recht ist.«

»Gewiß, mir ist es recht; wie sollte es auch nicht?«

»Gut«, sagte er.

25. »Wir müssen uns doch wohl«, begann Sokrates, »etwa folgende Frage stellen: Welcher Art von Dingen kommt es zu, dieses Schicksal zu erleiden, dieses Aufgelöstwerden nämlich? Bei welchen muß man also befürchten, daß ihnen das widerfährt, und bei welchen nicht? Anschließend müssen wir untersuchen, von welcher Art die Seele ist. Und demgemäß können wir für unsere Seele entweder getrost sein oder müssen für sie fürchten.«

»Du hast recht.«

»Kommt denn nicht allem, was zusammengesetzt wird oder was zusammengesetzt ist, natürlicherweise zu, daß es wieder in der Weise aufgelöst wird, wie es zusammengesetzt ist? Gibt es dagegen etwas, das nicht zusammengesetzt ist, so bleibt doch wohl dem allein, wenn überhaupt einem, dieses Schicksal erspart.«

»Mir scheint das richtig«, sagte Kebes.

»Ist nun aber nicht sehr wahrscheinlich das, was stets sich selbst gleich und unveränderlich bleibt, das nicht Zusammengesetzte; was aber bald so, bald anders und nie sich selbst gleich ist, das ist das Zusammengesetzte?«

»Mir scheint das richtig.«

»Kommen wir wieder auf das zurück«, fuhr er fort, »wovon wir vorhin gesprochen haben! Ist die Wesenheit, der wir in unseren Fragen und Antworten das wahre Sein zugesprochen haben, unveränderlich und sich selber gleich, oder ist sie bald so, bald wieder anders? Das Gleiche an sich, das Schöne an sich und jedes andere Ding an sich, das wirklich ist – ist dies je irgendeinem Wechsel unterworfen, welcher Art er auch sein mag? Oder bleibt jedes dieser wahren Wesen gleichförmig und sich selber gleich und verhält sich dementsprechend immer gleich und läßt niemals und in keiner Weise eine Veränderung zu?«

»Auf gleiche Weise«, sprach Kebes, »und auf dieselbe Art muß es sich verhalten, Sokrates.«

»Wie ist es aber mit den vielen Einzeldingen, wie Menschen und Pferden und Kleidern und solchem mehr, das wir als gleichartig oder als schön oder ähnlich bezeichnen? Sind diese Dinge sich selber gleich, oder bleiben sie sich, im Gegensatz zu jenen, weder in bezug auf sich selbst noch in bezug aufeinander sozusagen überhaupt nie gleich?«

»Ja, so ist es wiederum«, antwortete Kebes, »sie bleiben sich niemals gleich.«

»Das sind aber doch die Dinge, die du anfassen und sehen oder sonst mit einem Sinnesorgan wahrnehmen kannst; das andere aber, das sich immer gleich bleibt, kannst du einzig durch vernünftiges Denken fassen; denn es ist unsichtbar und unhörbar.«

»Du hast völlig recht«, erwiderte er.

26. »Bist du also damit einverstanden«, fuhr Sokrates fort, »daß wir zwei Arten von Dingen annehmen, das Sichtbare und das Unsichtbare?«

»Ja«, sagte er.

»Und daß das Unsichtbare immer sich selber gleichbleibt, während das Sichtbare nie gleichbleibt?«

»Auch das«, sagte er, »können wir annehmen.«

»Nun denn«, sagte Sokrates; »sind wir selbst nicht zum Teil Leib, zum anderen Teil Seele?«

»Ja, freilich«, sagte er.

»Welcher der beiden Arten nun ist nach unserer Meinung der Leib ähnlicher und verwandter?«

»Ganz offenbar dem Sichtbaren«, sagte er.

»Was aber ist die Seele? Sichtbar oder unsichtbar?«

»Für Menschen wenigstens ist sie nicht sichtbar, Sokrates«, sagte er.

»Wir sprechen aber doch vom Sichtbaren und Unsichtbaren im Hinblick auf die menschliche Natur – oder meinst du, in bezug auf irgendeine andere?«

»Nur für die menschliche.«

»Was sagen wir also von der Seele? Ist sie sichtbar oder nicht sichtbar?«

»Nicht sichtbar.«

»Also unsichtbar?«

»Ja.«

»Die Seele ist also mehr als der Leib dem Unsichtbaren ähnlich; jener aber ist dem Sichtbaren ähnlicher.«

»Genau so muß es sein, Sokrates.«

27. »Haben wir nicht schon früher festgestellt, daß, wenn

sich die Seele des Leibes bedient, um etwas wahrzunehmen, sei es mit dem Gesicht oder mit dem Gehör oder mit irgendeinem anderen Sinn – denn das heißt mittels des Leibes etwas wahrnehmen –, daß sie dann vom Leibe zu dem hingezogen wird, was niemals sich gleichbleibt, und daß sie selbst dann schwankt und verwirrt wird und taumelt, als ob sie trunken wäre, weil sie solche Dinge berührt.«

»Ja, gewiß.«

»Stellt sie aber durch sich selbst eine Betrachtung an, dann erhebt sie sich zum Reinen und immer Seienden und Unsterblichen und Unveränderlichen. Und da sie diesem verwandt ist, bleibt sie mit ihm verbunden, sooft sie für sich selbst bleibt und es ihr vergönnt ist. Das Umherirren hat aufgehört, und sie bleibt sich selber gleich, da sie immerfort Dinge berührt, die auch so beschaffen sind. Das ist doch der Zustand der Seele, den wir mit vernünftiger Einsicht bezeichnen, oder nicht?«

»Ja, Sokrates; was du sagst, ist durchaus schön und wahr.«

»Welcher der beiden Arten scheint dir nun die Seele ähnlicher und verwandter zu sein nach dem, was wir früher, und nach dem, was wir jetzt eben gesagt haben?«

»Mir scheint, Sokrates«, sagte Kebes, »daß jeder, auch der Ungelehrigste, nach deiner Methode zugeben muß, daß die Seele in jeder Hinsicht dem immer Gleichbleibenden ähnlicher ist als dem, was nicht gleichbleibt.«

»Und der Leib?«

»Dem anderen.«

28. »Überlege es aber auch von dieser Seite: wenn Seele und Leib vereinigt sind, so befiehlt ihm die Natur zu dienen und sich beherrschen zu lassen, ihr aber, zu herrschen und zu befehlen. Was scheint dir nun dem Göttlichen ähnlich zu sein, und was dem Sterblichen? Oder glaubst du nicht, daß das Göttliche zum Befehlen und zum Führen, das Sterbliche

aber zum Beherrschtwerden und zum Dienen geschaffen ist?«

»Jawohl.«

»Welchem gleicht nun die Seele?«

»Die Seele offenbar dem Göttlichen, Sokrates, der Leib aber dem Sterblichen.«

»So sieh denn, Kebes, ob nicht aus all dem Gesagten hervorgeht, daß dem Göttlichen, dem Unsterblichen, durch Vernunft Erkennbaren, dem Eingestaltigen, dem Unauflöslichen und dem, das stets unveränderlich sich selber gleichbleibt, die Seele am ähnlichsten ist, daß aber dem Menschlichen und Sterblichen und Vielgestaltigen und durch Vernunft nicht Erkennbaren, dem Auflösbaren und dem, das nie sich selber gleichbleibt, wiederum der Leib am ähnlichsten ist. Kann es für uns darüber eine andere Ansicht geben, lieber Kebes, daß es sich nicht so verhält?«

»Nein.«

29. »Unter diesen Umständen kommt es doch wohl dem Leibe zu, sich in kurzer Zeit aufzulösen. Die Seele dagegen muß völlig oder doch nahezu unauflöslich sein?«

»Wie wäre es anders möglich?«

»Du siehst nun aber«, fuhr Sokrates fort, »daß nach dem Tode des Menschen das Sichtbare an ihm, der Leib, der auch an einem sichtbaren Orte aufgebahrt liegt, das also, was wir als ›Leichnam‹ bezeichnen und dem es zukommt, sich aufzulösen und zerfallen zu müssen – du siehst, sage ich, daß ihm zunächst nichts Derartiges widerfährt, sondern daß es eine rechte geraume Zeit unversehrt bleibt; und wenn jemand anmutigen Leibes und in der Blüte der Jugend stirbt, dann behält er diese Schönheit noch recht lange. Der eingefallene und einbalsamierte Leib, wie etwa die Mumien in Ägypten, hält sich sogar eine fast unglaublich lange Zeit und auch nach seiner Verwesung sind doch einige seiner Teile, die Knochen und Sehnen und alles Derartige sozusagen unsterblich, oder nicht?«

»Ja.«

»Die Seele aber, das Unsichtbare, das sich an einen anderen, ihm entsprechenden, also vornehmen, reinen und unsichtbaren Ort begibt, in den Hades im wörtlichen Sinne, zu dem guten und weisen Gott, wohin, so Gott will, auch meine Seele bald gehen soll – diese unsere Seele, mit diesen Eigenschaften begabt, die sollte, wenn sie sich vom Leibe getrennt hat, sogleich verweht und zugrunde gegangen sein, wie die meisten Menschen behaupten? Weit gefehlt, lieber Kebes und Simmias! Nein, viel eher verhält es sich so:

Wenn sie sich in reinem Zustande vom Leibe trennt und nichts mehr von ihm mit sich schleppt, weil sie schon im Leben aus freiem Willen nichts mit ihm gemein hatte, sondern ihn gemieden und sich ganz in sich selbst gesammelt hat, da das ihr stetes Streben war – das bedeutet aber nichts anderes, als daß sie auf richtige Art philosophiert und sich in Wahrheit um einen leichten Tod bemüht, oder heißt das nicht, auf den Tod bedacht sein?«

»Allerdings.«

»Wenn sie sich also in diesem Stande befindet, dann gelangt sie doch gewiß zu dem, was ihr selber ähnlich ist, dem Unsichtbaren, dem Göttlichen und Unsterblichen und Vernünftigen. Und wenn sie dorthin gelangt, darf sie glücklich sein, frei von Irrtum und von Unvernunft und von Ängsten und wilden Liebesbegierden und den anderen menschlichen Übeln. Und so, wie man es von den Eingeweihten erzählt, verbringt sie dann in Wahrheit die übrige Zeit mit den Göttern. Sagen wir, das sei so, Kebes, oder anders?«

30. »Gerade so, beim Zeus«, erwiderte Kebes.

»Wenn sie sich aber, meine ich, befleckt und unrein vom Leibe trennt, weil sie immer mit ihm zusammen ist und ihm dient und ihn liebhat und sich von ihm und den Begierden und Lüsten so betören läßt, daß sie glaubt, es gebe nichts Wahres als das Körperliche, das man berühren und sehen, das man trinken und essen und zum Liebesgenuß verwenden kann, während sie das, was für die Augen dunkel und unsichtbar, dem philosophischen Denken aber erkennbar und faßbar ist, zu hassen und davor zu zittern und zu fliehen gewohnt war – glaubst du, daß eine solche Seele sich rein für sich absondern kann?«

»Ganz sicher nicht«, war die Antwort.

»Ich glaube vielmehr, sie ist völlig vom Körperlichen durchdrungen, weil die Gemeinschaft und der Umgang mit dem Leibe sie ganz mit diesem verwachsen ließ, da sie immer mit ihm zusammen war und sich mit ihm abgegeben hat.«

»Ja, gewiß.«

»Dies aber, mein Freund, ist doch sicher niederdrückend und schwer und irdisch und sichtbar. Darum wird die Seele, die damit behaftet ist, beschwert und wieder in die sichtbare Welt zurückgezogen aus Furcht vor dem Unsichtbaren und dem Hades. So treibt sie sich, wie man erzählt, um die Denksteine und Gräber herum, wo man ja auch schon schattenartige Erscheinungen gesehen hat, welche von solchen Seelen stammen, die sich nicht rein getrennt, sondern noch an der sichtbaren Welt teilhaben und deshalb auch gesehen werden.«

»Ja, wahrscheinlich, Sokrates.«

»Allerdings ist das wahrscheinlich, Kebes, und auch dies, daß es nicht die Seelen der Guten, sondern die der Schlechten sind, die an solchen Orten umherirren müssen, zur Buße für ihre frühere schlechte Lebensweise. Und so lange irren sie umher, bis sie wieder an einen Leib gebunden werden, weil es das Körperliche, das sie begleitet, so verlangt.

31. Wahrscheinlich aber werden sie in ein Wesen mit solchen

Gewohnheiten gebunden, deren sie sich selbst in ihrem vergangenen Leben befleißigt haben.«
»Welche meinst du, Sokrates?«
»Wer zum Beispiel ohne Rückhalt auf Völlerei und Übermut und Trunksucht bedacht war, ohne sich dabei zu schämen, der fährt vermutlich in einen Esel oder in ein Tier ähnlicher Art; glaubst du nicht auch?«
»Ja, sehr wahrscheinlich hast du recht.«
»Wer aber Ungerechtigkeit und Gewaltherrschaft und Raub über alles geschätzt hat, der fährt in einen Wolf oder Habicht oder Geier. Oder wohin glauben wir sonst, daß solche Seelen kommen?«
»Zweifellos in solche Tierarten«, sagte Kebes.
»Und so ist es doch offenbar auch mit den andern: wohin ein jedes kommt, dorthin kommt es entsprechend der Ähnlichkeit in seiner Lebensführung.«
»Ja, offenbar; wie wäre es auch anders möglich?«
»Aber die unter ihnen«, sagte er, »sind doch wohl am glücklichsten und kommen an den besten Ort, welche jene gewöhnliche Bürgertugend ausgeübt haben, die man Besonnenheit und Gerechtigkeit nennt und die ohne Hilfe der Philosophie und der Vernunft allein aus der Übung und aus der Gewohnheit entsteht.«
»Wieso sind diese am glücklichsten?«
»Weil sie wahrscheinlich wieder in eine ähnliche sozial gesinnte und gesittete Gattung kommen, entweder in Bienen oder Wespen oder Ameisen oder auch wieder in dieselbe menschliche Gattung; und dann gibt es aus ihnen wieder ordentliche Leute.«
»Ja, wahrscheinlich.«
32. »In der Götter Geschlecht aber darf keiner eingehen, der sich nicht der Philosophie ergeben hat und nicht völlig geläutert von hier weggeht, sondern nur der Lernbegierige.

Deshalb, meine Freunde Simmias und Kebes, enthalten sich die echten Philosophen aller körperlichen Begierden und sind standhaft und geben sich ihnen nicht hin; nicht etwa, weil sie den Verlust des Vermögens oder die Armut fürchten wie die habgierige Menge, noch auch, daß sie Ehrlosigkeit und Schmach eines niedrigen Standes scheuen wie die Herrschsüchtigen und Ehrgeizigen, und sich deshalb dieser Dinge enthalten.«

»Das würde sich auch für sie nicht ziemen, Sokrates«, sagte Kebes.

»Wirklich nicht, beim Zeus«, erwiderte jener. »Denn die, welche sich um ihre Seele kümmern und nicht als Sklaven ihres Leibes leben, lassen jene alle ihres Weges ziehen und wandeln nicht in denselben Bahnen wie die, welche ja nicht wissen, wohin sie gehen. Sie sind vielmehr der Überzeugung, daß man der Philosophie und der Erlösung und Reinigung durch sie nicht zuwiderhandeln dürfe. Deshalb wenden sie sich ganz ihr zu und folgen ihr nach, wohin sie führt.«

33. »Wie das, Sokrates?«

»Ich will es dir sagen. Die Lernbegierigen erkennen nämlich, daß die Philosophie ihre Seele, die völlig an den Leib gebunden und fest in ihn eingefügt ist, zur Erziehung übernimmt, nachdem sie gezwungen war, durch ihn wie durch einen Käfig hindurch die Wirklichkeit zu betrachten und nicht durch sich selbst, in völliger Unwissenheit sich wälzend, und daß die Philosophie dann einsah, daß die Gewalt dieses Käfigs von den Begierden herrührt, so daß der Gefesselte selbst am meisten zu seiner Fesselung mithilft – also, wie gesagt, die Lernbegierigen erkennen, daß die Philosophie ihre Seele in diesem Zustande übernahm und daß sie ihr dann leise zuspricht und sie zu erlösen sucht, indem sie ihr klar macht, daß die Wahrnehmung durch die Augen und durch die Ohren und durch die anderen Sinnesorgane voller Täuschung ist; sie überredet sie, auf diese zu verzichten, soweit sie ihrer nicht unbedingt bedarf, und sie ermahnt sie, sie möge sich auf sich selbst zurückziehen und sich sammeln und nichts anderem Glauben schenken als sich selbst, also dem, was sie selbst durch eigene Kraft als wirkliches Wesen der Dinge erkennt. Was sie aber durch andere Mittel in dem einen so, in dem andern anders erkennt, davon möge sie nichts für wahr halten; denn das sei das mit den Sinnen Wahrnehmbare und das Sichtbare; was sie aber selbst erkenne, das sei das mit dem Denken Faßbare und Unsichtbare. In der Überzeugung, daß sie sich solcher Erlösung nicht widersetzen dürfe, hält sich daher die Seele des echten Philosophen von den Lüsten und Begierden, den Schmerzen und Ängsten fern, so sehr sie nur kann, weil sie sich bewußt ist, daß jemand, der heftige Lust oder Schmerz oder Angst oder Begierde empfindet, nicht so sehr ein Übel erleidet, das dorther kommt, woher er wohl meint, wie wenn er zum Beispiel krank wird oder sein Vermögen für seine Begierden verbrauchte, sondern ein Übel, das größer und schlimmer ist als alle andern – das widerfährt ihm, ohne daß er sich Rechenschaft gibt.«

»Was ist denn das, Sokrates?« fragte Kebes.

«Daß die Seele jedes Menschen, sobald sie sich über etwas heftig freut oder betrübt, zwangsläufig glauben muß, daß das, was diese Empfindung am meisten auslöst, etwas durchaus Wirkliches und Wahres sei, während es dies doch nicht ist; meistens sind es ja die sichtbaren Dinge, oder nicht?«

»Gewiß.«

»Und wird die Seele nicht gerade in diesem Zustande am ehesten vom Leib gefesselt?«

»Wieso?«

»Weil jede Lust und jedes Leid gewissermaßen einen Nagel hat und damit die Seele an den Leib annagelt und sie anheftet und sie körperhaft macht, indem sie das für wahr hält, was auch der Leib als wahr angibt. Sobald sie aber mit ihm gleicher Meinung ist und sich über dieselben Dinge freut, muß sie nach meiner Ansicht zwangsläufig auch dieselben Sitten und Gewohnheiten annehmen und kann daher niemals mehr in reinem Zustande in den Hades gelangen, sondern wenn sie den Leib verläßt, ist sie immer noch voll von ihm. Die Folge ist, daß sie sogleich wieder einem anderen Leibe verfällt und dort wie ein Saatkorn hineinwächst. Und so hat sie keinen Teil an der Gemeinschaft mit dem Göttlichen und dem Reinen und dem Eingestaltigen.«

»Wie wahr ist das, was du sagst, Sokrates«, sprach Kebes.

34. »Aus diesem Grunde, Kebes, sind die wahren Freunde des Lernens zuchtvoll und tapfer, und nicht aus den gleichen Gründen wie die Menge – oder glaubst du doch?«

»Gewiß nicht.«

»Nein; denn diese Überlegungen etwa wird sich die Seele eines philosophischen Mannes machen. Und sie wird auch nicht glauben, die Philosophie müsse sie erst befreien, doch sie könne sich dann, wenn sie befreit ist, aufs neue den Freuden und Leiden hingeben und sich wiederum von ihnen binden lassen und so ein unvollendbares Werk tun, indem sie sozusagen ein Penelopegewebe in umgekehrter Weise anfertigen würde. Im Gegenteil: sie verschafft sich Ruhe vor alledem, sie nimmt Überlegung zum Führer und hält sich immer an ihn, sie schaut auf das, was wahr und göttlich und über alles bloße Meinen erhaben ist, und nährt sich davon. Sie ist der Überzeugung, daß sie auf diese Weise leben muß, solange sie lebt, und daß sie nach ihrem Tode zu dem kommen wird, das ihrem Wesen verwandt und ähnlich ist, und dann von den menschlichen Übeln befreit ist.

Bei einer solchen Nahrung, Simmias und Kebes, braucht die Seele nicht zu befürchten, daß sie bei ihrer Trennung vom

Leibe durch die Winde zerstreut und zerblasen wird und verwehe und nichts mehr und nirgends mehr sei.«

35. Nach diesen Worten des Sokrates entstand ein längeres Schweigen. Wie man ihm ansehen konnte, war Sokrates selbst noch ganz in seine Rede versunken, und so auch die meisten von uns. Nur Kebes und Simmias unterhielten sich ein wenig miteinander. Sokrates sah das und fragte die beiden:

»Was ist denn«, sagte er, »habe ich mich nach eurer Meinung nicht deutlich genug ausgedrückt? Es lassen sich freilich noch manche Bedenken und Einwände geltend machen, wenn jemand das ganz genau durchgehen will. Falls ihr nun etwas anderes untersucht, will ich nichts sagen; seid ihr aber irgendwie über meine Worte im unklaren, dann sprecht ohne Zögern und bringt eure Ansicht vor, wenn sie euch besser scheint, und zieht auch mich hinzu, wenn ihr glaubt, mit mir besser ans Ziel zu gelangen.«

Da sagte Simmias: »Ja, Sokrates, ich will dir die Wahrheit sagen. Schon lange sind wir beide im Zweifel, und einer stößt den andern an und heißt ihn fragen. Wir möchten wohl gerne deine Antwort hören, doch zaudern wir, dir lästig zu fallen, und fürchten, es könnte dir angesichts des gegenwärtigen Unglücks zuwider sein.«

Als Sokrates das hörte, lachte er leise. »Ach Simmias«, sagte er, »es dürfte mir wahrhaftig schwerfallen, die anderen Menschen davon zu überzeugen, daß ich mein gegenwärtiges Schicksal nicht für ein Unglück halte, wenn ich nicht einmal euch davon überzeugen kann, sondern ihr fürchtet, ich sei jetzt in einer übleren Stimmung als in meinem früheren Leben. Ihr glaubt offenbar, ich stehe mit meiner Seherkunst den Schwänen nach. Wenn diese nämlich spüren, daß sie sterben müssen, dann lassen sie, die auch in der Zeit vorher schon gesungen haben, ihre meisten und schönsten Lieder erklingen, vor Freude, daß sie zu dem Gotte abscheiden dürfen, dessen Diener sie sind. Weil sich die Menschen aber vor dem Tode fürchten, verleumden sie auch die Schwäne und behaupten, sie beklagten ihren Tod und stimmten vor Kummer ihren Gesang an, ohne dabei zu überlegen, daß kein einziger Vogel singt, wenn er Hunger hat oder friert oder wenn er sonst ein Leid hat, nicht einmal die Nachtigall oder die Schwalbe oder der Wiedehopf, von denen man erzählt, daß sie vor Kummer ihr Klagelied sängen. Aber sie und auch die Schwäne singen meiner Ansicht nach nicht vor Kummer; sondern ich glaube, weil sie als Vögel des Apollon die Gabe der Weissagung besitzen und daher im voraus wissen, was für ein Glück im Hades sie erwartet, singen sie und freuen sich an jenem Tage wie nie zuvor. Ich meine aber, selbst auch im gleichen Dienst zu stehen wie die Schwäne; auch ich bin diesem Gotte geweiht und habe nicht weniger als jene Vögel die Gabe der Weissagung von meinem Herrn bekommen, und ich scheide ebenso frohgemut wie sie aus diesem Leben. Deshalb redet nur und fragt mich, was ihr wollt, solange die Elfmänner der Athener es erlauben.«

»Schön«, sagte Simmias, »ich will dir also sagen, worüber ich im Zweifel bin; und dann wird dir auch dieser hier sagen, inwiefern er nicht mit deinen Worten einverstanden ist. Ich glaube nämlich – vermutlich bist auch du dieser Meinung, Sokrates –, daß über diese Fragen ein sicheres Wissen in diesem Leben hier unmöglich oder doch nur sehr schwer zu erlangen ist; auf der anderen Seite zeugt es aber von einem geistig sehr trägen Menschen, wenn man die Ansichten über diese Fragen nicht nach allen Seiten untersucht und wenn man davon abläßt, bevor man sie in jeder Hinsicht geprüft hat und dann erst die Sache aufgeben mußte. Denn in diesen Dingen sollte man doch eines erreichen: entweder lernen, wie es sich verhält damit, oder es selbst herausfinden. Ist das nicht möglich, dann muß man sich eben unter den menschlichen Ansichten die beste aneignen und diejenige, die am schwersten zu widerlegen ist. Mit dieser muß man dann, wie auf einem Floß, die Fahrt durchs Leben wagen, falls man nicht sicherer und gefahrloser auf einem festeren Fahrzeug, etwa mit einem göttlichen Wort, fahren kann. So will ich denn ohne Scheu meine Fragen an dich stellen, da du mich ja selbst dazu aufforderst; und ich werde mir dann später nicht den Vorwurf machen müssen, jetzt meine Meinung nicht gesagt zu haben. Denn wenn ich bei mir selber oder mit diesem da deine Worte prüfe, Sokrates, dann scheinen sie mir doch nicht ganz genügend zu sein.«

36. »Vielleicht ist dein Eindruck richtig«, gab Sokrates zur Antwort; »doch sage mir jetzt, inwiefern nicht genügend.«

»Insofern«, antwortete Simmias, »als man ganz dasselbe auch von der Harmonie und von der Leier und ihren Saiten sagen könnte, daß nämlich die Harmonie auf der gestimmten Leier etwas Unsichtbares und Körperloses und wunderbar Schönes und Göttliches ist, während die Leier selbst und ihre Saiten Körper sind und körperhaft und zusammengesetzt und irdisch und dem Sterblichen verwandt. Wenn nun jemand die Leier zerbricht und die Saiten zerschneidet und zerreißt, so könnte dann einer mit derselben Begründung wie du behaupten, daß die Harmonie auch jetzt noch bestehen müsse und nicht zerstört sei. Denn nachdem die Saiten zerrissen wurden, sei es doch nicht möglich, daß die Leier oder die Saiten selbst, die doch vergänglich sind, noch weiter existieren, während die Harmonie, die dem Göttlichen und Unsterblichen gleich und verwandt ist, untergegangen wäre, und zwar noch eher als das Sterbliche untergegangen. Nein, er würde wahrscheinlich behaupten, die Harmonie selbst existiere noch irgendwo, und zuerst müssen das Holz und die Saiten verfaulen, bevor jener etwas zustoßen könne. Sicher hast du ja auch schon erwogen, Sokrates, daß wir am ehesten folgende Annahme über die Seele machen können: als sei unser Leib eingespannt und zusammengesetzt aus Warmem und Kaltem, aus Trockenem und Feuchtem und solchem mehr, und als sei die Seele eine Mischung und Harmonie dieser Elemente, insofern nämlich diese gut und in richtigem Verhältnis miteinander gemischt sind. Wenn nun die Seele wirklich eine Harmonie ist, muß sie doch offenbar, wenn unser Leib von Krankheiten oder von anderen Übeln übermäßig erschlafft oder angespannt wird, zuerst zugrunde gehen, wiewohl sie das Göttlichste an uns ist, ganz gleich wie jene anderen Harmonien, die in den Tönen oder in allen Werken der Künstler. Eines jeden Leibes Überreste dagegen bleiben noch lange Zeit bestehen, bis sie verbrannt werden oder verwesen. Sieh nun, Sokrates, was wir dieser Ansicht gegenüber sagen sollen, wenn jemand behauptet, die Seele sei eine Mischung aus den Teilen des Leibes und gehe bei dem, was wir ›Tod‹ nennen, als erstes zugrunde.«

37. Da schaute Sokrates starr vor sich hin, wie er das gerne tat, lächelte und sagte:

»Der Einwand des Simmias ist allerdings berechtigt. Wenn nun einer von euch besseren Rat weiß als ich, warum antwortet er ihm nicht? Er hat doch offensichtlich meinen Gedankengang gar nicht schlecht angegriffen. Doch ich glaube, bevor wir ihm antworten, sollten wir zuerst noch hören, was Kebes gegen meine Rede einzuwenden hat, damit wir uns in der Zwischenzeit beraten können, was wir erwidern sollen. Nachdem wir dann beide gehört haben, wollen wir ihnen entweder recht geben, wenn sie etwas vorbringen, das stimmt, andernfalls aber unsere Ansicht verteidigen. So sag uns also, Kebes, was dich beunruhigt!«

»So will ich es denn sagen«, sprach Kebes. »Mir scheint, der Gedankengang stehe noch am selben Punkt wie vorhin, und unser früherer Einwand gelte noch jetzt. Daß freilich unsere Seele schon existiert hat, bevor sie in diese Gestalt kam, das bestreite ich nicht und sage nicht, daß es nicht sehr schön und, wenn ich so sagen darf, durchaus einwandfrei bewiesen ist. Daß sie aber auch nach unserem Tode noch irgendwo ein Dasein habe, das glaube ich nicht. Daß freilich die Seele nicht stärker und dauerhafter sei als der Leib – diesem Einwand des Simmias stimme ich nicht zu. Denn meiner Ansicht nach übertrifft sie das alles bei weitem. ›Was zweifelst du also noch‹, könnte nun dein Gedankengang sagen, ›wenn du doch siehst, daß nach dem Tode des Menschen das Schwächere noch weiterexistiert? Glaubst du nicht, daß dann gleichzeitig auch das Dauerhaftere an ihm sich erhalten muß?‹ So sieh denn, ob ich darauf etwas zu sagen habe. Ich muß mich dabei, ähnlich wie Simmias, eines Bildes bedienen. Meiner Ansicht nach ist es nämlich ungefähr dasselbe, wie wenn man von einem alten Weber, der eben gestorben ist, behauptete, er sei nicht zugrunde gegangen, sondern er existiere noch irgendwo unversehrt, und wenn man dann das damit beweisen wollte, daß das Gewand, das jener selbst gewoben und mit dem er sich bekleidet hatte, noch unversehrt und nicht zugrunde gegangen sei. Und wenn ihm das jemand nicht glaubte, käme er mit der Frage, was denn dauerhafter sei, der Mensch oder das Gewand, dessen er sich bedient und das er trägt. Und wenn man dann antwortete, der Mensch sei viel dauerhafter, dann glaubte er bewiesen zu haben, daß also der Mensch noch viel eher unversehrt bleibt, da sogar das weniger Dauerhafte nicht zugrunde gegangen ist.

Dem aber, glaube ich, ist nicht so, Simmias. Überlege dir selbst, was ich sage: Jedermann wird doch annehmen, daß jener damit etwas Einfältiges sagt. Denn unser Weber hatte viele solcher Gewänder abgenützt und gewoben und ist dann allerdings nach ihnen, so viele ihrer waren, umgekommen, jedoch, meine ich, sicher eher als das letzte. Und doch ist der Mensch deshalb nicht etwa geringer oder schwächer als ein Gewand.

Dieses selbe Gleichnis aber kann man auch auf die Seele und auf den Leib anwenden; und dabei dürfte jemand meiner Ansicht nach mit Recht dasselbe darüber behaupten: daß die Seele dauerhaft, der Leib aber schwächer und kurzlebiger sei. Denn er könnte behaupten, daß jede Seele mehrere Leiber abnütze, besonders wenn sie viele Jahre lebt. Wenn nun der Leib in ständigem Flusse ist und sich, während der Mensch noch lebt, im Zustande der Auflösung befindet, indes die Seele das Abgenützte stets wieder erneuert, dann sei es freilich nötig, daß sie bei ihrem Untergang gerade ihr letztes Körpergewand anhat und daß sie früher als dieses, aber nur gerade als dieses, zugrunde geht. Mit dem Untergang der Seele aber wird der Leib sogleich das Wesen seiner Hinfälligkeit erweisen und bald verwesen und sich auflösen. Nach diesem Beweis darf niemand mehr guten Mutes sein im Glauben, unsere Seele existiere auch nach unserem Tode noch irgendwo.

Denn selbst wenn man noch weiter ginge und wenn man einem zustimmte, der noch mehr behauptete als du, daß nämlich unsere Seelen nicht nur in der Zeit vor unserer Geburt bestehen, sondern daß nichts daran hindere, daß auch nach dem Tode die Seelen einiger von uns existieren und weiterleben und immer wieder geboren werden und dann wieder sterben – weil sie nämlich von Natur etwas so Starkes sei, daß sie es aushalten könne, mehrmals geboren zu werden –: selbst wenn man also auch das zugestände, so brauchte man doch nicht zuzugeben, daß sie unter diesen vielen Wiedergeburten nicht leidet und daß sie nicht schließlich bei einem dieser Tode selbst auch völlig zugrunde geht. Niemand aber könnte wissen, so würde man sagen, welcher

Tod und welche Auflösung des Leibes die sei, die auch der Seele den Untergang bringt; denn für jeden von uns wäre es unmöglich, das voraus zu merken. Wenn dem aber so ist, dann darf sich vernünftigerweise keiner vor dem Tode sicher fühlen, er könnte denn nachweisen, daß die Seele ganz und gar unsterblich und unvergänglich ist. Kann er das nicht, so muß ein jeder, wenn ihm der Tod bevorsteht, fürchten, seine Seele könnte dieses Mal bei der Auflösung des Leibes völlig mit zugrunde gehen.«

38. Als wir die Worte der beiden gehört hatten, waren wir alle peinlich berührt, wie wir uns nachher gegenseitig gestanden haben. Wir waren durch die vorangegangene Rede des Sokrates durchaus überzeugt worden; jetzt aber schienen sie uns wieder unsicher zu machen und in neue Zweifel zu stürzen, nicht nur dem gegenüber, was wir vorher vernommen hatten, sondern auch im Hinblick auf die Reden, die noch zu erwarten waren, in den Zweifel nämlich, ob wir nicht untaugliche Richter seien und ob nicht diese Dinge überhaupt ungewiß wären.

Echekrates: Bei den Göttern, Phaidon, das kann ich euch verzeihen. Denn wenn ich dich jetzt so erzählen höre, dann möchte ich selbst fragen, welcher Rede wir nun Glauben schenken sollen. So überzeugend die des Sokrates auch war, so ist sie nun doch der Unglaubwürdigkeit verfallen. Denn seltsam hat es mir jetzt und schon immer die Ansicht angetan, daß unsere Seelen eine Art Harmonie sei. Als du sie jetzt wieder aussprachst, wurde ich gewissermaßen daran erinnert, daß ich selbst diesen Gedanken früher auch schon gehabt hatte. Und ich bedarf jetzt sehr und gleichsam wieder von Anfang an eines neuen Beweises, der mich überzeugen kann, daß die Seele beim Tode eines Menschen nicht auch stirbt. So sag uns denn, beim Zeus, wie Sokrates das Gespräch fortgesetzt hat, und ob auch er, wie du es von euch anderen berichtest, ärgerlich schien oder ob er ruhig seine Meinung verfocht, und ob er das überzeugend getan hat oder unzulänglich. Erzähle uns das alles möglichst genau.

PHAIDON: Wahrlich, Echekrates, ich habe den Sokrates doch manchmal bewundert; aber nie war ich mehr von ihm begeistert als damals. Daß er eine Antwort bereit hatte, das ist wohl noch nichts Ungewöhnliches; was ich aber besonders an ihm bewunderte, das war erstens die freundliche, milde und respektvolle Art, mit der er die Worte dieser jungen Menschen aufnahm, dann der Scharfsinn, mit dem er herausmerkte, welchen Eindruck ihre Worte auf uns gemacht hatten, und schließlich die Geschicklichkeit, mit der er uns heilte, und wie er uns, die wir gleichsam geschlagen und auf der Flucht waren, wieder zurückrief und uns dazu brachte, daß wir ihm folgten und mit ihm zusammen die Frage überdachten.

ECHEKRATES: Wie machte er denn das?

PHAIDON: Ich will es erzählen.

Ich saß rechts von ihm neben seinem Lager auf einem Schemel; er aber saß bedeutend höher als ich. Da strich er mir über den Kopf, und indem er meine Haare im Nacken zusammenfaßte – er pflegte nämlich gerne, wenn es sich gab, mit meinen Haaren zu spielen – sagte er:

»Morgen, Phaidon, wirst du dir wohl diese schönen Haare abscheren.«

»So scheint es, Sokrates«, erwiderte ich.

»Und doch nicht, wenn du mir folgst.«

»Wieso denn?« fragte ich.

»Schon heute«, erwiderte er, »sollten wir es tun, ich die meinen und du die deinen, wenn nämlich unser Beweis stirbt, und wir nicht die Kraft haben, ihn wieder lebendig zu machen. Wenn ich an deiner Stelle wäre und mir entginge der Beweis, so würde ich einen Eid ablegen wie die Argiver: mir die Haare nicht eher wieder wachsen zu lassen, bevor ich in einem neuen Redekampf die Ansicht des Simmias und des Kebes überwunden hätte.«

»Doch gegen zwei Gegner«, antwortete ich, »soll nicht einmal Herakles etwas ausrichten können.«

»So rufe denn mich als deinen Iolaos herbei«, gab er zurück, »solange es noch Tag ist.«

»Ja, ich rufe dich herbei«, sagte ich, »aber nicht als Herakles, sondern so, wie Iolaos den Herakles herbeiruft.«

»Das wird auf dasselbe herauskommen«, erwiderte er.

39. »Zunächst aber müssen wir uns in acht nehmen, daß uns nicht ein Mißgeschick widerfährt.«

»Was für eines?« fragte ich.

»Daß wir nicht zu Redehassern werden, so wie es Menschenhasser gibt. Denn nichts Schlimmeres kann einem widerfahren, sagte er, als wenn man Reden und Gedanken zu hassen anfängt. Es entsteht aber der Redehaß auf gleiche Weise wie der Menschenhaß. Dieser ergibt sich, wenn jemand, ohne sich recht darauf zu verstehen, einem anderen allzusehr vertraut und diesen in jeder Hinsicht für wahrhaft und lauter und treu hält und wenn man dann bald darauf entdecken muß, daß er schlecht und treulos ist – und so dann noch bei einem zweiten. Erlebt man dies aber zu wiederholten Malen und besonders auch mit solchen Menschen, die man für die vertrautesten und besten Freunde hielt, so beginnt man schließlich, wenn man immer wieder anstößt, alle zu hassen und zu glauben, es sei überhaupt an keinem etwas Gesundes. Oder hast du nicht auch schon die Beobachtung gemacht, daß es so vor sich geht?«

»Gewiß«, sagte ich.

»Ist das aber nicht häßlich?« fuhr er fort. »Und kommt es nicht offenbar davon, daß so einer eben mit den Menschen verkehren wollte, ohne etwas von der Kunst der Menschenkenntnis zu verstehen? Denn wendete er bei diesem Verkehr auch nur ein wenig von dieser Kunst an, so sähe er die Sache so, wie sie wirklich ist: daß es nämlich von den Guten und von den Schlechten, von beiden nur sehr wenige gibt, vom Mittelmaß aber sehr viele.«

»Wie meinst du das?« fragte ich.

»Genau so wie mit den sehr Großen und den sehr Kleinen«, erwiderte er. »Oder glaubst du, es gebe etwas Selteneres, als daß man einen ganz großen oder einen ganz kleinen Menschen oder Hund oder sonst etwas findet? Und ebenso einen besonders schnellen oder langsamen, schlechten oder guten, weißen oder schwarzen? Oder ist dir nicht aufgefallen, daß in all diesen Dingen die beiden Extreme selten und wenig zahlreich vorkommen, das Mittelmaß dagegen häufig und zahlreich?«

»Gewiß«, erwiderte ich.

»Wenn also ein Wettbewerb in der Schlechtigkeit ausgesetzt würde, dann meinst du doch auch, daß nur sehr wenige an der Spitze ständen?«

»Wahrscheinlich«, sagte ich.

»Ja, wahrscheinlich; aber nicht darin sind die Reden den Menschen ähnlich – ich habe mich von dir ablenken lassen – sondern in folgendem: Wenn jemand darauf vertraut, daß eine Rede wahr sei, ohne dabei die richtige Kenntnis über die Reden zu besitzen, wenn sie ihm dann aber kurz darauf, bald mit Recht oder bald mit Unrecht, als falsch erscheint, und so noch einmal und ein drittes Mal – wie du weißt, glauben dann am Ende vor allem die, die ihre Zeit mit Streitreden verbringen, sie seien besonders weise geworden und hätten als einzige herausgefunden, daß es weder an den Dingen irgend etwas Gesundes oder Sicheres gebe noch an den Reden, sondern daß sich alles Seiende wie das Wasser im Euripos einfach hinauf- und hinabkehrt und keinen Augenblick im selben Zustand verharrt.«

»Gewiß«, sagte ich, »es ist so, wie du sagst.«
»Wäre es also nicht ein jämmerlicher Vorgang, Phaidon, wenn man, obschon es eine zuverlässige und sichere Rede gibt, die man als solche erkennen kann, weil man bei Reden zugegen war, die einem das eine Mal wahr scheinen, das andere Mal wieder nicht – wenn man dann nicht sich selbst und seiner Unkenntnis schuld gäbe, sondern schließlich der erlittenen Enttäuschung wegen einfach die Schuld von sich auf die Reden abwälzte und den Rest seines Lebens im Haß und mit Schmähen auf die Reden verbrächte und sich so aller Wahrscheinlichkeit und allen Wissens über das Seiende beraubte?«
»Beim Zeus«, gab ich zur Antwort, »das wäre tatsächlich ein Jammer.«
40. »Davor wollen wir uns also ganz besonders hüten«, fuhr Sokrates fort. »Und wir wollen dem Gedanken, es sei überhaupt nichts Gesundes an den Reden, keinen Einlaß in unsere Seele gewähren. Wir wollen viel lieber zugeben, daß wir selbst noch nicht gesund sind, sondern daß wir tapfer bestrebt sein müssen, gesund zu werden, du und ihr andern um des ganzen Lebens willen, das ihr noch vor euch habt, ich aber gerade um des Todes willen, verhalte ich mich doch wohl gegenwärtig in dieser Sache nicht philosophisch, sondern rechthaberisch wie die ganz ungebildeten Menschen. Wenn diese nämlich über irgend etwas streiten, dann kommt es ihnen nicht so sehr auf die Sache an, von der sie reden, sondern ihr ganzes Streben geht dahin, wie sie den Anwesenden ihre eigene Meinung aufdrängen können. Ich glaube mich gegenwärtig nur in einem Punkte von diesen Leuten zu unterscheiden: ich werde mich nämlich nicht darum bemühen, daß den Anwesenden meine Meinung als richtig erscheint, es sei denn, dies geschehe ganz beiläufig, sondern daß ich selbst nach Möglichkeit den Eindruck gewinne, es verhalte sich so.

Ich überlege mir nämlich folgendes, mein lieber Freund – schau nur, wie eigennützig –: Wenn das, was ich behaupte, zutrifft, dann ist es ein sehr schöner Glaube; wenn aber nach dem Tode alles zu Ende ist, dann falle ich wenigstens in diesen letzten Stunden vor dem Tode den Anwesenden weniger lästig durch meine Klagen. Diese Unwissenheit wird ja auch nicht lange dauern, denn das wäre schlimm, sondern wird bald vergehen. So gerüstet also, Simmias und Kebes«, sagte er, »mache ich mich an meine Rede. Ihr aber, wenn ihr mir Folge leisten wollt, sollt euch weniger um Sokrates als vielmehr um die Wahrheit kümmern; wenn euch dünkt, ich sage etwas Richtiges, so stimmt mir zu; ist dies aber nicht der Fall, so bekämpft mich mit jedem Beweismittel, und nehmt euch in acht, daß ich nicht vor lauter Eifer mich selbst und euch zugleich täusche und wie eine Biene bei meinem Weggang einen Stachel in euch zurücklasse.

41. So wollen wir denn beginnen«, fuhr er fort. »Ruft mir zunächst eure Einwände wieder in Erinnerung, wenn sich zeigen sollte, daß ich sie etwa vergessen habe. Simmias, glaube ich, ist im Zweifel und befürchtet, daß die Seele, obwohl sie etwas Göttlicheres und Schöneres ist als der Leib, doch zuerst zugrunde gehe, da sie eine Art Harmonie sei. Kebes hingegen gab mir offenbar zu, daß die Seele etwas Dauerhafteres sei als der Leib; niemand aber könne wissen, ob nicht die Seele, nachdem sie zu wiederholten Malen eine Reihe von Leibern abgenützt hat, doch selbst auch zugrunde gehe, wenn sie nun den letzten dieser Leiber verläßt, und ob dieser Tod nicht der eigentliche Untergang der Seele ist; denn der Leib sei ja immerfort daran, zugrunde zu gehen. Das sind doch die beiden Fragen, Simmias und Kebes, die wir untersuchen müssen?«

Beide bestätigten, daß es diese seien.

»Und nun, bestreitet ihr alles«, fragte er, »was ich vorhin gesagt habe, oder nur einen Teil davon?«

»Nur einen Teil davon«, erwiderten die beiden.

»Was sagt ihr denn zu dem Beweis, wo wir behaupteten, daß das Lernen ein Sichwiedererinnern sei und daß sich deshalb unsere Seele vor der Geburt irgendwo aufhalten müsse, bevor sie an den Leib gebunden wird?«

»Ich war damals«, sprach Kebes, »in wunderbarer Weise von ihm überzeugt, und ich bleibe auch jetzt noch dabei wie sonst bei keinem anderen.«

»Fürwahr«, sagte Simmias, »auch mir ergeht es so, und ich müßte mich sehr wundern, wenn ich je darüber anderer Meinung würde.«

Da sagte Sokrates: »Und doch mußt du deine Ansicht ändern, mein Freund aus Theben, wenn anders deine Meinung bestehen bleibt, daß die Harmonie etwas Zusammengesetztes und daß die Seele als eine Harmonie aus den (wie die Saiten) gespannten Teilen des Leibes besteht. Denn du wirst nicht einmal dir selber zugeben, daß eine Harmonie bestehe, bevor die einzelnen Teile da sind, aus denen sie sich zusammensetzen soll. Oder nimmst du das an?«

»Auf keinen Fall, Sokrates«, erwiderte er.

»Merkst du nun«, fuhr Sokrates fort, »daß dir eben diese Behauptung unterläuft, wenn du sagst, die Seele existiere zwar, bevor sie in Gestalt und Leib des Menschen eingehe, sie sei aber aus Elementen zusammengesetzt, die zu dieser Zeit noch gar nicht existieren? Denn die Harmonie ist eben nicht das, womit du sie vergleichst, sondern zuerst existieren die Leier und die Saiten und die noch unharmonischen Töne, und erst zuletzt bildet sich die Harmonie und geht auch als erste wieder zugrunde. Wie will dir nun dieser Beweis mit jenem anderen zusammenstimmen?«

»Gar nicht«, antwortete Simmias.

»Und doch«, fuhr Sokrates fort, »sollte in keiner anderen Frage eher Übereinstimmung herrschen als über die Harmonie.«

»Ja, es sollte«, gab Simmias zu.

»Aber gerade hier stimmst du mit dir selbst nicht überein. Sieh nur zu, welcher von den beiden Meinungen du den Vorzug gibst: daß das Lernen ein Sichwiedererinnern oder daß die Seele eine Harmonie sei?«

»Bei weitem der ersten, Sokrates«, sagte er. »Denn die andere ergab sich mir ohne jeden Beweis, bloß ihrer Wahrscheinlichkeit und ihrer Gefälligkeit wegen, weshalb sie auch den meisten Menschen zusagt. Ich weiß aber, daß alle Reden, die bloß ihrer Wahrscheinlichkeit halber angenommen werden, trügerisch sind, und daß man sehr leicht von ihnen getäuscht wird, wenn man sich vor ihnen nicht vorsieht, in der Geometrie so gut wie auf allen anderen Gebieten. Der Satz von der Erinnerung und vom Lernen hingegen beruht auf einer Voraussetzung, die seine Annahme rechtfertigt. Es wurde nämlich gesagt, unsere Seele existiere, schon bevor sie in den Leib eintritt, so wie die Wesenheit existiert, die man als das ›Sein an sich‹ bezeichnet. Und das habe ich, wie ich überzeugt bin, in einer zureichenden und richtigen Weise angenommen. Es scheint mir also, ich dürfe deshalb weder von mir selbst noch von einem anderen die Behauptung annehmen, daß die Seele eine Harmonie sei.«

42. »Was meinst du aber zu folgendem, Simmias«, fuhr er fort: »Glaubst du, daß die Harmonie oder irgendeine andere Zusammensetzung sich anders verhalten kann als die Teile, aus denen sie besteht?«

»Auf keinen Fall.«

»Und sie kann, meine ich, auch nichts anderes tun und nichts anderes erleiden als das, was auch jene tun oder erleiden.«

Er stimmte zu.

»Die Harmonie kann also den Teilen, aus denen sie zusammengesetzt ist, nicht vorangehen, sondern muß ihnen folgen.«
Er war gleicher Meinung.
»Es ist also ausgeschlossen, daß sich die Harmonie in entgegengesetzter Richtung bewegt oder anders tönt oder sich sonst irgendwie gegensätzlich verhält als ihre Teile?«
»Ausgeschlossen«, sagte er.
»Ist nun aber nicht jede Harmonie in dem Grade Harmonie, als sie harmonisch gestimmt ist?«
»Das verstehe ich nicht«, erwiderte er.
»Ist es nicht so«, fuhr jener fort: »wenn ihre Teile mehr und voller aufeinander abgestimmt sind – nehmen wir an, das sei möglich –, dann ist doch auch die Harmonie größer und voller? Sind sie es aber weniger und in geringerem Maße, dann ist auch sie weniger und geringer.«
»Gewiß.«
»Ist es nun auch so mit der Seele? Ist da auch die eine Seele, wenn auch nur ein bißchen, mehr und vollkommener oder dann weniger und in geringerem Maße Seele als die andere?«
»Auf keinen Fall.«
»Wohlan, beim Zeus«, sprach Sokrates; »man sagt doch auch, die eine Seele habe Vernunft und Tugend und sei gut, die andere aber besitze Unvernunft und Bosheit und sei schlecht? Und mit dieser Behauptung hat es doch seine Richtigkeit?«
»Allerdings.«
»Wie wird nun aber einer, der annimmt, die Seele sei eine Harmonie, die Tugend oder die Schlechtigkeit in den Seelen erklären? Etwa als eine andere Art von Harmonie und Disharmonie? Wird er sagen, die gute Seele sei harmonisch gestimmt und enthalte, während sie selbst schon Harmonie sei, in sich noch eine andere Harmonie, die andere aber sei

selbst nicht harmonisch gestimmt und enthalte in sich keine andere Harmonie?«

»Ich weiß selbst nicht, was ich sagen soll«, antwortete Simmias; »es ist aber klar, daß einer, der von jener Voraussetzung ausgeht, ungefähr so reden würde.«

»Wir sind aber vorhin einig geworden, daß eine Seele nicht mehr oder weniger Seele ist als eine andere. Dieser Satz, dem wir beide zustimmen, bedeutet aber, daß auch keine Harmonie mehr oder besser oder dann weniger und schlechter Harmonie ist als eine andere Harmonie; nicht wahr?«

»Ja, gewiß.«

»Und daß die Harmonie, die also nicht mehr oder weniger Harmonie ist, auch nicht mehr oder weniger harmonisch gestimmt sein kann. Ist dem so?«

»Ja.«

»Wenn sie aber weder mehr noch weniger harmonisch gestimmt ist, wird sie dann mehr oder weniger Anteil an der Harmonie haben, oder den gleichen?«

»Den gleichen.«

»Und wenn nun also eine Seele weder mehr noch weniger Seele ist als eine andere, dann ist sie doch auch weder mehr noch weniger harmonisch gestimmt.«

»So ist es.«

»In diesem Falle könnte sie also weder an der Disharmonie noch an der Harmonie größeren Anteil haben.«

»Sicher nicht.«

»Kann in diesem Falle die eine mehr als eine andere an der Schlechtigkeit oder an der Tugend teilhaben, wenn doch die Schlechtigkeit Disharmonie, die Tugend aber Harmonie sein soll?«

»Nein.«

»Vielmehr wird doch, Simmias, wenn wir richtig überlegen, überhaupt keine Seele an der Schlechtigkeit teilhaben, wenn sie wirklich Harmonie ist; denn die Harmonie, die in vollkommenem Maße eben das ist, nämlich Harmonie, könnte doch nie an einer Disharmonie teilhaben.«

»Allerdings nicht.«

»Und also auch die Seele, wenn sie vollkommen Seele ist, nicht an der Schlechtigkeit.«

»Wie wäre das möglich nach dem, was wir eben gesagt haben?«

»Aus dieser Beweisführung folgt für uns, daß alle Seelen sämtlicher Lebewesen gleichermaßen gut sein müssen, wenn anders sie ihrer Natur nach gleicherweise eben das sind, nämlich Seelen.«

»Das glaube ich auch, Sokrates«, sagte er.

»Hältst du diesen Satz als auch für richtig?« fragte Sokrates. »Und glaubst du, unsere Beweisführung hätte dieses Schicksal erlitten, wenn die Voraussetzung richtig wäre, daß die Seele eine Harmonie sei?«

»Ganz gewiß nicht«, sagte er.

43. »Was meinst du aber«, fragte jener weiter: »gibt es unter all den Kräften im Menschen eine andere als die Seele, zumal die vernünftige, die nach deiner Meinung herrschen kann?«

»Nein.«

»Herrscht sie aber, indem sie den Zuständen des Leibes nachgibt oder indem sie ihnen Widerstand leistet? Ich meine, ob sie nicht zum Beispiel bei Hitze oder Durst zum jeweils gegensätzlichen Verhalten hinleitet, also zum Nichttrinken, und beim Hunger zum Nichtessen? Und können wir nicht in tausend anderen Fällen feststellen, daß sich die Seele den Wünschen des Leibes widersetzt, oder nicht?«

»Ganz gewiß.«

»Wir sind aber doch vorhin übereingekommen, daß die Seele, falls sie überhaupt eine Harmonie ist, niemals entgegengesetzt tönen kann als die Elemente, aus denen sie besteht, je nachdem diese gespannt oder nachgelassen oder in Schwingung versetzt werden, und was sonst mit ihnen geschieht, sondern daß sie diesen folgt und niemals selber herrscht?«

»Ja, darin stimmten wir überein. Wie wäre es anders möglich?«

»Haben wir aber nun nicht den Eindruck, daß sie gerade das Gegenteil tut, daß sie nämlich alle Teile regiert, aus denen sie zusammengesetzt sein soll, daß sie sich ihnen das ganze Leben hindurch in fast allen Dingen widersetzt und daß sie diese in jeder Weise beherrscht, indem sie sie bald härter und auf schmerzhafte Weise im Zaum hält, wie es in der Gymnastik und in der Heilkunde geschieht, bald aber wieder milder, indem sie das eine Mal droht, das andere Mal mahnt und dabei mit den Begierden und den Trieben und den Sorgen spricht, als ob sie wie eine Fremde mit einem fremden Wesen redete. Etwa so, wie es Homer in der Odyssee gedichtet hat, wo er von Odysseus sagt:

Aber er schlug an die Brust und schalt sein Herz mit den Worten:
Dulde auch dies, mein Herz; viel Schlimmeres hast du ertragen!

Oder glaubst du, er habe das in der Meinung gedichtet, die Seele sei eine Harmonie und müsse sich von den Zuständen des Leibes leiten lassen? Glaubte er nicht eher, die Seele müsse diese leiten und beherrschen und sei etwas viel Göttlicheres als eine Harmonie?«

»Beim Zeus, Sokrates, das glaube ich.«

»Wir dürfen also auf keinen Fall behaupten, mein Bester, die Seele sei eine Harmonie. Sonst, scheint mir, würden wir weder mit Homer, dem göttlichen Dichter, noch mit uns selbst übereinstimmen.«

»So ist es«, sagte er.

44. »Also gut«, fuhr Sokrates fort; »mit der Sache der thebanischen Harmonia ist es uns offenbar noch recht gnädig

ergangen. Wie steht es aber mit der des Kadmos, mein Kebes? Wie werden wir ihn gnädig stimmen können, und mit welchem Beweis?«

»Ich glaube, das wirst du schon herausfinden«, erwiderte Kebes. »Dein Beweis gegen die Harmonie wenigstens war wunderbar und hat alle meine Erwartungen übertroffen. Denn als Simmias seine Zweifel vorbrachte, da nahm es mich sehr wunder, ob überhaupt jemand darauf antworten könne. Aber nun sah ich zu meinem Erstaunen, daß er nicht einmal den ersten Ansturm deiner Widerlegung auszuhalten vermochte. Es würde mich daher nicht wundern, wenn es der Beweisführung des Kadmos ähnlich erginge.«

»Mein Guter«, sagte darauf Sokrates, »mach keine so großen Worte, sonst macht uns noch ein böser Zauber das zunichte, was ich jetzt beweisen will. Doch das sei Gott überlassen. Wir aber wollen jetzt wie die Helden bei Homer zum Nahkampf antreten und untersuchen, ob deine Beweisführung richtig sei. Was du suchst, ist in der Hauptsache etwa folgendes: du möchtest einen Beweis dafür, daß unserer Seele unzerstörbar und unsterblich ist und daß daher ein Philosoph, der sich zu sterben anschickt, keine eitle und sinnlose Zuversicht hat, wenn er guten Mutes ist und daran glaubt, es werde ihm nach dem Tode im Jenseits bedeutend besser ergehen, als wenn er in einer anderen Lebensweise weiterlebend enden würde. Denn wenn wir auch zeigen können, daß die Seele etwas Starkes und Göttliches ist und daß sie schon existiert hat, bevor wir als Menschen geboren wurden, so beweist das deiner Ansicht nach noch nicht, daß sie unsterblich sei, sondern bloß, daß sie von langer Dauer ist und daß sie schon früher irgendwo unbestimmte Zeit lang existiert und manches gewußt und getan hat. Trotzdem war sie aber durchaus nicht unsterblich, sondern ihr Eintritt in den menschlichen Leib war für sie der Anfang des Untergangs, gleichsam der Beginn einer Krankheit; wenn sie sich dieses ganze Leben hindurch abgeplagt hat, geht sie schließlich in dem, was man ›Tod‹ nennt, zugrunde. Es kommt also nicht darauf an, behauptest du, ob sie einmal oder öfters in den Leib eintritt: auf jeden Fall muß sich jeder von uns fürchten; denn jeder, der nicht unvernünftig ist, muß sich fürchten, wenn er nicht weiß und keinen Beweis dafür geben kann, daß sie unsterblich ist.

Dies ist, glaube ich, ungefähr deine Meinung, Kebes. Mit Absicht wiederhole ich sie öfters, damit uns ja nichts davon entgeht und damit du das, was du etwa willst, noch hinzusetzen oder abstreichen kannst.«

Und Kebes sagte: »Nein, im Augenblick habe ich nichts abzustreichen und auch nichts hinzuzusetzen, sondern gerade so meine ich's.«

45. Sokrates hielt nun eine geraume Zeit inne und dachte bei sich selber nach. »Kebes«, sagte er dann, »das ist keine Kleinigkeit, die du wissen möchtest. Wir müssen da nämlich die Ursache des Werdens und des Vergehens überhaupt untersuchen. Wenn du willst, erzähle ich dir zunächst, wie es mir selbst dabei ergangen ist. Glaubst du dann, irgend etwas von meinen Worten könne dazu dienen, um dich in der Sache, nach der du fragst, zu überzeugen, so mache Gebrauch davon.«

»Freilich«, sagte Kebes, »das will ich.«

»So höre denn, was ich zu erzählen habe. In meiner Jugend, Kebes, bemühte ich mich wunder wie sehr um jene Weisheit, die man Naturkunde nennt. Denn sie schien mir etwas Herrliches zu sein: von jedem Ding die Ursachen zu kennen und zu wissen, wodurch es entsteht und wodurch es vergeht und wodurch es besteht. Vor allem untersuchte ich immer wieder nach allen Seiten etwa die folgenden Fragen: Ob, wenn das Warme und das Kalte in eine Art von Verwesung übergehen, sich dann, wie manche behaupten, die Lebewesen bilden. Und ob es das Blut sei, womit wir denken, oder die Luft oder das Feuer. Oder ob keines von diesen, sondern ob das Gehirn uns die Wahrnehmungen des Hörens, des Sehens und des Riechens vermittelt, aus denen dann die Erinnerung und die Vorstellung entstehen, und ob nicht aus der Erinnerung und aus der Vorstellung, wenn sich diese befestigt haben, in gleicher Weise das Wissen entspringt. Und wenn ich wiederum das Vergehen dieser Dinge betrachtete und alle Veränderungen im Himmel und auf Erden, kam ich schließlich mir selber für diese Untersuchung so ungeeignet wie nur möglich vor.

Ich kann dir dafür einen klaren Beweis geben: Sogar in den Fragen, die mir vorher, wie ich und die anderen glaubten, völlig klar waren, wurde ich durch dieses Suchen so blind gemacht, daß ich auch das verlernte, was ich vorher zu wissen meinte, so unter vielem anderem auch in der Frage, wodurch der Mensch wachse. Früher hatte ich angenommen, es sei jedem klar, daß dies durch das Essen und Trinken geschehe. Wenn sich nämlich aus den Speisen zum Fleische Fleisch, zu den Knochen Knochen und so entsprechend zu allem übrigen das ihm Verwandte ansetzt, dann werde zuletzt aus der geringen Masse viel, und so werde der kleine Mensch groß. So glaubte ich damals; dünkt dich nicht, ich hätte damit recht gehabt?«

»Doch«, sagte Kebes.

»Bedenke nun auch noch dies: wenn ein Mensch neben einem kleinen stand und dort groß erschien, dann begnügte ich mich mit der Erklärung, er sei eben durch seinen Kopf größer, und ebenso, wenn ein Pferd neben einem anderen stand. Oder was noch deutlicher ist als dies: die Zehn schien mir deshalb größer als die Acht, weil dort noch zwei dabei sind, und die Doppelelle war meiner Ansicht nach darum größer als die einfache Elle, weil sie diese um die Hälfte übertrifft.«

»Was hältst du nun aber jetzt davon?« fragte Kebes.

»Daß ich, beim Zeus, weit davon entfernt bin, mir einzubilden, ich wüßte von irgendeinem dieser Dinge die Ursache. Glaube ich doch nicht einmal mehr daran, daß, wenn man eins zu eins hinzufügt, entweder die Eins, zu der man es hinzugefügt hat, zu zwei wurde – oder dann, daß die hinzugefügte Eins und die, zu der sie gefügt wurde, zu zwei geworden sind, weil man das eine zum anderen gefügt hat. Denn es kommt mir seltsam vor, daß die beiden, solange sie voneinander getrennt waren, jedes für sich eins war und sie damals nicht zwei waren, daß sie dann aber, als sie sich vereinigt hatten, aus diesem Grunde zwei geworden sind, wegen dieser Vereinigung also, durch die sie einander nahegebracht wurden. Und wenn eine Einheit zerspalten wird, kann ich mich ebenso wenig überzeugen, daß dann diese Spaltung der Grund dafür sei, daß zwei geworden sind. Denn dieses Mal entsteht die Zwei aus der genau entgegengesetzten Ursache: dort ist es, weil eines dem andern genähert und hinzugesetzt wurde, jetzt aber, weil das eine vom anderen weggenommen und getrennt wird. Ja, ich bilde mir nicht einmal mehr ein zu wissen, wodurch überhaupt eine Eins entsteht; mit einem Worte: ich glaube, nach dieser Art läßt sich von gar nichts feststellen, wieso es entsteht oder vergeht oder besteht, sondern ich rühre mir aufs Geratewohl eine neue Methode zusammen; die genannte aber lasse ich auf keinen Fall mehr gelten.

46. Eines Tages aber hörte ich jemandem zu, der las aus einem Büchlein des Anaxagoras vor, wie er sagte, und behauptete, es sei die Vernunft, die alles ordne und die Ursache aller Dinge sei. Da freute ich mich über diese Ursache, und es dünkte mich gewissermaßen auch richtig, daß die Vernunft

die Ursache aller Dinge sei; und ich war überzeugt, daß in diesem Falle die ordnende Vernunft alles so ordne und jegliches so aufstelle, wie es am besten sei. Wenn nun jemand die Ursache finden wolle, weshalb jedes Ding entsteht oder vergeht oder besteht, so müsse er nur herausfinden, welches Sein, welches Leiden und welches Tun für dasselbe am besten sind. Nach diesem Verfahren brauche also der Mensch, sowohl was ihn selbst als auch was die übrigen Dinge betrifft, nach nichts anderem zu forschen als nach dem Trefflichsten und dem Besten; er müßte dann notwendigerweise auch das Schlechtere erkennen, da dasselbe Wissen für beide gelte.
Als ich mir das überlegte, glaubte ich zu meiner Freude für die Ursache der Dinge einen Lehrer nach meinem Sinn gefunden zu haben, eben den Anaxagoras, und glaubte, er werde mir vor allem auch sagen, ob die Erde platt oder rund sei, und mir dann auch den Grund und die Notwendigkeit dafür erklären, indem er als Ursache das ›Bessere‹ anführen und sagen werde, daß sie eben besser so beschaffen sei, wie sie ist. Und die Behauptung, die Erde befinde sich in der Mitte des Weltalls, werde er mit der Erklärung verbinden, es sei eben besser für sie, in der Mitte zu sein. Und wenn er mir das klarmachen könnte, war ich entschlossen, nie mehr nach einer anderen Art von Ursache zu forschen. Und ebenso wollt ich auf diese Art über die Sonne Auskunft bekommen und über den Mond und über die anderen Gestirne, über ihre gegenseitige Geschwindigkeit, über ihre Umdrehungen und über ihre sonstigen Veränderungen: wie es für jedes besser sei, gerade das zu tun oder das zu erleiden, was es erleidet. Denn nachdem er einmal gesagt hatte, dies alles sei durch die Vernunft angeordnet, glaubte ich nicht, daß er mir für ihre Anordnung einen anderen Grund angeben werde als eben, es sei am besten, wenn es sich so mit ihnen verhalte, wie es sich eben verhält. Und nachdem er für alles im einzelnen und für

alle Dinge gemeinsam die Ursache angegeben hatte, erwartete ich, er werde mir jetzt erklären, was das ›Beste‹ für jedes einzelne Ding und was das ›Gute‹ sei, das allen gemeinsam ist. Nicht um vieles hätte ich meine Hoffnungen aufgegeben, sondern nahm mit großem Eifer seine Bücher zur Hand und las darin, so schnell ich konnte, um möglichst bald das Beste und das Schlechtere zu erkennen.

47. Von dieser wunderschönen Hoffnung, mein Freund, wurde ich indes jäh herabgestürzt, als ich im Weiterlesen sah, daß dieser Mann selbst keine Vernunft anwendet und daß er für die Anordnung der Dinge keine anderen Ursachen angibt als die Luft und den Äther und das Wasser und manches Ungereimte mehr. Es schien mir, als sei ihm etwas ganz Ähnliches unterlaufen, wie wenn jemand sagte: ›Sokrates tut alles, was er tut, mit Vernunft.‹ Wenn er aber nachher die Gründe für all meine Handlungen darzulegen versuchte, begänne er mit der Behauptung, ich sitze deswegen hier, weil mein Leib aus Knochen und Sehnen bestehe und weil die Knochen fest und durch Gelenke voneinander getrennt seien, während die Sehnen gespannt und wieder gelockert werden können, wobei sie die Knochen samt dem Fleisch und der Haut, die das zusammenhält, rings umgeben. Während nun die Knochen in ihren Gelenken hangen, würden die Sehnen bald gelockert, bald wieder angespannt und setzten mich dadurch instand, meine Glieder zu biegen – und das sei der Grund, weshalb ich so zusammengekauert hier sitze.

Und für mein Gespräch mit euch würde er andere Gründe dieser Art namhaft machen; er würde die Laute und den Atem und das Gehör und eine ganze Menge ähnlicher solcher Dinge als Ursache angeben und sich dabei gar nicht bemühen, die wahren Gründe zu nennen: daß es nämlich die Athener für besser befanden, mich zu verurteilen, und daß ich es daher auch meinerseits für besser befunden habe, hier zu sitzen, und für richtiger, da zu warten und die Strafe auf mich zu nehmen, welche sie auch verhängt haben mögen. Denn beim Hunde, ich glaube, diese Sehnen und Knochen wären schon längst in Megara oder bei den Boiotiern, fortgetragen von der Vorstellung des Besten, hätte ich nicht geglaubt, es sei gerechter und schöner, statt zu fliehen und wegzulaufen, das Gericht der Stadt über mich ergehen zu lassen, mag es ausfallen, wie es will.

Es ist also durchaus nicht am Platze, solche Dinge Gründe zu nennen. Wenn aber jemand behauptete, ich wäre ohne Knochen und Sehnen und was ich sonst derartiges habe, nicht imstande, das auszuführen, was mir recht scheint, so würde er wohl recht haben. Daß ich aber deswegen das tue, was ich tue, und daß ich es mit Vernunft tue, und nicht deshalb, weil ich dabei das Beste wähle – das wäre eine sehr leichtfertige Behauptung. Das hieße ja nichts anderes, als daß man nicht imstande sei, auseinanderzuhalten, was in der Tat ursächlich und was nur ein Mittel ist, ohne das aber die wahre Ursache niemals als Ursache wirken könnte.

Aber gerade das scheint mir die Menge, die gleichsam im finsteren tappt, mit einem falschen Namen als das Ursächliche zu bezeichnen. Daher umgibt der eine die Erde mit einem Wirbel unter der Himmelskugel und läßt sie in der Mitte feststehen; der andere aber legt ihr wie einem flachen Trog die Luft als Schemel unter. Die Kraft aber, die bewirkt hat, daß sie so liegt, wie es am besten ist – diese suchen sie nicht, und sie glauben auch nicht, daß eine göttliche darin wirkt, sondern sie bilden sich ein, sie hätten einen Atlas gefunden, der vielleicht noch stärker und unsterblicher sei als dieser und der noch besser das Ganze zusammenhalten könne, und sie glauben nicht daran, daß es in Wirklichkeit das Gute und das Notwendige ist, das die Welt zusammenbindet und zusammenhält. Ich wäre nun sehr gerne bei jedem in die Lehre gegangen, der mir hätte sagen können, wie es sich mit dieser Ursache verhält. Da mir aber das versagt blieb und ich es weder selber herausfinden noch von einem anderen erfahren konnte, unternahm ich die zweite Fahrt auf der Suche nach der Ursache – wenn du einverstanden bist, will ich dir davon berichten, Kebes.«

»Ja, sehr gerne bin ich einverstanden.«

48. »Nachdem ich es also aufgegeben hatte, die Dinge zu betrachten«, fuhr er fort, »glaubte ich mich vorsehen zu müssen, daß mir nicht dasselbe widerfahre wie den Leuten, die eine Sonnenfinsternis beobachten und erforschen. Denn es kommt etwa vor, daß einige dabei ihr Augenlicht verlieren, wenn sie das Abbild der Sonne nicht im Wasser oder in etwas Derartigem betrachten. Etwas Ähnliches kam auch mir in den Sinn, und ich befürchtete, an meiner Seele völlig blind zu werden, wenn ich die Dinge mit meinen Augen betrachtete und wenn ich versuchte, sie mit jedem meiner Sinne zu erfassen. Ich beschloß daher, meine Zuflucht zu den Gedanken zu nehmen und in diesen die Wahrheit über das Seiende zu erforschen. Vielleicht trifft das Bild, das ich da brauche, nicht ganz zu. Denn ich gebe ja nicht etwa zu, daß derjenige, der das Seiende in den Gedanken betrachtet, es eher in Abbildern betrachtet als der, welcher es in seinen Werken beobachtet; aber ich schlug nun einmal diesen Weg ein und lege seither in jedem einzelnen Falle denjenigen Gedanken zugrunde, der mir der stärkste scheint, und nehme dann das als wahr an, was meiner Ansicht nach mit ihm im Einklang steht, handle es sich nun um die Frage nach der Ursache oder um irgendeine andere; was aber nicht damit übereinstimmt, nehme ich als unwahr an. Ich will dir aber noch deutlicher zeigen, was ich meine; denn ich glaube, du verstehst es jetzt noch nicht.«

»Nein, beim Zeus«, sagte Kebes, »noch nicht recht.«

49. »Doch was ich da sage«, fuhr jener fort, »ist nichts Neues, sondern eben das, was ich sonst schon immer und was ich auch im Gespräch vorhin unaufhörlich gesagt habe. Wenn ich dir also zu erklären versuche, was ich als die Idee der Ursache herausgearbeitet habe, so komme ich wieder auf das zurück, worüber ich schon so oft gesprochen habe, und ich beginne mit dem grundlegenden Satz, daß es ein Schönes an sich und ein Gutes und ein Großes und so weiter gibt. Wenn du mir darin beistimmst und zugestehst, daß es das gibt, dann hoffe ich, dir von diesem Satze die Ursache darzustellen und gleichzeitig nachzuweisen, daß die Seele unsterblich ist.«

»Ja doch«, sagte Kebes, »führe dies nur ohne Verzug durch, als ob ich dir zugestimmt hätte.«

»So prüfe denn«, begann Sokrates, »ob du mit dem einverstanden bist, was sich daraus ergibt. Ich glaube nämlich, wenn es außer dem Schönen an sich noch etwas Schönes gibt, dann ist dies einzig deshalb schön, weil es an jenem Schönen teilhat; und das behaupte ich von allen Dingen. Bist du mit dieser Art von Ursache einverstanden?«

»Ja«, sagte Kebes.

»Ich begreife nun aber alle diese anderen gelehrten Gründe nicht mehr«, sagte er, »und kann sie nicht verstehen. Sondern wenn mir einer behauptet, daß irgend etwas deshalb schön sei, weil es eine glänzende Farbe habe oder eine schöne Gestalt oder sonst etwas dieser Art, dann lasse ich das alles unbeachtet, weil es mich doch nur verwirrt, und halte mich schlicht und einfach und vielleicht einfältig nur an das eine, daß gar nichts anderes so schön macht als die Gegenwart jenes Schönen oder die Gemeinschaft mit ihm, oder wie der Zusammenhang zwischen den beiden sein mag: darüber will ich nichts Bestimmtes mehr behaupten, sondern nur, daß alles Schöne durch das Schöne schön ist. Denn diese Antwort kann nach meiner Überzeugung ich und jeder andere mit unbedingter Sicherheit geben. Und wenn ich mich daran halte, dann werde ich wohl niemals straucheln, sondern kann mir und jedem anderen mit aller Bestimmtheit antworten, daß das Schöne durch das Schöne schön sei. Oder glaubst du das nicht auch?«

»Doch.«

»Und durch die Größe ist also das Große groß und das Größere größer, und durch die Kleinheit ist das Kleinere kleiner?«

»Ja.«

»Du wärest also auch nicht damit einverstanden, wenn jemand behauptete, daß einer deshalb größer sei als der andere, weil er ihn um Kopfeslänge überragt, und der Kleinere aus demselben Grunde kleiner; sondern du würdest wohl beteuern, du könnest nichts anderes sagen, als daß jegliches, das größer ist als etwas anderes, durch nichts anderes größer sei als durch Größe und daß es eben deswegen größer sei, wegen der Größe, und daß das Kleinere ebenfalls durch nichts anderes kleiner ist als durch Kleinheit, und daß es eben deswegen kleiner ist, wegen der Kleinheit. Denn wenn du behaupten wolltest, es sei jemand seines Kopfes wegen größer oder kleiner, dann mußt du, meiner Meinung nach, befürchten, daß man dich mit der Feststellung widerlegt, daß dann erstens das Größere ja aus dem nämlichen Grunde größer wäre wie das Kleinere kleiner, und zweitens, daß dann der Größere wegen seines Kopfes, der selber etwas Kleines ist, größer wäre, und dies wäre doch eine ungeheuerliche Behauptung, daß jemand infolge etwas Kleinem groß sein soll. Oder müßtest du nicht diesen Einwand befürchten?«

»Doch«, sagte Kebes und lachte.

»Würdest du dich also nicht zu behaupten hüten, daß die

Zehn durch die Zwei mehr ist als die Acht und daß sie sie aus diesem Grunde übertreffe und nicht durch die Menge und infolge der Menge? Und daß die Doppelelle größer sei als die einfache Elle durch die Hälfte und nicht durch ihre Größe? Dasselbe Bedenken gilt doch wohl auch hier.«

»Gewiß«, antwortete er.

»Wenn man aber eins und eins zusammenfügt, wagst du dann ohne weiteres zu behaupten, daß diese Hinzufügung die Ursache dafür sei, daß eins zu zwei wird, und wenn eine Einheit zerspalten wird, daß es diese Spaltung sei? Wirst du nicht vielmehr mit lauter Stimme behaupten, daß du keine andere Entstehung eines jeden Dinges kennest, als daß es an dem ihm eigenen Wesen teilhat, und daß du somit keinen anderen Grund dafür wissest, daß etwas zu einer Zweiheit wird, als die Tatsache, daß es an der Zweiheit teilhat und daß alles, was zur Zweiheit werden will, an dieser, und was zur Einheit werden will, an der Einheit teilhaben muß. Um diese Spaltungen aber und Hinzufügungen und andere solche Spitzfindigkeiten würdest du dich nicht kümmern, sondern überließest diese Antworten solchen, die weiser sind als du. Du aber würdest dich aus Furcht vor deinem eigenen Schatten, wie man so sagt, und vor deiner Unerfahrenheit an diese sichere Grundlage halten und die entsprechende Antwort geben. Wenn aber jemand diese Voraussetzung selber angreifen wollte, dann ließest du ihn wahrscheinlich ohne Antwort, bis du die Folgerungen, die sich daraus ergeben, geprüft hättest, ob sie nach deiner Meinung miteinander übereinstimmen oder nicht. Und wenn du über jene Voraussetzung Rechenschaft geben müßtest, dann würdest du das doch in der Weise tun, daß du daneben noch eine andere Voraussetzung zugrunde legtest, diejenige nämlich, welche dir unter den übergeordneten als die beste erscheint, bis du zu etwas Zureichendem kämest. Dabei würdest du nicht alles durcheinandermengen, wie es die Streitkünstler tun, und würdest es vermeiden, vom Grundsatz und gleichzeitig von dem zu sprechen, was daraus folgt, wenn du etwas von dem Seienden finden wolltest. Denn jene verwenden auf diese Frage wahrscheinlich weder einen einzigen Gedanken noch eine Überlegung, sind sie doch imstande, vor lauter Weisheit alles durcheinanderzumengen und dabei noch mit sich selbst zufrieden zu sein. Du aber, sofern du zu den Philosophen zählst, du würdest, glaube ich, in der genannten Weise vorgehen.«

»Sehr richtig, was du sagst«, stimmten ihm Simmias und Kebes zu.

ECHEKRATES: Beim Zeus, Phaidon, das taten sie mit Recht. Denn ich finde es wunderbar, wie klar das Sokrates auch für jemand gesagt hat, der nur geringen Verstand hat.

PHAIDON: Ja, gewiß, Echekrates; das war auch die Meinung aller Anwesenden.

ECHEKRATES: Und auch unsere, die wir nicht dabei waren, die wir es aber jetzt hören. Wie ging die Unterhaltung aber nachher weiter?

50. PHAIDON: Nachdem wir ihm das zugegeben hatten und mit ihm darüber einig waren, daß jede Idee ein eigenes Sein habe und daß alle übrigen Dinge ihre Namen nach ihrer Teilnahme an diesen Ideen bekommen, da stellte er, wie ich glaube, folgende Frage:

»Wenn du das wirklich so meinst, mußt du dann nicht, wenn du sagst, Simmias sei größer als Sokrates, aber kleiner als Phaidon, damit die Behauptung aufstellen, daß sich in Simmias beides findet, Größe und Kleinheit?«

»Doch.«

»Du gibst also zu«, fuhr er fort, »daß das eigentlich seinem Wortlaut nach nicht stimmt, daß Simmias den Sokrates überragt. Denn Simmias überragt nicht einfach von Natur aus den Sokrates, nur deshalb, weil er eben Simmias ist, sondern wegen der Größe, die er zufällig besitzt; und ebenso überragt er nicht den Sokrates, einfach weil dieser Sokrates ist, sondern weil Sokrates Kleinheit besitzt, im Vergleich zu der Größe des Simmias; oder nicht?«

»Richtig.«

»Und dieser hinwiederum wird doch nicht deshalb von Phaidon überragt, weil Phaidon eben Phaidon ist, sondern weil Phaidon Größe besitzt gegenüber der Kleinheit des Simmias?«

»So ist es.«

»So sagt man also von Simmias, er sei groß und klein zugleich, weil er in der Mitte von beidem ist, indem er die Kleinheit des einen durch seine Größe überragt, während er dem anderen eine Größe zugestehen muß, die seine eigene Kleinheit übertrifft.«

Und lächelnd fügte er bei:

»Das scheint euch vielleicht spitzfindig; aber es ist in der Tat so, wie ich sage.«

Kebes stimmte zu.

»Ich sage dies deshalb, weil ich möchte, daß du dich meiner Meinung anschließest. Denn ich glaube, daß nicht nur die Größe an und für sich niemals gleichzeitig groß und klein sein will, sondern daß auch jene Größe, die sich in uns befindet, das Kleine jederzeit ausschließt und sich nicht überragen läßt. Nein, sondern es geschieht eines von beiden: entweder flieht sie und räumt das Feld, wenn ihr Gegensatz, das Kleine, dazukommt, oder dann geht sie bei seinem Nahen zugrunde. Aber ausharren und die Kleinheit in sich aufnehmen und etwas anderes sein als was sie war: das will sie nicht. So habe ich die Kleinheit in mir aufgenommen und ausgehalten und bin immer noch der, der ich bin – eben dieser Kleine bin ich; jenes Große aber erdreistet sich niemals, auch klein zu sein. Und so kann auch das Kleine in uns niemals groß werden oder groß sein, noch gibt es sonst etwas Gegensätzliches, das, solange es das ist, was es war, zugleich sein Gegenteil werden oder sein kann; sondern entweder räumt es das Feld, oder dann geht es bei diesem Vorgang zugrunde.«

»Ich glaube, das ist durchaus richtig«, erwiderte Kebes.

51. Da sagte einer von den Anwesenden, der das gehört hatte – wer es war, erinnere ich mich nicht mehr genau:

»Bei den Göttern, war man sich in einem früheren Teil der Unterredung nicht gerade über das Gegenteil von dem einig, was du jetzt sagst: daß nämlich aus dem Kleineren das Größere entstehe und aus dem Größeren das Kleinere, und daß das eigentlich gerade der Entstehungsprozeß für alles Entgegengesetzte sei, das Werden aus seinem Gegensatz? Jetzt aber glaube ich verstanden zu haben, daß dies gar nicht möglich ist.«

Sokrates neigte seinen Kopf hin und hörte zu. Dann sagte er:

»Das hast du wacker behalten; indes verstehst du doch den Unterschied nicht zwischen dem, was ich jetzt, und dem, was ich früher behauptet habe. Vorher sagte ich nämlich, daß das entgegengesetzte *Ding* aus seinem Gegensatz entstehe; jetzt aber, daß das Entgegengesetzte selbst niemals sich selber zum Gegensatz werden könne, weder in unserer Vorstellung, noch in der Wirklichkeit. Denn damals, mein Freund, redeten wir von den Dingen, die die Gegensätze in sich enthalten, und benannten sie dabei mit deren Namen, jetzt aber von den gegensätzlichen Begriffen selbst, nach denen die Dinge, in welchen sie enthalten sind, bezeichnet werden. Von diesen aber behaupten wir, daß niemals das eine aus dem anderen seinen Ursprung nehmen will.«

Und während er zugleich den Kebes anschaute, fragte er:

»Kebes, du bist doch nicht etwa auch durch das verwirrt worden, was der da gesagt hat?«

»Dieses Mal«, antwortete Kebes, »geht's mir nicht so, obwohl ich keinesfalls behaupten will, daß mich nicht manches in Verwirrung setzt.«

»Wir sind uns also darüber völlig einig«, sagte Sokrates, »daß nie Entgegengesetztes sich selbst zum Gegensatz werden kann.«

»Durchaus«, erwiderte er.

52. »Jetzt prüfe mir«, fuhr Sokrates fort, »ob du auch im folgenden mit mir einig bist. Gibt es etwas, das du mit ›warm‹ oder mit ›kalt‹ bezeichnest?«

»Ja.«

»Ist es das, was du ›Schnee‹ und ›Feuer‹ nennst?«

»Nein, beim Zeus.«

»Also ist das Warme etwas anderes als Feuer, und das Kalte etwas anderes als Schnee?«

»Ja.«

»Doch nehme ich an, du seist der Meinung, daß der Schnee als solcher, wie wir vorhin sagten, niemals das Warme in sich aufnehmen und dann das bleiben kann, was er vorher war, nämlich Schnee und zugleich Warmes, sondern daß er beim Herannahen des Warmen entweder diesem den Platz räumen oder zugrunde gehen wird.«

»Gewiß.«

»Und wiederum das Feuer: wenn das Kalte zu ihm herankommt, dann weicht es ihm entweder aus oder geht zugrunde; sicher aber wird es die Kälte niemals in sich aufzunehmen wagen und dann trotzdem das sein, was es war, nämlich Feuer und zugleich Kaltes.«

»Du hast recht«, erwiderte er.

»Es gibt also einiges«, fuhr Sokrates fort, »auf dessen Namen nicht nur die betreffende Idee selbst für alle Zeit Anspruch macht, sondern auch etwas anderes, das zwar nicht die Idee selbst ist, das aber doch immer ihre Gestalt annimmt, solange es existiert. Was ich meine, wird vielleicht an folgendem Beispiel deutlicher werden: das Ungerade muß diesen seinen Namen doch immer tragen, den wir ihm geben, oder nicht?«

»Gewiß.«

»Aber als einziges von allem Seienden? – danach frage ich nämlich. Oder gibt es noch etwas anderes, das zwar nicht dasselbe wie das Ungerade ist, das man aber neben seinem eigenen Namen stets auch so bezeichnen muß, weil es seiner Natur nach so beschaffen ist, daß es sich nie vom Ungeraden trennen läßt? Ich meine damit das, wie es zum Beispiel der Dreizahl und vielem anderen ergeht. Betrachte gerade einmal die Dreizahl: glaubst du nicht, daß diese zwar immer mit ihrem eigenen Namen bezeichnet werden muß, daneben aber auch mit der Benennung ›ungerade‹, obschon dies nicht dasselbe ist wie die Dreizahl? Aber trotzdem ist die Drei und die Fünf und überhaupt die Hälfte aller Zahlen so beschaffen, daß jede von ihnen, ohne dasselbe zu sein wie das Ungerade, doch eben ungerade ist; und wiederum ist die Zwei und die Vier und die ganze andere Zahlenreihe zwar nicht dasselbe wie das Gerade, aber jede von ihnen ist doch immer gerade. Gibst du das zu oder nicht?«

»Selbstverständlich«, erwiderte er.

»Sieh nun, was ich dir damit klarmachen will«, sagte er; »es ist folgendes: Offenbar schließen nicht nur jene Gegensätze einander aus, sondern auch das, was einander zwar nicht entgegengesetzt ist, aber immer jene Gegensätze in sich schließt. Auch diese Dinge können offenbar keine Idee in sich aufnehmen, die derjenigen entgegengesetzt ist, die sich in ihnen selber findet; sondern wenn diese hinzutritt, gehen sie zugrunde oder räumen das Feld. Oder werden wir nicht sagen, daß die Drei eher zugrunde geht oder irgend etwas Ähnliches erleidet, als daß sie duldet, daß sie weiter drei bleibt und dabei gerade wird?«

»Gewiß«, antwortete Kebes.
»Und doch«, fuhr er fort, »ist die Zwei nicht der Drei entgegengesetzt.«
»Sicher nicht.«
»So sind es also nicht nur die gegensätzlichen Ideen, die einander nicht aushalten, wenn sie zusammentreffen, sondern es gibt auch andere Dinge, die einem Gegensatz nicht standhalten können, wenn dieser hinzutritt.«
»Du hast durchaus recht«, erwiderte Kebes.
53. »Bist du damit einverstanden«, fuhr er fort, »daß wir diese bestimmen, soweit wir dazu imstande sind?«
»Sehr gerne.«
»Es sind doch wohl diejenigen, Kebes, die alles, was sie in ihren Bereich ziehen, nicht nur zwingen, ihre eigene Idee festzuhalten, sondern auch eine, die zu etwas anderem im steten Gegensatz steht.«
»Wie meinst du das?«
»Wie wir es eben gesagt haben. Du weißt doch wohl, daß das, wovon die Idee der Dreizahl Besitz ergreift, notwendig nicht nur drei ist, sondern auch ungerade.«
»Allerdings.«
»Zu etwas Derartigem, sagen wir, werde wohl nie die Idee hinzutreten, die jener Gestalt, durch die dies bewirkt wird, entgegengesetzt ist.«
»Freilich nicht.«
»Bewirkt hat dies aber die Gestalt des Ungeraden?«
»Ja.«
»Dieser entgegengesetzt ist doch aber die des Geraden?«
»Ja.«
»So wird sich also mit der Dreizahl niemals die Idee des Geraden verbinden?«
»Gewiß nicht.«
»Die Drei hat also keinen Anteil am Geraden?«

»Nein.«

»Also ist die Drei ungerade?«

»Ja.«

»Das wollte ich aber eben bestimmen: wie beschaffen die Dinge sind, die einem anderen zwar nicht entgegengesetzt sind, die aber trotzdem dieses Gegensätzliche ausschließen, so wie hier die Drei dem Geraden zwar nicht entgegengesetzt ist, es aber nichtsdestoweniger ausschließt; denn sie trägt immer etwas in sich, das zu jenem im Gegensatz steht, und ebenso die Zwei zum Ungeraden und das Feuer zur Kälte, und so noch manches andere. So sieh denn, ob du es nicht so bestimmen kannst: Nicht nur ein Gegensatz schließt seinen Gegensatz aus, sondern auch das, was etwas Gegensätzliches zu dem hinzubringt, auf das es zugeht – auch dieses Bringende wird den Gegensatz des Gebrachten ausschließen. Rufe dir das nochmals ins Gedächtnis zurück; denn es schadet nichts, es öfters zu hören. Die Fünf schließt die Idee des Geraden aus, und die Zehn, also das Doppelte, die des Ungeraden; dieses ist zwar selbst nicht der Gegensatz zu etwas anderem; trotzdem schließt es die Idee des Ungeraden aus. Und in gleicher Weise schließen alle Brüche mit dem Nenner zwei, wie zum Beispiel drei Zweitel, die Idee des Ganzen aus, weil sie immer ein Halbes sind, oder ebenso das Drittel und alle Brüche mit dem Nenner drei – falls du mir folgen kannst und mit mir einverstanden bist.«

»Ich bin durchaus derselben Meinung«, erwiderte er, »und kann dir folgen.«

54. »So wiederhole es mir noch einmal von Anfang an«, fuhr Sokrates fort, »und antworte mir dabei nicht mit den Ausdrücken meiner Frage, sondern so, wie ich dir jetzt zeigen will. Ich sage das nämlich, weil mir neben jener Art von sicherem Antwortgeben, die ich zuerst genannt habe, aus dem eben Gesagten eine neue Art von Sicherheit aufgegan-

gen ist. Wenn du mich nämlich fragtest, was in einem Körper vorhanden sein müsse, damit er warm sei, dann gebe ich nicht mehr jene zwar sichere, aber doch recht einfältige Antwort, daß Wärme in ihm sei, sondern – entsprechend dem eben Gesagten – eine feinere, nämlich, daß Feuer in ihm sein müsse. Und fragst du, was einem Körper innewohnen wird, wenn dieser krank ist, dann antworte ich nicht ›Krankheit‹, sondern ›Fieber‹. Und fragst du, was in einer Zahl enthalten sei, wenn sie ungerade ist, so sage ich nicht: ›Ungeradheit‹, sondern ›Einheit‹ und so weiter. Sieh, ob du nun zur Genüge verstehst, was ich will.«

»Es genügt vollständig«, sprach er.

»So antworte nun«, fuhr Sokrates fort: »was muß dem Leibe innewohnen, wenn er leben soll?«

»Eine Seele«, sagte er.

»Und ist das immer so?«

»Ja, selbstverständlich.«

»Wird also die Seele, wovon sie auch Besitz ergreift, immer das Leben mit sich bringen?«

»Ja, das wird sie.«

»Gibt es aber etwas, das dem Leben entgegengesetzt ist, oder nicht?«

»Es gibt etwas.«

»Was?«

»Den Tod.«

»So wird also die Seele das Entgegengesetzte von dem, was sie immer mit sich bringt, ausschließen – darüber sind wir uns nach dem Vorangegangenen doch einig?«

»Ganz gewiß«, antwortete Kebes.

55. »Wie nannten wir nun aber soeben das, was die Idee des Geraden ausschließt?«

»Ungerade«, erwiderte er.

»Und was das Gerechte oder was das Musische ausschließt?«

»Das nennen wir unmusisch«, sagte er, »und jenes ungerecht.«

»Gut. Wie nennen wir aber das, was den Tod ausschließt?«

»Unsterblich«, sagte er.

»Nun schließt doch die Seele den Tod aus?«

»Ja.«

»So ist also die Seele unsterblich?«

»Ja, unsterblich.«

»Gut«, sprach er; »können wir das als erwiesen betrachten, oder was meinst du?«

»Ja, und zwar ganz zur Genüge, Sokrates.«

»Wie nun aber, Kebes«, fuhr jener fort, »wenn das Ungerade notwendigerweise unzerstörbar wäre, müßte dann nicht auch die Dreizahl unzerstörbar sein?«

»Selbstverständlich.«

»Oder wenn das Nichtwarme notwendigerweise unzerstörbar wäre, dann müßte doch, sooft jemand etwas Warmes zum Schnee bringt, der Schnee unversehrt darunter weggehen, ohne geschmolzen zu werden. Denn er würde weder zugrunde gehen noch standhalten und die Wärme in sich aufnehmen.«

»Du hast recht«, erwiderte er.

»Und ganz gleich wäre es nach meiner Ansicht mit dem Nichtkalten; wäre es unzerstörbar, dann könnte wohl etwas Kaltes zum Feuer kommen, dieses würde dennoch nie verlöschen oder zugrunde gehen, sondern unversehrt entweichen und sich entfernen.«

»Notwendig«, sagte er.

»Muß man nicht auch vom Unsterblichen dasselbe sagen?« fuhr Sokrates fort. »Wenn das Unsterbliche auch unzerstörbar ist, dann kann die Seele nicht zugrunde gehen, wenn der Tod zu ihr tritt. Denn aus dem vorhin Gesagten geht hervor, daß sie den Tod ausschließt und daß sie nicht gestorben sein

wird, so wie wir gesagt haben, daß weder die Drei noch eine andere ungerade Zahl jemals gerade sein kann und wie das Feuer oder die Wärme im Feuer niemals kalt ist.
Vielleicht könnte jetzt einer sagen: ›Das Ungerade kann allerdings nicht gerade werden, wenn das Gerade dazutritt: darüber sind wir uns einig; was hindert aber, daß das Ungerade zugrunde geht und daß dann ein Gerades an seinen Platz tritt?‹ Diesem Einwand gegenüber könnten wir kaum behaupten, daß es nicht zugrunde geht; denn das Ungerade ist nicht unzerstörbar. Freilich, wenn wir das zugestanden hätten, dann dürften wir ohne weiteres behaupten, daß beim Dazutreten des Geraden das Ungerade und die Dreizahl verschwinden. Und das gleiche könnten wir vom Feuer und vom Warmen und von allem anderen behaupten, oder nicht?«
»Ja, gewiß.«
»Ist es nun nicht auch so mit dem Unsterblichen: sind wir uns darüber einig, daß es auch unvergänglich ist, dann wäre auch die Seele nicht nur unsterblich, sondern dazu auch unvergänglich. Ist das aber nicht der Fall, so bedürfte es eines anderen Beweises.«
»Nein, das ist deswegen nicht nötig«, sagte Kebes; »denn schwerlich könnte sich dann überhaupt etwas dem Untergang entziehen, wenn das Unsterbliche, das doch ewig ist, den Untergang erleiden muß.«
56. »Der Gott, glaube ich«, fuhr Sokrates fort, »und die Idee des Lebens selbst und was es sonst noch Unsterbliches gibt: daß diese nie zugrunde gehen, darüber sind sich wohl alle einig.«
»Ja, beim Zeus; darüber sind sich alle einig, die Menschen und erst recht die Götter, glaube ich.«
»Wenn aber das Unsterbliche zugleich unzerstörbar ist, so muß doch die Seele, wenn sie unsterblich ist, auch unvergänglich sein.«

»Ganz notwendig.«

»Wenn also der Tod an den Menschen herantritt, dann stirbt offenbar nur das, was sterblich ist an ihm; das Unsterbliche aber entschwindet heil und unversehrt und entrinnt dem Tode.«

»Offenbar.«

»Eher als alles andere, mein Kebes, ist also die Seele unsterblich und unvergänglich, und unsere Seelen werden in der Tat im Hades sein.»

»Ich wenigstens, Sokrates«, erwiderte Kebes, »kann dem nichts entgegenhalten oder deinen Gründen irgendwie den Glauben versagen. Wenn aber Simmias da oder sonst jemand etwas dagegen vorzubringen hat, dann wäre es gut, das jetzt nicht zu verschweigen. Ich weiß nicht, auf welche andere Gelegenheit als diese jetzt er das verschieben könnte, wenn er über diese Dinge etwas reden oder hören will.«

»Nein«, sagte Simmias, »auch ich wüßte nicht, wie ich nach diesen Worten noch zweifeln sollte. Infolge der großen Bedeutung des Themas, von dem sie handeln, und in Anbetracht der menschlichen Schwäche bin ich freilich genötigt, bei mir selbst über das Gesagte noch einige Zweifel zu hegen.«

»Nicht nur das, Simmias«, sagte Sokrates, »sondern wie du darin recht hast, so müssen auch unsere Voraussetzungen, so sicher sie uns scheinen mögen, doch noch genauer geprüft werden. Habt ihr sie dann genügend überdacht, so werdet ihr, glaube ich, dem Gedanken folgen, soweit es einem Menschen nur möglich ist, ihm zu folgen. Und wenn euch das klargeworden ist, dann werdet ihr nicht mehr weiter suchen.«

»Du hast recht«, erwiderte er.

57. »Doch auch das, ihr Männer«, fuhr Sokrates fort, »muß gerechterweise überdacht werden: wenn die Seele unsterb-

lich ist, dann bedarf sie sorgfältiger Pflege, nicht nur für diese Zeit, die das umfaßt, was wir ›Leben‹ nennen, sondern für alle Zeit, und es dürfte sich jetzt gezeigt haben, wie furchtbar die Gefahr ist, wenn sie jemand vernachlässigt. Wäre nämlich der Tod eine Trennung von allem, dann bedeutete das für die Schlechten einen unverhofften Vorteil, daß sie im Sterben von ihrem Leib und zugleich von ihrer Seele samt ihrer Schlechtigkeit getrennt würden. Da die Seele nun aber offenbar unsterblich ist, gibt es für sie keine andere Zuflucht und keine andere Rettung von den Übeln, als daß sie möglichst gut und vernünftig wird. Denn nichts anderes kann sie in den Hades mitbringen als ihre Bildung und ihre Erziehung, und das wird, wie man sagt, dem Verstorbenen am meisten nützen oder schaden, schon gleich am Anfang der Reise dorthin. Denn es heißt ja, daß einen jeden der eigene Daimon, der einen fürs Leben erlost hatte, nach dem Tode an einen bestimmten Ort zu führen anhebt. Dort müssen sich die Gestorbenen versammeln, um dann, wenn das Gericht über sie ergangen ist, mit jenem selben Führer in den Hades zu wandern, der schon die Aufgabe hat, sie von hier dorthin zu bringen. Wenn ihnen aber dort zuteil geworden ist, was sie verdient haben, und wenn sie die vorgeschriebene Zeit dort geblieben sind, bringt sie ein anderer Führer nach vielen und langen Zeitläufen wieder hierher. Diese Wanderung ist also nicht so, wie es der Telephos des Aischylos erzählt. Er sagt nämlich, daß ein einfacher Weg zum Hades führe; ich glaube aber, er sei weder einfach noch gebe es nur einen einzigen. Sonst brauchte man doch keinen Führer; denn wenn es nur einen Weg gäbe, könnte sich gewiß niemand verirren. Nun aber weist er offenbar Abzweigungen und zahlreiche Querpfade auf; ich schließe das aus den Opfern und den religiösen Bräuchen hier auf Erden.

Die gesittete und verständige Seele folgt nun und versteht,

was sich abspielt. Die Seele aber, die sich begierig am Leibe festhält, bewegt sich, wie ich früher erklärt habe, die längste Zeit angstvoll um ihn und um die sichtbare Stätte herum, und erst nach langem Sträuben und vielen Leiden wird sie mühsam und mit Gewalt von dem ihr zubestimmten Daimon weggeführt. Wenn sie aber dort ankommt, wo die anderen sind, und ist sie unrein und hat etwas Derartiges getan, indem sie frevelhafte Mordtaten verübt oder andere Verbrechen begangen hat, was damit verwandt oder das Werk verwandter Seelen ist, dann meidet sie jeder und wendet sich von ihr ab, und niemand will ihr Begleiter oder Führer sein. Sie aber irrt in völliger Hilflosigkeit umher, bis eine gewisse Zeit vorüber ist, nach deren Verlauf sie zwangsweise in die Behausung gebracht wird, die ihr gebührt. Die Seele aber, die rein und maßvoll ihr Leben verbracht hat, bekommt Götter zu Begleitern und Führern, und jede erhält den Wohnsitz, der ihr zukommt.

58. Es gibt aber viele und wunderbare Orte auf der Erde, und diese selbst ist, wie ich mich von einem habe überzeugen lassen, weder so beschaffen noch so groß, wie diejenigen glauben, die von ihr zu reden pflegen.«

Da sagte Simmias: »Wie meinst du das, Sokrates? Über die Erde habe ich schon viele Ansichten gehört, nie aber die deine. Jetzt möchte ich diese gerne hören.«

»Nun, Simmias, um nur das zu erzählen, was es ist, dazu braucht es, glaube ich, nicht die Redekunst eines Glaukos; aber zu beweisen, daß das auch wahr sei, das halte ich für schwieriger – dazu genügt wohl selbst die Kunst des Glaukos nicht. Ich wäre vermutlich gar nicht dazu fähig; wenn ich es aber auch verstände, dann würde nach meiner Meinung, Simmias, mein Leben für eine so lange Erörterung doch nicht mehr ausreichen. Hingegen meine Überzeugung von der Gestalt der Erde und von ihren Örtlichkeiten mitzuteilen, daran hindert micht nichts.«

»Aber auch das genügt uns«, erwiderte Simmias.
»Ich bin also überzeugt«, begann er, »daß erstlich die Erde, wenn sie rund ist und sich in der Mitte des Himmelsraumes befindet, weder der Luft noch einer anderen Stütze bedarf, um nicht zu fallen, sondern daß die allseitige Gleichheit des Himmels mit sich selbst und das eigene Gleichgewicht der Erde genügen, um sie zu halten. Denn ein Körper, der sich im Gleichgewicht befindet und in die Mitte eines gleichmäßigen Raumes gesetzt ist, hat keinen Anlaß, sich nach irgendeiner Richtung mehr oder weniger zu neigen, sondern er bleibt, ohne sich zu neigen, in der gleichen Lage. Dies ist das erste, wovon ich überzeugt bin.«
»Und das mit Recht«, sagte Simmias.
»Ferner«, fuhr er fort, »daß sie etwas gewaltig Großes ist und daß wir vom Phasis bis zu den Säulen des Herakles nur in einem kleinen Teil von ihr wohnen, rings um das Meer, so wie Ameisen oder Frösche um einen Tümpel herum, während noch viele andere anderswo an vielen ähnlichen Orten hausen. Denn rings um die ganze Erde herum gibt es zahlreiche Vertiefungen, mannigfach in ihrer Gestalt und Größe; in diese sind das Wasser und der Nebel und die Luft zusammengeflossen. Die eigentliche Erde aber erhebt sich rein in den reinen Himmelsraum, wo die Sterne sind und welchen die meisten, die von diesen Dingen reden, Äther nennen. Wasser, Nebel und Luft aber sind der Niederschlag davon und fließen fortwährend in den Vertiefungen der Erde zusammen. Wir aber wohnen in ihren Vertiefungen, ohne es zu wissen – sondern glauben uns auf der Oberfläche der Erde zu befinden, wie wenn jemand auf dem Meeresgrunde wohnte und dabei die Überzeugung hätte, er wohne auf dem Meere, und, wenn er durch das Wasser hindurch die Sonne und die anderen Gestirne sieht, er das Meer für den Himmel hielte; seiner Schwerfälligkeit und seiner Schwäche wegen wäre er

nämlich nie auf die Oberfläche des Wassers gelangt und hätte auch nie, heraufsteigend und aus dem Meere in unsere Region auftauchend, gesehen, wieviel reiner und schöner es hier ist als bei ihm unten; und er hätte es auch nie von einem anderen vernommen, der es gesehen hat.

Gerade so ergeht es auch uns: wir wohnen in einer der Vertiefungen der Erde und glauben dabei, auf ihrer Oberfläche zu wohnen, und die Luft nennen wir ›Himmel‹, als wäre sie der Himmelsraum, durch den die Sterne wandeln. Und es hat damit ganz dieselbe Bewandtnis: wegen unserer Schwerfälligkeit und Schwäche sind wir nicht imstande, bis an den äußersten Rand der Luft vorzudringen. Denn wenn jemand auf ihre Oberfläche gelangte oder wenn er Flügel bekäme und hinauffliegen könnte, dann würde er dort auftauchen und hinabblicken, und so wie hier die Fische, die aus dem Meer emportauchen, unsere Welt sehen, so würde er jene andere Welt erblicken. Und wenn seine Natur stark genug wäre, diesen Anblick auszuhalten, dann würde er erkennen, daß dort der wahre Himmel ist und das wahrhafte Licht und die wahre Erde.

Denn unsere Erde da und die Steine und die ganze Örtlichkeit hier ist verwittert und zerfressen, so wie das, was im Meere ist, durch das Salzwasser. Im Meere wächst ja auch nichts, was der Rede wert ist, und es gibt darin sozusagen nichts Vollkommenes, sondern überall, wo irgend noch Erde ist, finden sich da nur ausgehöhlte Klippen und Sand und gewaltige Schmutz- und Schlamm-Massen, und es gibt dort gar nichts, was man mit den Schönheiten unserer Erde vergleichen könnte. Der Unterschied zwischen jener höheren Welt und der unsrigen wird aber noch viel größer erscheinen.

Denn wenn ich einen Mythos erzählen darf, so lohnte es wohl zu hören, Simmias, wie jene Dinge beschaffen sind, die sich auf der Erde unter dem Himmel befinden.«

»Wahrlich, Sokrates, diesen Mythos möchten wir gerne hören«, sagte Simmias.

59. »Zum ersten, mein Freund«, begann er, »soll diese Erde, von oben gesehen, so anzuschauen sein wie die aus zwölf Lederstücken zusammengesetzten Bälle: bunt und abgetrennt in verschiedene Farben, von denen die Farben, die unsere Maler hier verwenden, gleichsam nur Muster sind. Dort aber besteht die ganze Erde aus solchen, ja aus Farben, die noch viel leuchtender und reiner sind als diese hier. Der eine Teil sei nämlich aus Purpur und von wunderbarer Schönheit, der andere aus Gold, ein dritter aus einem Weiß, das glänzender ist als Gips oder als Schnee, und ebenso sei sie aus den übrigen Farben zusammengesetzt, aus noch mehr und schöneren, als wir sie hier je gesehen haben. Und sogar jene Vertiefungen der Erde, die mit Wasser und Luft angefüllt sind, gewähren einen farbigen Anblick, mitten in der Buntheit der übrigen Farben glänzend, so daß die Erde als ein einheitliches, buntes Farbenbild erscheint. Was aber auf dieser Erde wächst, Bäume, Blumen und Früchte, das entspricht durchaus ihrer Schönheit. Und ebenso sind auch die Berge, und die Gesteine sind entsprechend: glätter und durchsichtiger und schöner in den Farben; kleine Teilchen davon sind unsere beliebten Edelsteine, der Karneol, der Jaspis, der Smaragd und wie sie alle heißen. Dort aber ist alles so oder noch viel schöner als das Genannte. Das kommt daher, daß die Steine dort rein und nicht wie die unsrigen zerfressen und verwittert sind durch die Fäulnis und das Salzwasser der Niederschläge, die hier zusammengeflossen sind und die die Steine und die Erde und alle Lebewesen und Pflanzen verunstalten und krank machen. Die wirkliche Erde aber ist mit all dieser Pracht geschmückt, und dazu noch mit Gold und Silber und dergleichen mehr. Und das alles ist deutlich sichtbar, da es in gewaltiger Masse und Größe

überall auf der Erde vorkommt, so daß ihr Anblick ein Schauspiel für selige Betrachter ist.

Lebewesen aber gibt es vielerlei auf ihr, unter anderen auch Menschen. Diese wohnen zum Teil in der Mitte der Erde, zum Teil am Rande der Luft, so wie wir am Rande des Meeres, wieder andere aber auf Inseln, die die Luft in der Nähe des Festlandes umfließt. Mit einem Wort: was uns das Wasser und das Meer für unser Bedürfnis ist, das ist dort die Luft; und was für uns die Luft, das ist für jene der Äther. Die Jahreszeiten bei ihnen sind aber von einer so günstigen Mischung, daß jene Menschen nie krank sind und viel länger leben als die hier. Und an Sehschärfe und an Gehör und an Verstand und all diesen Dingen übertreffen sie uns im selben Maße, wie die Luft das Wasser und wie der Äther die Luft an Reinheit übertreffen. Ja sogar Götterhaine und Tempel gibt es dort, in denen tatsächlich Götter wohnen; und diese Götter reden zu ihnen mit Stimmen und Weissagungen und Erscheinungen und verkehren so mit ihnen. Und die Sonne und den Mond und die Sterne sehen sie, wie sie wirklich sind, und ihre übrige Glückseligkeit ist dementsprechend.

60. So also ist die ganze Erde und das, was um sie herum ist, von Natur beschaffen. In ihrem Inneren aber finden sich, entsprechend ihren Vertiefungen (auf der Oberfläche) rings um sie herum zahlreiche Örtlichkeiten. Die einen sind tiefer und ausgedehnter als die Höhlung, in der wir wohnen, die anderen zwar tiefer, aber mit einer engeren Öffnung als unser Ort; schließlich gibt es noch solche, die weniger tief sind als die unsrigen, und breiter. Diese alle aber sind unter der Erde vielfach durch bald engere, bald weitere Gänge miteinander verbunden und haben Durchlässe, durch die vom einem zum anderen viel Wasser fließt wie in Mischkrüge. Und gewaltige, nie versiegende Ströme fließen unter der Erde, bald mit warmem, bald mit kaltem Wasser, und viel Feuer und mäch-

tige Feuerströme. Und in großer Zahl auch solche, die flüssigen Schlamm, teils reineren, teils wieder schmutzigeren mit sich führen, wie die Schlammströme, die in Sizilien der Lava vorangehen und wie die Lava selbst. Durch diese werden dann jeweils die Räume ausgefüllt, zu welchen sie der Kreislauf gerade bringt. Das Ganze aber bewegt sich auf und ab, wie wenn eine Art Schaukel in der Erde wäre. Die Bewegung dieser Schaukel beruht ungefähr auf folgender natürlicher Ursache: unter den Schlünden der Erde ist einer, der größte von allen, der ganz durch sie hindurchgeht. Diesen meint Homer, wenn er sagt:

Fern, wo der tiefste Schlund sich findet unter der Erde.

An anderer Stelle hat er ihn mit vielen anderen Dichtern ›Tartaros‹ genannt. In diesen Schlund fließen alle Ströme zusammen, und ihm entströmen sie auch wieder; und alle nehmen die Beschaffenheit des Erdbodens an, durch den sie fließen. Daß sie aber alle von dort ausfließen und nachher wieder dort einströmen, das hat seinen Grund darin, daß dieses Gewässer keinen Grund und Boden hat. So bleibt es denn in der Schwebe und bewegt sich auf und ab, und die Luft und der Wind um es herum tun dasselbe; denn sie folgen ihm, ob es sich nach der anderen Seite der Erde bewegt oder nach der unsrigen hin. Wie beim Atmen die Luft fortwährend aus- und wieder einströmt, so erregt dort die Luft, die sich mit dem Wasser auf und ab bewegt, bei ihrem Aus- und Einströmen heftige und ungeheure Stürme. Wenn nun das Wasser in den Raum zurückströmt, den wir mit ›unten‹ bezeichnen, dann fließt es durch die Erde hindurch in die Gänge der Ströme und füllt sie aus, wie wenn man Wasser hineinpumpt. Wenn es aber von dort wieder zurücktritt und sich zu uns hin bewegt, dann füllt es wieder die Gänge aus, die sich hier befinden, und strömt durch die Kanäle und durch die Erde und gelangt an die Orte, wohin ihm jedesmal der Weg gebahnt ist, und bildet Meere und Seen und Flüsse und Quellen. Von hier aus dringen dann diese Gewässer wieder unter die Erde; und nachdem die einen größere und mehr, die anderen weniger und kürzere Räume durchflossen haben, münden sie wieder in den Tartaros ein, die einen weit, die anderen aber wenig unterhalb der Stelle, wo sie herausgepumpt worden waren; doch fließen alle unterhalb ihrer Austrittsstelle wieder ein. Bei einem Teil von ihnen geschieht das auf der entgegengesetzten, bei einem anderen Teil aber auf der gleichen Seite, wo sie ausgetreten waren. Doch gibt es auch solche, die sich rings im Kreise ganz herumziehen und sich ein- oder auch mehreremal wie Schlangen um die Erde herumwinden und dann möglichst tief unten wieder einströmen. Auf beiden Seiten können sie sich aber bis zur Mitte der Erde hinabsenken, weiter nicht; denn beiderseits geht dann der Weg für die Strömungen wieder aufwärts.

61. Unter den vielen großen und verschiedenartigen Strömen sind nun aber vier besonders zu nennen: der größte von ihnen, der auch am weitesten im Kreise herumfließt, ist der sogenannte Okeanos. Diesem gegenüber strömt in entgegengesetzter Richtung der Acheron, der erst durch andere einsame Gegenden zieht, dann aber unterirdisch in den acherusischen See mündet, wohin auch die Seelen der meisten Gestorbenen hingelangen. Dort bleiben diese während einer bestimmten Zeit, die einen länger, die anderen weniger lang, und werden dann wieder zur Geburt neuer Lebewesen emporgesandt.

Der dritte Fluß aber entspringt mitten zwischen diesen beiden und ergießt sich nicht weit von seinem Ursprung in ein großes, feuergefülltes Becken und bildet dort einen See, größer als bei uns das Meer, kochend von Wasser und Schlamm. Von dort setzt er trübe und schlammig seinen kreisenden Lauf fort und gelangt in seinen Windungen um

die Erde da- und dorthin und so auch an das äußerste Ende des acherusischen Sees, ohne sich aber mit dessen Wasser zu vermischen. Nach vielen Windungen unter der Erde mündet er dann aber weiter unten in den Tartaros. Diesen Fluß aber nennt man den Pyriphlegeton, und wo auf der Erde Lavaströme ausbrechen, da sprühen sie Stücke von ihm herauf.
Diesem wieder gegenüber entspringt der vierte Fluß. Er stürzt sich zuerst, erzählt man, in eine furchtbare und wilde Gegend, die eine lazurblaue Farbe hat und die man die stygische nennt; der See aber, den der einfallende Fluß bildet, heißt Styx. Nachdem er aber hier hineingestürzt und in seinem Wasser gewaltige Kräfte gewonnen hat, versinkt er unter die Erde, fließt darauf in gewundenem Lauf in umgekehrter Richtung zum Pyriphlegeton weiter und begegnet ihm dann wieder von der entgegengesetzten Seite her am acherusischen See. Und auch sein Wasser vermischt sich mit keinem anderen, sondern er fließt ringsum und mündet dem Pyriphlegeton gegenüber in den Tartaros. Sein Name aber ist, wie die Dichter sagen, Kokytos.

62. So hat die Natur dies angeordnet. Wenn nun die Gestorbenen an den Ort gelangen, wohin einen jeden sein Daimon führt, dann wird zuerst Gericht über sie gehalten, über die, welche gut und fromm, und auch über die, welche nicht so gelebt haben. Deren Lebenswandel als mittelmäßig befunden wird, die nehmen den Weg zum Acheron, besteigen die Schiffe, die für sie bereit sind, und gelangen mit diesen zum See. Dort wohnen sie, und wenn sie sich gereinigt und für ihre Sünden gebüßt haben, werden sie erlöst, wenn einer etwas Unrechtes begangen hat; für ihre guten Werke aber werden sie belohnt, ein jeder nach seinem Verdienst. Doch wer wegen der Größe seiner Verfehlungen als unheilbar befunden wird, weil er große Tempelräubereien oder zahlreiche ungerechte und gesetzwidrige Mordtaten oder andere

derartige Verbrechen begangen hat – diese wirft das gerechte Schicksal in den Tartaros, von wo sie nie wieder heraufkommen. Die aber, deren Verbrechen zwar als groß, aber doch als heilbar befunden werden, indem sie zum Beispiel im Zorn gegen ihren Vater oder gegen ihre Mutter Gewalt angewendet, ihr weiteres Leben dann aber in Reue verbracht haben, oder die auf ähnliche Art zu Mördern geworden sind: diese müssen zwar ebenfalls in den Tartaros gestürzt werden; sind sie aber ein Jahr dort gewesen, dann wirft sie die Woge wieder aus, die Mörder in den Kokytos, wer sich an Vater oder Mutter vergangen hat, in den Pyriphlegeton. Wenn sie dann in die Nähe des acherusischen Sees getragen werden, beginnen sie zu schreien und rufen nach denen, die sie umgebracht oder mißhandelt haben, und wenn sie dann diese herbeigerufen haben, so flehen sie sie an und bitten sie, sie möchten sie in den See aussteigen lassen und sie aufnehmen. Wenn sie sie dazu bewegen können, so steigen sie heraus und werden von ihren Leiden befreit; andernfalls trägt sie die Strömung wieder in den Tartaros und von dort wieder in die Flüsse. Und dieses Geschick müssen sie so lange erleiden, bis sie bei ihren Opfern Erhörung finden; das ist die Strafe, die ihnen von den Richtern auferlegt ist.

Welche aber in ihrem Lebenswandel als besonders heilig befunden werden, die bleiben von diesen unterirdischen Orten verschont und wie aus Kerkern entlassen; sie fahren auf zu jener reinen Stätte und erhalten ihre Wohnungen über der Erde. Aber die unter ihnen, die sich durch die Philosophie genügend geläutert haben, leben körperlos in alle Ewigkeit und bekommen noch herrlichere Wohnsitze als jene; die zu beschreiben ist nicht leicht, und jetzt reicht auch die Zeit nicht mehr dazu.

63. Aber schon um dessentwillen, was ich jetzt geschildert habe, Simmias, müssen wir alles aufbieten, um uns in unse-

rem Leben Tugend und Vernunft zu eigen zu machen. Denn schön ist der Preis und die Hoffnung groß.

Daß freilich alles genau so sei, wie ich es geschildert habe, das dürfte ein verständiger Mensch wohl nicht behaupten. Daß sich aber die Sache mit unseren Seelen und mit ihren Wohnsitzen so oder doch ähnlich verhält, das dürfte, da ja unsere Seele ohne allen Zweifel unsterblich ist, ein berechtigter Glaube sein und wert, daß man es wagt, sich ihn zu eigen zu machen; denn schön ist dieses Wagnis, und wir brauchen ja so etwas, gleichsam um uns damit zu bezaubern. Deshalb verweile ich auch so lange bei diesem Mythos. Und darum darf denn auch jeder um seine Seele unbesorgt sein, der in seinem Leben den leiblichen Lüsten und allem äußeren Putz als wesensfremden Dingen, die seiner Überzeugung nach das Übel nur schlimmer machen, nichts nachgefragt, der sich dagegen der Lust am Lernen hingegeben und so seine Seele geschmückt hat, nicht mit fremdem, sondern mit dem zu ihr gehörigen Schmuck, mit Besonnenheit, Gerechtigkeit, Tapferkeit, Freiheit und Wahrheit: so wartet er auf die Fahrt nach dem Hades, zum Aufbruch bereit, wenn das Schicksal ruft.

Ihr nun, Simmias und Kebes«, fuhr er fort, »und ihr andern, ihr werdet später aufbrechen, jeder zu seiner Zeit. Mich aber ruft das Schicksal schon heute, wie ein Tragiker sagen würde, und es ist wohl an der Zeit, daß ich mich ins Bad begebe. Denn ich ziehe es vor, zuerst zu baden und dann erst das Gift zu trinken und so den Weibern die Mühe zu ersparen, meinen Leichnam zu waschen.«

64. Als er so gesprochen, sagte Kriton: »Gut denn, Sokrates; doch hast du nicht noch irgendeinen Auftrag für diese Männer oder für mich, deiner Kinder wegen oder sonst in einer Sache, wo wir dir noch einen Gefallen tun könnten?«

»Einzig, was ich schon immer sage, Kriton«, gab er zur

Antwort, »und gar nichts Neues: wenn ihr zu euch selber Sorge tragt, dann tut ihr alles, was ihr macht, mir und den Meinen und euch selber zu Gefallen, auch wenn ihr es jetzt nicht versprecht. Wenn ihr euch aber vernachlässigt und wenn ihr dem, was ich jetzt und früher gesagt habe, nicht nachleben wollt, gewissermaßen seinen Fußstapfen folgend, dann werdet ihr nichts erreichen, auch wenn ihr mir jetzt noch so manches und noch so eifrig versprecht.«

»Wir wollen uns Mühe geben, also zu tun«, sagte Kriton. »Auf welche Weise aber sollen wir dich begraben?«

»Wie ihr wollt«, gab Sokrates zur Antwort, »wenn ihr mich fangen könnt und ich euch nicht entwische.« Dazu lachte er leise, sah uns an und sagte: »Liebe Freunde, ich kann den Kriton einfach nicht davon überzeugen, daß ich hier der Sokrates bin, der jetzt mit euch redet und ein jedes, was gesagt wird, an seinen Platz stellt, sondern er hält mich für jenen anderen, den er in kurzem als Leichnam sehen wird, und fragt deshalb, wie er mich begraben soll. Meine ganze lange Rede, in der ich euch auseinandergesetzt habe, daß ich, wenn ich das Gift getrunken habe, nicht mehr bei euch bleiben, sondern entweichen und zum herrlichen Leben der Seligen eingehen werde – diese Rede halte ich offenbar für ihn vergeblich, als sagte ich das nur zum Trost für euch und für mich selbst. Seid darum meine Bürgen bei Kriton«, fuhr er fort, »und leistet bei ihm die umgekehrte Bürgschaft als die, welche er bei den Richtern für mich geleistet hat. Er bürgte nämlich dafür, daß ich ganz sicher hier bleiben werde; ihr dagegen sollt euch dafür verbürgen, daß ich sicher nicht bleiben, sondern gleich nach dem Tode hinweggehen werde; so wird es Kriton leichter ertragen, und wenn er sieht, wie mein Leichnam verbrannt oder begraben wird, grämt er sich dann nicht um mich, als ob ich etwas Furchtbares erleiden müßte. Und er wird bei meinem Begräbnis dann auch nicht sagen, das sei Sokrates, den er aufbahrt oder hinausträgt oder beerdigt. Denn merke dir wohl, mein bester Kriton«, wandte er sich an diesen, »solche unrichtigen Behauptungen sind nicht nur an und für sich falsch, sondern sie üben auch einen schlechten Einfluß aus auf unsere Seelen. Du sollst vielmehr guten Mutes sein und sagen, es sei ja nur mein Leib, den du begräbst. Und bestatte ihn so, wie du gerne willst und wie du glaubst, daß es am ehesten dem Brauche entspricht.«

65. Nach diesen Worten stand er auf und ging in ein anderes Gemach, um dort zu baden. Und Kriton folgte ihm; uns aber hieß er bleiben. So warteten wir denn und unterhielten uns miteinander über das, was geredet worden war, und überdachten es noch einmal; doch dann kamen wir wieder auf das Unglück zu sprechen, das uns betroffen hatte, und es kam uns ganz so vor, wie wenn uns ein Vater entrissen würde und wir unser ferneres Leben als Waisen verbringen müßten.

Als er dann gebadet hatte, brachte man seine Kinder zu ihm – er hatte zwei kleine Knaben und einen größeren –, und auch die Frauen aus seiner Verwandtschaft kamen herein. Und er redete mit ihnen in Kritons Gegenwart und gab ihnen noch einige Aufträge. Dann hieß er die Weiber und Kinder weggehen; er selbst kam wieder zu uns. Die Sonne war schon nahe am Untergehen; denn er hatte recht lange im inneren Gemach verweilt. Nun kam er und setzte sich, frisch gebadet; doch redete er jetzt nicht mehr viel. Und schon kam der Diener der Elfmänner herein, trat zu ihm und sagte:

»Sokrates, über dich werde ich mich nicht beklagen müssen wie über andere, daß sie auf mich böse werden und mich verfluchen, wenn ich ihnen im Auftrage der Archonten verkünden muß, daß sie das Gift trinken sollen. Dich habe ich in dieser Zeit als den edelsten und mildesten und besten von all den Männern kennengelernt, die je hierhergekommen sind; und auch jetzt weiß ich sehr wohl, daß du nicht mir zürnst, sondern den wahren Schuldigen, die du ja kennst. Jetzt aber – du weißt, was ich dir verkünden muß –, lebe wohl und versuche, das Unvermeidliche so leicht als möglich zu tragen.«

Damit wandte er sich um und ging weinend hinaus. Und Sokrates schaute zu ihm auf und sagte: »Auch du, lebe wohl; und wir werden dies tun.«

Und zugleich sprach er zu uns: »Wie fein ist doch dieser Mensch. Während der ganzen Zeit kam er zu mir herein und unterhielt sich manchmal mit mir. Er war der beste aller Menschen, und jetzt weint er gar so herzlich um mich. Aber wohlan, Kriton, wir wollen ihm gehorchen. Es bringe einer das Gift herein, wenn es gerieben ist; wenn nicht, so soll es der Mann reiben.«

Und Kriton sagte: »Ich glaube, Sokrates, die Sonne steht noch auf den Bergen und ist noch nicht untergegangen. Und ich weiß auch von anderen, daß sie erst viel später getrunken haben, nachdem es ihnen befohlen war; zuerst aber haben sie noch gut gegessen und getrunken und waren mit denen zusammen, nach welchen sie gerade Verlangen trugen. Drum dränge nicht; es hat ja noch Zeit.«

Aber Sokrates sprach: »Wenn jene das tun, von denen du erzählst, dann haben sie ganz recht: sie glauben nämlich, damit etwas zu gewinnen; aber mit ebensolchem Recht werde ich nicht so handeln; denn ich glaube nicht, daß ich damit etwas gewinne, wenn ich ein wenig später trinke, höchstens, daß ich mich vor mir selbst lächerlich mache, wenn ich so am Leben hange und spare, wo doch nichts mehr ist. Geh also nur«, schloß er, »und gehorche mir ohne Widerrede.«

66. Auf diese Worte hin gab Kriton dem Diener, der in der Nähe stand, ein Zeichen. Und der Knabe ging hinaus und kam nach einer Weile wieder mit dem Manne, der das Gift

reichen sollte, das er gerieben in einem Becher mit sich brachte. Als Sokrates den Mann sah, sagte er:
»Also gut denn, mein Bester; du weißt ja darüber Bescheid: was soll ich tun?«
»Wenn du getrunken hast«, sagte er, »brauchst du nur hin und her zu gehen, bis dir deine Glieder schwer werden, und dann mußt du dich niederlegen; so wird es schon von selbst wirken.«
Zugleich reichte er dem Sokrates den Becher. Und der nahm ihn, und mit heiterer Miene, Echekrates, ohne zu zittern, ohne sich zu verfärben und ohne das Gesicht zu verziehen, sondern ganz nach seiner Gewohnheit blickte er dem Manne fest in die Augen und fragte ihn: »Was meinst du, soll man auch von diesem Trank eine Spende vergießen? Ist das erlaubt oder nicht?«
»Sokrates«, erwiderte jener, »wir reiben davon gerade so viel, wie wir glauben, daß es zum Trinken richtig sei.«
»Ich verstehe«, sagte er; »aber es ist wohl erlaubt und auch notwendig, zu den Göttern zu beten, daß die Fahrt von hier ins Jenseits glücklich verlaufen möge. Darum bitte ich jetzt, und so möge es geschehen.« Mit diesen Worten setzte er an und trank gelassen und heiter aus.
Bis dahin waren wir fast alle so ziemlich imstande gewesen, die Tränen zurückzuhalten. Als wir aber sahen, wie er trank und wie er dann getrunken hatte, da konnten wir es nicht mehr, sondern mir selbst drangen mit Gewalt die Tränen in Strömen hervor, so daß ich mich verhüllte und um mich weinte. Denn ich weinte nicht etwa um ihn, sondern um mein eigenes Unglück, daß ich einen solchen Freund verlieren sollte. Kriton hatte schon früher als ich seine Tränen nicht mehr zurückhalten können und war hinausgegangen. Apollodoros aber hatte schon vorher unaufhörlich geweint; jetzt aber schrie er laut auf, weinte und jammerte, und unter den

Anwesenden war keiner, den das nicht erschütterte, außer Sokrates selbst. Der aber sagte:

»Was macht ihr denn, ihr wunderlichen Leute? Ich habe doch die Frauen nicht zuletzt deshalb weggeschickt, damit sie sich nicht so töricht aufführen. Denn ich habe mir sagen lassen, daß man unter andächtigem Schweigen sterben soll. So seid denn ruhig und beherrscht euch.«

Als wir das hörten, schämten wir uns und hörten auf zu weinen. Er aber ging hin und her; dann sagte er, er spüre jetzt, wie seine Glieder schwer würden, und legte sich auf den Rücken; denn so hatte es ihm der Mann, der das Gift brachte, befohlen. Jetzt fühlte ihn dieser an, und nach einiger Zeit prüfte er seine Füße und Beine; dann drückte er heftig den Fuß und fragte ihn, ob er etwas spüre. »Nein«, sagte er. Und darauf dann die Unterschenkel, und indem er immer weiter hinauffühlte, zeigte er uns, wie er allmählich kalt und steif wurde. Und er faßte ihn wieder an und sagte, wenn es bis zum Herzen fortgeschritten sei, dann werde er scheiden. Schon war um seinen Unterleib fast alles erkaltet, da deckte er sich noch einmal auf – er hatte sich schon ganz verhüllt –, und sagte:

»Kriton«, und das waren seine letzten Worte, »wir schulden dem Asklepios einen Hahn; entrichtet ihm den und versäumt es nicht.«

»Das soll geschehen«, sagte Kriton; »aber sieh, ob du nicht sonst noch etwas zu sagen hast.«

Auf diese Frage gab er keine Antwort mehr. Kurz darauf machte er noch eine Bewegung, und dann deckte ihn der Mann auf, und da war sein Blick gebrochen.

Als Kriton das sah, schloß er ihm den Mund und die Augen.

67. Dies, Echekrates, war das Ende unseres Freundes, eines Mannes, von dem wir sagen dürfen, daß er unter all seinen Zeitgenossen, die wir gekannt haben, der beste und überhaupt der Vernünftigste und Gerechteste gewesen ist.

SYMPOSION

Personen des Dialogs: Apollodoros *und* ein Freund

Apollodoros: Ich glaube, für das, was ihr von mir wissen wollt, bin ich nicht unvorbereitet. Denn als ich neulich gerade von zu Hause, vom Phaleron, zur Stadt hinaufging, sah mich einer meiner Bekannten von hinten, und indem er dabei einen Scherz machte, rief er mich mit den Worten an: »Du dort aus Phaleron, Apollodoros, willst du nicht warten?« Ich blieb stehen und wartete. Da sagte er: »Wahrhaftig, Apollodoros, schon kürzlich war ich auf der Suche nach dir, weil ich gerne Genaueres erfahren hätte über das Zusammensein von Agathon und Sokrates und Alkibiades und der anderen, die damals bei dem gemeinsamen Mahl zugegen waren, und was das für Reden auf den Eros waren, die sie hielten. Zwar hat mir schon ein anderer davon berichtet, der es von Phoinix, dem Sohn des Philippos, gehört hatte; er bemerkte aber, auch du wissest darüber Bescheid. Doch da er nichts Genaues sagen konnte, so erzähle denn du mir, ist doch niemand so befugt wie du, die Reden deines Freundes wiederzugeben. Sage mir aber vor allem«, fuhr er fort, »warst du selbst bei dieser Gesellschaft zugegen oder nicht?«
Ich erwiderte: »Es macht mir ganz den Eindruck, als habe dir dein Berichterstatter nichts Genaues erzählt, wenn du meinst, daß die Gesellschaft, nach der du fragst, erst kürzlich stattgefunden habe, so daß auch ich mit dabei gewesen sei.«
»Freilich glaubte ich das.«
»Woher auch, Glaukon?« sagte ich. »Weißt du nicht, daß Agathon schon viele Jahre nicht mehr im Lande ist? Seitdem aber ich mit Sokrates verkehre und darum bemüht bin, jeden

Tag zu wissen, was er sagt und was er tut, sind es noch nicht drei Jahre her. Vordem trieb ich mich umher, wie es sich gerade traf, und glaubte, damit etwas Rechtes zu tun, war dabei aber schlimmer daran als irgend jemand, gerade so wie du jetzt, der du meinst, man müsse alles andere eher tun als philosophieren.«

Und er: »Mach dich nicht lustig über mich, sondern sage mir, wann diese Gesellschaft stattgefunden hat.«

»Als wir noch Knaben waren«, erwiderte ich, »damals, als Agathon mit seiner ersten Tragödie den Sieg davontrug, und zwar am Tage, nachdem er mit seiner Chorgesellschaft das Opferfest für seinen Sieg gefeiert hatte.«

»Offenbar ist das also schon lange her«, gab er zurück. »Aber wer hat dir davon erzählt? Etwa Sokrates selbst?«

»Nein, beim Zeus«, erwiderte ich, »sondern derselbe, der es auch dem Phoinix erzählte. Da war doch ein gewisser Aristodemos aus dem Demos Kydathenai, ein Kleiner, der immer ohne Schuhe herumlief. Der hatte an der Gesellschaft teilgenommen, indem er damals ein besonders eifriger Liebhaber des Sokrates war, wie ich den Eindruck habe. Indes habe ich auch den Sokrates über einiges befragt, was ich von jenem gehört hatte, und er hat mir seine Aussagen bestätigt.«

»Nun denn«, sagte er, »willst du mir nicht erzählen? Unser Weg zur Stadt ist ja ganz wie dazu gemacht, im Gehen zu reden und zu hören.«

Damit gingen wir und sprachen dabei über jene Dinge, so daß ich also, wie ich anfangs schon gesagt habe, nicht unvorbereitet bin. Wenn ich es nun auch euch erzählen muß, so soll es denn geschehen. Geht es mir ja auch sonst so: sooft ich über Philosophie entweder selbst rede oder andere reden höre, freue ich mich maßlos darüber, ganz abgesehen von dem Nutzen, den ich darin sehe. Höre ich dagegen andere Gespräche, insbesondere von euch, die ihr reiche Leute und

Geldmenschen seid, dann habe ich selbst Verdruß daran; euch aber, ihr Freunde, bedaure ich, weil ihr meint, damit etwas Wesentliches zu leisten, während ihr doch nichts ausrichtet. Vielleicht haltet ja auch ihr mich für einen armen Teufel, und ich glaube, daß ihr damit recht habt; von euch aber meine ich es nicht nur, sondern weiß es bestimmt.«

Der Freund: Du bist stets der gleiche, Apollodoros; denn immer schmähst du dich selbst und die anderen, und ich glaube, du hältst alle Menschen für völlig unglücklich außer Sokrates – angefangen bei dir selbst. Woher du eigentlich diesen Namen bekommen hast, daß man dich den »Verrückten« nennt, das weiß ich zwar nicht; wenn du redest, bist du freilich immer so: gallig gegen dich selbst und gegen die anderen, außer gegen Sokrates.

Apollodoros: Ja, mein bester Freund, so ist es freilich klar: wenn ich von mir und von euch so denke, bin ich freilich verrückt und von Sinnen.

Der Freund: Es lohnt sich jetzt nicht, darüber zu streiten, Apollodoros. Doch tu jetzt das, worum ich dich gebeten habe, und erzähle, was das für Reden gewesen sind.

Apollodoros: Es waren also etwa die folgenden ... Doch nein, ich will lieber versuchen, euch ebenfalls, wie Aristodemos es tat, von Anfang an zu erzählen.

2. Er sagte also, Sokrates sei ihm begegnet, gewaschen und mit eleganten Sandalen an den Füßen, was sonst selten bei ihm vorkam. Und auf die Frage, wohin er denn gehe, so schön angetan, habe er ihm geantwortet: »Zum Gastmahl bei Agathon. Denn gestern bei der Siegesfeier bin ich ihm ausgewichen, aus Scheu vor der Menschenmenge. Ich sagte ihm aber meine Anwesenheit für heute zu. Darum habe ich mich ja auch so herausgeputzt, um als Schöner zu dem Schönen zu gehen. Doch wie hast du's?« fuhr er fort. »Möchtest du nicht ungeladen zum Mahl mitkommen?«

»Darauf erwiderte ich«, erzählte Aristodemos: »Ich halte es gerade so, wie du's verlangst.«

»So begleite mich also«, sprach er. »Damit machen wir dann auch das Sprichwort zuschanden, indem wir ihm die neue Wendung geben, daß auch Gute von selbst zum Mahl der Guten gehen. Denn Homer, fürchte ich, hat wohl dieses Sprichwort nicht nur verfälscht, sondern es geradezu mit Füßen getreten. Stellt er doch den Agamemnon als hervorragend tüchtigen Krieger, den Menelaos aber als ›schwächlichen Lanzenträger‹ dar. Wenn aber Agamemnon ein Opfer veranstaltet und dazu einlädt, so läßt er den Menelaos doch ungeladen zum Gastmahl kommen, den Schlechteren also zu dem des Tüchtigeren.«

Auf das hin habe er geantwortet: »Vielleicht mag es auch mir so ergehen, nicht so, wie du sagst, Sokrates, sondern wie Homer sagt, daß ich nämlich als Unwerter ungeladen zum Mahle eines weisen Mannes komme. Sieh nur zu, wenn du mich dort einführst, was du zu meiner Entschuldigung vorbringen willst; werde ich doch nicht zugeben, daß ich nicht geladen bin, sondern sagen, ich sei von dir aufgefordert worden. Zu zweit wollen wir uns denn auf den Weg machen und uns überlegen, was wir sagen wollen. Gehen wir also!«

Unter solchen Gesprächen etwa, erzählte er, hätten sie sich aufgemacht. Sokrates aber sei unterwegs, irgendwie in seine Gedanken versunken, allmählich zurückgeblieben, und als er auf ihn warten wollte, habe er ihm gesagt, er solle nur vorangehen. Als er nun zum Hause des Agathon gekommen, habe er die Türe offen gefunden, und da sei ihm, so berichtete er, etwas ganz Komisches widerfahren. Es sei ihm nämlich von drinnen sogleich ein Knabe entgegengekommen und habe ihn dorthin geführt, wo die anderen schon bei Tische lagen, und er traf sie, als sie eben mit dem Essen beginnen wollten. Sobald ihn nun Agathon erblickte, habe er ausgerufen: »Aristodemos, du kommst gerade zur rechten Zeit, um mitzuhalten. Wenn du aber aus irgendeinem anderen Grunde herkamst, so verschiebe das auf ein andermal. Denn schon gestern suchte ich dich, um dich einzuladen, konnte dich aber nirgends ausfindig machen. Aber wieso bringst du uns den Sokrates nicht mit?«

»Da drehte ich mich um«, erzählte er, »und sah, daß mir Sokrates gar nicht nachfolgte. Ich sagte nun, daß ich auch wirklich mit Sokrates komme und daß er mich hierher zum Essen eingeladen habe.«

»Da tatest du gut daran«, sagte Agathon, »aber wo ist er dann?«

»Er kam eben hinter mir herein; mich nimmt selbst wunder, wo er steckt.«

»So schau denn nach, Knabe«, habe Agathon befohlen, »und führe Sokrates herein. Du aber, Aristodemos«, fügte er hinzu, »laß dich neben Eryximachos nieder.«

3. Darauf habe ihm, erzählte er, ein Knabe die Füße gewaschen, damit er sich dann niederlegen konnte. Und da sei ein anderer von den Dienern hereingekommen mit der Meldung: »Der vermißte Sokrates hat sich in die Vorhalle des Nachbarhauses zurückgezogen; dort steht er nun und will trotz meiner Aufforderung nicht eintreten.«

»Wunderliche Dinge erzählst du da«, habe Agathon geantwortet. »Ruf ihn doch herein und laß ihn nicht weggehen.« Doch er, Aristodemos, habe erwidert: »Ja nicht, sondern laß ihn nur; das ist so eine Gewohnheit von ihm: manchmal tritt er beiseite und bleibt stehen, wo es gerade ist. Er wird bald kommen, glaube ich. Stört ihn nur nicht, sondern laßt ihn.«

»Gut, machen wir es so, wenn du meinst«, habe Agathon erwidert. »Uns andere aber, ihr Knaben, bedient nun. Tragt alles auf, was ihr wollt, da euch ja niemand Vorschriften macht – was ich übrigens nie getan habe; stellt euch nun vor, daß auch ich von euch zu Tische geladen sei wie die anderen da, und bedient uns jetzt so, daß wir euch loben können.« Daraufhin, sagte er, hätten sie gegessen; Sokrates aber sei nicht hereingekommen. Agathon wollte nun immer wieder Befehl geben, den Sokrates hereinzuholen; doch er habe es nicht zugelassen. Schließlich sei er dahergekommen, mit weniger Verspätung als gewöhnlich; doch seien sie gerade schon mitten im Mahle gewesen. Agathon nun, der allein auf dem äußersten Polster lag, habe ihn angeredet: »Komm her, Sokrates, nimm neben mir Platz, damit ich durch die Berührung mit dir etwas von dem Einfall genieße, der dir im Vorraum zugekommen ist. Denn offenbar hast du ihn gefunden und hältst ihn fest; vorher hättest du ja nicht abgelassen.« Sokrates habe sich niedergesetzt und gesagt: »Wie schön, Agathon, wenn die Weisheit dergestalt wäre, daß sie einfach von dem Volleren in den Leereren fließt, wenn wir einander berühren, wie das Wasser, das durch einen Wollfaden vom volleren Becher in den leereren rinnt. Wenn sich das auch mit der Weisheit so verhält, dann halte ich den Platz neben dir für sehr kostbar; dann hoffe ich nämlich, von dir mit vieler und schöner Weisheit erfüllt zu werden. Die meine ist doch wohl wenig wert und fragwürdig wie ein Traum. Deine dagegen ist herrlich und hat großen Erfolg, hat sie doch von dir trotz deiner Jugend so glänzend ausgestrahlt und ist gestern offenbar geworden vor mehr als dreißigtausend Hellenen, die Zeugen waren.«

»Du bist eben ein Spötter, Sokrates«, erwiderte Agathon. »Die Sache mit der Weisheit werden wir ein wenig später miteinander ausmachen, ich und du, und dabei Dionysos zum Schiedsrichter nehmen; jetzt aber wende dich zunächst dem Essen zu.«

4. Hierauf habe Sokrates Platz genommen und mit den anderen gegessen, und sie hätten das Trankopfer gebracht und

dem Gott zu Ehren gesungen und sonst noch getan, was gebräuchlich ist, und sich dann ans Trinken gemacht. Und nun habe Pausanias etwa mit folgenden Worten begonnen: »Wohlan denn, ihr Freunde«, habe er gesagt, »auf welche Weise werden wir am gemütlichsten trinken? Meinerseits muß ich euch gestehen, daß ich mich vom gestrigen Trinken gar nicht wohl fühle und daß ich einige Erholung nötig habe, ich glaube aber, auch die meisten von euch; ihr waret ja gestern mit dabei. Überlegt also, wie wir am gemütlichsten trinken können.«

Darauf habe Aristophanes erwidert: »Da hast du ganz recht, Pausanias, daß wir uns auf jede Weise eine Erleichterung im Trinken schaffen müssen; ich selbst bin ja einer von denen, die gestern gehörig naß geworden sind.«

Als das Eryximachos, der Sohn des Akumenos, gehört hatte, habe er gesagt: »Wohl gesprochen! Aber noch von einem unter euch möchte ich hören, wie es mit ihm steht: Magst du noch trinken, Agathon?«

»Auch ich fühle mich ganz und gar nicht bei Kräften«, habe dieser erwidert. »So wäre es denn offenbar ein rechter Glücksfall für uns«, fuhr er fort, »für mich und Aristodemos und Phaidros und die anderen hier, wenn ihr, die ihr sonst die Trinkfestesten seid, heute versagt habt; denn wir anderen vertragen ja auch sonst immer nur wenig. Den Sokrates aber nehme ich dabei aus; er ist zu beidem fähig, so daß er es zufrieden sein wird, wie wir es auch machen. Nachdem ich nun den Eindruck habe, daß keiner der Anwesenden Lust hat, viel Wein zu trinken, so werde ich heute vielleicht weniger lästig fallen, wenn ich euch über die Betrunkenheit einmal die Wahrheit sage. Mir ist nämlich aus der ärztlichen Kunst klargeworden, daß der Rausch den Menschen unzuträglich ist. Ich selbst möchte im Trinken nicht gern zu weit gehen, noch einem anderen das raten, erst recht nicht, wenn man noch vom Vorabend her einen schweren Kopf hat.«

»Gewiß«, sei ihm da Phaidros, der Myrrhinusier, ins Wort gefallen, »ich pflege dir in allen Dingen Folge zu leisten, besonders wenn du etwas sagst, was die ärztliche Kunst betrifft; heute werden das aber die anderen tun, sofern sie gut beraten sind.«

Daraufhin wären alle einverstanden gewesen, beim heutigen Zusammensein nicht auf einen Rausch auszugehen, sondern nur so zu ihrem Vergnügen zu trinken.

5. Und Eryximachos habe gesagt: »Nachdem also abgemacht ist, daß jeder nur so viel trinkt, wie er will, und daß kein Zwang herrschen soll, mache ich nun den weiteren Vorschlag, daß wir die Flötenspielerin, die eben hereingekommen ist, wieder gehen lassen; mag sie sich selbst eins vorspielen oder, wenn sie lieber will, den Frauen im Hause. Wir aber wollen unser heutiges Zusammensein mit Reden verbringen, und wenn ihr einverstanden seid, will ich euch gerade auch sagen, mit was für Reden.«

Da hätten sich alle einverstanden erklärt und verlangt, er möge seinen Vorschlag machen. Und Eryximachos habe gesagt: »Meine Rede beginnt nach der ›Melanippe‹ des Euripides: Nicht von mir ist die Rede, die ich halten will, sondern von Phaidros da. Phaidros pflegt mich nämlich bei jeder Gelegenheit zu schelten: ›Ist es nicht arg, Eryximachos‹, sagt er, ›daß auf alle anderen Götter von den Dichtern Hymnen und Paiane gedichtet worden sind; auf den Eros aber, der doch ein so mächtiger und großer Gott ist, hat noch nie unter all den vielen Dichtern auch nur einer ein Loblied gesungen. Und wenn du sehen willst, wie es die tüchtigen Sophisten machen, so sind es Herakles und andere, deren Lob sie in Prosa abfassen, wie zum Beispiel der vorzügliche Prodikos. Und das ist ja noch nicht allzu verwunderlich; aber ich las schon das Buch eines gescheiten Mannes, in dem das Salz mit einem wunderbaren Lob bedacht war, im Hinblick auf seinen Nutzen; und noch viele andere Dinge kannst du finden, die man gepriesen hat. Für derartiges hat man sich also große Mühe gegeben; aber das Lob des Eros auf würdige Art zu singen, das hat bis auf den heutigen Tag noch kein Mensch gewagt, und so ist ein solch großer Gott unbeachtet geblieben.‹ Ich glaube, Phaidros hat da ganz recht. Einerseits habe ich nun den Wunsch, ihm einen Dienst zu erweisen und eine Freude zu machen; zugleich aber glaube ich, es zieme sich in diesem Augenblick für uns Anwesende hier, den Gott zu feiern. Wenn ihr also einverstanden seid, dann könnten wir wohl in solchen Reden genügenden Stoff zur Unterhaltung finden; ich meine, es sollte ein jeder von uns, rechts herum, eine Lobrede auf Eros halten, so schön er es nur kann. Den Anfang aber soll Phaidros machen, da er auch den ersten Platz einnimmt und zugleich der Vater unseres Themas ist.«

»Niemand wird gegen deinen Vorschlag stimmen, Eryximachos«, habe da Sokrates erwidert. »Ich selbst werde ihn gewiß nicht ablehnen, behaupte ich doch, mich auf nichts anderes so zu verstehen wie auf die Dinge der Liebe; aber auch Agathon und Pausanias nicht, oder gar Aristophanes, der es ja ganz nur mit Dionysos und Aphrodite zu tun hat, und auch sonst niemand von denen, die ich da sehe. Freilich sind wir, die wir hier auf den letzten Plätzen liegen, im Nachteil; doch wenn die vor uns geschickt und schön reden, wollen wir es zufrieden sein. Nun aber soll Phaidros beginnen und den Eros preisen – wir wünschen ihm Glück dazu.«

Dem stimmten auch alle anderen bei und schlossen sich der Aufforderung des Sokrates an. Was nun ein jeder einzelne gesprochen hat, daran konnte sich Aristodemos nicht mehr genau erinnern, und auch ich weiß nicht mehr alles, was dieser berichtet hat. Doch das Wesentliche davon und die Reden, die mir der Erwähnung wert schienen, die will ich euch eine nach der anderen wiedergeben.

6. Den Anfang habe also, wie gesagt, Phaidros gemacht und seine Rede etwa damit begonnen: daß Eros ein großer Gott sei und auf vielfache Art bei Menschen und Göttern Bewunderung verdiene, besonders aber im Hinblick auf seine Herkunft. Denn daß er zu den ältesten Göttern gehöre, sagte er, das mache ihn ehrwürdig. Beweis dafür aber sei: es gibt keine Eltern des Eros, und es werden auch keine erwähnt, von niemandem, weder von einem Laien noch von einem Dichter. Dagegen sagt Hesiod, als erstes sei das Chaos entstanden,

aber darauf dann
Ward die geräumige Erde, ein ewiger Wohnsitz für alle,
Eros sodann ...

Er sagt also, nach dem Chaos seien diese beiden entstanden, die Erde und der Eros. Parmenides aber sagt von der Göttin der Schöpfung:

Als den ersten von allen Göttern ersann sie den Eros ...

Mit Hesiod aber stimmt auch Akusilaos überein. So ist man sich also von vielen Seiten einig, daß Eros der allerälteste ist. Als der älteste ist er aber für uns der Urheber größter Güter. Denn ich wüßte nicht zu sagen, was gleich schon für einen jungen Menschen ein größeres Gut wäre als ein wackerer Liebhaber, und für den Liebhaber ein Geliebter. Denn was Menschen in ihrem ganzen Leben leiten soll, wenn sie schön leben wollen, das vermag weder Verwandtschaft in sie hineinzubringen, noch Ehrungen, noch Reichtum, noch sonst etwas – als der Eros. Was meine ich nun aber damit? Es ist die Scham beim Häßlichen, beim Schönen aber der Ehrgeiz; denn ohne das kann weder eine Stadt noch ein Einzelner große und gute Werke vollbringen. Ich behaupte nämlich: wenn ein Mann, der liebt, dabei betroffen wird, wie er etwas

Häßliches tut oder sich aus Feigheit ohne Gegenwehr so etwas geschehen läßt, dann wird er es weniger schmerzlich empfinden, wenn er von seinem Vater oder einem seiner Freunde, als wenn er von seinem Geliebten gesehen wird. Und dasselbe bemerken wir bei dem Geliebten: daß er sich ganz besonders vor seinen Liebhabern schämt, wenn er bei etwas Häßlichem gesehen wird. Ja, wenn man es irgendwie einrichten könnte, daß eine Stadt oder ein Heer aus lauter Liebhabern und Geliebten entstände, dann könnten sie wohl ihre Stadt nicht besser verwalten, als daß sie sich aller häßlichen Dinge enthielten und miteinander in Wettbewerb träten. Wenn sie dann nebeneinander kämpften, müßten solche Streiter, auch wenn ihrer nur wenige wären, sozusagen gegen die ganze Menschheit den Sieg davontragen. Denn ein Liebender würde es eher ertragen, von jedem anderen als von seinem Geliebten gesehen zu werden, wie er die Schlachtreihe verläßt oder seine Waffen fortwirft, und hundertmal lieber würde er sterben als das. Aber gar seinen Geliebten zu verlassen und ihm nicht zu Hilfe zu kommen, wenn er in Gefahr ist – da ist keiner so feig, den nicht Eros selbst so zur Tapferkeit begeisterte, daß er dem ebenbürtig würde, der von Natur aus ein Held ist. Und wenn Homer sagt, daß der Gott einigen von den Helden »Mut einhaucht«, so gewährt das Eros gewiß den Liebenden, als eine Gabe, die von ihm kommt.

7. Ja, selbst füreinander zu sterben sind nur die Liebenden bereit, nicht nur Männer, sondern sogar Frauen. Einen gültigen Beweis für diese Behauptung gibt schon Alkestis, die Tochter des Pelias, vor allen Hellenen; sie allein wollte für ihren Gatten sterben, obschon er noch Vater und Mutter hatte. Sie aber übertraf diese dermaßen an Liebe, daß sie damit zeigte, wie jene ihrem Sohne fremd und nur dem Namen nach angehörig seien. Und die Tat, die sie vollbracht

hatte, schien nicht nur den Menschen, sondern auch den Göttern so schön, daß ihr die Götter jenes Ehrengeschenk verliehen, das sie nur einer wohlbemessenen Zahl unter den Vielen gewähren, die viele und schöne Taten vollbracht haben, daß sie nämlich ihre Seele wieder aus dem Hades entlassen. Ihre Seele aber ließen sie wieder herauf, aus Bewunderung über ihre Tat. So ehren auch die Götter den Eifer und die Tüchtigkeit in der Liebe über alles. Den Orpheus aber, den Sohn des Oiagros, schickten sie unverrichteterdinge aus dem Hades zurück. Sie zeigten ihm wohl den Schatten der Frau, um die er gekommen war; sie selbst aber gaben sie ihm nicht, weil er als Spielmann ein Weichling schien und nicht den Eindruck machte, als wagte er um der Liebe willen den Tod zu erleiden wie Alkestis, sondern mit allen Mitteln erreichen wollte, als Lebender in den Hades einzudringen. Darum bestraften sie ihn und machten, daß er von Weibern den Tod fand, während sie den Achilleus, den Sohn der Thetis, ehrten und auf die Inseln der Seligen sandten. Denn als dieser von seiner Mutter erfahren hatte, daß er sterben müsse, wenn er den Hektor tötete, andernfalls aber nach Hause zurückkehren und in hohem Alter sterben werde, da wagte er es dennoch, lieber seinem Liebhaber Patroklos zu Hilfe zu kommen und ihn zu rächen und dabei nicht nur für ihn zu sterben, sondern sogar dem toten Freunde nachzusterben. Darum bewunderten ihn auch die Götter aufs höchste und verliehen ihm besondere Ehren, weil er seinen Liebhaber so wert hielt.

Aischylos aber fabelt, wenn er behauptet, Achilleus sei der Liebhaber des Patroklos; war er doch schöner, nicht nur als Patroklos, sondern als alle anderen Helden, und noch bartlos, und außerdem viel jünger, wie Homer sagt.

In der Tat ehren also die Götter diese Tüchtigkeit am meisten, die aus dem Eros entsteht; indes bewundern und schätzen und belohnen sie es mehr, wenn der Geliebte dem Liebhaber, als wenn der Liebende seinem Geliebten zugetan ist. Der Liebhaber ist göttlicher als der Geliebte; denn in ihm wohnt der Gott. Deshalb ehrten sie auch den Achilleus höher als die Alkestis und sandten ihn auf die Inseln der Seligen. So behaupte ich denn, Eros ist der älteste und ehrwürdigste von den Göttern und ausschlaggebend für die Menschen zum Erwerben von Tüchtigkeit und Glückseligkeit, im Leben und nach dem Tode.

8. Diese Rede ungefähr habe Phaidros gehalten, erzählte Aristodemos. Auf Phaidros aber seien noch einige andere gefolgt, an die er sich aber nicht mehr recht erinnerte. Er überging sie denn auch und berichtete von der Rede des Pausanias. Dieser habe folgendes gesagt:

»Das Thema, Phaidros, ist uns offenbar nicht richtig aufgegeben worden, indem man uns so schlechthin aufgefordert hat, den Eros zu preisen. Wenn es freilich nur einen Eros gäbe, dann wäre das ganz schön. Nun gibt es aber nicht nur einen, und weil es nicht nur einen gibt, ist es richtiger, wenn wir zunächst bestimmen, welchen es zu loben gilt. Ich will also versuchen, das richtigzustellen: zuerst gebe ich an, welchen Eros man loben muß, und dann preise ich ihn, wie es des Gottes würdig ist.

Wir wissen ja alle, daß es ohne Eros auch keine Aphrodite gibt. Gäbe es nun nur eine Aphrodite, so gäbe es auch nur einen Eros; da es aber zwei gibt, muß es auch zwei Eroten geben. Wie sollten es aber nicht zwei Göttinnen sein? Die eine ist doch die ältere, die mutterlose Tochter des Uranos, der wir denn auch den Beinamen der himmlischen geben. Die jüngere dagegen ist die Tochter des Zeus und der Dione, und wir nenne sie die gewöhnliche. Es muß also auch der Eros, der der Gehülfe der einen ist, richtigerweise der gewöhnliche heißen, der andere dagegen der himmlische.

Preisen soll man zwar alle Götter; was nun aber einem jeden von beiden zukommt, das muß ich zu zeigen versuchen. Denn mit jedem Tun verhält es sich so: an sich ist es, wenn es getan wird, weder schön noch häßlich. So ist zum Beispiel nichts von dem, was wir jetzt tun, ob wir trinken oder singen oder miteinander reden, an sich schön, sondern erst aus der Art, wie dieses Tun ausgeübt wird, ergibt sich das: was schön und richtig gemacht wird, das wird schön; was nicht richtig, das wird häßlich. So denn auch das Lieben; und nicht jeder Eros ist schön und wert gepriesen zu werden, sondern nur der, der schön zu lieben antreibt.

9. Der Eros nun, der zur gewöhnlichen Aphrodite gehört, ist in Wahrheit gewöhnlich und wirkt, was sich gerade trifft, und er ist es auch, dem die Menschen von geringerer Art ergeben sind. Solche richten ihre Liebe auf Weiber ebenso wie auf Knaben, bei denen sodann, die sie lieben, mehr auf den Leib als auf die Seele, und überdies nach Möglichkeit auf die Unvernünftigsten, da sie einzig darauf schauen, an ihr Ziel zu kommen, unbekümmert, ob auf die schöne Art oder nicht. Daraus ergibt sich dann auch, daß sie alles tun, wie es gerade kommt, Gutes ganz ebenso wie das Gegenteil. Denn dieser Eros stammt ja auch von der Göttin, die viel jünger ist als die andere und in ihrem Ursprung am Weiblichen und am Männlichen teilhat. Der andere dagegen stammt von der himmlischen Göttin, die erstens nicht am Weiblichen, sondern nur am Männlichen teilhat (und dies ist der Eros, der sich auf Knaben richtet), und außerdem von der älteren Göttin, die am Übermut keinen Anteil hat. Daher wenden sich denn auch die von diesem Eros Beseelten dem Männlichen zu, weil sie das von Natur Stärkere und Vernünftigere lieben. Und auch in der Knabenliebe selbst kann man die wohl erkennen, die rein von diesem Eros getrieben werden; denn diese richten ihre Liebe nicht auf junge Knaben, son-

dern auf solche, die schon anfangen, Verstand zu zeigen, und das ist gegen die Zeit des ersten Bartwuchses hin. Wer aber dann zu lieben anfängt, der ist, denke ich, auch bereit, sein ganzes Leben hindurch zusammen zu sein und ein gemeinsames Dasein zu führen, nicht aber den Geliebten zu betrügen, wenn er ihn in seiner jugendlichen Torheit gewonnen hat, und dann lachend von ihm weg zu einem anderen zu laufen. Es sollte auch ein Gesetz geben, daß man keine jungen Knaben lieben darf, damit nicht so viel Eifer aufs Ungewisse hin verschwendet wird; denn bei Knaben ist es noch ungewiß, ob ihre Entwicklung zur Tüchtigkeit oder zur Schlechtigkeit der Seele und des Leibes ausgehen wird. Die Guten nun stellen sich selbst dieses Gesetz freiwillig auf. Man sollte aber auch jene gewöhnlichen Liebhaber zu solchem zwingen, wie wir sie ja auch nach Möglichkeit dazu zwingen, ihre Liebe nicht auf die freien Frauen zu richten. Sie sind es ja auch, die diese Sache in Mißkredit gebracht haben, so daß manche zu behaupten wagen, es sei häßlich, sich den Liebhabern hinzugeben. Das sagen sie aber im Hinblick auf jene, weil sie ihre Taktlosigkeit und Unredlichkeit sehen. Denn nichts, was auf anständige und ordentliche Art getan wird, kann ein gerechter Tadel treffen.

Was nun aber auf dem Gebiet des Eros bei den anderen Städten Brauch ist, das ist leicht zu verstehen; die Bestimmungen sind dort einfach, hier aber und in Lakedaimon sind sie kompliziert. In Elis und in Boiotien nämlich und wo man sonst im Reden nicht geschickt ist, hat man eindeutig als Brauch eingeführt, daß es schön sei, sich den Liebhabern hinzugeben, und niemand, weder alt noch jung, würde behaupten, es sei häßlich. Somit, denke ich, brauchen sie auch keine Mühe aufzuwenden, die Jünglinge durch Überredung zu gewinnen, da sie sich ja doch nicht aufs Reden verstehen. In Ionien dagegen und an vielen anderen Orten, so weit man unter Barbarenherrschaft wohnt, gilt es als häßlich. Die Barbaren halten dies nämlich mit Rücksicht auf die tyrannische Staatsordnung für schändlich, ebenso wie die Liebe zur Weisheit (Philosophie) und die zur Gymnastik; denn ich denke, es ist den Regierenden nicht zuträglich, wenn bei den Regierten große Gedanken aufkommen oder starke Freundschaften und Gemeinschaften; gerade das aber und alles andere pflegt der Eros in den Menschen zu bewirken. In der Tat haben das auch unsere Tyrannen hier erfahren; denn die Liebe des Aristogeiton und des Harmodios, zu einer festen Freundschaft geworden, machte ihrer Herrschaft ein Ende. Wo es also für häßlich erklärt wurde, sich den Liebhabern hinzugeben, da beruht das auf der Schlechtigkeit der Gesetzgeber, auf der Herrschsucht der Regierenden einerseits und auf der Gefügigkeit der Regierten andererseits. Wo es aber schlechthin als schön erklärt wurde, da infolge der Stumpfheit derer, die das so festgesetzt haben.

10. Bei uns aber ist die Sitte viel schöner und, wie ich gesagt habe, nicht leicht zu verstehen. Man bedenke nur: es gilt für schöner, öffentlich zu lieben als heimlich, und zwar vor allem die Edelsten und Tüchtigsten, mögen sie auch häßlicher sein als andere; man bedenke weiter, wie erstaunlich die Ermunterung ist, die der Liebende von allen Seiten erfährt, gar nicht wie für einen, der etwas Häßliches tut; und wenn einer an sein Ziel kommt, dann hält man es für schön, wenn es ihm aber nicht gelingt, für häßlich. Ferner: wenn einer an sein Ziel zu kommen sucht, dann hat ihm die Sitte freigestellt, recht verwunderliche Dinge zu tun und dafür noch gelobt zu werden. Wenn einer sich diese zu tun getraute und dabei etwas anderes als das verfolgte oder erreichen wollte, dann würde ihm das von der Philosophie den größten Tadel eintragen. Wenn er nämlich, um von jemandem Geld zu bekommen oder um ein Amt oder sonstwie Einfluß zu erlangen,

eben das tun wollte, was die Liebhaber in bezug auf ihre Geliebten tun: daß sie demütig flehen und bitten, daß sie Eide ablegen, auf der Türschwelle nächtigen und sich zu jedem niedrigen Dienst bereit zeigen, den sonst nicht einmal ein Sklave leisten wollte – da würden ihn Freunde und Feinde daran hindern, die Sache so zu betreiben; die einen würden ihm Schmeichelei und unwürdiges Benehmen vorwerfen, die anderen würden ihm den Kopf zurechtsetzen und sich für ihn schämen. Tut aber einer das alles aus Verliebtheit, so bleibt man ihm erst recht gewogen, und es ist ihm von der Sitte erlaubt, ohne Vorwurf so zu handeln, als beginge er damit die allerschönste Tat. Und was das Ungeheuerlichste ist: ihm allein, so behauptete die Menge, verzeihen es die Götter, wenn er die Eide übertritt, die er geschworen hat; denn ein Liebesschwur gelte nicht, sagen sie. So haben denn Götter und Menschen dem Liebenden alle Freiheit gegeben – so bestimmt es hierzulande die Sitte.

Danach sollte man nun glauben, es gelte in dieser Stadt für etwas besonders Schönes, wenn man liebt oder wenn man sich den Liebhabern freundlich erweist. Andererseits aber stellen die Väter für die Knaben, die geliebt werden, Hauslehrer an und verbieten ihnen, mit ihren Liebhabern zu reden (was dem Hauslehrer besonders eingeschärft wird), und Altersgenossen und Freunde tadeln es, wenn sie sehen, daß so etwas doch vorkommt, und auf der anderen Seite halten die älteren Leute diese Tadler nicht zurück oder verweisen ihnen ihre Vorwürfe als unberechtigt – wenn jemand wiederum das sieht, so kommt er wohl zu der Meinung, daß man dergleichen hierzulande für etwas besonders Schimpfliches hält.

Damit, glaube ich, verhält es sich aber folgendermaßen: wie ich schon von Anfang an gesagt habe, ist die Sache an sich nicht schlechthin schön oder häßlich, sondern, wenn es auf schöne Art geschieht, ist es schön, wenn aber auf häßliche

Art, ist es häßlich. Häßlich ist es nun zwar, sich einem Bösen und auf böse Art hinzugeben, schön aber, einem Edlen und auf schöne Art. Böse ist aber jener gewöhnliche Liebhaber, der den Leib mehr liebt als die Seele; ist er doch auch nicht beständig, wie ja auch der Gegenstand seiner Liebe nicht beständig ist. Denn sobald die Blüte des Leibes, der seine Liebe gegolten hat, vorüber ist, fliegt er davon und verschwindet und macht seine vielen Worte und Versprechungen zuschanden. Wer aber die Gesinnung liebt, weil diese gut ist, der bleibt sein ganzes Leben hindurch beständig, weil er etwas Beständigem verbunden ist. Unsere Sitte will also, daß man die Liebhaber gut und genau prüft und dann den einen sich hingibt, die anderen aber meidet. Deshalb schreibt sie auch vor, daß die einen verfolgen, die anderen aber fliehen sollen, wobei sie selbst den Wettkampf anordnet und prüft, zu welchen wohl der Liebende zählt und zu welchen der Geliebte. So gilt es denn aus diesem Grunde vor allem für schimpflich, sich rasch zu ergeben, soll doch dazwischen einige Zeit verstreichen, die ja offenbar in der Regel einen guten Prüfstein darstellt. Und dann gilt es auch für schimpflich, sich durch Geld oder politischen Einfluß gewinnen zu lassen, sei es, daß sich einer unter übler Behandlung duckt und sich nicht dagegen wehrt, oder daß einer es nicht verschmäht, sich zu Geld oder zu politischem Einfluß verhelfen zu lassen. Denn nichts von dem scheint sicher oder beständig zu sein, abgesehen davon, daß daraus auch keine edle Freundschaft erwachsen kann.

Und so bleibt nach unserer Sitte ein einziger Weg übrig, wenn ein Geliebter sich seinem Liebhaber auf schöne Weise hingeben will. Denn so wie es nicht als tadelnswerte Schmeichelei galt, wenn die Liebhaber den Geliebten aus freien Stücken jedweden Dienst leisteten, so bleibt denn nach unserer Sitte auch nur eine einzige andere freiwillige Dienstbarkeit, die nicht als tadelnswert gilt, und das ist die um der Tüchtigkeit willen.

11. Denn das ist die bei uns gültige Sitte; wenn jemand einem anderen dienstbar sein will in der Meinung, daß er durch ihn besser werden könne in irgendeiner Weisheit oder sonst in einem Teile der Tüchtigkeit, dann gilt diese freiwillige Knechtschaft nicht als schimpflich und auch nicht als Schmeichelei. Wir müssen nun diese beiden Anschauungen, nämlich die über die Knabenliebe und die über die Liebe zur Weisheit (Philosophie) und zur übrigen Tüchtigkeit miteinander vereinigen, wenn es sich als etwas Schönes erweisen soll, daß sich der Geliebte dem Liebhaber hingibt. Wenn sich nämlich Liebhaber und Geliebter so finden, daß jeder seinem Gesetze folgt: der eine, daß er recht daran tue, wenn er dem Geliebten, der sich ihm hingibt, jeden Dienst erweist, der andere, daß er ebenfalls recht daran tue, wenn er dem, der ihn weise und gut macht, auf jede Art behilflich ist, und wenn dann der eine auch imstande ist, die Einsicht und die übrige Tüchtigkeit zu fördern, der andere aber das Bedürfnis hat, sich zur Förderung seiner Bildung und seiner übrigen Weisheit etwas geben zu lassen, dann also, wenn die beiden Sitten sich miteinander vereinigen, einzig und allein da trifft es zu, daß es schön ist, wenn sich der Geliebte seinem Liebhaber hingibt, sonst aber nirgends. In diesem Falle ist es auch nicht schimpflich, getäuscht zu werden; sonst aber bringt es auf jeden Fall Schande, mag man nun getäuscht werden oder nicht. Denn wenn jemand seinem Liebhaber, den er für reich hält, des Reichtums wegen seine Gunst gewährt hat, dann aber betrogen wird und kein Geld bekommt, indem sich nämlich zeigt, daß der Liebhaber arm ist, dann ist das um nichts weniger häßlich. Denn soviel an ihm liegt, scheint so einer doch zu zeigen, daß er um des Geldes willen einem jeden zu jedem Dienst gefügig ist, und das ist nicht schön.

Umgekehrt aber: wenn jemand dem, den er für gut hält, seine Gunst gewährt, um durch die Freundschaft des Liebhabers selbst besser zu werden, und dann getäuscht wird, indem sich zeigt, daß jener schlecht ist und die Tüchtigkeit nicht besitzt, dann wäre diese Täuschung gleichwohl schön. Denn dieser wiederum hat offenbar, soweit es an ihm lag, doch gezeigt, daß er, um der Tüchtigkeit willen und um besser zu werden, einem jeden zu jedem Dienst bereit wäre, und das ist doch das Schönste von allem. So ist es also auf jede Weise schön, um der Tüchtigkeit willen sich hinzugeben.

Das ist der Eros, der von der Göttin Urania stammt, der himmlische, und er ist für die Stadt und für jeden einzelnen von großem Wert, weil er den Liebenden wie auch den Geliebten nötigt, auf die eigene Tüchtigkeit große Sorgfalt anzuwenden. Jeder andere Eros aber stammt von der anderen Göttin, der gewöhnlichen.

Das ist es«, sagte er, »was ich dir, Phaidros, als unvorbereiteten Beitrag zum Preis des Eros bieten kann.«

Pausanias machte nun eine Pause (denn so im Gleichklang lehren mich die Redekünstler sprechen). Wie Aristodemos erzählte, hätte jetzt Aristophanes reden sollen; es hatte ihn aber, weil er zuviel getrunken hatte oder sonst aus einem Grunde, ein Schlucken befallen, und er habe deshalb nicht reden können. Sondern er sagte zum Arzt Eryximachos, der gerade neben ihm gelegen habe: »Eryximachos, du hast nun die Aufgabe, entweder meinen Schlucken zum Aufhören zu bringen oder an meiner Stelle zu sprechen, bis er mir vergeht.« Eryximachos habe nun erwidert: »So will ich denn beides tun. Ich spreche an deiner Stelle, und du dann, wenn du ihn los bist, an meiner. Während ich aber spreche, wird der Schlucken wohl aufhören, wenn du eine Zeitlang den Atem anhältst; wenn nicht, so mußt du mit Wasser gurgeln. Ist er jedoch besonders hartnäckig, so führe irgend etwas in die Nase, um sie zu kitzeln, und niese dann, und wenn du das ein- oder zweimal gemacht hast, wird er aufhören, mag er auch noch so hartnäckig sein.«

»So fange nur gleich zu reden an«, habe Aristophanes erwidert, »und ich will es so machen.«

12. Eryximachos habe also begonnen: »Nachdem Pausanias seine Rede zwar schön angefangen hat, aber doch zu keinem rechten Ende gekommen ist, scheint es mir nun doch nötig, daß ich versuchen muß, seiner Rede einen Schluß zu geben. Die Unterscheidung mit dem zweifachen Eros scheint er mir zwar richtig gemacht zu haben; daß er aber nicht nur in den Seelen der Menschen waltet und nicht nur in bezug auf schöne Knaben, sondern daß er, auf alle anderen Dinge bezogen, auch in allen anderen Wesen waltet, in den Leibern aller Tiere und in den Pflanzen, die aus der Erde sprießen, und sozusagen in allem Seienden, das glaube ich aus der Heilkunde, aus meiner Kunst, ersehen zu haben: daß er ein großer und bewunderungswerter Gott ist und daß er sich auf alles erstreckt, auf die menschlichen Dinge ebenso wie auf die göttlichen.

Ich will meine Rede mit der Heilkunde beginnen, um doch meiner Kunst die Ehre anzutun. Auch in der Natur des Leibes gibt es nämlich diesen doppelten Eros; denn das Gesunde im Leibe und des Kranke sind zugestandenermaßen etwas Verschiedenes und nicht das Gleiche; etwas Ungleiches aber begehrt und liebt auch etwas anderes. Ein anderer Eros waltet also über das Gesunde, und ein anderer über das Kranke. Wie nun vorhin Pausanias sagte, daß es schön sei, sich den guten Menschen hinzugeben, den zügellosen aber häßlich, so ist es auch mit den Leibern selbst: dem, was gut und gesund ist an einem jeden Leibe, ist schön zu willfahren, und man soll es auch tun: das ist es eben, was wir Heilkunde nennen. Dem Schlechten aber und Krankhaften zu willfahren ist häßlich, und es darf ihnen nicht willfahren, wer ein Sachverständiger sein will. Die ärztliche Kunst ist nämlich, kurz gesagt, die Wissenschaft von den Liebestrieben des Leibes in bezug auf Sättigung und Entleerung, und wer dabei den schönen und den häßlichen Eros unterscheiden kann, der ist der tüchtigste Arzt. Und wer einen Wandel zustande bringt, daß man den einen Eros durch den anderen ersetzt, und wer sich darauf versteht, denen, die keinen Eros in sich haben, aber doch einen haben sollten, ihn zu verschaffen, und denen, die ihn in sich haben, ihn wegzunehmen, der ist dann wohl ein tüchtiger Meister. Denn man muß bewirken können, daß das, was sich im Leibe am feindseligsten ist, befreundet wird und sich liebt; das Feindseligste aber ist das Gegensätzlichste: Kaltes und Warmes, Bitteres und Süßes, Trockenes und Feuchtes und dergleichen mehr. Diesen Gegensätzen Liebe und Eintracht beizubringen, das verstand unser Ahnherr Asklepios, wie unsere Dichter sagen und ich ihnen glaube, und dadurch hat er unsere Kunst begründet. Die ärztliche Kunst wird also, behaupte ich, ganz von diesem Gott geleitet, und ebenso die Gymnastik und der Landbau. Und daß es sich bei der Musik ganz ähnlich verhält wie bei diesen, ist jedem klar, der auch nur ein wenig darüber nachdenkt. Das will vermutlich Heraklit sagen, nur drückt er sich in seinen Worten nicht richtig aus. Das eine, sagt er nämlich, indem es auseinanderstrebt, stimme mit sich selbst überein, wie die Harmonie bei Bogen und Leier. Es ist aber ein völliger Widersinn, zu behaupten, eine Harmonie strebe auseinander oder sie bestehe aus etwas, das noch auseinanderstrebt. Aber vielleicht wollte er damit sagen, sie sei aus dem Hohen und Tiefen, das zunächst auseinanderstrebte, dann aber übereinstimmte, durch die Musenkunst entstanden; denn solange Hohes und Tiefes noch auseinanderstreben, kann es daraus doch gewiß keine Harmonie geben. Denn die

Harmonie ist Zusammenklang, Zusammenklang aber ist eine Art Übereinstimmung; Übereinstimmung von Auseinanderstrebenden kann es aber unmöglich geben, solange es wenigstens auseinanderstrebt. Auseinanderstrebendes und Übereinstimmung nicht Ausschließendes kann man dagegen wohl zusammenfügen; so ist ja auch der Rhythmus aus dem Schnellen und dem Langsamen entstanden, aus Elementen also, die zuerst auseinandergestrebt hatten, nachher aber übereinstimmten. Die Übereinstimmung aber verleiht alledem wie dort die Heilkunde, so hier die Musenkunst, indem sie gegenseitige Liebe und Eintracht einflößt. Auch die Musenkunst ist also eine Wissenschaft von den Liebestrieben in bezug auf Harmonie und Rhythmus. Und es ist auch gar nicht schwer, in dem Gefüge von Harmonie und Rhythmus die Liebestriebe zu erkennen, und auch der zweifache Eros findet sich noch nicht darin. Wenn es aber gilt, Rhythmus und Harmonie vor den Menschen anzuwenden, sei es, daß man sie schafft (was man Tonsetzen nennt), oder daß man die geschaffenen Weisen und Metren richtig verwenden soll (was man musische Bildung genannt hat), dann ist es schwer und bedarf eines tüchtigen Meisters. Denn hier gilt nun wieder derselbe Satz: daß man den gesitteten Menschen – und damit die, die es noch nicht sind, gesitteter werden – willfahren und ihren Eros bewahren soll. Und das ist der schöne, der himmlische Eros, der Sohn der Muse Urania. Der andere aber stammt von der Polymnia, der gewöhnliche, den man bei denen, wo man ihn zuführt, nur vorsichtig zuführen darf, damit man zwar seine Lust erntet, aber keine Zügellosigkeit erregt. Wie es auch in unserer Kunst eine große Leistung bedeutet, die Begierden im Bereiche der Kochkunst gut zu verwenden, so daß man, ohne krank zu werden, die Lust erntet. In der Musik sowohl als in der ärztlichen Kunst und in allen anderen, in menschlichen und in göttlichen, soll man also, soweit es tunlich ist, auf beiderlei Eros achten; denn beide finden sich darin.

13. Auch die Anordnung der Jahreszeiten ist von diesen beiden erfüllt; denn wenn die Gegensätze, die ich eben genannt habe, das Warme und das Kalte, das Trockene und das Feuchte, in ihrem Verhältnis vom ordentlichen Eros bestimmt werden, und zu einer Harmonie und weisen Mischung kommen, so bringen sie Gedeihen und Gesundheit für Menschen und Tiere und Pflanzen mit sich und richten keinen Schaden an. Wenn aber der übermütige Eros über die Jahreszeiten die Oberhand gewinnt, dann verdirbt er manches und richtet Schaden an; denn daraus entstehen gerne die Seuchen und mancherlei andere Krankheiten bei Tieren und Pflanzen; denn auch Reif und Hagel und Meltau entstehen, wenn gegenseitig Maßlosigkeit und Unordnung in diesen Liebestrieben aufkommen. Die Wissenschaft davon, die sich auf den Umlauf der Gestirne und die Jahreszeiten bezieht, nennt man Astronomie.

Und dann sind auch alle Opfer und alles das, worüber die Seherkunst waltet (es betrifft dies den gegenseitigen Verkehr von Göttern und Menschen) zu keinem anderen Zwecke da als zur Bewachung und Heilung des Eros; denn alle Gottlosigkeit kommt gewöhnlich daher, wenn sich jemand nicht dem ordentlichen Eros hingibt und ihm bei allem Tun Ehre und Achtung erweist, sondern dem anderen, und zwar in seinem Verhalten zu den Eltern, mögen sie noch am Leben oder schon gestorben sein, wie zu den Göttern. Da ist es nun also die Aufgabe der Seherkunst, die Eroten zu überwachen und zu heilen; ferner ist die Stifterin der Freundschaft zwischen Göttern und Menschen, indem sie sich auf jene Art von Liebesregungen bei den Menschen versteht, die sich auf Recht und Frömmigkeit beziehen.

So viele und so große, ja mehr noch: alle Gewalt überhaupt

besitzt der Eros in seiner Gesamtheit; der Eros aber, der sich, bei uns wie bei den Göttern, mit Besonnenheit und Gerechtigkeit am Guten auswirkt, der hat die größte Macht in Händen und bereitet uns jede Glückseligkeit und macht uns fähig, Gemeinschaft und Freundschaft zu pflegen, sowohl unter uns als auch mit denen, die stärker sind als wir, den Göttern. Vielleicht nun, daß auch ich bei meinem Lobe auf den Eros manches auslasse, doch gewiß nicht mit Absicht. Aber wenn ich etwas weggelassen habe, so ist es deine Aufgabe, Aristophanes, das zu ergänzen. Oder hast du die Absicht, den Gott auf irgendeine andere Art zu preisen? So preise ihn nur; denn auch dein Schlucken hat ja nun aufgehört.«

Darauf, erzählte Aristodemos, habe Aristophanes das Wort ergriffen und gesagt: »Gewiß hat er aufgehört, freilich erst, als ich ihm mit dem Niesen zu Leibe gerückt bin, so daß ich mich wundern muß, daß das Geziemende im Leibe nach solchem Geräusch und Kitzel begehrt, wie es das Niesen ist. Denn er hörte sofort auf, als ich das Niesen dagegen anwandte.«

Darauf habe Eryximachos gesagt: »Mein bester Aristophanes, sieh dich vor, was du tust. Du machst Späße, wenn du reden solltest, und zwingst mich, deine Reden zu überwachen, ob du nicht etwas Lächerliches sagst, während du doch in Frieden hättest sprechen können.«

Da habe Aristophanes lachend erwidert: »Du hast recht, Eryximachos, und ich will nichts gesagt haben. Aber erspar mir die Beaufsichtigung; denn bei dem, was ich sagen will, fürchte ich mich nicht davor, daß ich etwas Lächerliches sage (das wäre ja nur ein Gewinn und gehörte in das Gebiet unserer Muse), sondern daß ich etwas Spöttisches sage.«

»Zuerst hast du geschossen, Aristophanes«, habe Eryximachos erwidert, »und nun meinst du, du könntest dich aus dem

Staube machen. Doch paß nun auf und sprich so, als müßtest du dich verantworten; wenn's mir einfällt, lasse ich dich vielleicht laufen.«

14. »Und nun, Eryximachos«, hätte Aristophanes gesagt, »habe ich freilich vor, auf andere Art zu sprechen, als ihr beide, du und Pausanias, gesprochen habt. Habe ich doch den Eindruck, daß die Menschen die Macht des Eros durchaus noch nicht erkannt haben; denn wäre das der Fall, so würden sie ihm die größten Heiligtümer und Altäre errichtet haben und die größten Opfer bringen, nicht so wie jetzt, wo nichts von alledem geschieht, obschon es doch höchst nötig wäre, daß es geschehe. Ist er doch der menschenfreundlichste unter den Göttern, ein Helfer der Menschen und ein Arzt für die Leiden, von denen geheilt zu werden für das Menschengeschlecht größte Glückseligkeit bedeuten würde. Ich will nun versuchen, euch seine Macht vor Augen zu führen, und ihr werdet dann wieder die Lehrer der anderen sein.

Zuerst aber müßt ihr die menschliche Natur und ihre Schicksale kennenlernen; denn unsere Natur war ehemals nicht so wie jetzt, sondern ganz anders. Am Anfang gab es dreierlei Geschlechter von Menschen, nicht nur zwei wie heute, ein männliches und ein weibliches, sondern dazu gehörte noch ein drittes, das gemeinsam zu diesen beiden gehörte; sein Name ist noch geblieben, während es selbst verschwunden ist. Das androgyne war dieses eine, das es damals noch gab, und Gestalt und Name waren aus den beiden anderen, dem männlichen und dem weiblichen, zusammengesetzt; jetzt aber besteht es nur noch als Name, und der ist ein Schimpfwort. Ferner war damals die Gestalt eines jeden Menschen völlig gleichmäßig; rundherum gingen Rücken und Seiten im Kreise. Vier Hände hatte er und ebenso viele Beine wie Hände, und auf einem runden Hals zwei Gesichter, beide völlig gleich, und über diesen beiden Gesichtern, die einander abgewandt waren, nur einen Schädel, ferner vier Ohren und doppelte Schamteile und alles übrige so, wie man sich das dementsprechend vorstellen kann. Sein Gang aber war nicht aufrecht wie heute, nach Belieben vorwärts oder rückwärts, sondern wenn einer rasch laufen wollte, so machte er es, wie wenn man ein Rad schlägt, indem man die Beine senkrecht in die Luft wirft und sich so im Kreise dreht; so stießen sie mit ihren damaligen acht Gliedmaßen ab und bewegten sich rasch im Kreise. Diese drei Geschlechter gab es aber deshalb, weil das männliche ursprünglich von der Sonne abstammte, das weibliche von der Erde und das, welches an beiden teilhat, vom Monde, da ja auch der Mond an beiden teilhat; und rund waren sie selbst und ihr Gang, weil sie damit ihren Eltern ähnlich waren. Sie zeigten also gewaltige Kraft und Stärke und hatten verwegene Gedanken, nahmen sie es doch sogar mit den Göttern auf, und was Homer von Ephialtes und Otos erzählt, das berichtet man auch von ihnen: daß sie einen Aufstieg zum Himmel unternommen hätten, um die Götter anzugreifen.

15. Zeus und die anderen Götter berieten nun, was man gegen sie unternehmen sollte, und sie wußten keinen Rat; denn sie konnten sie doch nicht einfach umbringen und ihr Geschlecht wie die Giganten mit Blitzen vernichten (damit wären ja auch die Ehrungen und Opfer der Menschen zunichte gemacht worden), noch konnte man sie weiter so freveln lassen. Endlich kam Zeus doch auf einen Gedanken und rief: ›Ich glaube, ich habe jetzt ein Mittel, wie es weiterhin Menschen geben kann und sie doch mit ihrer Zügellosigkeit aufhören müssen, weil sie dazu zu schwach geworden sind. Denn jetzt‹, sagte er, ›will ich einen jeden in zwei Hälften schneiden. So werden sie schwächer sein und gleichzeitig nützlicher für uns, weil sie dann zahlreicher sind. Und sie werden aufrecht auf zwei Beinen gehen. Sollte es aber den

Anschein machen, daß sie weiter freveln und keine Ruhe halten wollen, so werde ich sie‹, sagte er, ›noch einmal entzweischneiden; dann mögen sie sich auf einem Beine hüpfend fortbewegen.‹ So sprach er und schnitt die Menschen in zwei Stücke, wie man Arlesbeeren zum Einmachen oder wie man Eier mit einem Haar entzweischneidet. Und jedesmal, wenn er einen zerschnitten hatte, befahl er dem Apollon, sein Gesicht und die Hälfte des Halses nach der Schnittfläche herumzudrehen, damit der Mensch sein Zerschnittensein vor Augen habe und sittsamer werde; und auch das übrige ließ er ihn zuheilen. Dieser also drehte das Gesicht herum, und indem er von allen Seiten die Haut über die Stelle zog, die wir nun den Bauch nennen, band er es – wie bei den zugeschnürten Geldbeuteln – in eine Mündung mitten auf dem Bauche zu dem zusammen, was man als Nabel bezeichnet. Die anderen Runzeln strich er die meisten glatt und bildete die Brust mit einem Werkzeug, wie es etwa die Schuster haben, wenn sie über dem Leisten die Falten des Leders glattstreichen; nur einige wenige ließ er stehen, die um den Bauch und den Nabel, zur Erinnerung an seinen früheren Zustand.

Nachdem nun also seine Gestalt in zwei Stücke geschnitten war, sehnte sich ein jeder nach seiner Hälfte und kam mit ihr zusammen. Und sie umarmten einander und umschlangen sich vor Begierde, wieder zusammenzuwachsen; und sie erlagen dem Hunger und der allgemeinen Untätigkeit, weil der eine nichts ohne den anderen tun wollte. Und jedesmal, wenn eine von den beiden Hälften gestorben war und die andere übrigblieb, so suchte die überlebende eine andere und umschlang sie, mochte sie nun auf die Hälfte eines ganzen Weibes stoßen (also auf das, was wir heute ein Weib nennen) oder auf die eines Mannes. Und so gingen sie zugrunde. Aber Zeus bekam Mitleid mit ihnen und gab ein anderes Mittel: er setzte ihre Geschlechtsteile nach vorn. Bis dahin trugen sie

sie nämlich hinten und zeugten und gebaren nicht ineinander, sondern in die Erde wie die Zikaden. Er versetzte sie nun also an ihre vordere Seite und bewirkte dadurch, daß die Zeugung in ihrem Inneren stattfand, durch das Männliche im Weiblichen, deshalb, damit sie in der Umarmung, wenn ein Mann einem Weibe begegnet, zeugen sollten und damit gleichzeitig die Gattung hervorgebracht werde, und falls ein Mann einem Manne begegnet, doch wenigstens Sättigung am Zusammensein entstehe und sie dann wieder aufhören und sich ihrer Arbeit zuwenden und sich um ihr sonstiges Leben kümmern. Es ist nun also seit so langer Zeit die Liebe zueinander den Menschen eingepflanzt; sie führt die ursprüngliche Natur wieder zusammen und versucht, aus zweien eins zu machen und die menschliche Natur zu heilen.

16. Jeder von uns ist also Bruchstück eines Menschen, da wir zerschnitten sind wie die Flundern, aus einem zwei; es sucht denn auch ein jeder immerfort sein anderes Stück. Alle Männer nun, die ein Teilstück jenes Ganzen sind, das damals Mannweib genannt wurde, sind Liebhaber der Weiber, und die meisten Ehebrecher stammen aus diesem Geschlecht; und andererseits kommen auch die Weiber, welche Männer lieben, und die Ehebrecherinnen aus diesem Geschlecht. Alle Weiber dagegen, die Teilstück eines Weibes sind, richten ihr Sinnen keineswegs auf die Männer, sondern sind mehr den Weibern zugewendet, und aus diesem Geschlecht stammen die Tribaden. Die aber Teilstück eines Mannes sind, die trachten nach dem Männlichen; solange sie Knaben sind, lieben sie – als Teilstücke des Mannes – die Männer und freuen sich, wenn sie bei Männern liegen und sie umarmen können. Und es sind dies die besten unter den Knaben und Jünglingen, da sie die männlichsten sind von Natur; freilich behaupten einige, sie seien schamlos, aber das lügen sie; denn sie tun das nicht aus Schamlosigkeit, sondern aus Mut und

Tapferkeit und Mannhaftigkeit und haben das gern, was ihnen ähnlich ist. Dafür zeugt ein großer Beweis: wenn sie völlig erwachsen sind, dann wenden sich einzig Männer dieser Art den Staatsgeschäften zu. Sind sie aber Männer geworden, so lieben sie Knaben und richten ihren Sinn von Natur aus weder auf die Ehe noch auf das Kinderzeugen, sondern lassen sich nur durch das Gesetz dazu nötigen; sie wären es zufrieden, unverehelicht miteinander zu leben. So wird denn so einer ganz und gar ein Liebhaber von Knaben und ein Freund seines Liebhabers und hat allezeit das gern, was ihm verwandt ist.

Wenn nun auch er, der Liebhaber von Knaben oder jeder andere, seiner eigenen Hälfte begegnet, dann werden sie wundersam ergriffen von einem Gefühl der Freundschaft und Zusammengehörigkeit und Liebe, und sie wollen sich sozusagen nicht mehr voneinander trennen, auch nicht für eine kurze Zeit. Und wenn sie dann ihr ganzes Leben miteinander verbunden bleiben, dann könnten sie nicht einmal sagen, was sie voneinander erwarten. Denn es wird kaum jemand glauben, daß es der gemeinsame Liebesgenuß sei, weswegen sich der eine so leidenschaftlich darüber freut, mit dem anderen zusammen zu sein. Sondern es ist klar, daß die Seele von beiden etwas anderes will, das sie nicht nennen kann, sondern sie ahnt nur, was sie will, und läßt es dunkel erraten. Und wenn nun, während sie beisammen liegen, Hephaistos mit seinen Werkzeugen zu ihnen träte und sie fragte: ›Was wollt ihr denn eigentlich voneinander, ihr Menschen?‹ – und wenn sie dann verlegen wären und er sie wiederum fragte: ›Möchtet ihr etwa das: einander so nah als möglich zu sein, daß ihr Tag und Nacht nicht voneinander ablassen müßt? Wenn ihr das begehrt, so bin ich bereit, euch zusammenzuschmelzen und aneinanderzuschweißen, daß ihr aus zweien einer werdet und, solange ihr lebt, beide gemeinsam als einer lebt und, wenn ihr gestorben seid, auch dort im Hades statt zweien einer seid, in gemeinsamem Tode. So seht denn, ob ihr das wünscht und ob ihr zufrieden seid, wenn ihr das bekommt.‹ Wenn er das hört, wissen wir, wird keiner ablehnen oder einen anderen Wunsch zu erkennen geben, sondern jeder wäre der festen Meinung, er habe gerade das gehört, wonach er schon längst begehrte, nämlich mit dem Geliebten vereinigt und verschmolzen und aus zweien einer zu werden.

Das hat seine Ursache darin, daß unsere ursprüngliche Natur so war und daß wir einmal ganz waren; von dem Verlangen und dem Streben nach dem Ganzen hat Eros seinen Namen. Und vordem, wie gesagt, waren wir eins; jetzt aber wurden wir, der Ungerechtigkeit wegen, von dem Gotte gespalten, wie die Arkadier von den Lakedaimoniern. Wenn wir nun gegen die Götter nicht sittsam sind, so ist zu befürchten, daß wir noch einmal gespalten werden und dann so herumgehen wie die Reliefs, die, mit zersägten Nasen, auf den Grabstelen eingemeißelt sind, oder wie mitten durchgeschnittene Würfel. Deshalb muß jeder Mann einen jeden ermahnen, die Götter zu fürchten, damit wir dem einen Schicksal entgehen und das andere erlangen, wozu uns Eros Führer und Feldherr sei. Dem soll nun niemand zuwiderhandeln (das tut aber, wer immer sich den Göttern verhaßt macht); wenn wir nämlich ihre Freunde geworden und mit dem Gott versöhnt sind, dann werden wir die uns wesenseigenen Geliebten finden und gewinnen, was von den heutigen nur wenige tun. Und Eryximachós unterstelle mir nun nicht, meine Rede zur Komödie machend, daß ich damit Pausanias und Agathon meine; denn vielleicht gehören auch sie gerade zu diesen und sind beide von männlicher Natur. Ich für mein Teil spreche aber ganz allgemein von den Männern und Weibern, daß nur so unser Geschlecht glückselig werden könne, wenn wir es in der Liebe zur Vollendung bringen und wenn ein jeder seinen wesenseigenen Geliebten gewinnt und so wieder zu seiner ursprünglichen Natur zurückkehrt. Wenn dies aber das beste ist, so muß von dem, was uns jetzt zu Gebote steht, das am besten sein, was diesem am nächsten kommt, und das ist den Geliebten finden, der nach unserem Sinn geartet ist.

Wenn wir nun also den Gott preisen wollen, dem wir das verdanken, so müssen wir gerechterweise den Eros preisen, der uns schon jetzt am meisten Gutes erweist, weil er uns zu dem hinführt, was uns verwandt ist, und der uns für die Zukunft die größten Hoffnungen haben läßt, wenn wir uns nur den Göttern gegenüber fromm erzeigen; dann versetzt er uns in den ursprünglichen Zustand und heilt uns und macht uns damit glücklich und selig.

»Dies, Eryximachos«, sagte er, »ist meine Rede auf den Eros, von anderer Art als die deine. Doch wie ich dich schon ersucht habe: mache sie nicht zur Komödie; möchten wir doch auch noch hören, was ein jeder von den anderen zu sagen hat, oder besser: jeder von den beiden; denn es bleiben ja nur noch Agathon und Sokrates übrig.«

17. »Nun gut, ich will gehorchen«, habe Eryximachos gesagt. »Deine Rede hat mir ja auch ganz gut gefallen, und wenn ich nicht wüßte, daß Sokrates und Agathon in den Dingen der Liebe sehr bewandert sind, so müßte ich gar wohl befürchten, das Reden bringe sie in Verlegenheit, weil schon so manches und so Verschiedenartiges gesagt wurde. Nun aber bin ich gleichwohl zuversichtlich.«

Nun hätte Sokrates erwidert: »Du selbst hast ja sehr schön abgeschnitten in unserem Wettkampf, Eryximachos. Wenn du aber jetzt an meinem Platze ständest oder vielleicht eher noch dort, wo ich stehen werde, wenn auch noch Agathon eine gute Rede gehalten hat, dann wäre dir gewiß bange, und es würde dir ganz so zumute sein wie jetzt mir.«

»Du willst mich behexen, Sokrates«, habe Agathon gerufen, »damit ich in Verwirrung gerate, in der Meinung, das Publikum hege große Erwartungen, daß ich gut sprechen werde.«
»Ich müßte freilich sehr vergeßlich sein, Agathon«, habe Sokrates erwidert, »wenn ich angesichts der männlichen Haltung und des Selbstbewußtseins, mit dem du neben deinen Schauspielern auf die Bühne tratest und ein so gewaltiges Publikum, dem du Werke von dir selbst vorführen wolltest, vor dir sahest, ohne auch nur im geringsten befangen zu sein – wenn ich jetzt meinte, du würdest wegen uns paar Männern in Verwirrung geraten.«
»Wie denn, Sokrates«, hätte Agathon gesagt, »du glaubst doch nicht, ich habe meinen Kopf so voll vom Theater, daß ich nicht wüßte, wie einem Vernünftigen ein paar wenige kluge Leute viel mehr Angst machen als noch so viele Unwissende?«
»Da täte ich freilich nicht gut daran, Agathon«, habe er geantwortet, »wenn ich von dir etwas Unfeines erwartete. Nein, ich weiß bestimmt: wenn du mit Leuten zusammenkämest, die du für kundig hältst, dann wirst du dir mehr aus ihnen machen als aus der Menge; aber wer weiß, ob wir zu diesen gehören? Denn wir waren ja dort auch dabei und gehörten mit zu der Menge. Wenn du aber anderen Kundigen begegnetest, so würdest du dich wohl vor ihnen schämen, wenn du etwa glaubtest, etwas Häßliches zu tun; oder wie meinst du?«
»Du hast recht«, habe jener erwidert.
»Vor der Menge aber würdest du dich nicht schämen, wenn du glaubtest, etwas Häßliches zu tun?«
Da habe Phaidros das Wort ergriffen und gesagt: »Lieber Agathon, wenn du dem Sokrates antwortest, dann wird es ihm gar nicht darauf ankommen, wie das alles hier weitergeht, wenn er nur einen hat, mit dem er sich unterreden kann,

besonders wenn es ein schöner Jüngling ist. So gern ich aber Sokrates bei seinen Gesprächen zuhöre, so ist es nun doch meine Pflicht, mich um das Lob des Eros zu kümmern und von jedem von euch eine Rede entgegenzunehmen. Wenn ihr also beide dem Gott eure Schuldigkeit getan habt, dann könnt ihr euch so miteinander unterhalten.«

»Ja, du hast recht, Phaidros«, habe Agathon erwidert, »und nichts hindert mich zu sprechen. Denn mit Sokrates ein Gespräch zu führen, wird mir auch später noch oft vergönnt sein.

18. So will ich denn zuerst sagen, wie ich zu reden habe, und dann reden. Ich habe nämlich den Eindruck, daß alle meine Vorredner nicht den Gott loben, sondern die Menschen glücklich preisen wegen der Gaben, die sie dem Gott verdanken. Was für einer aber er selbst ist, der das alles geschenkt hat, das hat niemand gesagt. Die einzig richtige Art aber, irgend jemanden zu loben, ist die, daß wir zuerst das Wesen dessen, von dem die Rede ist, darstellen und dann die Dinge, deren Urheber er ist. Demnach ist es recht und billig, daß auch wir den Eros auf diese Weise loben: zuerst sein Wesen und dann seine Gaben.

Ich behaupte nun, unter all den glückseligen Göttern sei Eros (wenn es gestattet und nicht vermessen ist, das zu sagen) der glückseligste; denn er ist der schönste und beste. Der schönste aber ist er, weil so geartet: zuerst ist er der jüngste unter den Göttern, Phaidros. Einen eindrücklichen Beweis für diese Behauptung gibt er uns selbst: die Flucht, mit der er sich dem Alter entzieht, das selbst doch offenbar schnell ist, kommt es doch schneller zu uns als nötig. Gegen das hat also Eros einen natürlichen Haß und nähert sich ihm auch nicht von weitem. Der Jugend aber gesellt er sich bei und ist immer bei ihr. Der alte Satz aber behält recht, daß Gleiches sich immer zu Gleichem geselle. In wie vielem ich sonst dem Phaidros zustimme, darin bin ich nicht mit ihm einverstanden, daß Eros älter sei als Kronos und Iapetos. Ich behaupte im Gegenteil, er sei der Jüngste unter den Göttern und selbst ewig jung. Die alten Göttergeschichten aber, die Hesiod und Parmenides erzählen, sind der Ananke und nicht dem Eros widerfahren, wenn jene überhaupt die Wahrheit gesagt haben. Denn sie hätten einander nicht entmannt und gefesselt und sonst auf mannigfache Weise Gewalt angetan, wenn Eros unter ihnen gewesen wäre, sondern in Frieden und Eintracht gelebt wie jetzt, seitdem Eros über die Götter herrscht.

Er ist also jung, und außer dem, daß er jung ist, ist er zart, und es braucht einen Dichter, wie Homer einer war, um die Zartheit des Gottes darzustellen. Denn Homer erzählt von Ate, sie sei eine Göttin und zart; ihre Füße wenigstens nennt er zart, indem er sagt:

... ihre Füße sind zart; denn nimmer dem Boden
Nahet sie, sondern sie wandelt über den Köpfen der Männer.

Mir scheint, daß er so mit einem schönen Bild ihre Zartheit kennzeichnet, daß sie nicht auf dem harten Boden schreitet, sondern auf etwas Weichem. Denselben Beweis wollen wir denn auch für die Zartheit des Eros anwenden. Denn er schreitet nicht auf der Erde und auch nicht auf den Köpfen, die ja auch nicht besonders weich sind, sondern auf dem Weichsten, das es gibt, wandelt er und wohnt auch dort: in den Gemütern und Seelen von Göttern und Menschen hat er sich seinen Wohnsitz errichtet. Und wiederum nicht ohne Unterschied in allen Seelen; denn wenn er einer begegnet, die von rauher Art ist, wendet er sich weg; wo aber eine weiche ist, da nimmt er seinen Wohnsitz. Weil er nun allezeit, mit seinen Füßen und mit allem anderen, nur das Weichste unter dem Weichen berührt, muß er selbst von außerordentlicher Zartheit sein.

Er ist also der Jüngste und der Zarteste. Und außerdem ist er von geschmeidiger Gestalt. Denn sonst könnte er sich nicht überall anschmiegen und unvermerkt in jede Seele zuerst hineinkommen und sie dann wieder verlassen, wenn er ungelenk wäre. Für seine ebenmäßige und geschmeidige Gestalt haben wir einen eindrücklichen Beweis in seiner Anmut, die Eros nach dem übereinstimmenden Urteil aller in reichem Maße besitzt; denn Häßlichkeit und Eros leben stets auf Kriegsfuß miteinander. Auf die Schönheit seiner Farbe aber weist seine Lebensweise unter Blumen. Wo etwas nicht blüht oder wo es verwelkt, ein Leib oder eine Seele oder sonst etwas, da wohnt Eros nicht darin; wo dagegen ein blütenschöner und wohlduftender Ort ist, da nimmt er bleibenden Wohnsitz.

19. Von der Schönheit des Gottes mag das genügen, und es bleibt auch manches übrig; nun ist aber noch von der Tüchtigkeit des Eros zu sprechen.

Das Größte an Eros ist, daß er kein Unrecht tut und kein Unrecht erleidet, weder von einem Gott noch an einem Gott, weder von einem Menschen noch an einem Menschen. Denn weder widerfährt ihm selbst etwas durch Gewalt, wenn je ihm etwas widerfährt (denn Gewalt berührt den Eros nicht), noch wendet er Gewalt an bei dem, was er tut (denn jedermann leistet dem Eros freiwillig jeden Dienst). Was aber jemand freiwillig einem Freiwilligen zugesteht, das erklären die ›Könige der Stadt‹, die Gesetze, für gerecht.

Außer der Gerechtigkeit aber ist ihm höchste Besonnenheit zu eigen. Denn Besonnenheit – darüber ist man sich doch einig – bedeutet nichts anderes als über die Lüste und Begierden zu herrschen. Und keine andere Lust sei stärker als die des Eros. Wenn aber die anderen, als die schwächeren, von Eros beherrscht werden und er die Oberhand hat, dann muß doch Eros, weil er über Lüste und Begierden herrscht, ganz besonders besonnen sein.

In der Tapferkeit aber kann wahrlich nicht einmal Ares mit Eros wetteifern. Denn nicht Ares hält den Eros, sondern Eros hält den Ares gefesselt, der Eros zur Aphrodite nämlich, wie die Sage erzählt. Wer aber jemanden gefangenhält, der ist stärker als der Gefangene. Und wer den Tapfersten unter allen anderen besiegt hält, der muß wohl selbst der Tapferste von allen sein.

Von der Gerechtigkeit, der Besonnenheit und der Tapferkeit des Gottes haben wir nun also gesprochen, und es bleibt noch, von seiner Weisheit zu reden. Soweit das möglich ist, muß ich nun versuchen, auch hier nicht zurückzubleiben. Vor allem nun – damit auch ich unserer Kunst die Ehre erweise, wie Eryximachos der seinen – ist der Gott ein so kundiger Dichter, daß er auch andere dazu macht. Denn jeder, auch ›wer den Musen vorher fremd war‹, wird ein Dichter, wenn Eros ihn berührt. Und das muß uns zum Zeugnis dienen, daß Eros der große Schöpfer ist, vor allem in jedem Schaffen der Musenkunst. Denn das, was einer nicht hat und nicht weiß, das kann er wohl auch keinem anderen geben und es auch niemanden lehren. Und nun erst die Schöpfung aller lebenden Wesen insgesamt – wer kann da bestreiten, daß es die Weisheit des Eros ist, durch die alle Lebewesen entstehen und geschaffen werden? Von der schöpferischen Tätigkeit in den Künsten aber, da wissen wir doch, daß jeder, der diesen Gott zum Lehrer hat, zu Berühmtheit und Ansehen gelangt, daß aber jeder im Dunkel bleibt, den Eros nicht berührt hat. Die Bogenkunst, die Heilkunst und die Kunst des Sehers hat Apollon erfunden, und Begehren und Liebe haben ihn dabei geleitet. So ist denn auch er ein Schüler des Eros, und ebenso die Musen in der Musenkunst und Hephaistos in der Schmiedekunst und Athene in der Kunst des Webens und Zeus in der Kunst, über Götter und Menschen zu regieren. Daher sind denn auch die Angelegenheiten der Götter ins reine gekommen, als Eros unter sie trat, als Liebe zur Schönheit natürlich; denn mit der Häßlichkeit hat Eros nichts zu schaffen. Vordem aber, wie ich schon am Anfang sagte, soll sich unter den Göttern viel Schreckliches ereignet haben infolge der Herrschaft der Ananke. Als aber dieser Gott geboren wurde, entstand aus der Liebe zum Schönen alles Gute, für Götter und für Menschen.

So glaube ich, Phaidros, daß Eros erstlich in seinem Wesen der Schönste und Beste und im weiteren für die anderen der Spender all dieser Gaben ist. Es kommt mich aber an, in Versen zu sagen: er sei es, der da bewirkt

Frieden unter den Menschen, dem Meere ruhige Glätte,
Stille vom Sturm, und ruhigen Schlaf dem sorgenden Herzen.

Er nimmt uns das Gefühl der Fremdheit und schenkt uns dafür das der Vertrautheit, und wo gemeinsam wir uns auf solchen Wegen finden, da ordnet er unsern Gang: bei Festen, bei Chorreigen und wenn wir Opfer bringen, da ist er unser Führer, Milde uns spendend, das Wilde abwendend, Wohlwollen schenkend, Übelwollen von uns lenkend; gnädig ist er und gut; die Weisen sehen ihn gerne, und die Götter bewundern ihn; neidenswert ist er den Unglücklichen, ein erwünschter Besitz den Glückbegabten; des Wohllebens, der Behaglichkeit, der Üppigkeit, der Anmut, des Sehnens, des Verlangens Vater; besorgt um die Guten, unbesorgt um die Schlechten; in Not und Furcht, beim Verlangen und bei der Rede der beste Steuermann, Mitkämpfer, Helfer und Retter; aller Götter und Menschen Zier, der schönste und beste Führer, dem jeder Mann mit Lobgesang folgen soll, schön einstimmend in das Lied, das er erklingen läßt, bezaubernd aller Götter und Menschen Gemüt.

Diese Rede, Phaidros«, sagte er, »sei von mir dem Gott dargebracht; sie enthält zum Teil Scherz, zum Teil mäßigen Ernst, soweit ich es vermag.«

20. Als Agathon seine Rede beendet hatte, so erzählte Aristodemos, seien alle Anwesenden in Beifall ausgebrochen, wie würdig der Jüngling gesprochen habe, würdig seiner selbst wie auch des Gottes. Nun habe Sokrates den Eryximachos angeschaut und zu ihm gesagt: »Denkst du wohl, Sohn des Akumenos, ich hätte vorhin einer grundlosen Furcht nachgegeben und nicht eher als ein Seher gesprochen, als ich soeben sagte, daß Agathon wunderbar reden, ich dagegen in Verlegenheit geraten werde?«

»Das eine«, habe Eryximachos erwidert, »scheinst du mir freilich wie ein Seher vorausgesagt zu haben, daß Agathon gut reden werde; daß du aber in Verlegenheit geraten wirst, das glaube ich dir nicht.«

»Und wie, du Glücklicher«, habe Sokrates geantwortet, »soll ich nicht in Verlegenheit geraten, ich so gut wie jeder andere, der sprechen soll, nachdem eine so schöne und vielseitige Rede gehalten worden ist? Wohl war das übrige nicht im selben Maße bewundernswert; aber gegen den Schluß hin – wer wäre da beim Zuhören nicht hingerissen worden durch die Schönheit seiner Worte und Wendungen? Als ich mir bewußt wurde, daß ich selbst niemals imstande bin, auch nur annähernd etwas so Schönes zu sagen, da wäre ich vor Scham beinahe davongelaufen, wenn ich nur irgendwie gekonnt hätte. Denn die Rede erinnerte mich an Gorgias, so daß ich geradezu das erlebte, was Homer erzählt: ich bekam Angst, daß mir Agathon das Haupt des Gorgias, des gewaltigen Redners, am Schluß seiner Rede gegen meine Rede vorschicken werde und mir dadurch die Sprache raube und mich so zum Steine mache.

Da sah ich denn ein, wie lächerlich es von mir war, als ich euch versprach, ich würde, wenn die Reihe an mir sei, mit euch zusammen den Eros preisen, und als ich behauptete, ich verstünde mich auf die Dinge der Liebe, indes ich nicht einmal wußte, wie man überhaupt das Lob irgendeiner Sache sprechen muß. In meiner Einfalt meinte ich nämlich, man müsse über jedes, was man lobt, die Wahrheit sagen, und das sei die Voraussetzung. Und dann müsse man daraus das Schönste auswählen und es möglichst nett zusammenstellen; und so bildete ich mir recht viel darauf ein, wie gut ich sprechen werde, in der Meinung, ich wüßte Bescheid über die wahre Art, etwas zu loben. Doch war das offenbar gerade nicht das richtige Loben, sondern es kommt vielmehr darauf an, der Sache so Großes und Schönes wie nur möglich beizulegen, gleichviel ob es sich so verhält oder nicht. Wenn es falsch ist, so macht es auch nichts aus. Denn offenbar hatte man vorher verabredet, daß sich jeder von uns nur den Anschein geben solle, den Eros zu preisen, nicht daß er ihn wirklich preise. Darum, glaube ich, setzt ihr alle Gründe in Bewegung und legt sie dem Eros bei und behauptet, er sei so oder so beschaffen und so vieler Dinge Urheber, damit er möglichst schön und gut erscheint, das heißt für die, welche ihn nicht kennen, aber wohl kaum für die, die ihn kennen, und so wird die Lobrede schön und erhaben. Ich verstand mich aber eben nicht auf diese Art des Lobens, und weil ich nichts davon verstand, habe ich euch die Zusage gegeben, daß ich, wenn die Reihe an mir sei, selbst auch eine Lobrede halten werde; die Zunge nun hat es versprochen, nicht aber das Herz. Lassen wir es also bleiben! Denn auf diese Art will ich nicht noch eine Lobrede halten; ich könnte es auch gar nicht. Wenn ihr aber einverstanden seid, will ich die Wahrheit sagen, auf meine Art und nicht so, wie eure Reden waren, damit ich mich nicht lächerlich mache. Sieh nun zu, Phaidros, ob du auch eine solche Rede brauchen kannst, bei der du über den Eros die Wahrheit zu hören bekommst, in den Ausdrücken und Wendungen jedoch so, wie es mir gerade einfällt.«

Phaidros und auch die andern, sagte er, hätten ihn nun reden heißen, und zwar so, wie er meine, daß man reden müsse. »Noch etwas, Phaidros«, habe Sokrates gesagt; »erlaube mir, daß Agathon noch einige kleine Fragen stelle, damit ich mich zuerst mit ihm ins Einvernehmen setze, bevor ich rede.«

»Natürlich erlaube ich das«, habe Phaidros erwidert, »frage nur!«

Auf das hin, erzählte Aristodemos, habe Sokrates etwa folgendermaßen begonnen:

21. »Ich hatte in der Tat den Eindruck, Agathon, du habest deine Rede schön angefangen, als du sagtest, man müsse zuerst zeigen, wie beschaffen Eros selbst ist, und dann erst seine Werke darstellen; dieser Anfang gefällt mir sehr. So sage mir denn, nachdem du das Wesen des Eros im übrigen so prächtig geschildert hast, auch das noch von ihm: ist der Eros so beschaffen, daß er Liebe ist zu irgend jemand oder zu niemand? Ich frage nicht, ob er die Liebe einer Mutter oder eines Vaters ist (das wäre doch eine lächerliche Frage, ob der Eros Liebe einer Mutter oder eines Vaters sei), sondern wie wenn ich in bezug auf eben dieses Wort ›Vater‹ die Frage stellte: Ist denn der Vater Vater von irgend jemandem oder nicht? Wenn du da richtig antworten wolltest, würdest du mir wohl sagen, der Vater sei doch Vater eines Sohnes oder einer Tochter, oder nicht?«

»Ja, gewiß«, sagte Agathon.

»Und mit der Mutter ist es doch ebenso?«

Auch das gab er zu.

»So fahre noch ein wenig fort mit den Antworten«, habe Sokrates gesagt, »damit du besser begreifst, was ich will. Wenn ich dich fragte: Wie steht es aber mit dem Bruder: ist er das, was er ist, nämlich ein Bruder – ist er das von jemandem oder nicht?«

»Das ist er«, habe er gesagt.

»Doch wohl von einem Bruder oder einer Schwester?«

»Ja.«

»So versuche denn«, habe er gesagt, »dasselbe auch vom Eros zu sagen: Ist der Eros Liebe zu nichts oder zu etwas?«

»Gewiß ist er's zu etwas.«

»Behalte das vorläufig für dich, zu wem«, habe Sokrates gesagt. »Aber so viel sage uns: begehrt der Eros nach dem, dessen Liebe er ist, oder nicht?«

»Gewiß«, habe er erwidert.

»Besitzt er denn das, wonach er begehrt und was er liebt und begehrt und liebt es dann trotzdem, oder besitzt er es nicht?«

»Vermutlich besitzt er es nicht«, habe er erwidert.

»So sieh denn«, habe Sokrates gesagt, »ob es statt ›vermutlich‹ nicht notwendig so ist, daß das Begehrende das begehrt, wessen es bedarf, und daß es nicht begehrt, wenn es nicht bedürftig ist. Mir wenigstens scheint das völlig selbstverständlich, Agathon; und dir?«

»Auch mir«, habe dieser erwidert.

»Du hast recht. Oder möchte etwa einer, der schon groß ist, groß sein? Oder ein Starker stark?«

»Unmöglich nach dem, was wir zugegeben haben.«

»Denn es bedarf doch niemand dessen, was er schon ist.«

»Du hast recht.«

»Denn«, habe Sokrates gesagt, »Wenn einer, der stark ist, stark sein wollte, und wer schnell ist, schnell, und wer gesund ist, gesund... (denn vielleicht könnte man ja auch bei all diesen Dingen meinen, daß auch diejenigen, die schon so sind und es schon besitzen, das noch begehren, was sie bereits haben: damit wir uns da nicht irren, deshalb sage ich das) – wenn du dir das überlegst, Agathon, so müssen diese doch gegenwärtig alle diese Dinge besitzen, die sie besitzen, ob sie es nun wollen oder nicht. Wer aber möchte denn so etwas noch begehren? Nein, wenn jemand behauptet: ich bin zwar gesund, will aber doch auch gesund sein, oder ich bin reich, will aber auch reich sein, und ich begehre das, was ich schon besitze – dann würden wir ihm sagen: Du, Mensch, der du Reichtum und Gesundheit und Kraft besitzest, willst das auch für die Zukunft besitzen; denn gegenwärtig hast du es ja, ob du willst oder nicht. Wenn du nun erklärst: Ich begehre etwas von dem Gegenwärtigen, so sieh zu, ob du damit nicht das sagen willst: ich möchte, daß mir das, was ich gegenwärtig besitze, auch in der kommenden Zeit zur Verfügung steht. Das müßte er denn doch wohl zugeben?«

Dem habe Agathon zugestimmt. So fuhr denn Sokrates fort: »Das bedeutet aber doch, daß man das liebt, was einem noch nicht zur Hand ist und was man noch nicht besitzt, wenn man wünscht, daß einem diese Dinge auch für die Zukunft erhalten und gegenwärtig bleiben?«

»Ja, gewiß.«

»Dieser und jeder andere Begehrende verlangt also nach dem, was ihm nicht zur Hand und nicht gegenwärtig ist. Und was er nicht hat und was er selbst nicht ist und wessen er bedarf – das sind die Dinge, auf die sich die Begierde und der Eros richten.

»Ja, gewiß«, habe er geantwortet.

»Einigen wir uns also noch einmal über das Gesagte«, hätte Sokrates fortgefahren. »Der Eros ist also erstens etwas, das sich auf etwas richtet, und zweitens richtet er sich auf Dinge, wonach er ein Bedürfnis hat.«

»Ja«, habe er erwidert.

»Erinnere dich nun, von welchen Dingen du in deiner Rede gesagt hast, daß sich der Eros nach ihnen richtet. Oder wenn es dir lieber ist, will ich sie dir ins Gedächtnis zurückrufen. Ich glaube, du hast das etwa so gesagt: die Angelegenheiten der Götter seien in Ordnung gebracht worden durch die Liebe zum Schönen; denn zum Häßlichen gebe

es keine Liebe. Hast du dich nicht ungefähr so ausgedrückt?«
»Ja, das sagte ich«, habe Agathon erwidert.
»Das ist gerade die Aussage, die wir brauchen, mein Freund«, habe Sokrates gesagt. »Und wenn dem so ist, dann wäre also der Eros die Liebe zur Schönheit und nicht zur Häßlichkeit?«
Das gab er zu.
»Nun sind wir aber doch übereingekommen, daß man das liebt, dessen man bedürftig ist und das man nicht besitzt?«
»Ja«, habe er gesagt.
»Also ist der Eros der Schönheit bedürftig und besitzt sie nicht.«
»Notwendig«, habe er erwidert.
»Was nun aber der Schönheit bedürftig ist und was die Schönheit durchaus nicht besitzt – kannst du von dem sagen, es sei schön?«
»Gewiß nicht.«
»Behauptest du also noch immer, das Eros schön sei, wenn sich das so verhält?«
Da habe Agathon gesagt: »Sokrates, ich habe wohl von dem, was ich vorhin sagte, nichts verstanden.«
»Und doch hast du eine schöne Rede gehalten, Agathon«, erwiderte Sokrates. »Doch beantworte mir noch eine kleine Frage: glaubst du nicht, daß das Gute auch schön ist?«
»Doch.«
»Wenn aber nun der Eros des Schönen bedürftig ist und das Gute schön ist, so muß er doch auch des Guten bedürftig sein.«
»Ich kann dir nicht widersprechen, Sokrates«, habe er erwidert. »Sei es also, wie du sagst.«
»Nein, lieber Agathon«, sagte Sokrates, »der Wahrheit kannst du nicht widersprechen; dem Sokrates zu widersprechen böte gar keine Schwierigkeit.

22. Doch jetzt will ich dich in Ruhe lassen. Die Rede über den Eros aber, die ich einstmals von einer Frau aus Mantineia, von Diotima, gehört habe, die in diesen Dingen und in vielem anderen weise war und den Athenern durch ein Opfer vor einer Pest einst zehn Jahre Aufschub der Krankheit verschaffte und die auch mich in den Dingen der Liebe unterrichtet hat – die Rede also, die sie gehalten hat, will ich wiederzugeben versuchen, von dem ausgehend, worüber ich mich mit Agathon geeinigt habe, aber nun doch für mich allein, so gut ich es vermag. Wie du erklärt hast, Agathon, muß ich also zuerst darlegen, wer Eros und von welcher Art er ist, und anschließend erst seine Werke. Es scheint mir nun, dies sei am leichtesten so zu behandeln, wie es damals die Fremde tat, indem sie auf meine Fragen antwortete. Auch ich sagte nämlich beinahe dasselbe zu ihr wie nunmehr Agathon zu mir: Eros sei ein großer Gott und er richte sich auf das Schöne. Sie überführte mich aber mit denselben Worten wie ich ihn hier: daß er nach meiner eigenen Aussage weder schön sei noch gut.

›Wie meinst du das, Diotima‹, erwiderte ich. ›Ist demnach Eros häßlich und schlecht?‹

›Willst du wohl nicht lästern!‹ rief sie. ›Oder meinst du, was nicht schön sei, das müsse notwendig häßlich sein?‹

›Ganz gewiß.‹

›Und also auch unwissend, was nicht weise ist? Oder hast du nicht gemerkt, daß es ein Mittleres zwischen Weisheit und Unwissenheit gibt?‹

›Was ist das?‹

›Das Meinen des Richtigen, ohne Rechenschaft darüber geben zu können. Weißt du nicht‹, sagte sie, ›daß das weder ein Wissen ist (denn wie könnte etwas, für das man keine Gründe anzugeben weiß, ein Wissen sein?) noch Unwissenheit (denn wie wäre das Unwissenheit, was doch das Seiende trifft?)

Also ist offenbar die richtige Meinung so ein Mittleres zwischen Einsicht und Unwissenheit.‹

›Du hast recht‹, sagte ich.

›Behaupte also nicht mit aller Gewalt, daß das, was nicht schön ist, häßlich sei, und was nicht gut ist, schlecht. Und ebenso mit dem Eros: nachdem du nun selber zugibst, daß er weder gut noch schön ist, so glaube trotzdem nicht, daß er häßlich und schlecht sein muß, sondern etwas zwischen diesen beiden‹, sagte sie.

›Und doch‹, erwiderte ich, ›sind sich alle darüber einig, daß er ein großer Gott ist.‹

›Meinst du alle Unwissenden‹, erwiderte sie, ›oder auch die Wissenden?‹

›Alle zusammen doch.‹

Da lachte sie und sagte: ›Sokrates, wie könnte er denn von denen als großer Gott anerkannt werden, die behaupten, daß er nicht einmal ein Gott sei?‹

›Wer sind denn die?‹ fragte ich.

›Einer bist du‹, erwiderte sie, ›und eine bin ich.‹

Da sagte ich: ›Wie meinst du das?‹

›Das ist ganz leicht‹, versetzte sie. ›Sage mir doch: behauptest du nicht, daß alle Götter selig und schön seien? Oder möchtest du es wagen, einen von den Göttern nicht schön und selig zu nennen?‹

›Ich gewiß nicht, beim Zeus‹, erwiderte ich.

›Du nennst aber doch diejenigen glücklich, die das Gute und das Schöne besitzen?‹

›Ja, gewiß.‹

›Du hast aber doch zugegeben, daß Eros aus Mangel an dem Guten und Schönen eben nach dem begehrt, dessen er bedarf.‹

›Ja, das habe ich zugegeben.‹

›Wie sollte er also nun ein Gott sein, der er doch am Guten und Schönen keinen Anteil hat?‹

›Auf keinen Fall, wie mir scheint.‹

›Du siehst also‹, sagte sie, ›daß auch du den Eros nicht für einen Gott hältst.‹

23. ›Was mag denn also der Eros sein?‹ fragte ich. ›Etwa ein Sterblicher?‹

›Das am allerwenigsten.‹

›Aber was denn?‹

›So wie vorhin‹, sagte sie: ›ein Mittleres zwischen sterblich und unsterblich.‹

›Was denn, Diotima?‹

›Ein großer Daimon, Sokrates; denn alles Daimonische steht in der Mitte zwischen Gott und Sterblichem.‹

›Und was für eine Bedeutung hat es?‹ fragte ich weiter.

›Es verdolmetscht und überbringt den Göttern, was von den Menschen kommt, und den Menschen, was von den Göttern kommt: von den einen die Gebete und Opfer, von den anderen die Befehle und die Vergeltung für die Opfer. Es steht in der Mitte zwischen beiden und füllt die Kluft aus, so daß das All in sich verbunden ist. Durch dieses Daimonische geht auch alle Mantik und die Kunst der Priester, die sich auf die Opfer und Weihen und Beschwörungen und auf alle Wahrsagung und Zauberei verstehen. Ein Gott aber verkehrt nicht mit einem Menschen, sondern durch dieses Daimonische geschieht aller Umgang und alle Zwiesprache zwischen Göttern und Menschen, im Wachen wie im Schlafen. Und wer sich darauf versteht, der ist ein daimonischer Mann; wer aber sonst auf einem Gebiet Bescheid weiß, in irgendwelchen Künsten oder Handwerken, der ist ein gewöhnlicher Mann. Diese Daimonen aber sind zahlreich und mannigfaltig, und einer von ihnen ist der Eros.‹

›Von welchem Vater aber‹, fragte ich, ›und von welcher Mutter stammt er?‹

›Das ist zwar etwas weitläufiger zu erzählen‹, sagte sie; ›ich will es dir aber doch sagen. Als nämlich Aphrodite geboren wurde, hielten die Götter ein Mahl; unter ihnen war auch Poros, der Sohn der Klugheit. Als sie nun gespeist hatten, erschien die Armut, um zu betteln, da es doch ein Festmahl war, und stand an der Türe. Da ging Poros, berauscht vom Nektar (es gab ja damals noch keinen Wein), in den Garten des Zeus und fiel in einen schweren Schlaf. Die Armut faßte nun in ihrer Ratlosigkeit den Plan, mit Poros ein Kind zu erzeugen; sie legte sich zu ihm und empfing den Eros. Deshalb ist auch Eros ein Begleiter und Diener der Aphrodite geworden, weil er an ihrem Geburtstag gezeugt und gleichzeitig von Natur ein Liebhaber des Schönen ist und weil auch Aphrodite schön ist.

Und weil Eros der Sohn des Poros und der Armut ist, befindet er sich nun auch in folgender Lage. Erstlich ist er allezeit arm und bei weitem nicht so zart und schön, wie die meisten Leute glauben, sondern herb, rauh, unbeschuht und ohne Haus, da er stets auf der Erde und ohne Decken liegt und vor Türen und auf Wegen unter freiem Himmel schläft und, der Natur seiner Mutter gemäß, immer der Dürftigkeit Genosse ist. Nach der Art seines Vaters dagegen stellt er allem Schönen und Guten nach, ist tapfer, draufgängerisch und energisch, ein gewaltiger Jäger, der stets irgendwelche Ränke schmiedet, begierig nach Einsicht und gewandt, sein ganzes Leben hindurch philosophierend, ein gewaltiger Zauberer und Hexenmeister und Sophist. Er ist weder wie ein Unsterblicher veranlagt noch wie ein Sterblicher, sondern bald blüht und lebt er an ein und demselben Tag, wenn alles gut geht, bald stirbt er dahin und lebt wieder auf, gemäß der Natur seines Vaters. Das Erworbene aber zerrinnt immer wieder, so daß Eros weder Mangel leidet noch jemals reich ist.

Und auch zwischen Weisheit und Unwissenheit steht er in der

Mitte. Damit verhält es sich nämlich so: kein einziger von den Göttern philosophiert oder begehrt, weise zu werden (denn er ist es schon), und auch wer sonst weise ist, der philosophiert nicht. Die Unwissenden hinwiederum philosophieren auch nicht, noch begehren sie, weise zu werden. Denn das ist ja gerade das Schlimme an der Unwissenheit, daß man weder edel noch verständig und dabei doch der Meinung ist, man könne sich selbst genügen. Wer also nicht glaubt, bedürftig zu sein, der begehrt auch nicht nach dem, dessen er nicht zu bedürfen glaubt.‹

›Wer, Diotima, sind nun die Weisheitsliebenden‹, fragte ich, ›wenn es weder die Weisen noch die Unwissenden sind?‹

›Das muß doch schon jedem Kinde klar sein‹, erwiderte sie, ›daß die es sind, die in der Mitte zwischen den beiden stehen und zu denen wohl auch Eros zählt. Denn zu den schönsten Dingen gehört doch die Weisheit, und Eros ist Liebe zum Schönen; so muß also notwendig Eros weisheitsliebend sein. Indem er aber das ist, steht er in der Mitte zwischen dem Weisen und dem Unwissenden. Auch daran ist seine Herkunft schuld, stammt er doch von einem weisen und klugen Vater, aber von einer unweisen und unklugen Mutter. Gerade das ist nun aber die Natur des Daimons, Sokrates. Mit deiner Meinung über den Eros ist dir aber gar nichts Verwunderliches widerfahren. Du glaubtest, wie ich offenbar aus deinen Worten schließen kann, das Geliebte sei Eros, nicht das Liebende. Aus diesem Grunde, glaube ich, erschien dir Eros völlig schön. Denn das Liebenswerte ist auch das wirklich Schöne und Zarte und Vollkommene und Preiswürdige; das Liebende aber hat eine andere Gestalt, so eine, wie ich sie beschrieben habe.‹

24. Da sagte ich: ›Gut denn, fremde Frau, du hast recht. Wenn nun Eros so beschaffen ist, welche Bedeutung hat er dann für die Menschen?‹

›Das will ich dich eben zu lehren versuchen, Sokrates‹, sagte sie. ›So beschaffen also und so entstanden ist Eros, und er richtet sich nach dem Schönen. Wenn uns nun jemand fragte: Was bedeutet denn ›Liebe zum Schönen‹, Sokrates und Diotima? Oder noch deutlicher so: Inwiefern liebt der Liebende das Schöne?‹

›Daß es ihm zuteil werde‹, erwiderte ich.

›Diese Antwort‹, fuhr sie fort, ›ruft aber noch nach einer weiteren Frage, nämlich: Was geschieht dem, welchem das Schöne zuteil wird?‹

Ich erklärte, daß ich auf diese Frage keine Antwort mehr zur Hand habe.

Sie erwiderte: ›Wenn aber zum Beispiel jemand die Begriffe vertauschte und statt dem ›Schönen‹ das ›Gute‹ einsetzte und dann die Frage stellte: Nun, Sokrates, inwiefern liebt der Liebende das Gute?‹

›Daß es ihm zuteil werde‹, sagte ich.

›Und was geschieht dem, welchem das Gute zuteil wird?‹

›Da fällt mir die Antwort leichter‹, sagte ich. ›Er wird selig sein.‹

›Durch den Besitz der Güter nämlich‹, fuhr sie fort, ›sind die Seligen selig. Und hier braucht man nun nicht mehr weiter zu fragen, warum jemand selig sein will, wenn er es will, sondern das Fragen ist hier offenbar am Ende angelangt.‹

›Du hast recht‹, erwiderte ich.

›Dieser Wille nun und diese Liebe – glaubst du, sie seien allen Menschen gemeinsam und alle wünschen, die Güter immer zu besitzen – oder wie meinst du?‹

›Ja, gerade so‹, erwiderte ich, ›das ist allen gemeinsam.‹

›Warum aber, Sokrates‹, fuhr sie fort, ›sagen wir denn nicht, daß alle lieben, wenn doch alle nach demselben trachten und allezeit, sondern sagen nur von den einen, daß sie lieben, von den anderen aber nicht?‹

›Darüber wundere ich mich selbst auch‹, erwiderte ich.

›Nein, wundere dich nur nicht‹, sagte sie. ›Wir nehmen eben eine bestimmte Art des Liebens heraus und nennen es Eros, indem wir ihm den Namen des Ganzen zulegen; für die übrigen Arten aber verwenden wir andere Bezeichnungen.‹

›Zum Beispiel?‹ fragte ich.

›Wie das folgende: du weißt doch, daß »Schaffen« (»Dichten«) vielerlei bedeutet. Denn dafür, daß irgend etwas aus dem Nichtseienden in das Seiende übergeht, dafür ist insgesamt das Schaffen (Dichten) der Grund, und so sind auch die Werke in allen Künsten ein Schaffen (Dichten), und alle Meister sind Schöpfer (Dichter).‹

›Du hast recht.‹

›Und doch weißt du‹, fuhr sie fort, ›daß man sie nicht Dichter nennt, sondern daß sie andere Namen tragen. Von dem Gesamtbegriff des Schaffens (Dichtens) hat man nämlich den einen Teil abgesondert, der sich auf die Tonkunst und die Versmaße bezieht, und dem legt man nun den Namen des Ganzen bei. Denn nur das nennt man Dichtung, und wer diesen Teil des Schaffens innehat, wird als Dichter bezeichnet.‹

›Du hast recht‹, sagte ich.

›Ebenso ist es nun auch mit dem Eros. Im ganzen genommen ist das gesamte Verlangen nach den Gütern und dem Seligsein für einen jeden der größte und listenreiche Eros. Doch von den einen, die sich ihm sonst auf alle mögliche Art zuwenden, sei es zum Gelderwerb oder zur Freude an den Leibesübungen oder zur Philosophie, von diesen sagt man nicht, daß sie liebten oder Liebhaber seien. Die anderen aber, die nur auf eine bestimmte Art ausgehen und ihr nachstreben, erhalten den Namen des Ganzen: da spricht man von Liebe und vom Lieben und von Liebhabern.‹

›Du hast wohl recht‹, erwiderte ich.

›Und nun geht ja freilich die Rede‹, sagte sie, ›daß diejenigen lieben, die nach ihrer Hälfte suchen. Nach meiner Rede aber geht der Eros weder auf ein Halbes noch auf ein Ganzes, wenn es nicht zugleich ein Gutes ist, mein Freund. Lassen sich doch die Menschen ihre eigenen Füße und Hände abhauen, wenn diese, obgleich sie zu ihnen gehören, schlecht scheinen. Nicht das Eigene, glaube ich, bejaht ein jeder, falls man nicht das Gute als zugehörig und sein eigen und das Schlechte als fremd bezeichnet. So daß das, was die Menschen lieben, nichts anderes ist als das Gute. Oder glaubst du etwa doch?‹

›Nein, beim Zeus, ich gewiß nicht‹, erwiderte ich.

›So können wir also schlechthin sagen‹, fuhr sie fort, ›daß die Menschen das Gute lieben?‹

›Ja‹, erwiderte ich.

›Müssen wir aber nicht hinzufügen‹, sagte sie, ›daß sie verlangen, daß das Gute ihnen auch gehört?‹

›Ja, das müssen wir.‹

›Und weiter‹, sagte sie, ›daß es ihnen nicht nur gehört, sondern auch für immer gehört?‹

›Auch das müssen wir hinzufügen.‹

›Der Eros‹, sagte sie, ›geht also, mit einem Wort, darauf aus, daß einem das Gute für immer gehören soll?‹

›Du hast vollkommen recht‹, erwiderte ich.

25. ›Wenn also darauf der Eros ausgeht‹, fuhr sie fort, ›bei welcher Art, es zu verfolgen, und bei welchem Tun kann man dann diesen Eifer und diese Anstrengung als Eros bezeichnen? Kannst du mir sagen, was das für ein Werk ist?‹

›Dann würde ich ja nicht dich, Diotima, um deine Weisheit bewundern‹, sagte ich, ›und zu dir kommen, um gerade das zu lernen.‹

›So will ich es dir sagen‹, erwiderte sie. ›Es ist dies die Zeugung im Schönen, sowohl nach dem Leibe als nach der Seele.‹

›Der Seherkunst bedarf das, was du sagst‹, erwiderte ich, ›und ich verstehe es nicht.‹

›So will ich denn deutlicher sprechen‹, sagte sie. ›Alle Menschen möchten nämlich Frucht tragen, Sokrates, an Leib und Seele, und wenn sie in eine gewisse Reife gekommen sind, dann verlangt unsere Natur zu zeugen. Im Häßlichen zu zeugen vermag sie aber nicht, sondern nur im Schönen. (Denn des Mannes und Weibes Vereinigung bedeutet Zeugung.) Es ist dies aber eine göttliche Sache, und auch im sonst sterblichen Lebewesen ist dies als etwas Unsterbliches enthalten, das Zeugen und das Gebären. Das kann aber unmöglich im Ungemäßen geschehen; ungemäß aber ist für jedes Göttliche das Häßliche, das Schöne dagegen ist ihm gemäß. Schicksalsmacht und Geburtshelferin ist also für die Fortpflanzung die Göttin der Schönheit. Wenn sich daher das Zeugungsbereite dem Schönen nähert, so wird es froh und von Freude durchströmt und zeugt und pflanzt sich fort. Nähert es sich aber dem Häßlichen, so zieht es sich finster und betrübt in sich zusammen, wendet sich ab, schrumpft ein und zeugt nicht, sondern hält seine Fülle zurück und trägt sie als schwere Last. Daher kommt also für den Zeugungsbereiten und Schwellenden die große Neigung zum Schönen. Denn der Eros, Sokrates‹, sagte sie, ›richtet sich nicht eigentlich auf das Schöne, wie du meinst.‹

›Sondern worauf denn?‹

›Auf die Fortpflanzung und die Zeugung im Schönen.‹

›Das mag sein‹, erwiderte ich.

›Ja, gewiß‹, sagte sie. ›Wieso nun aber auf die Fortpflanzung? Weil die Fortpflanzung etwas Immerwährendes und Unsterbliches ist, soweit das im Sterblichen sein kann. Nach der Unsterblichkeit aber muß man mit dem Guten streben, wie sich aus dem ergibt, was wir zusammen festgestellt haben, wenn wirklich der Eros darauf ausgeht, daß einem das Gute für immer gehören soll. Aus diesem Satz ergibt sich also die Notwendigkeit, daß der Eros auch auf die Unsterblichkeit ausgeht.‹

26. Alles das lehrte sie mich, wenn sie über die Dinge der Liebe sprach, und einmal stellte sie mir die Frage: ›Was meinst du, Sokrates, ist die Ursache dieses Eros und der Begierde? Oder merkst du nicht, in welch unheimlichem Zustand alle Tiere sind, wenn sie zeugen wollen, die auf der Erde ebenso wie die Vögel, wie sie alle krank und verliebt sind, zunächst auf ihre Begattung hin, und dann bei der Ernährung der Jungen, und wie sie da bereit sind, für sie zu kämpfen, sogar die Schwächsten gegen die Stärksten, und für sie zu sterben, und wie sie sich selbst vom Hunger quälen lassen, um sie zu ernähren, und sonst alles Mögliche tun. Bei den Menschen‹, sagte sie, ›wird man ja annehmen können, daß sie aus Überlegung so handeln. Aus welchem Grund aber zeigen sich die Tiere so verliebt – kannst du mir das sagen?‹

Ich versetzte wiederum, ich wüßte es nicht. Sie aber fuhr fort: ›Und da gedenkst du nun in den Dingen der Liebe tüchtig zu werden, wenn du das nicht verstehst?‹

›Gerade aus diesem Grunde, Diotima, wie ich ja eben schon sagte, komme ich zu dir, weil ich weiß, daß ich Lehrer brauche. So gib mir auch davon den Grund an, gleich wie von allem anderen, was den Eros betrifft.‹

›Wenn du also glaubst‹, sagte sie, ›daß der Eros von Natur auf das ausgeht, worüber wir uns nun schon wiederholt geeinigt haben, so wundere dich weiter nicht. Denn hier wie dort sucht die sterbliche Natur, nach Möglichkeit ewig und unsterblich zu sein. Sie kann das aber allein auf die Weise, durch die Fortpflanzung, daß sie stets ein Junges an Stelle des Alten hinterläßt. Denn auch hier sagt man von jedem Lebewesen, es lebe und sei dasselbe, wie denn jemand von Kindheit an denselben Namen trägt, bis er ein Greis geworden ist. Wird dieser doch derselbe genannt, obwohl er niemals dasselbe in sich hat, sondern stets neu wird und anderes dafür verliert, an seinen Haaren ebenso wie am Fleisch und an den Knochen und am ganzen Leibe.

Und nicht nur an seinem Leibe, sondern auch an seiner Seele: die Gewöhnungen, Charaktereigenschaften, Meinungen, Begierden, Freuden, Schmerzen und Ängste – das alles ist bei einem jeden Menschen niemals gleich, sondern das eine wird, das andere vergeht. Und noch viel sonderbarer ist es, daß auch unser Wissen bald entsteht und bald wieder vergeht und daß wir auch in bezug auf das Wissen niemals dieselben sind, sondern daß jedes einzelne Wissen dasselbe erleidet. Denn was man »Übung« nennt, das setzt voraus, daß uns Wissen entschwinden kann; denn das Vergessen ist das Entschwinden des Wissens, die Übung dagegen rettet das Wissen, indem es ein neues Gedächtnis an Stelle des entschwindenden einpflanzt, so daß der Eindruck entsteht, es sei dasselbe. Denn auf diese Weise wird jegliches Sterbliche gerettet, nicht dadurch, daß es schlechthin immer dasselbe ist wie das Göttliche, sondern dadurch, daß das, was entschwindet und alt wird, wieder ein Junges von derselben Art hinterläßt, wie es selbst war. Durch diese Mittel, Sokrates‹, sagte sie, ›hat Sterbliches an der Unsterblichkeit teil, der Leib ebenso wie alles andere; beim Unsterblichen aber geschieht das auf andere Art. Wundere dich also nicht, wenn ein jegliches von Natur aus das wert hält, was von ihm abstammt; denn um der Unsterblichkeit willen steht einem jeden dieser Eifer und diese Liebe zur Seite.‹

27. Als ich diese Rede hörte, geriet ich in Staunen und sagte: ›Wohl denn, hochweise Diotima du: verhält sich das in der Tat so?‹

Da antwortete sie wie die vollendeten Sophisten: ›Darauf

kannst du dich verlassen, Sokrates. Denn auch wenn du auf die Ehrliebe der Menschen schauen willst, könntest du dich über ihre Unvernünftigkeit wundern, wenn du nicht das bedenkst, was ich gesagt habe, und dir bewußt bist, wie unheimlich sie durch den Eros dazu gestimmt sind, namhaft zu werden und unsterblichen Ruhm für ewige Zeit zu gewinnen. Und dafür sind sie bereit, alle Gefahren auf sich zu nehmen, noch mehr als für die Kinder, und ihr Vermögen aufzuwenden und jedwede Mühe zu ertragen, ja sogar dafür zu sterben. Denn meinst du‹, sagte sie, ›Alkestis wäre wohl für Admetos gestorben oder Achilleus dem Patroklos nachgestorben oder euer Kodros für die Königsherrschaft seiner Söhne vorweggestorben, wenn sie nicht geglaubt hätten, daß um ihrer Tüchtigkeit willen ein unsterbliches Gedächtnis an sie bleiben werde, wie wir es ja jetzt auch bewahren. Weit gefehlt‹, sagte sie. ›Vielmehr glaube ich, daß alle um der unsterblichen Tüchtigkeit und um eines solch rühmlichen Rufes willen alles tun – je besser sie sind, desto mehr. Denn ihre Liebe gilt dem Unsterblichen.‹

›Die nun vom leiblichen Zeugungsdrang erfüllt sind‹, fuhr sie fort, ›wenden sich mehr den Weibern zu, und hierauf richtet sich ihr Liebestrieb, daß sie, indem sie Kinder zeugen, nach ihrer Meinung für sich selbst Unsterblichkeit und Gedächtnis und Seligkeit für alle kommende Zeit erwerben. Die aber in der Seele zeugungsbereit sind – es gibt nämlich solche‹, sagte sie, ›die mehr noch in den Seelen als in den Leibern zeugen wollen, nämlich das, was der Seele zu zeugen und zu gebären gemäß ist. Was aber ist ihr gemäß? Einsicht und die übrige Tüchtigkeit. Zu deren Erzeugern zählen doch auch die Dichter alle und von den Handwerkern alle die, welche man als Erfinder bezeichnet. Weitaus die größte und schönste Einsicht aber‹, sagte sie, ›ist die, welche die Verwaltung der Städte und Hauswesen betrifft, die man bekanntlich

Zucht und Gerechtigkeit nennt. Wer nun mit diesen, als ein Mensch von göttlicher Art, schon von Jugend auf in seiner Seele erfüllt ist und dann, wenn seine Reife kommt, zu zeugen und fortzupflanzen begehrt, der geht dann auch, denke ich, umher und sucht das Schöne, in dem er zeugen könnte; denn im Häßlichen wird er niemals zeugen. An den schönen Leibern hat er also mehr Freude als an den häßlichen, da er ja zeugen möchte. Und wenn er dann einer schönen, edlen und wohlgeratenen Seele begegnet, dann hat er an beidem zusammen große Freude, und sogleich und mit Leichtigkeit findet er diesem Menschen gegenüber Reden über die Tüchtigkeit und darüber, wie der rechte Mann sein und was er treiben soll, und versucht ihn zu erziehen. Denn wenn er, denke ich, das Schöne berührt und mit ihm verkehrt, so zeugt er und pflanzt das fort, wovon er erfüllt war, und in der Nähe und in der Ferne denkt er daran und erzieht das Erzeugte gemeinsam mit jenem auf. Und so haben die Menschen dieser Art eine viel tiefere Gemeinschaft miteinander als die zu leiblichen Kindern, und eine festere Freundschaft, da sie ja auch schönere und unsterblichere Kinder miteinander haben. Und ein jeder möchte wohl lieber, er hätte solche Kinder bekommen als die menschlichen, wenn er auf Homer schaut oder auf Hesiod und die anderen guten Dichter und sie darum beneidet, was für Nachkommen sie hinterlassen, die ihnen unsterblichen Rum und Gedächtnis verschaffen, so wie sie selbst auch unsterblich sind.
Oder Kinder, wenn du willst‹, sagte sie, ›wie sie Lykurgos in Lakedaimon als Retter von Lakedaimon und sozusagen von ganz Hellas hinterließ. In Ehren steht bei euch auch Solon wegen der Gesetze, die er gezeugt hat, und viele andere Männer da und dort, bei den Hellenen und bei den Barbaren, die viele schöne Werke ans Licht gebracht und mancherlei Tüchtigkeit erzeugt haben. Ihnen hat man schon zahlreiche

Tempel errichtet um der Kinder dieser Art willen, aber noch nie jemandes menschlicher Kinder wegen.

28. In diese erotischen Mysterien kannst vielleicht auch du, Sokrates, eingeführt werden. Die letzten Weihen aber und die höchste Schau, auf die auch das hinausgeht, wenn einer den richtigen Pfad beschreitet – das weiß ich nicht, ob du dazu fähig bist. Ich will sie nun aber vortragen‹, sagte sie, ›und es an gutem Willen nicht fehlen lassen. Und du versuche zu folgen, wenn du dazu imstande bist.

Wer den richtigen Weg zu dieser Sache geht‹, begann sie, ›muß in seiner Jugend damit anfangen, daß er den schönen Leibern nachgeht und, wenn sein Führer ihn richtig leitet, zuerst einen Leib lieben und dort schöne Reden erzeugen. Dann aber soll er gewahr werden, daß die Schönheit an irgendeinem einzelnen Leibe mit der an jedem anderen verschwistert ist, und daß es höchste Einsichtslosigkeit wäre – wenn anders man dem Schönen an der äußeren Gestalt nachgehen muß –, die Schönheit an allen Leibern nicht für eine und dieselbe zu halten. Wer das aber eingesehen hat, muß zum Liebhaber aller schönen Leiber werden, in dieser heftigen Liebe zu jenem einen aber nachlassen, sie gering schätzen und für unwichtig ansehen.

Dann aber wird er die Schönheit in den Seelen für köstlicher halten als die im Leibe, so daß es ihm genügt, wenn einer an seiner Seele wohlgeartet ist, mag er auch nur einen geringen Reiz haben; ihn wird er lieben und Sorge zu ihm tragen und solche Reden zeugen und suchen, wie sie junge Leute besser machen können. Jetzt aber wird er gezwungen, auf das Schöne in den Einrichtungen und Gesetzen zu schauen und dabei innezuwerden, daß alles in sich verwandt ist, damit er dann das Schöne im Bereich des Leibes für etwas Geringes hält.

Nach den Einrichtungen aber muß man ihn zu den Wissenschaften führen, damit er nunmehr auch die Schönheit der Wissenschaften schaut und in einer Sicht, die bereits die Fülle des Schönen umfaßt, nicht mehr in sklavischer Gebundenheit an das Schöne bei einem Einzelnen so niedrig und engherzig bleibt, daß er sich mit der Schönheit eines Knaben oder eines bestimmten Menschen oder einer einzelnen Einrichtung begnügt, sondern sich auf das weite Meer des Schönen wendet und im Betrachten viele schöne und herrliche Reden und Gedanken zeugt in ungemessener Weisheitsliebe, bis er, dort gestärkt und gefördert, dann ein einzigartiges Wissen von solcher Art zu Gesicht bekommt, das sich auf ein Schönes von folgender Art bezieht. Versuche mir nun‹, sagte sie, ›so aufmerksam als möglich zu folgen.

29. Wer bis dahin in der Liebe erzogen ist, indem er die schönen Dinge der Reihe nach richtig betrachtet, der gelangt nunmehr zur Vollendung in der Liebeskunst und erblickt plötzlich ein Schönes von erstaunlicher Natur, eben jenes, Sokrates, um deswillen ja auch alle früheren Mühsale da waren. Es ist erstens ein immer Seiendes, das weder entsteht noch vergeht, weder zunimmt noch abnimmt. Zweitens ist es nicht teilweise schön und teilweise häßlich, auch nicht zuweilen schön, zuweilen nicht, auch nicht in bezug auf das eine Ding schön, auf das andere dagegen häßlich, auch nicht hier schön, dort aber häßlich, als sei es nur für die einen schön, für die anderen dagegen häßlich. Dieses Schöne zeigt sich ihm auch nicht als bloße Erscheinung, wie ein Antlitz oder wie Hände oder sonst etwas, woran der Leib teilhabt, aber auch nicht als irgendeine Aussage oder ein einzelnes Wissen, noch irgend als ein Seiendes, das sich irgendwo an einem anderen findet, etwa an einem Lebewesen oder an der Erde oder am Himmel oder sonst an etwas, sondern es ist es selbst, an sich selbst, mit sich selbst, eingestaltig und immer seiend. Alles andere Schöne aber hat an jenem Anteil, etwa in der Weise,

daß dieses andere entsteht und vergeht, während es selbst weder mehr oder weniger wird noch sonst in irgendeiner Hinsicht etwas erleidet. Wenn also jemand dadurch, daß er auf die rechte Art Knaben liebt, von diesen Dingen aus hinansteigt und jenes Schöne zu schauen beginnt, so wird er wohl nahezu an das Letzte rühren. Denn das bedeutet den rechten Weg zu den Dingen der Liebe gehen oder von einem anderen geführt werden, daß man, mit diesen schönen Dingen hier beginnend, um jenes Schönen willen immer weiter hinaufsteigt, wie auf Stufen: von einem schönen Leibe zu zweien und von zweien zu allen schönen Leibern, und von den schönen Leibern zu den schönen Einrichtungen und von den Einrichtungen zu den schönen Wissenschaften, bis man dann von den Wissenschaften aus zu jener Wissenschaft gelangt, die die Wissenschaft von nichts anderem als von jenem Schönen selbst ist, und er schließlich das erkennt, was das Schöne selbst ist.

An dieser Stelle im Leben, mein lieber Sokrates‹, sagte die fremde Frau aus Mantineia, ›wenn überhaupt irgendwo, ist das Leben für den Menschen lebenswert: wenn er das Schöne selbst schaut. Wenn du es einmal erblickst, so wirst du den Eindruck haben, daß es ganz anders ist als Gold und Gewänder und als die schönen Knaben und Jünglinge, bei deren Anblick du jetzt erschüttert wirst und bereit bist, du genau so wie viele andere, den Geliebten anzusehen, immer mit ihm zusammen zu sein und womöglich weder zu essen noch zu trinken, sondern immer nur zu schauen und beisammen zu sein. Was glauben wir erst‹, sagte sie, ›wenn es einem zuteil würde, das Schöne selbst lauter, rein und unvermischt zu sehen, nicht voll von menschlichem Fleisch und von Farben und von all dem anderen sterblichen Flitter, sondern wenn er das göttliche Schöne selbst in seiner Eingestaltigkeit zu sehen vermöchte? Glaubst du‹, sagte sie, ›es werde ein Mensch ein schlechtes Leben führen, der dorthin schaut und das anblickt und mit ihm zusammen ist? Oder denkst du dir nicht‹, sagte sie, ›daß dort und dort allein, wenn er das Schöne schaut durch das, wodurch es sichtbar wird, ihm das zuteil wird, daß er nicht nur Schattenbilder der Tüchtigkeit zeugt, da er ja auch nicht ein Schattenbild berührt, sondern das Wahre, weil er das Wahre berührt. Und wenn er die wahre Tüchtigkeit erzeugt und aufgezogen hat, ist ihm vergönnt, gottgeliebt zu werden, und dann kann, wenn überhaupt ein Mensch, auch er unsterblich sein.‹

Das also, Phaidros und ihr anderen, sprach Diotima, und ich bin davon überzeugt. Und aus dieser Überzeugung versuche ich auch die anderen davon zu überzeugen, daß, um zu diesem Besitz zu gelangen, nicht leicht jemand der menschlichen Natur einen besseren Helfer finden könnte als den Eros. Darum sage ich denn auch, es müsse jedermann den Eros ehren, und ich selbst ehre alles, was zu ihm gehört, und übe mich darin mit Vorliebe und ermuntere auch die anderen dazu. Und jetzt und allezeit preise ich die Macht und die Tapferkeit des Eros, so sehr ich kann. So laß denn auch, wenn du willst, Phaidros, diese Rede als ein Lob auf den Eros gesprochen sein; andernfalls nenne sie, was und wie es dir Vergnügen macht.«

30. Als nun Sokrates so gesprochen, hätten ihn die übrigen gelobt; Aristophanes aber habe eben etwas sagen wollen, weil Sokrates in seinen Ausführungen auf ihn wegen seiner Rede angespielt hatte. Doch da wurde plötzlich an die Türe geschlagen, und es gab einen großen Lärm wie von Nachtschwärmern, und man hörte die Töne einer Flötenspielerin. Da befahl Agathon:

»Seht einmal nach, ihr Knaben, und wenn es ein Bekannter ist, so ruft ihn herein; sonst sagt ihm, daß wir nicht mehr am Trinken sind, sondern eben gerade aufhören.«

Kurz darauf habe man in der Vorhalle die Stimme des Alkibiades gehört. Der war mächtig betrunken und fragte mit lauter Stimme, wo Agathon sei, und verlangte, man solle ihn zu ihm führen. Da faßte ihn denn die Flötenspielerin unter dem Arm, und sie und einige andere von dem Gefolge führten ihn zu ihnen herein. An der Türe sei er stehengeblieben, mit einem dichten Kranz von Efeu und Veilchen bekränzt und mit einer Menge Bänder um das Haupt, und habe gerufen:

»Seid gegrüßt, ihr Männer! Mögt ihr einen schwer betrunkenen Mann als Trinkgenossen bei euch aufnehmen? Oder sollen wir wieder abziehen, nachdem wir nur den Agathon mit dem Kranz umwunden haben, weswegen wir nämlich gekommen sind? Denn gestern«, habe er fortgefahren, »konnte ich nicht zu dir kommen. Jetzt aber bin ich da, mit den Bändern auf dem Kopf, um sie von meinem Haupt abzunehmen und damit das Haupt des weisesten und schönsten Mannes, wenn ich so sagen darf, zu umwinden. Lacht ihr mich etwa aus, weil ich betrunken bin? Ich weiß aber doch genau, daß ich recht habe, auch wenn ihr darüber lacht. Doch sagt mir nun auf der Stelle: Darf ich unter diesen Bedingungen eintreten oder nicht? Wollt ihr mit mir trinken oder nicht?«

Da hätten ihm alle zugejubelt und verlangt, er solle eintreten und sich niederlassen, und auch Agathon lud ihn ein. So sei er nun eingetreten, gestützt von seinen Leuten, und habe sogleich die Bänder ringsum abgenommen, um Agathon damit zu umwinden. Da er sie gerade vor seinen Augen hielt, konnte er Sokrates nicht sehen, sondern setzte sich neben Agathon, mitten zwischen ihm und Sokrates. Dieser rückte nämlich beiseite, um ihm Platz zu machen. Als er sich nun neben Agathon niedergelassen hatte, habe er ihn umarmt und mit den Bändern bekränzt. Nun habe Agathon befohlen:

»Nehmt dem Alkibiades die Sandalen ab, Knaben, damit er sich mit uns zu dritt niederlassen kann.«
»Also gut«, hätte Alkibiades erwidert, »aber wer ist denn da der dritte Zechgenosse?«
Dabei drehte er sich um und sah nun Sokrates. Als er ihn erkannte, sprang er auf und rief:
»Beim Herakles, was ist dann das? Sokrates ist da? Hast du dich wieder einmal nach mir auf die Lauer gelegt, so wie du immer gerade dort aufzutauchen pflegst, wo ich dich am wenigsten vermutete? Warum bist du jetzt wieder da? Und warum hast du dich gerade an diesen Platz gelegt – nicht etwa neben Aristophanes oder sonst neben einen, der ein Spaßmacher ist oder sein will, sondern du hast erreicht, daß du neben den Schönsten von allen, die hier sind, zu liegen kamst.«
Da habe Sokrates gesagt: »Sieh zu, Agathon, daß du mir zu Hilfe kommst. Denn die Liebe dieses Menschen ist mir zu einer lästigen Sache geworden. Seit der Zeit nämlich, da ich mich in ihn verliebte, darf ich keinen einzigen schönen Mann mehr ansehen oder mich mit ihm unterhalten, sonst macht der da, voller Eifersucht und Neid, die wunderlichsten Dinge, bricht in Schimpfworte aus und wird beinahe handgreiflich. Sieh also zu, daß er nicht auch jetzt wieder etwas anstellt, sondern versöhne uns und, wenn er Gewalt anwenden will, so hilf mir, habe ich doch die größte Angst vor seiner Raserei und seiner Verliebtheit.«
»Nein, zwischen dir und mir gibt es keine Versöhnung«, habe Alkibiades gesagt; »doch dafür will ich dich ein andermal bestrafen. Jetzt aber gib mir einige von deinen Bändern zurück, Agathon«, fuhr er fort, »damit ich auch dieses Mannes wunderbares Haupt umwinde und er mir nicht zum Vorwurf macht, daß ich dich bekränzt habe, ihn dann aber unbekränzt ließ, der doch mit seinen Reden alle Menschen besiegt, nicht nur kürzlich einmal wie du, sondern jederzeit.«

31. Zugleich habe er einige Bänder genommen und Sokrates damit bekränzt und sich dann hingelegt. Und als er sich niedergelassen hatte, habe er gesagt: »Wohlan denn, ihr Männer, mir scheint, ihr seid ja noch recht nüchtern. Das darf man euch aber nicht zulassen, sondern ihr müßt trinken; so haben wir es doch zusammen abgemacht. Nun wähle ich mich selbst zum Vorsitzenden beim Gelage, bis auch ihr genug getrunken habt. Agathon soll einen großen Humpen bringen lassen, wenn einer da ist. Doch nein, das ist nicht nötig, sondern du da – sagte er zu einem Sklaven – bring jenen Kühleimer dort«; er hatte einen gesehen, der mehr als acht Becher faßte. Diesen füllte er und trank ihn zuerst selber aus; dann ließ er ihn für Sokrates füllen und sagte dazu: »Dem Sokrates gegenüber, ihr Männer, nützt mir dieses Kunststück nichts; denn so viel ihm einer zumutet, so viel trinkt er aus und wird dabei trotzdem nie betrunken.«

Als nun der Knabe eingeschenkt, hätte Sokrates getrunken. Da habe Eryximachos gesagt: »Wie wollen wir es nun halten, Alkibiades? So, daß wir beim Becher gar nichts reden oder singen, sondern einfach nur trinken, wie wenn man Durst hat?«

Alkibiades erwiderte: »O Eryximachos, sei mir gegrüßt, du bester Sohn des besten und verständigsten Vaters!«

»Danke, gleichfalls«, habe Eryximachos erwidert. »Doch wie wollen wir es nun halten?«

»Genau so, wie du es verlangst; denn dir muß man doch gehorchen;

Denn ein Arzt ist höher als viele andere zu achten.

Schreib uns also vor, was du willst.«

»So höre mich an«, habe Eryximachos erwidert. »Bevor du eintratest, hatten wir beschlossen, daß rechts herum jeder von uns abwechslungsweise eine möglichst schöne Rede auf den Eros halten und ihn preisen müsse. Wir anderen haben nun alle gesprochen; nur du hast noch nicht geredet und nun doch schon ausgetrunken, darum ist es nun gerechterweise an dir zu sprechen. Ist das geschehen, so kannst du dem Sokrates vorschreiben, was du willst, und dieser dann seinem Nachbar rechts und so weiter.«

»Dein Vorschlag, Eryximachos«, habe Alkibiades erwidert, »ist ganz schön; aber es ist doch nicht billig, daß ein trunkener Mann mit Nüchternen im Reden wetteifern soll. Und zudem, mein Guter, glaubst du denn irgend etwas von dem, was Sokrates eben gesagt hat? Weißt du nicht, daß bei allem, was er sagte, gerade das Gegenteil wahr ist? Wenn ich nämlich in seiner Gegenwart irgendeinen anderen lobe, so wird er sich nicht enthalten, Hand an mich zu legen.«

»Willst du wohl schweigen?« habe Sokrates gesagt.

»Beim Poseidon«, erwiderte Alkibiades, »sage nichts dawider; denn wenn du da bist, werde ich doch keinen anderen loben.«

»Dann mach das nur so«, habe Eryximachos gesagt, »wenn du willst; lobe den Sokrates.«

»Wie meinst du das?« fragte Alkibiades. »Glaubst du, das müsse sein, Eryximachos? Soll ich mich über den Mann hermachen und ihn in eurer Gegenwart abstrafen?«

»Du da«, habe Sokrates gesagt, »was hast du eigentlich vor? Willst du mich mit deinem Lob lächerlich machen, oder was hast du vor?«

»Die Wahrheit will ich sagen; doch sieh zu, ob du mir das erlaubst.«

»Freilich«, erwiderte er, »die Wahrheit zu reden erlaube ich dir und verlange es sogar.«

»So will ich gleich beginnen«, habe Alkibiades gesagt. »Und du mache folgendes: wenn ich etwas Unwahres sage, so unterbrich mich mittendrin, wenn du willst, und sage, daß ich das lüge. Denn absichtlich werde ich nicht lügen. Wenn ich indes aus der Erinnerung bald etwas von hier, bald etwas von dort vorbringe, so darfst du dich nicht wundern. Denn in meinem Zustande ist es nicht leicht, dein wunderliches Wesen mit Fug und der Reihe nach zu schildern.

32. Den Sokrates zu loben, ihr Männer, will ich nun aber so versuchen, daß ich dazu zwei Bilder verwende. Er wird zwar vielleicht meinen, das geschehe, um ihn lächerlich zu machen. Das Bild soll aber der Wahrheit und nicht dem Spott dienen. Ich behaupte nämlich, er gleiche ganz und gar jenen Silenen, die sich in den Werkstätten der Bildhauer finden, wie die Meister, mit Syringen oder Flöten in der Hand, sie anfertigen: wenn man sie in der Mitte auseinandernimmt, so zeigt sich, daß sie in ihrem Innern Götterbilder enthalten. Und ferner behaupte ich, er gleiche dem Satyr Marsyas. Daß du diesen in deinem Aussehen ähnlich bist, wirst du selbst nicht bestreiten; daß du ihnen aber auch im übrigen gleichst, das höre nun. Du bist doch ein Übermütiger, oder nicht? Wenn du das nicht zugibst, kann ich Zeugen beibringen. Und bist du nicht auch ein Flötenspieler, und zwar ein noch viel bewundernswerterer als Marsyas? Denn er bezauberte die Menschen mit Hilfe seines Instrumentes vermöge der Gewalt, die von seinem Munde ausging, und so auch heute noch ein jeder, der seine Weisen vorträgt. Denn was Olympos auf der Flöte gespielt hat, weise ich dem Marsyas zu, der es ihn gelehrt hat. Und seine Weisen, mag sie nun ein guter Flötenspieler oder eine unbedeutende Flötenspielerin vortragen, sind die einzigen, die uns fesseln, und weil sie selbst göttlich sind, verraten sie die, welche der Götter und ihrer Weihen bedürfen. Du aber unterscheidest dich von ihm nur dadurch, daß du ohne Instrument, durch deine bloßen Reden, genau dieselbe Wirkung hervorbringst. Bei uns wenigstens ist es so: wenn wir von einem anderen, auch noch so guten Redner andere Reden hören, so macht sich sozusagen niemand etwas

daraus. Wenn aber jemand dir zuhört oder einem anderen, der deine Reden vorträgt, und wäre auch der Sprechende ein ganz unbedeutender Mann und mag es Weib, Mann oder Kind sein, der dir zuhört: da sind wir außer uns und ergriffen.

Ich wenigstens, ihr Männer, könnte euch unter Eid erzählen, wenn ich euch nicht völlig trunken vorkommen müßte, was mir selbst bei den Reden dieses Mannes widerfahren ist und mir heute noch widerfährt. Denn wenn ich ihn höre, dann klopft mir das Herz heftiger als den vom korybantischen Taumel Ergriffenen, und die Tränen kommen mir bei seinen Worten, und ich sehe, daß es noch sehr vielen anderen so geht. Wenn ich dagegen Perikles oder andere gute Redner hörte, dann dünkte mich wohl, sie sprächen gut – doch so etwas habe ich nie dabei empfunden, und meine Seele geriet auch nicht in Verwirrung oder wurde unwillig, daß ich in einer Verfassung sei, die eines freien Mannes unwürdig ist. Aber von diesem Marsyas da bin ich schon oft in eine Stimmung versetzt worden, daß ich glaubte, ich könne in diesem Zustande nicht mehr weiterleben. Und auch davon, Sokrates, wirst du nicht sagen können, es sei nicht wahr. Auch jetzt noch bin ich mir ganz genau bewußt, daß, wenn ich dir Gehör schenken wollte, ich mich nicht in der Gewalt haben könnte, sondern daß es mir wieder so erginge. Er nötigt mich nämlich zu dem Zugeständnis, daß ich mich selbst, obschon mir so vieles mangelt, doch immer noch vernachlässige und mich statt dessen um die Angelegenheiten der Athener kümmere. Ich halte mir also mit Gewalt, wie vor den Sirenen, die Ohren zu und fliehe von dannen, um nicht an Ort und Stelle sitzenzubleiben und neben dem da zum alten Manne zu werden. Einzig bei ihm unter allen Menschen ist mir das widerfahren, was wohl niemand bei mir zu finden erwartet: daß ich mich vor jemandem schäme; aber nur vor ihm allein schäme ich mich. Denn ich bin mir bewußt, daß ich tun müßte, was er verlangt, und daß ich ihm nicht zu widersprechen vermag; wenn ich aber von ihm weggegangen bin, unterliege ich vor dem Volke von neuem meinem Ehrgeiz. So laufe ich denn weg und fliehe ihn, und wenn ich ihn erblicke, schäme ich mich dessen, was ich ihm zugestanden habe. Ja manchmal sähe ich es gerne, wenn er nicht mehr unter den Menschen weilte; sollte das aber wirklich eintreten, dann wäre ich, das bin ich mir bewußt, noch viel tiefer betrübt. Ich weiß also gar nicht mehr, wie ich es mit diesem Menschen halten soll.

33. Solches haben also ich und auch viele andere durch diese Flötenweisen von diesem Satyr erlitten. Laßt mich aber noch weiter ausführen, wie ähnlich er jenen ist, mit denen ich ihn verglichen habe, und was für eine wunderbare Gewalt er ausübt. Denn ihr wißt ja ganz gut, daß ihn niemand von euch wirklich kennt. Ich aber will ihn nun offenbaren, nachdem ich einmal damit begonnen habe. Ihr seht ja, wie Sokrates in schöne Jünglinge verliebt ist und daß er stets um sie herum und von ihnen entzückt ist; auf der anderen Seite aber weiß und versteht er von allem nichts, wie er sich den Anschein gibt. Ist das denn nicht ganz die Art eines Silens? – Ja, durchaus; hat er doch das nur als äußere Hülle um sich herumgenommen wie der geschnitzte Silen. Wenn man ihn aber öffnet, da glaubt ihr gar nicht, ihr Zechgenossen, von wieviel Besonnenheit sein Inwendiges erfüllt ist. Denn wisset, daß es ihm gar nicht darauf ankommt, ob einer schön ist; im Gegenteil: er schätzt das so gering, wie niemand es glauben würde. Auch darauf nicht, ob jemand reich ist oder sonst einen der Vorzüge besitzt, die von der Menge gepriesen werden; allen diesen Besitztümern legt er keinen Wert bei, und uns achtet er für nichts, das sage ich euch. Sein ganzes Leben verbringt er damit, daß er sich den Menschen gegen-

über naiv stellt und sein Spiel mit ihnen treibt. Wenn er aber ernst macht und sein Inneres öffnet – da weiß ich nicht, ob schon jemand die Götterbilder in seinem Inneren gesehen hat. Aber ich habe sie schon einmal gesehen, und sie schienen mir so göttlich und golden und herrlich schön und wunderbar, daß ich ohne Zögern tun zu müssen glaubte, was Sokrates verlangte.

Da ich nun der Meinung war, daß er es ernstlich auf meine jugendliche Schönheit abgesehen hätte, hielt ich es für ein Gottesgeschenk und für einen wunderbaren Glücksfall für mich, daß ich, wenn ich dem Sokrates zu willen sei, alles hören dürfte, was er selbst wisse; ich hielt nämlich wunder wie große Stücke von meiner Jugendschönheit. Nun war ich bisher nicht gewohnt, ohne einen Diener allein mit ihm zusammen zu sein; doch als ich diese Erwägung machte, schickte ich den Diener weg und blieb mit ihm allein. Denn ich muß euch die ganze Wahrheit sagen; so merkt also auf, und wenn ich lüge, Sokrates, so erhebe Einspruch. Ich war also ganz allein mit ihm zusammen, ihr Männer, und erwartete, er werde nun sofort so mit mir reden, wie ein Liebhaber in der Einsamkeit mit seinem Liebling spricht, und ich freute mich darauf. Es geschah aber gar nichts Derartiges, sondern er unterhielt sich mit mir ganz wie gewohnt, und nachdem er den Tag mit mir verbracht hatte, ging er nach Hause. Auf das hin schlug ich ihm vor, wir wollten gemeinsam unsere Leibesübungen machen, und turnte mit ihm in der Meinung, ich könnte so etwas erreichen. Er machte also mit mir seine Übungen und rang auch öfters mit mir, ohne daß jemand zugegen war. Doch was braucht es noch mehr der Worte? Es kam dabei nichts weiter für mich heraus. Da ich nun so auf keine Weise zum Ziele kam, glaubte ich, ich müßte dem Mann kräftiger zusetzen und nicht nachgeben, nachdem ich einmal den Versuch unternommen hatte, sondern ich wollte endlich erfahren, wie die Sache stehe. Ich lud ihn deshalb zu mir zum Essen ein, ganz so, wie ein Liebhaber seinem Geliebten nachstellt. Nicht einmal das sagte er mir sogleich zu, doch ließ er sich immerhin mit der Zeit überreden. Als er dann das erstemal zu mir kam, wollte er nach dem Essen gleich wieder weggehen, und aus lauter Scham ließ ich ihn diesmal noch fort. Das nächstemal stellte ich es aber schlauer an: nach dem Essen redete ich die ganze Nacht hindurch mit ihm, und als er weggehen wollte, brauchte ich den Vorwand, es sei schon spät, und nötigte ihn zum Bleiben.

Er legte sich nun auf dem Polster nieder, das gerade neben dem meinigen stand und auf dem er auch gegessen hatte, und niemand sonst schlief in dem Gemach als wir ... Bis hierher nun könnte man die Geschichte jedermann ohne Bedenken erzählen. Was aber nun folgt, das würdet ihr aus meinem Munde nicht vernehmen, wenn nicht erstens, wie das Sprichwort sagt, der Wein – mit oder ohne Kinder – die Wahrheit sagte, und wenn es mir ferner nicht unrecht schiene, eine erhabene Tat des Sokrates zu verschweigen, nachdem ich einmal daran bin, ihn zu loben. Und im weiteren geht es mir wie denen, die von der Natter gebissen sind: man behauptet nämlich, daß einer, dem das widerfahren ist, niemandem erzählen wolle, wie es war, als denen, die auch schon gebissen wurden, weil sie allein verstehen und verzeihen können, wenn er im Schmerz vor keiner Tat und vor keiner Rede zurückschreckt. Ich aber bin nun von etwas gebissen, das mehr weh tut, und an der Stelle, wo man einen Biß am empfindlichsten spürt, im Herzen nämlich oder an der Seele, oder wie man das nennen will, bin ich getroffen und gebissen von den Worten der Philosophie, die sich heftiger einbeißen als eine Natter, wenn sie die Seele eines wohlgearteten Jünglings ergreifen und sie dazu bringen, daß sie alles mögliche tut oder redet. Und nun sehe ich da einen Phaidros vor mir und einen Agathon, einen Eryximachos, einen Pausanias, einen Aristodemos und einen Aristophanes – was brauche ich noch den Sokrates selbst zu nennen und alle die anderen: denn ihr alle habt Anteil bekommen an der Raserei und dem bacchischen Taumel der Philosophie. Deshalb sollt ihr es alle hören. Denn ihr werdet verzeihen können, was damals geschehen ist und was jetzt erzählt wird. Die Diener aber und wenn sonst ein Ungeweihter und Ungebildeter da ist: ihr sollt ganz große Riegel vor eure Ohren legen.

34. Als nun nämlich, ihr Männer, die Lampe ausgelöscht und die Diener draußen waren, da glaubte ich, ich sollte nun keine weiteren Umstände mehr mit ihm machen, sondern frei heraussagen, wie ich es meinte. Ich stieß ihn also an und sprach: ›Sokrates, schläfst du?‹

›Nein‹, erwiderte er.

›Weißt du, was ich im Sinn habe?‹

›Was denn?‹ fragte er.

›Ich habe den Eindruck‹, fuhr ich fort, ›du seist der einzige Liebhaber, der meiner wert ist, du scheinst dich aber zu scheuen, mit mir davon zu reden. Ich aber stelle mich so dazu: nach meiner Meinung wäre es sehr töricht, wenn ich mich dir darin nicht ebenso gefällig zeigen wollte, wie wenn du sonst etwas von meiner Habe oder von meinen Freunden bedürftest. Denn für mich ist nichts wichtiger, als daß ich so trefflich werde wie nur möglich; dazu aber, glaube ich, gibt es für mich keinen geeigneteren Helfer als dich. Wollte ich mich also einem solchen Manne nicht gefällig zeigen, so müßte ich mich viel mehr vor den Vernünftigen schämen als vor der Menge und den Unvernünftigen, falls ich ihm zu Willen bin.‹

Als er das gehört hatte, da sagte er so ganz in seiner gewohnten ironischen Art: ›Lieber Alkibiades, du scheinst ja wirklich nicht dumm zu sein, wenn das wahr ist, was du von mir

behauptest, und es in mir eine Kraft gibt, durch die du besser werden kannst. Du mußt wohl in mir eine unwiderstehliche Schönheit sehen, die deine Wohlgestalt weit übertrifft. Wenn du sie nun siehst und daraufhin an ihr teilzuhaben und deine Schönheit gegen meine Schönheit einzutauschen versuchst, so gedenkst du mich nicht wenig zu übervorteilen, versuchst du doch, für den bloßen Schein des Schönen sein wahres Wesen zu erwerben, und denkst in der Tat, Gold für Erz einzutauschen. Doch sieh genauer zu, mein Verehrter, damit dir nicht etwa entgeht, daß an mir eigentlich nichts ist. Der Blick des Geistes beginnt ja dann erst scharf zu sehen, wenn der der Augen in seiner Sehkraft nachzulassen anfängt; bei dir aber ist das noch lange nicht so weit.‹
Als ich das gehört hatte, sagte ich: ›Was mich betrifft, so ist dem so; und ich habe dabei nichts anderes gesagt, als was ich denke. Du aber überlege dir nun selbst, was du für dich und für mich als das Beste ansiehst.‹
›Ja‹, sagte er, ›da hast du recht; in Zukunft wollen wir immer zuerst überlegen und dann tun, was uns in diesen und anderen Dingen das Beste scheint.‹
In dieser Rede und Antwort hatte ich gleichsam meine Pfeile verschossen und glaubte nun, er sei verwundet. Ich stand also auf und ließ ihn nicht mehr weiterreden, sondern deckte ihn mit meinem Oberkleid zu (es war Winter), legte mich unter seinen Mantel und schlug meine beiden Arme um diesen wahrhaft dämonischen und wunderbaren Menschen, und so lag ich die ganze Nacht. Und auch hier, Sokrates, wirst du nicht behaupten, daß ich lüge. Aber als ich das getan hatte, da zeigte er mir sehr seine Überlegenheit und verachtete und verlachte meine Schönheit und verhöhnte sie; und gerade auf sie hatte ich mir doch etwas eingebildet, ihr Richter – denn Richter seid ihr nun über des Sokrates Hochmut. Denn wißt nur, bei den Göttern und Göttinnen: nach-

dem ich mit Sokrates geschlafen hatte, stand ich nicht anders auf, als wenn ich mit dem Vater oder einem älteren Bruder geschlafen hätte.

35. Was meint ihr nun, wie mir darauf zumute war, da ich mich einerseits gekränkt fühlte und andererseits doch seine Natur und seine Besonnenheit und Tapferkeit bewunderte, da ich einem Manne begegnet war, wie ich ihn nie zu finden erwartet hatte an Einsicht und Seelenstärke? Ich vermochte ihm also weder zu zürnen und mich seines Umgangs zu berauben, noch fand ich einen Weg, um ihn für mich zu gewinnen. Denn das wußte ich ganz genau: daß er durch Geld noch viel weniger verwundbar sei als Aias durch Eisen; und bei dem einzigen Mittel, durch das ich ihn zu fangen geglaubt hatte, war er mir entwischt. Ich wußte also keinen Ausweg mehr und ging umher, so in der Gewalt dieses Mannes wie noch nie einer in der eines anderen.

Das alles war mir nämlich schon widerfahren, bevor wir gemeinsam am Feldzug nach Poteidaia teilnahmen und dort am selben Tisch saßen. Da übertraf er nun erstens im Ertragen von Anstrengungen nicht nur mich, sondern auch alle anderen. Wenn wir irgendwo abgeschnitten waren, wie es auf Feldzügen vorkommen kann, und dann fasten mußten, da konnten das die anderen lange nicht so gut aushalten. Durften wir es uns aber wohl sein lassen, so vermochte er als einziger das zu genießen, besonders wenn er, was ihm freilich zuwider war, zum Trinken genötigt wurde: da übertraf er uns alle. Und worüber man sich am meisten wundern muß: kein Mensch hat jemals den Sokrates betrunken gesehen. Davon, glaube ich, werde ich jetzt dann gerade einen neuen Beweis bekommen. Im Ertragen der Kälte wiederum (die Winter sind dort sehr streng) leistete er Erstaunliches, besonders einmal, als der Frost gerade am stärksten war und alle anderen entweder überhaupt nicht hinausgingen oder, wenn es einer doch wagte, er wunder wieviel an Anzügen und Schuhwerk trug und seine Füße in Filz und Schafpelze eingewickelt hatte. Er aber ging unter ihnen in derselben Bekleidung hinaus, die er auch sonst zu tragen pflegte, und schritt barfuß mit größerer Leichtigkeit über das Eis hin als die anderen in ihren Schuhen. Die Soldaten aber sahen ihn scheel an, als wollte er sich über sie lustig machen.

36. Das wäre nun das eine;

doch wie der mächtige Held auch jenes bestand und ertragen,

damals auf dem Feldzuge, das lohnt sich zu hören. In irgendeinen Gedanken vertieft, stand er nämlich vom Morgen an auf demselben Fleck und überlegte, und als es ihm nicht gelingen wollte, gab er nicht nach, sondern blieb nachsinnend stehen. Inzwischen war es schon Mittag geworden; da merkten es die Leute, und verwundert erzählte es einer dem anderen, daß Sokrates schon seit dem Morgen dastehe und über etwas nachdenke. Schließlich, als es schon Abend war, trugen einige von den Ioniern, als sie gegessen hatten, ihre Schlafpolster hinaus (damals war es Sommer); so schliefen sie in der Kühle und konnten gleichzeitig beobachten, ob er auch in der Nacht dort stehen bleibe. Und er blieb wirklich stehen, bis es Morgen wurde und die Sonne aufging. Dann verrichtete er noch sein Gebet an die Sonne und ging weg.

Wollt ihr nun auch hören, wie er in der Schlacht war? Es ist doch wohl billig, ihm auch hier sein Lob zu entrichten. Als nämlich die Schlacht stattfand, nach der mir die Feldherren sogar den Preis der Tapferkeit zuerkannten, da war es der da und kein anderer, der mich gerettet hat. Denn als ich verwundet war, wollte er mich nicht verlassen, sondern brachte meine Waffen und mich selbst in Sicherheit. Ich war es dann auch, Sokrates, der damals die Feldherren aufgefordert hat, den Preis dir zuzusprechen; da wirst du mich wohl nicht schelten oder sagen, daß ich lüge. Als aber die Feldherren auf meinen Rang Rücksicht nahmen und die Auszeichnung mir geben wollten, da bestandest du noch eifriger als die Feldherren darauf, daß ich und nicht du sie bekommen sollte. Und erst recht, ihr Männer, hätte man den Sokrates sehen sollen, als das Heer auf der Flucht von Delion zurückwich. Es traf sich, daß ich zu Pferd nebenher ritt, während er schwerbewaffnet zu Fuß ging. Er befand sich also auf dem Rückzug, als die Leute schon zerstreut waren, und Laches war bei ihm. Ich kam nun gerade dazu, und als ich sie sah, rief ich ihnen sogleich zu, sie sollten guten Mutes sein, und versprach ihnen, sie nicht im Stich zu lassen. Da konnte ich denn den Sokrates noch schöner beobachten als bei Poteidaia; ich selbst hatte ja weniger Furcht, weil ich zu Pferde war: zuerst, wie er den Laches an gefaßter Haltung übertraf. Und im weiteren hatte ich den Eindruck, daß er dort genau so wie hier in der Stadt einherging, wie du ihn schilderst, Aristophanes: ›sich brüstend und die Augen zur Seite werfend‹, und den Blick gelassen auf Freund und Feind richtend, so daß es jedem schon von weitem klarwurde, daß sich dieser Mann sehr kräftig wehren werde, wenn ihn einer angreifen sollte. So kam er denn auch ungeschoren davon, er selbst und auch der andere; denn in der Regel greifen sie im Kriege die nicht an, die eine solche Haltung zeigen, sondern verfolgen nur die Hals über Kopf Fliehenden.

Noch manches andere und Bewundernswerte gäbe es an Sokrates zu rühmen. Doch was die übrigen Gebiete seiner Tätigkeit betrifft, da könnte man ja vielleicht auch von einem anderen ähnliches erzählen; daß er aber keinem anderen Menschen vergleichbar ist, weder aus früherer Zeit noch von heute, das ist doch aller Bewunderung wert. Denn wie Achilleus war, damit könnte man wohl auch den Brasidas und andere vergleichen, und wiederum, wie Perikles war, den Nestor und den Antenor, und es gibt auch noch andere, und auch für alle übrigen könnte man in entsprechender Weise einen Vergleich finden. So aber, wie dieser Mensch ist mit der ganzen Seltsamkeit in seinem Wesen und in seinen Reden – da könnte man wohl bei weitem nichts Ähnliches finden, weder unter den Heutigen noch unter den Früheren, es müßte ihn denn schon jemand nicht mit einem Menschen, sondern mit jenen Wesen vergleichen, die ich eben erwähne, mit den Silenen und Satyrn, ihn selbst und auch seine Reden.

37. Denn das habe ich ja am Anfang noch beiseite gelassen, daß auch seine Reden größte Ähnlichkeit mit den Silenen haben, die man öffnen kann. Will nämlich jemand die Reden des Sokrates hören, so werden sie ihm zunächst sehr lächerlich vorkommen, hüllen sie sich doch außen in solche Wörter und Redensarten ein wie in das Fell eines übermütigen Satyrs. Denn er redet von Packeseln und Schmieden und Schustern und Gerbern und scheint immer auf dieselbe Art dasselbe zu sagen, so daß jeder unerfahrene und unverständige Mensch über seine Worte lachen möchte. Wer sie aber geöffnet sieht und in ihr Inneres eindringt, der wird finden, daß sie erstens allein unter allen Reden Vernunft haben, und sodann, daß sie von göttlichster Art sind und die schönsten Bilder der Tüchtigkeit in sich tragen, und daß sie auf das meiste Bezug haben, ja sogar auf alles, worauf derjenige bedacht sein muß, der gut und edel werden will.

Das ist es, ihr Männer, was ich zum Lobe des Sokrates sagen möchte. Und auch, was ich an ihm tadle, habe ich beigemischt und euch gesagt, womit er mich gekränkt hat. Und nicht nur mit mir ist er so verfahren, sondern auch mit Charmides, mit Euthydemos, dem Sohn des Diokles, und mit sehr vielen anderen, denen er vortäuscht, er sei ihr Liebhaber, während er doch vielmehr aus dem Liebhaber zum Geliebten wird. Und das sage ich nun auch dir, Agathon, damit du dich nicht von ihm täuschen lassest, sondern dir meine Erfahrungen merkst und auf der Hut bist und nicht, wie das Sprichwort sagt, ›wie ein Tor erst durch Schaden klug wirst‹.«

38. Als Alkibiades so gesprochen hatte, sei ein Gelächter entstanden über den Freimut seiner Erzählung, weil er noch immer in Sokrates verliebt schien. Sokrates aber habe gesagt: »Ich habe den Eindruck, du seist noch ganz nüchtern, Alkibiades. Sonst hättest du dich nicht so elegant im Kreise gedreht und das zu verbergen gesucht, weswegen du ja eigentlich das Ganze vorgebracht hast, und es dann ans Ende gesetzt, als wäre es bloß eine Nebensache; als ob du nicht alles nur deshalb gesagt hättest, um mich und Agathon auseinanderzubringen, in der Meinung, ich dürfe nur dich und sonst niemanden lieben, und Agathon wieder dürfe nur von dir und sonst von niemandem geliebt werden. Aber du hast das nicht verbergen können, und dein Satyr- und Silenspiel ist an den Tag gekommen. Deshalb, lieber Agathon, soll er keinen Vorteil davon haben, sondern sorge dafür, daß mich und dich niemand auseinanderbringt.«

Darauf hätte Agathon versetzt: »Ja, Sokrates, vielleicht hast du ganz recht. Ich schließe das auch daraus, daß er sich gerade mitten zwischen mir und dir niedergelassen hat, um uns auch so voneinander zu trennen. Das wird ihm aber nichts helfen, sondern ich komme jetzt zu dir und lege mich dort nieder.«

»Ja, gut«, habe Sokrates erwidert, »komm nur und leg dich hier gerade neben mich.«

»O Zeus«, habe Alkibiades ausgerufen, »was muß ich doch von diesem Menschen wieder erleben! Er meint, er müsse sich mir bei jeder Gelegenheit überlegen zeigen. Aber wenn es denn nicht anders geht, du Wunderlicher, so laß wenigstens Agathon in der Mitte zwischen uns Platz nehmen.«

»Nein, das geht unmöglich«, habe Sokrates erwidert. »Denn

du hast mich nun gelobt; somit muß wiederum auch ich meinen Nebenmann zur Rechten loben. Wenn nun aber Agathon unten an dir Platz nimmt, so wird er mich doch nicht etwa noch einmal loben wollen, bevor er zuerst von mir gelobt worden ist? Nein, laß uns nur, du Schwieriger, und mißgönne dem Jüngling das Lob nicht, das ich ihm sprechen will; ich brenne nämlich darauf, ihn zu loben.«

»Bravo«, habe Agathon gerufen, »jetzt kann ich unmöglich mehr hier bleiben, Alkibiades, sondern muß auf alle Fälle meinen Platz wechseln, um von Sokrates gelobt zu werden.«

»Da haben wir wieder die gewohnte Geschichte«, habe Alkibiades gesagt: »wenn Sokrates da ist, kann niemand sonst etwas von den Schönen haben. Und wie geschickt hat er auch jetzt wieder einen einleuchtenden Vorwand gefunden, daß dieser neben ihm Platz nehmen soll.«

39. Agathon sei darauf aufgestanden, um sich neben Sokrates niederzulassen. Da sei plötzlich eine ganze Menge von Nachtschwärmern an die Türe gekommen, und als sie diese offen fanden, weil gerade jemand hinausgegangen war, seien sie einfach hereingekommen und hätten sich bei ihnen niedergelassen. Und alles sei voll Lärm gewesen, und ohne irgendwelche Ordnung mehr sei man gezwungen worden, sehr viel Wein zu trinken.

Eryximachos, Phaidros und einige andere, so erzählte Aristodemos, seien nun nach Hause gegangen. Ihn selbst aber habe der Schlaf übermannt, und er habe recht lange geschlafen, weil die Nächte damals ja lang waren. Gegen Morgen sei er dann aufgewacht, als schon die Hähne krähten, und habe gesehen, daß die anderen entweder schliefen oder weggegangen waren. Nur Agathon und Aristophanes und Sokrates seien noch wach gewesen und hätten, nach rechts herum, aus einer großen Schale getrunken, und Sokrates habe ein Gespräch mit ihnen geführt. Worüber sie sonst geredet haben, sagte Aristodemos, könne er sich nicht mehr erinnern, sei er doch nicht von Anfang an dabei gewesen, und zudem hätte er zwischenhinein ein wenig geschlummert. In der Hauptsache aber sei es darum gegangen, sagte er, daß Sokrates sie zuzugeben genötigt habe, ein und derselbe Mann müsse sich darauf verstehen, eine Tragödie und eine Komödie zu schreiben, und der kunstgemäße Tragödiendichter sei auch Komödiendichter. Dies also sei ihnen abgenötigt worden; sie hätten aber nicht so recht folgen können und seien eingenickt. Und zwar sei zuerst Aristophanes eingeschlafen und dann, als es schon Tag wurde, auch Agathon.

Nachdem nun Sokrates die beiden so zum Schlafen gebracht hatte, sei er aufgestanden und weggegangen, und Aristodemos, nach seiner Gewohnheit, mit ihm. Er sei ins Lykeion gekommen, habe gebadet und dann den übrigen Tag wie sonst zugebracht; darauf habe er sich gegen Abend nach Hause zur Ruhe begeben.

PHAIDROS

Personen des Dialogs: Sokrates, Phaidros
Ort: Am Ufer des Ilissos vor den Mauern Athens

Sokrates: Lieber Phaidros, wohin denn und woher?

Phaidros: Von Lysias, Sokrates, dem Sohn des Kephalos. Doch jetzt gehe ich vor der Stadtmauer spazieren, nachdem ich die ganze Zeit, vom frühen Morgen an, dort gesessen bin. Auf den Rat unseres gemeinsamen Freundes Akumenos mache ich aber meine Spaziergänge jeweils den Straßen entlang; er behauptet nämlich, das sei weniger ermüdend als in den Wandelhallen.

Sokrates: Damit hat er ganz recht, mein Freund. Aber offenbar war also Lysias in der Stadt?

Phaidros: Ja, bei Epikrates, in dem Hause des Morychos, in der Nähe des Olympions.

Sokrates: Wie habt ihr euch denn da die Zeit vertrieben? Oder es ist ja klar, daß euch Lysias mit seinen Reden bewirtet hat?

Phaidros: Du kannst es erfahren, wenn du Zeit hast, mich im Weitergehen anzuhören.

Sokrates: Glaubst du denn nicht, daß es mir, wie Pindar sagt, »über jedes andere Geschäft geht« zu hören, wie du und Lysias euch die Zeit vertrieben habt?

Phaidros: So setze also deinen Weg fort.

Sokrates: Und du rede.

Phaidros: Und es handelt sich auch in der Tat um etwas, Sokrates, das du hören solltest. Denn das Thema, über das wir uns unterhielten, betraf gewissermaßen die Liebe. Lysias hatte nämlich eine Schrift verfaßt über einen schönen Knaben, der in Versuchung geführt wird, jedoch nicht von einem Liebhaber. Gerade darin liegt aber die besondere Feinheit, behauptet er doch, man sollte einem Nichtverliebten eher zu Gefallen sein als einem Verliebten.

Sokrates: Der edle Mann! Hätte er doch gesagt, man müsse das eher einem Armen als einem Reichen, oder eher einem Älteren als einem Jüngeren, und was sonst noch auf mich paßt und auf die meisten von uns! Ja, dann wären seine Worte wirklich artig und von allgemeinem Nutzen. Ich bin nun auf das Hören dermaßen begierig geworden, daß ich nicht von dir weichen will, auch wenn du deinen Spaziergang bis nach Megara ausdehnen und dann wie Herodikos wieder der Mauer entlang zurückkehren wolltest.

Phaidros: Wie redest du denn da, mein bester Sokrates? Glaubst du etwa, das, was Lysias in langer Zeit und in aller Muße verfaßt hat – er, der gegenwärtig der größte Meister unter den Schriftstellern ist –, das könne ich als Laie bloß aus der Erinnerung auf angemessene Art wiedererzählen? Da fehlt mir viel dazu, obschon mir das lieber wäre, als zu großem Reichtum zu kommen.

2. Sokrates: Phaidros, wenn ich den Phaidros nicht kennte, dann müßte ich auch meiner selbst vergessen haben. Aber weder das eine noch das andere ist der Fall. Ich weiß ganz genau: wenn er eine Rede des Lysias hören konnte, dann hat er sich diese nicht bloß einmal angehört, sondern hat sie sich immer wieder von ihm vortragen lassen, und jener ließ sich gar nicht ungern überreden. Aber auch das genügte ihm nicht, sondern schließlich hat er das Buch zur Hand genommen und das nachgelesen, was ihm am besten gefiel. So beschäftigt, saß er seit dem frühen Morgen da. Schließlich wurde er müde und machte sich auf den Spaziergang; dabei, glaube ich, beim Hunde, wußte er die Rede schon auswendig, sofern sie nicht allzu lange war. Seinen Weg aber nahm

er vor die Stadtmauer, um sich dort vorzubereiten. Wie er nun aber einem begegnete, der auch von der Sucht befallen ist, Reden anzuhören, da freute er sich, als er sah, daß er einen Genossen seiner Begeisterung gefunden hatte, und bat ihn, er solle ihn begleiten. Als ihn aber dieser Redenliebhaber zu sprechen bat, zierte er sich, als hätte er keine Lust dazu; schließlich aber würde er doch mit aller Gewalt reden wollen, auch wenn ihm niemand gerne zuhören möchte. Du nun, Phaidros, bitte ihn, was er doch bald auf jeden Fall tun wird, doch lieber jetzt gleich zu tun.

PHAIDROS: Es ist wahrhaftig weitaus am besten, wenn ich so gut rede, wie ich es eben vermag. Denn mir scheint, du wirst mich auf keinen Fall gehen lassen, bevor ich irgendwie rede.

SOKRATES: Dieser Eindruck, den du von mir hast, ist durchaus richtig.

3. PHAIDROS: Ich will es also so machen. Denn in Wirklichkeit, Sokrates, habe ich den Wortlaut ganz und gar nicht auswendig gelernt. Dagegen den Sinn von beinahe allen jenen Aussprüchen, worin er sagte, daß sich der Stand des Liebenden vom Nichtliebenden unterscheide – den will ich dir in den Hauptpunkten darstellen, der Reihe nach, von Anfang an beginnend.

SOKRATES: Zuerst aber zeige mir, lieber Freund, was du da unter dem Mantel in deiner linken Hand hältst. Ich vermute fast, du hast da die Rede selber. Sollte dem so sein, dann denke von mir wie folgt: ich habe dich zwar sehr lieb; wenn aber auch Lysias anwesend ist, dann bin ich durchaus nicht gesonnen, mich dir zu Übungszwecken darzubieten. Komm also, laß sehen!

PHAIDROS: Halt ein, Sokrates! Die Hoffnung, mich an dir üben zu können, hast du zunichte gemacht. Aber wo schlägst du vor, daß wir uns zum Lesen hinsetzen sollen?

SOKRATES: Verlassen wir diesen Pfad und gehen zum Ilissos

hinab: dort können wir uns dann, wo es uns gefällt, an einem ruhigen Platz niederlassen.

PHAIDROS: Da trifft es sich offenbar gerade gut, daß ich barfuß bin; du bist es ja jederzeit. Am bequemsten ist es nun, wenn wir, im Wässerchen die Füße netzend, hinuntergehen; so ist es auch recht angenehm, besonders in dieser Jahreszeit und zu dieser Stunde.

SOKRATES: So geh also voran und halte dabei Umschau, wo wir uns setzen wollen.

PHAIDROS: Siehst du dort jene höchste Platane?

SOKRATES: Wie sollte ich nicht?

PHAIDROS: Dort ist Schatten und ein mäßiger Wind, auch ein Rasenplatz, wo wir uns setzen oder, wenn wir lieber wollen, uns ausstrecken können.

SOKRATES: Also, geh voran!

PHAIDROS: Sage mir, Sokrates, erzählt man sich denn nicht, daß hier irgendwo am Ilissos Boreas die Oreithyia geraubt habe? Oder war es beim Areopag? Denn andererseits hört man auch die Version, sie sei dort und nicht hier geraubt worden.

SOKRATES: Ja, das behauptet man.

PHAIDROS: Nun, vielleicht also doch hier? Lieblich und klar und durchsichtig zeigt sich jedenfalls das Wässerchen, so recht dazu angetan, daß Mädchen daran spielen.

SOKRATES: Nein, nicht hier, sondern etwa zwei oder drei Stadien weiter unten, wo wir zum Tempel von Agra hinübergehen; dort irgendwo ist auch ein Altar des Boreas.

PHAIDROS: Den habe ich noch gar nie bemerkt. Aber, beim Zeus, sage mir, Sokrates, glaubst du, daß diese Sage wahr ist?

4. SOKRATES: Wenn ich daran zweifelte, wie das die Sophisten tun, dann würde ich damit weiter nicht auffallen. Ich würde dann schlau erklären, es habe sie der Wind Boreas von den nahen Felsen herabgestoßen, während sie mit Pharma-

keia spielte, und nachdem sie so den Tod gefunden, habe man behauptet, sie sei vom Gotte Boreas geraubt worden. Was mich betrifft, Phaidros, so halte ich derlei Geschichten im übrigen für ganz nett, nur daß es dazu einen sehr kunstreichen Mann braucht, der vor keiner Mühe zurückschreckt und auch nicht eben glücklich ist, und zwar aus keinem anderen Grunde, als weil er dann notwendig auch das Bild der Hippokentauren und darauf auch das der Chimaira berichtigen muß. Und dann kommt auch die ganze Schar dieser Gorgonen und Pegasen und die Unmenge von unerklärlichen Wesen mitsamt ihren Seltsamkeiten an die Reihe, von denen man Wunderdinge erzählt. Wenn jemand an diesen zweifelt und jedes von ihnen auf etwas Wahrscheinliches zurückführen will, so wird er dafür recht viel Zeit brauchen, weil er sich dazu mit einer grobschlächtigen Weisheit behelfen muß. Mir aber steht für solche Dinge überhaupt keine Zeit zur Verfügung. Und zwar hat das folgende Ursache, mein Lieber: bis jetzt bin ich noch nicht imstande, gemäß der Inschrift in Delphi mich selbst zu erkennen. So kommt es mir denn lächerlich vor, solange ich dieses Wissen nicht besitze, mich mit anderen Dingen zu befassen. Deshalb kümmere ich mich nicht weiter um diese Geschichten und glaube eben das, was man davon allgemein für wahr hält. Und wie ich vorhin sagte, befasse ich mich nicht damit, sondern mit mir selbst, ob ich etwa auch so ein Ungetüm sei, noch viel verschlagener und aufgeblähter als Typhon, oder ein sanfteres und einfacheres Wesen, das seiner Natur nach an einer göttlichen und maßvolleren Art Anteil hat. Doch, mein Freund, ich muß mich selbst unterbrechen: war das nicht dieser Baum, zu dem du uns führen wolltest?

PHAIDROS: Ja, gerade der.

5. SOKRATES: Nun, bei Hera, das ist eine schöne Ruhestätte! Ist doch diese Platane von gewaltiger Breite und Höhe, und

die Krone des Baumes und der Schatten, den sie wirft, ist wunderschön; und wie steht er doch in voller Blüte, daß der ganze Ort so herrlich duftet! Und unter der Platane sprudelt eine wunderliebliche Quelle mit frischestem Wasser, wie sich erweist, wenn man den Fuß hineinhält. Auch scheint hier, nach den Statuen und Bildern, das Heiligtum einiger Nymphen und des Acheloos zu sein. Und wenn du ferner willst: wie lieblich und angenehm ist der Luftzug an diesem Orte, und wie ertönt in ihm die helle Sommermelodie des Grillenchores! Das Allerherrlichste aber ist der Rasen, der so üppig wächst am sanft ansteigenden Rain, daß er eine gar schöne Unterlage bietet, wenn man das Haupt darauf legt. Deine Führung, lieber Phaidros, war also ganz ausgezeichnet.

PHAIDROS: Du aber, Bewundernswerter, scheinst ein besonders merkwürdiger Mensch zu sein. Denn wie du sagst: du gleichst ganz und gar einem Fremden, der sich führen läßt. So wenig kommst du aus der Stadt oder gar ins Ausland; ja du gehst offenbar nicht einmal vor die Stadtmauern hinaus.

SOKRATES: Nimm mir's nicht übel, mein Bester. Ich möchte eben immerzu lernen; doch die Felder und die Bäume wollen mich nichts lehren, sondern nur die Menschen in der Stadt. Du scheinst nun aber freilich das Mittel gefunden zu haben, mich zum Ausgehen zu bewegen; denn so wie man das hungrige Vieh führen kann, indem man ihm Laub oder eine Frucht vorhält, so kannst du mich offenbar durch ganz Attika führen oder wohin du sonst noch willst, indem du mir nur Bücher mit Reden vorzuzeigen brauchst. Nachdem ich nun aber an diesen Platz gelangt bin, will ich mich, glaube ich, hier niedersetzen. Und du wähle die Stellung, die dich zur Lektüre am bequemsten dünkt, und beginne zu lesen.

PHAIDROS: So höre denn:

6. »Über meinen Fall bist du unterrichtet und hast auch gehört, was uns nach meiner Ansicht unter diesen Umstän-

den zuträglich ist. Ich möchte aber, daß mir nicht etwa deshalb meine Bitte nicht erfüllt wird, weil ich zufällig nicht dein Liebhaber bin. Denn gerade jene Leute reut das dann jeweils, was sie etwa Gutes getan haben, sobald ihre Begierde gestillt ist; den anderen aber ziemt es zu keiner Zeit, ihre Gesinnung zu ändern. Denn nicht aus Zwang, sondern freiwillig und wie es ihnen im Hinblick auf ihre Verhältnisse am geratensten scheint, erweisen sie Gutes, soweit es ihre Mittel erlauben. Und weiter: die Verliebten untersuchen jeweils, inwiefern sie der Liebe wegen ihr Eigentum schlecht verwaltet und was sie andererseits Gutes erwiesen haben. Und wenn sie dann noch die aufgewendete Mühe dazurechnen, sind sie der Meinung, sie hätten ihren Geliebten den schuldigen Dank schon längst erwiesen. Die Nichtverliebten dagegen können weder vorschützen, sie hätten deswegen ihre eigenen Verhältnisse vernachlässigt, noch können sie die gehabten Mühen in Anschlag bringen oder die Streitigkeiten mit ihren Verwandten beklagen. Nachdem aber so viele Übel in Wegfall kommen, bleibt ihnen nichts übrig, als bereitwillig das zu tun, womit sie nach ihrer Ansicht jenen eine Freude machen können. Und weiter: wenn die Verliebten aus dem Grunde hoch geehrt zu werden verdienen, weil sie behaupten, sie seien denen über alles ergeben, nach welchen sie Verlangen tragen, und weil sie bereit sind, auch wenn sie sich bei den anderen verhaßt machen, den Geliebten mit Wort und Tat gefällig zu sein, so kann man leicht feststellen, ob sie die Wahrheit sagen, nämlich daran, daß sie diejenigen, in die sie sich etwa später verlieben werden, höher schätzen werden als die früheren, und daß sie diesen, wenn es jenen so gefällt, sogar auch Böses erweisen. Und doch, wie wäre es billig, ein solches Tun einem Menschen zu gestatten, der von einem Übel befallen ist, das abzuwenden sich nicht einmal jemand getrauen möchte, der Erfahrung besitzt. Geben sie doch selbst zu, daß sie eher krank als bei gesunden Sinnen sind, und sind sich wohl bewußt, daß es mit ihrem Verstand übel bestellt ist; doch vermögen sie ihrer selbst nicht Herr zu werden. Wie sollten sie also, wenn sie wieder bei gutem Verstande sind, das für richtig halten, was sie in diesem Zustande planen? Und übrigens: wenn du dir unter den Verliebten den Besten auswählen wolltest, dann hättest du wohl die Wahl nur unter wenigen; willst du aber aus den anderen denjenigen wählen, der dir am besten paßt, dann unter vielen, so daß du viel größere Hoffnung haben kannst, daß sich unter den vielen auch jener findet, der deiner Freundschaft wert ist.

7. Solltest du aber mit Rücksicht auf das, was als bräuchlich gilt, die Befürchtung haben, die Leute könnten es erfahren und dich würde dann ein Tadel treffen, so ist doch folgendes anzunehmen: da die Verliebten des Glaubens sind, die anderen seien auf sie ebenso eifersüchtig, wie sie es untereinander sind, haben sie den Drang, von der Sache zu reden, und den Ehrgeiz, allen zu verkünden, daß ihre Bemühungen nicht ohne Erfolg geblieben sind. Die Nichtverliebten dagegen, die ihrer selbst Herr sind, ziehen das wahre Beste dem Ruhm unter den Leuten vor. Im weiteren ist es unvermeidlich, daß viele erfahren und es auch selbst sehen, wie die Verliebten den Geliebten nachgehen und das recht eigentlich zu ihrer Beschäftigung machen. Wenn man sie dann miteinander reden sieht, so glaubt man bei ihrem Beisammensein, die Befriedigung ihrer Begierde habe gerade stattgehabt oder stehe eben bevor. Bei Nichtverliebten aber denkt niemand daran, ihnen wegen ihres Zusammenseins einen Vorwurf zu machen. Die Leute wissen ja, daß es sich ganz von selbst ergibt, daß man sich miteinander unterhält, sei es aus Freundschaft oder weil es einem sonst Vergnügen macht. Und sollten dir dann Bedenken kommen beim Gedanken, daß eine Freund-

schaft nur schwer Bestand halten kann und daß, wenn sonst irgendwie ein Zerwürfnis eintreten sollte, die Unannehmlichkeit dann beide gemeinsam trifft und daß du dann, wenn du dein Kostbarstes daran gegeben hast, einen großen Schaden davonträgst, so hast du die Verliebten mit Recht noch mehr zu fürchten. Gibt es doch gar manches, was sie betrübt, und von allem glauben sie, es geschehe zu ihrem Schaden. Deshalb suchen sie auch ihre Geliebten vom Umgang mit den anderen Leuten abzuhalten, weil sie fürchten, die Reichen möchten sie an Vermögen übertreffen und die Gebildeten könnten ihnen an Intelligenz überlegen sein, und sie wehren sich gegen den Einfluß eines jeden, der sonst ein Gut besitzt. Wenn sie dich nun überreden können, daß du dich mit jenen überwirfst, so bringen sie es dazu, daß du ohne Freunde dastehst. Bist du aber auf deinen wahren Vorteil bedacht und bewahrst ein besseres Urteil als sie, so bekommst du Streit mit ihnen. Alle jene aber, die nicht als Verliebte, sondern durch ihre menschliche Tüchtigkeit an das Ziel ihrer Wünsche kommen, werden sich nicht eifersüchtig zeigen, wenn andere mit dir zusammen sind, sondern es denen übelnehmen, die das nicht wollen. Meinen sie doch, sie würden von jenen verächtlich angesehen, während sie von deinen Gesellschaftern einen Vorteil haben könnten. Somit besteht viel größere Hoffnung, daß ihnen aus diesem Verhältnis Freundschaft erwachsen werde als Feindschaft.

8. Und im weiteren begehren eben viele unter den Verliebten eher nach dem Leibe, als daß sie die Wesensart kennengelernt und sich mit den übrigen Eigenheiten vertraut gemacht haben; darum ist es ungewiß, ob sie auch dann noch ihre Freunde sein wollen, wenn sie ihre Begierde gestillt haben. Die Nichtverliebten dagegen waren schon lange miteinander befreundet, bevor sie sich die letzte Gunst gewährten. Bei ihnen ist denn auch nicht wahrscheinlich, daß ihre Freund-

schaft geringer wird infolge dessen, was sie sich zuliebe getan haben; eher wird ihnen das eine bleibende Erinnerung für die Zukunft sein. Ja, du darfst wohl eher erwarten, zu einem besseren Menschen zu werden, wenn du mir statt einem Liebhaber gehorchst. Denn jene loben auch gegen das Beste alles, was du sagst und tust, weil sie erstens fürchten, sich unbeliebt zu machen, und weil sie zweitens infolge der Leidenschaft in ihrer Urteilskraft selbst auch beschränkt werden. Solches aber bringt die Liebe zutage: sie bewirkt, daß die Unglücklichen das, was anderen Leuten keine Sorgen macht, für gräßlich halten; die Glücklichen aber nötigt sie, auch dem ihr Lob zu spenden, was keiner Freude wert ist. So daß es also viel eher am Platze ist, die Verliebten zu bemitleiden als sie zu beneiden. Schenkst du aber mir Gehör, so werde ich, wenn ich mit dir zusammen bin, nicht in erster Linie nur auf das augenblickliche Vergnügen bedacht sein, sondern darauf, daß künftig ein Nutzen daraus entsteht. Ich werde nicht von der Liebe besiegt sein, sondern mich selbst besiegen, nicht kleiner Ursachen wegen eine große Feindschaft erheben, sondern nur wegen wichtiger Dinge und nur langsam ein wenig zornig werden, und ich werde für unabsichtliche Fehler Verzeihung gewähren, gegen absichtliche aber mich zu wehren versuchen. Denn das sind die Merkmale einer Freundschaft, die lange Zeit währen soll. Wenn dir aber das Bedenken gekommen ist, daß eine feste Freundschaft unmöglich entstehen könne, wenn einer nicht verliebt ist, so magst du überlegen, daß wir dann weder unsere Kinder noch unsere Eltern wertschätzen und auch keine treuen Freunde besitzen könnten, da diese Verhältnisse ja nicht auf einer solchen Leidenschaft, sondern auf Beziehungen ganz anderer Art beruhen.

9. Und dann noch etwas: wenn man wirklich denen am ehesten gefällig sein soll, die das Bedürfnis danach haben,

dann gehört es sich, daß auch die anderen nicht den Besten, sondern den Bedürftigsten Gutes tun; weil diese dann vom größten Ungemach befreit sind, werden sie ihnen auch den größten Dank wissen. Auch zum Mahl im eigenen Hause müßte man dann jeweils nicht seine Freunde einladen, sondern die Bettler und solche, die wieder einmal satt werden möchten. Diese werden ihm dann auch ihre Anhänglichkeit beweisen, und seine Gefolgsleute werden vor seine Tür kommen und die größte Freude bezeigen und den meisten Dank wissen und alles Gute auf ihn herabflehen. Und doch gehört es sich vermutlich, daß man sich nicht den Bedürftigsten am meisten gefällig zeigt, sondern denen, die am ehesten in der Lage sind, sich wieder erkenntlich zu erweisen; und nicht den Verliebten allein, sondern denen, die der Wohltat wert sind, und auch nicht denen, die deine Jugend genießen möchten, sondern denen, die dir auch, wenn du älter geworden bist, von ihren eigenen Gütern mitteilen, und auch nicht denen, die nachher bei anderen prahlen, wenn sie ans Ziel gekommen sind, sondern denen, die zurückhaltend vor allen anderen darüber schweigen. Auch nicht denen, die sich nur kurze Zeit um dich bemühen, sondern jenen, die ihr ganzes Leben hindurch gleichermaßen deine Freunde sein werden, und schließlich auch nicht denen, die nach dem Vorwand zu einem Zerwürfnis suchen, wenn sie ihre Begierde gestillt haben, sondern jenen, die dann erst ihre menschliche Tüchtigkeit zum Vorschein bringen, wenn deine Jugendblüte vorüber ist. Du aber denke an diese Worte und überlege dir auch, daß die Verliebten von ihren Freunden getadelt werden, weil ihre Handlungsweise schlecht sei, daß aber den Nichtverliebten noch nie jemand aus seiner Verwandtschaft getadelt hat, daß er deshalb in seinen Angelegenheiten schlecht beraten sei.

Vielleicht fragst du mich nun, ob ich dir denn zumute, allen

Nichtverliebten gefällig zu sein. Nach meiner Ansicht wird dich aber auch der Verliebte nicht heißen, gegen alle Verliebten diese Gesinnung zu zeigen; denn das würde, bei richtiger Überlegung, weder ihm gleich dankenswert erscheinen, noch wäre es dir, da du doch willst, daß es den anderen verborgen bleibt, gleicherweise möglich. Es soll aber daraus kein Nachteil, sondern für beide nur Vorteil entstehen. Meinerseits glaube ich nun, daß das Gesagte genügen sollte; wünschest du aber noch etwas, weil du glaubst, es sei ausgelassen worden, so frage nur.«

10. Was meinst du nun zu dieser Rede, Sokrates? Ist sie nicht ganz vorzüglich abgefaßt, sowohl im allgemeinen als besonders auch in ihren Formulierungen?

SOKRATES: Geradezu göttlich ist sie, mein Freund; ich bin ganz erschüttert davon. Und dieses Erlebnis wurde mir durch dich zuteil, mein Phaidros, bei deinem Anblick, weil mir schien, du strahltest beim Lesen vor Freude, unter dem Eindruck der Rede. Ich bin dir ja auch gefolgt, weil ich der Meinung war, du verstehest mehr von diesen Dingen als ich, und indem ich dir folgte, bin ich mit dir in Entzücken geraten, du göttliches Haupt!

PHAIDROS: Gut denn. Auf diese Art also glaubst du zu scherzen?

SOKRATES: Du meinst, ich scherze und rede nicht im Ernst?

PHAIDROS: Nein, durchaus nicht, Sokrates. Aber, beim Gotte der Freundschaft, sag mir nun der Wahrheit gemäß: glaubst du, irgendein anderer Grieche wüßte etwas anderes über dieses Thema zu sagen, etwas, das größer und bedeutender wäre?

SOKRATES: Ist es denn meine und deine Aufgabe, die Rede auch in der Hinsicht zu loben, daß der Verfasser das Richtige gesagt hat, und nicht nur darin, daß er jeden Ausdruck klar und schön abgerundet und ganz genau ausgefeilt hat? Wenn es denn freilich sein soll, dann muß ich es dir zuliebe eben zugeben. Mir ist es nämlich entgangen infolge meiner Unzulänglichkeit; denn ich richtete meine Aufmerksamkeit einzig und allein auf seine Redekunst, und damit, glaubte ich, würde sich nicht einmal Lysias begnügen. Auch hatte ich den Eindruck, Phaidros – falls du nicht etwa anderer Ansicht bist –, daß er zwei- oder dreimal dasselbe gesagt hat, gerade als ob es ihm nicht eben leicht fiele, über ein und dasselbe Thema vieles zu sagen, oder als ob ihm vielleicht auch nicht sehr daran gelegen sei. Er kam mir also vor wie ein junger Mann, der zeigen will, daß er imstande ist, über das nämliche bald so und bald wieder so zu reden, und zwar beidemal sehr gut zu reden.

Phaidros: Damit sagst du gar nichts, Sokrates. Denn gerade das enthält ja seine Rede, und zwar im höchsten Maße: von alledem, was zu diesem Thema gesagt zu werden verdient, hat er nichts beiseite gelassen. Es dürfte also nie jemand in der Lage sein, neben dem, was er gesagt hat, noch mehr und Bedeutenderes zu sagen.

Sokrates: Das ist nun etwas, wo ich dir keinen Glauben mehr schenken kann. Denn alte und weise Männer und Frauen, die über dieses Thema geredet und geschrieben haben, werden mich widerlegen, wenn ich da dir zuliebe ein Zugeständnis mache.

Phaidros: Wer sind diese, und wo hast du Besseres als das gehört?

11. Sokrates: Ich kann das jetzt nicht einfach so sagen. Sicher habe ich es von jemandem gehört, sei es von Sappho, der Schönen, oder von Anakreon, dem Weisen, oder auch von irgendeinem Prosaschriftsteller. Soll ich sagen, woraus ich das schließe? Ganz erfüllt ist mein Herz, du Wunderlicher, und so fühle ich, daß ich noch ganz andere Dinge als das zu sagen hätte, und nicht geringere. Daß ich mir aber nichts

davon aus eigenem ersonnen habe, weiß ich bestimmt, bin ich mir doch meiner Unwissenheit wohl bewußt. So bleibt denn nur, glaube ich, daß ich aus irgendwelchen anderen Quellen durch das Gehör erfüllt worden bin, ähnlich wie ein Gefäß. Aus lauter Stumpfsinn habe ich aber auch das wieder vergessen, wie und von wem ich es gehört habe.

PHAIDROS: Das hast du doch aber sehr schön gesagt, du Edelster. Denn durch wen und auf welche Weise du das gehört hast, das verlange ich durchaus nicht zu hören; mach es nur gerade so, wie du sagst. Du hast versprochen, Besseres und nicht Unbedeutenderes als das zu sagen, was in diesem Buche steht, ohne dich davon beeinflussen zu lassen. Und ich verspreche dir, wie die neun Archonten, dir ein lebensgroßes goldenes Standbild in Delphi aufzustellen, und zwar nicht nur meines, sondern auch das deine.

SOKRATES: Du bist sehr lieb und wahrhaftig goldig, mein Phaidros, wenn du glaubst, ich wolle behaupten, daß Lysias seine Sache überhaupt ganz falsch gemacht habe und daß es möglich sei, dem allem gegenüber etwas anderes zu sagen. Ich glaube, das könnte nicht einmal dem allerübelsten Schriftsteller begegnen. Doch nun gerade zur Frage, von der die Rede ist. Was glaubst du: wenn jemand sagt, daß man einem Nichtverliebten eher gefällig sein soll als einem Verliebten, wenn er aber dabei unterläßt, das Vernünftige des einen zu loben und das Unvernünftige des anderen zu tadeln (was doch ganz notwendig wäre) – wird dieser dann imstande sein, sonst noch etwas zu sagen? Ich glaube vielmehr, auf derartiges muß man gar nicht weiter eingehen und es dem Redenden einfach zugeben. Auch soll man bei solchen Dingen nicht den Einfall, sondern nur die Darstellung loben; bei solchen dagegen, die sich nicht von selbst verstehen, sondern wo es schwierig ist, daraufzukommen, da soll man neben der Darstellung auch den Einfall loben.

12. PHAIDROS: Ich schließe mich dem an, was du sagst; scheint mir doch, du habest das Richtige getroffen. Und ich will es nun auch so halten: Daß der Verliebte schwerer krank ist als der Nichtverliebte, davon auszugehen erlaube ich dir. Wenn du aber im übrigen etwas Besseres und Wertvolleres sagen kannst als das, was Lysias gesagt hat, so sollst du, in getriebener Arbeit, neben dem Weihgeschenk der Kypseliden in Olympia stehen.

SOKRATES: Du bist in Eifer geraten, Phaidros, weil ich, um dich zu necken, deinen Liebling angegriffen habe, und meinst nun wirklich, ich werde versuchen, neben seiner Weisheit etwas anderes, Kunstvolleres zu sagen?

PHAIDROS: Was das anbetrifft, mein Freund, gibst du mir dieselbe Blöße. Denn reden mußt du nun auf jeden Fall, und zwar so, wie du eben imstande bist. Damit wir aber nicht genötigt sind, das lästige Spiel der Komiker zu treiben, wo einer dem anderen dasselbe zurückgibt, so hüte dich und veranlasse mich nicht, jenes zu sagen: »Sokrates, wenn ich den Sokrates nicht kennte, dann müßte ich auch meiner selbst vergessen haben«, und: »Er hätte zwar gerne reden wollen, doch zierte er sich.« Sondern bedenke, daß wir nicht von hier weggehen, bevor du sagst, was du in deiner Brust zu tragen behauptest. Wir beide sind jetzt allein in dieser Einsamkeit; aber ich bin der Stärkere und Jüngere. Aus alledem heraus merke dir, was ich sagen will, und laß dich doch ja nicht lieber nötigen, als daß du freiwillig redest.

SOKRATES: Aber, mein glücklicher Phaidros: ich, als Laie, werde mich ja lächerlich machen neben einem so trefflichen Dichter, wenn ich da aus dem Stegreif über dasselbe Thema spreche.

PHAIDROS: Weißt du was? Hör auf, dich vor mir zu zieren; ich weiß nämlich etwas – wenn ich das sage, so werde ich dich schon zum Sprechen bringen.

SOKRATES: So sag das ja nicht!

PHAIDROS: Doch, nun sage ich es gerade. Das Wort aber wird mir wie ein Eid gelten. Ich schwöre dir also – ja, bei wem denn und bei welchem Gotte? Oder willst du, bei dieser Platane da? – Wahrlich, wenn du mir auf meine Rede nicht die Gegenrede hältst, so werde ich dir nie mehr eine Rede irgendeines Menschen weder vorlesen noch zeigen.

SOKRATES: O weh, du Schlimmer, wie gut hast du das Mittel herausgefunden für einen redeliebenden Mann, daß er tut, was du wünschest.

PHAIDROS: Was hast du also, daß du dich noch sträubst?

SOKRATES: Gar nichts mehr, nachdem du dies geschworen hast. Denn wie könnte ich wohl auf einen solchen Genuß verzichten?

PHAIDROS: So rede denn!

SOKRATES: Weißt du, wie ich es nun machen will?

PHAIDROS: Wie denn?

SOKRATES: Verhüllt will ich reden, damit ich so schnell als möglich an das Ende der Rede gelange und nicht aus Verlegenheit steckenbleibe, wenn ich dich anblicke.

PHAIDROS: Rede nur; im übrigen halte es ganz, wie du willst.

SOKRATES: Nun denn, ihr Musen – gleichgültig, ob ihr wegen der Art eures Gesanges die Hellstimmigen heißt oder ob ihr diesen Beinamen wegen des musischen Geschlechtes der Ligurer tragt –: Nehmt mit mir das Werk dieser Rede auf, die zu sprechen mich dieser Beste hier zwingt, damit sein Freund, der ihm schon vorher weise zu sein schien, ihm nun noch mehr so erscheine.

Es war also ein Knabe, oder fast eher schon ein Jüngling, der war sehr schön, und er hatte eine große Zahl von Liebhabern. Einer von diesen aber war besonders listig: obschon er nicht weniger verliebt war als irgendeiner, wußte er den Knaben zu überzeugen, daß er nicht ihn liebe. Und als er eines Tages um seine Gunst bat, redete er ihm ein, daß man einem Nichtverliebten eher als dem Verliebten zu Gefallen sein müsse. Er sagte das mit folgenden Worten:

14. »In jeder Sache, lieber Knabe, gibt es einen Ausgangspunkt, den man wählen muß, wenn man den richtigen Entschluß fassen will. Man muß nämlich wissen, worüber die Beratung gehen soll, sonst wird man notwendig das Ganze verfehlen. Die meisten merken nun aber nicht, daß sie das Wesen eines jeden Dinges nicht kennen. Doch gleich als ob sie es kennten, setzen sie sich am Anfang der Untersuchung gar nicht erst darüber ins Einvernehmen; wenn sie dann weiter vordringen, müssen sie das büßen, weil sie weder mit sich selbst noch mit den anderen übereinstimmen. Wir beide möchten nun aber nicht, daß uns das widerfahre, was wir anderen zum Vorwurf machen. Sondern nachdem sich dir und mir die Frage gestellt hat, ob man eher mit einem Verliebten oder mit einem, der es nicht ist, eine Freundschaft eingehen soll, wollen wir zunächst in gegenseitigem Einverständnis eine Begriffsbestimmung vornehmen, was die Liebe ist und welche Kraft sie hat. Und dann wollen wir im Hinblick und in Beziehung darauf die weitere Untersuchung anstellen, ob sie Nutzen oder Schaden bringt.

Daß nun die Liebe ein Begehren ist, wird jedem klar sein. Daß aber auch die Nichtverliebten nach den Schönen begehren, wissen wir ebenfalls. Wie unterscheiden wir also den Verliebten von denen, die es nicht sind? Wir müssen also feststellen, daß in jedem von uns zwei beherrschende und bewegende Kräfte sind, denen wir folgen, wohin sie uns auch führen: die eine, uns eingeboren, ist das Begehren nach Lust, die andere, als zuerworbene Gesinnung, ist die, welche nach dem Besten strebt. Die beiden stimmen in uns zuweilen überein; es kommt aber auch vor, daß sie uneins sind, wobei bald die eine, bald wieder die andere die Oberhand hat. Wenn dies nun eine Denkart ist, die uns mittels der Vernunft zum Besten führt und uns beherrscht, so heißt diese Herrschaft *Besonnenheit*. Wenn uns aber die Begierde ohne Vernunft zur Lust hinzieht und in uns regiert, dann nennt man diese Herrschaft *Frevelmut*. Frevelmut aber kann freilich vielerlei bedeuten; denn er ist vielteilig und vielgestaltig. Und diejenige von diesen Arten, die gerade überwiegt, deren Name dient zur Bezeichnung ihres Trägers, und das ist weder ein schöner noch ein wünschenswerter Name. Eine Begierde zum Beispiel, die auf das Essen gerichtet ist und die sowohl die Einsicht in das Beste als auch die sonstigen Begierden beherrscht, ist Völlerei und wird auch ihrem Träger diesen Namen zuziehen. Und wenn die herrscht, die auf das Trinken geht, und wenn sie ihren Träger in dieser Richtung zieht, so ist klar, welchen Namen sie bekommen wird. Und auch sonst: wie die verwandten Namen der verwandten Begierden lauten müssen, wenn sie gerade vorherrschen, ist auch zum voraus klar. Welcher Begierde wegen aber alles das Vorige gesagt worden ist, das wird nun so gut wie offenbar sein; doch wenn wir es ausdrücklich sagen, so wird es noch klarer, als wenn es nicht gesagt wird: Die Begierde, die ohne Vernunft über die auf das Richtige ausgehende Denkart herrscht – wenn sie zur Lust an der Schönheit geführt wird und dann, kräftig gestärkt, von den ihr verwandten Begierden wiederum zur Schönheit der Leiber geführt wird, dann erhält sie, durch die Führung gestärkt, eben von dem Begriff der Stärke (rhome) den Namen und wird Eros genannt.«

15. Doch, mein lieber Phaidros, hast du nicht, wie ich selbst auch, den Eindruck, daß mir etwas Göttliches widerfahren ist?

PHAIDROS: Ja, freilich, Sokrates; ein ganz ungewohnter Redefluß hat dich ergriffen.

SOKRATES: So schweige denn und höre mich weiter an.

Dieser Ort scheint ja in der Tat göttlich zu sein. Wenn ich also im weiteren Verlauf der Rede immer wieder von den Nymphen ergriffen werde, so darfst du dich nicht wundern. Denn was ich nunmehr hören lasse, ist nicht mehr weit entfernt von Dithyramben.

PHAIDROS: Da hast du sehr recht.

SOKRATES: Ja, und daran bist du schuld. Doch höre nun den Schluß, sonst könnte vielleicht das, was über mich kommen will, wieder verscheucht werden. Nun, das sei Gott anheimgestellt; doch wir wollen uns mit der Rede wieder dem Knaben zuwenden.

»Also gut, mein Bester, was es also ist, worüber wir uns beraten müssen, das ist gesagt und bestimmt. Das wollen wir im Auge behalten und nun das übrige sagen, nämlich welcher Nutzen oder welcher Schaden von seiten des Verliebten oder des Nichtverliebten voraussichtlich dem erwachsen wird, der ihm zu Gefallen ist. Wer von der Begierde beherrscht wird und der Lust dient, der wird sich notwendigerweise seinen Geliebten so formen, daß er für ihn möglichst angenehm ist. Einem Kranken aber ist alles angenehm, was ihm nicht widerstrebt; Besseres aber und Gleiches ist ihm zuwider. Weder daß er besser, noch daß er gleich ist, wird also ein Liebhaber bei seinem Geliebten gern haben wollen, sondern wird ihn immer geringer und unvollkommener machen. Geringer aber ist der Unwissende als der Weise, der Feige als der Held, der Unberedte als der gebildete Redner, der Schwerfällige als der Raschdenkende. Wenn also solche Übel und noch andere mehr im Geiste des Geliebten entstehen oder schon von Natur darin vorhanden sind, so muß sich der Verliebte notwendig darüber freuen, ja er wird sogar selbst dafür sorgen, daß sie entstehen, oder dann muß er auf das augenblicklich Angenehme verzichten. Er muß also eifersüchtig sein, und indem er ihn von manchen anderen und nützlichen

Verbindungen abhält, durch die er am ehesten zum Manne werden könnte, fügt er ihm großen Schaden zu – den größten aber dort, wo er wohl zur höchsten Erkenntnis kommen könnte. Das aber ist die göttliche Philosophie, von der der Liebhaber seinen Liebling in weiter Ferne halten muß, aus lauter Angst, er möchte sonst von ihm verachtet werden. Und auch im übrigen wird er es darauf anlegen, daß er in jeder Hinsicht unwissend bleibt und in allem auf den Liebhaber sehen muß. Ist er dann so, dann wird er diesem sehr zur Lust, sich selbst aber zu größtem Schaden sein. Für den Geist also ist ein Mann, der Liebe empfindet, als Aufseher oder als Genosse keineswegs förderlich.

16. Nun aber zum Befinden und zur Pflege des Leibes: wie muß dieses Befinden sein, und welche Pflege wird dem Leibe, über den er Herr geworden ist, dem angedeihen lassen, der unter dem Zwang steht, statt dem Guten dem Angenehmen nachzustreben: das müssen wir nunmehr untersuchen. Man wird ihn aber sehen, wie er einem weichlichen und nicht einem kräftigen Jüngling nachgeht, einem, der nicht in der hellen Sonne aufgewachsen ist, sondern im dumpfen Schatten, und einem, der nichts weiß von männlichen Strapazen und harten Anstrengungen, der aber an einen weichlichen und unmännlichen Lebenswandel gewohnt ist, mit fremden Farben und mit fremdem Schmuck geschmückt, weil er keinen eigenen hat, und beschäftigt mit alledem, was sonst noch damit zusammenhängt. Doch das ist ja wohlbekannt, und es lohnt nicht, daß wir weiter darauf eintreten, sondern wenn wir *einen* Hauptpunkt bestimmt haben, können wir zu etwas anderem übergehen: Ein solcher Leib bewirkt im Krieg und in allen anderen großen Schwierigkeiten, daß die Feinde Mut fassen, während die Freunde und die Liebhaber selbst in Furcht geraten.

Das können wir nun als bekannt beiseite lassen und vom

folgenden reden, nämlich welchen Nutzen oder welchen Schaden für den *Besitz* uns der Umgang und die Aufsicht des Verliebten bringen wird. Klar ist doch dies einem jeden – und besonders dem Liebhaber –, daß er vor allem wünschen möchte, der Geliebte wäre seiner liebsten und holdesten und göttlichsten Besitztümer beraubt. Würde er doch begrüßen, wenn dieser seinen Vater und seine Mutter, seine Verwandten und Freunde verlöre, weil er in diesen die Störer und Tadler seines süßesten Umganges mit ihm sieht. Aber auch vom Besitzer von Geld oder von sonst einem Besitz wird er annehmen, daß er nicht leicht zu erobern sei und auch nicht leicht zu behandeln, wenn er ihn erobert hat. Daraus ergibt es sich als ganz notwendig, daß der Liebhaber auf seinen Liebling eifersüchtig ist, wenn dieser ein Vermögen besitzt, daß er sich aber freut, wenn er es verliert. Und dann möchte der Liebhaber erst noch, daß sein Liebling möglichst lange unverheiratet, kinderlos und ohne Heim ist, aus dem Wunsch heraus, die süße Frucht so lange als möglich für sich zu genießen.

17. Es gibt ja nun auch noch weitere Übel; aber ein Daimon hat den meisten für den Augenblick ein Vergnügen beigemischt. So hat auch die Natur einem Schmeichler, diesem furchtbaren Untier und großen Schädling, doch auch ein Vergnügen beigemischt, das nicht ohne Feinheit ist. Und so wird man zwar auch eine Hetäre als etwas Verderbliches tadeln und sonst noch manches von solchem Gezücht und solchen Beschäftigungen; und doch kann man ihnen nicht absprechen, daß sie für den Augenblick sehr angenehm sind. Für den Liebling aber ist der Liebhaber, außer daß er ihm schädlich ist, auch für den täglichen Umgang denkbar unerfreulich. Jedes Alter, sagt schon ein altes Sprichwort, freut sich am Gleichaltrigen; denn die Gleichheit der Jahre, glaube ich, führt zu den gleichen Vergnügungen und bewirkt durch

diese Ähnlichkeit auch Freundschaft. Und im weiteren sagt man ja, daß der Zwang einem jeden unter allen Umständen lästig sei; der aber ist, neben der Ungleichheit, im Verkehr des Liebhabers zu seinem Liebling in hohem Maße vorhanden. Denn wenn er als Älterer dem Jüngeren verbunden ist, so will er bei Tag und bei Nacht nur ungern von ihm lassen, so wird er vom Zwang und vom Stachel getrieben, der ihm zwar dabei immer wieder Vergnügen bereitet, indem er den Geliebten sehen und hören und berühren und mit allen Sinnen in sich aufnehmen kann, so daß er ihm mit Freuden verbunden ist und ihm dient. Welchen Trost aber und welche Freuden kann er nun dem Geliebten geben, um zu bewirken, daß dieser nicht schließlich im höchsten Maße Überdruß empfindet, wenn er all diese Zeit mit ihm zusammen ist? Wenn also dieser eine Gestalt vor sich sieht, die schon ältlich wird und nicht mehr in der Blüte der Jugend steht, und wenn dann noch all das übrige dazukommt, was schon unerfreulich ist, wenn man nur davon spricht, und erst recht in Wirklichkeit, wenn ständig der Zwang vorliegt, sich mit ihm abzugeben? Und wenn er sich außerdem bei allem und im Verkehr mit allen Leuten von mißtrauischen Wachen beobachtet sieht? Und unangebrachte und übertriebene Lobhudeleien anhören muß? Und ebenso wieder Vorwürfe, die man schon aus dem Munde eines Nüchternen unerträglich findet, die aber von einem Trunkenen nicht bloß unerträglich, sondern geradezu schändlich sind, wenn er da so mit maßloser und unverhüllter Dreistigkeit daherredet?

18. Solange er liebt, ist er also ebenso schädlich als widerwärtig. Ist jedoch die Liebe erkaltet, so ist er ihm in der Folgezeit treulos, für die er ihn unter vielen, von Schwüren und Bitten begleiteten Versprechungen vertröstet hatte, um ihn mühsam dafür zu gewinnen, seinen Umgang, der ihm damals schon lästig war, zu ertragen, in der Hoffnung auf

igendwelche Vorteile. Jetzt, da er seine Verpflichtungen erfüllen sollte, hat er einen neuen Herrn und Gebieter in seinem Inneren gefunden, nämlich Vernunft und Besonnenheit an Stelle von Liebe und Leidenschaft, und ist ein anderer geworden, ohne daß der Liebling das gemerkt hat. Dieser verlangt nun seinen Dank für das Damalige und erinnert ihn an das, was der Verliebte getan und gesagt hatte, als ob er noch mit demselben Menschen redete. Aus lauter Scham aber getraut sich dieser nicht zu sagen, daß er ein anderer geworden ist, und er weiß auch nicht, wie er die Schwüre und Versprechungen aus jener früheren Zeit, wo er von Unvernunft beherrscht war, erfüllen soll, jetzt, da er zu Vernunft gekommen und besonnen geworden ist. Sonst müßte er ja wieder so handeln wie früher und jenem alten Menschen ähnlich und wieder derselbe werden. Er wird also zum Ausreißer aus dieser Vergangenheit, und indem er sich der Sache notgedrungen entzieht, wendet sich nun der ehemalige Liebhaber, nachdem nun das Los anders gefallen ist, zur Flucht. Der andere aber muß ihn nunmehr verfolgen und ruft voller Unwillen die Götter herbei. Denn er hat von Anbeginn überhaupt nicht begriffen, daß er eben schon damals dem Verliebten und somit notwendig Unvernünftigen nicht hätte zu Gefallen sein dürfen, sondern viel eher dem Nichtverliebten und Vernünftigen, oder daß er sich andernfalls notwendig einem Treulosen hingebe und einem, der unzufrieden, eifersüchtig, widerwärtig und verderblich ist für sein Vermögen und nicht weniger verderblich für das Befinden seines Leibes, am allerverderblichsten aber für die Bildung seiner Seele, und das ist doch das Wertvollste, was es in Wahrheit für Menschen und Götter gibt und geben wird.

Das also mußt du bedenken, lieber Knabe, und mußt wissen, daß die Freundschaft des Liebhabers nicht seinem Wohlwollen entspringt, sondern daß sie nach Art des Essens nur die

Befriedigung eines Bedürfnisses ist: so wie die Wölfe die Schafe lieben, ›so lieben den Knaben Verliebte‹.«

19. Das also ist es, Phaidros. Und nun wirst du von mir kein Wort mehr hören, sondern meine Rede soll damit ihr Ende haben.

Phaidros: Und ich war doch des Glaubens, du wärest erst in der Mitte und würdest nun auch das Entsprechende über den Nichtverliebten sagen, daß man nämlich viel eher ihm zu Gefallen sein müsse, indem du etwa darlegtest, wie viele Vorteile das mit sich bringt. Warum hörst du also jetzt auf, Sokrates?

Sokrates: Hast du denn nicht bemerkt, du Glücklicher, daß ich bereits epische Verse und nicht mehr nur Dithyramben hören lasse, und das beim Tadeln? Wenn ich nun erst beginnen sollte, das Lob des anderen zu sprechen, was glaubst du, daß ich dann erst machen müßte? Weißt du, daß ich von den Nymphen, denen du mich mit Absicht überantwortet hast, mich sicher werde begeistern lassen? Ich sage es also mit einem Satz: in dem Maße, wie ich den einen gescholten habe, muß nun im Gegensatz dazu dem anderen Gutes zugebilligt werden. Was bedarf es der langen Rede? Damit ist doch über beide genug gesagt. Und so mag denn meinem Märchen widerfahren, was ihm zukommt: ich überschreite nun diesen Fluß und mache mich davon, bevor ich von dir zu etwas noch Ärgerem genötigt werde.

Phaidros: Nein, noch nicht, Sokrates, bis die Hitze vorüber ist. Siehst du denn nicht, wie nahe schon der Mittag ist, der hohe Mittag, wo die Sonne, wie man sagt, im Zenith steht? Da wollen wir doch noch warten und uns dabei über das Gesagte aussprechen; sobald es dann kühler wird, wollen wir gehen.

Sokrates: Du bist ja göttlich in deinen Reden, Phaidros, und voll und ganz zu bewundern. Ich glaube, von all den

Reden, die zu deinen Lebzeiten schon entstanden sind, hat niemand eine größere Zahl zum Entstehen gebracht als du, sei es, daß du sie selbst gehalten, oder sei es, daß du andere irgendwie dazu genötigt hast. Nur den Thebaner Simmias nehme ich aus; alle anderen aber übertriffst du bei weitem. Und gerade jetzt bist du mir offenbar wieder zum Anlaß geworden, daß ich eine Rede halten muß.

PHAIDROS: Was du mir da sagst, ist kein Grund zum Streiten! Doch wie meinst du es, und was ist das für eine Rede?

20. SOKRATES: Als ich eben durch den Fluß gehen wollte, mein Guter, da geschah es, daß sich mir das Daimonion und das gewohnte Zeichen zeigte, das mich stets zurückhält, wenn ich etwas tun will. Ich meinte, eine Stimme von dorther zu hören, die mich nicht weitergehen ließ, bevor ich mich gereinigt hätte, als ob ich mich gegen das Göttliche vergangen habe. Ja, ich bin also ein Seher, kein bedeutender zwar, aber doch etwa so wie die geringen Schriftsteller, also gerade genügend für mich selbst. Nun kenne ich auch schon ganz deutlich meinen Fehler. Ja, auch die Seele, mein Freund, ist etwas, das wahrsagen kann; hat mich doch schon die längste Zeit, während ich die Rede vortrug, etwas beunruhigt, und irgendwie empfand ich eine geheime Scheu, ob ich nicht etwa gegen die Götter, wie Ibykos sagt,

Frevle, doch dafür bei Menschen Ruhm erwerbe.

Jetzt aber habe ich meinen Fehler erkannt.

PHAIDROS: Was meinst du denn für einen?

SOKRATES: Eine arge Rede, Phaidros, eine ganz arge hast du selbst mitgebracht, und eine ebensolche hast du mich zu halten genötigt.

PHAIDROS: Wieso denn?

SOKRATES: Ja, eine einfältige und in gewissem Sinne auch gottlose. Kann es da wohl eine ärgere geben als diese?

PHAIDROS: Nein, sofern du wirklich die Wahrheit sagst.

SOKRATES: Wie denn? Du hältst doch auch den Eros für Aphrodites Sohn und für einen Gott?

PHAIDROS: So wird wenigstens behauptet.

SOKRATES: Aber nicht von Lysias und auch nicht von deiner Rede, die durch meinen von dir verzauberten Mund vorgetragen worden ist. Ist aber der Eros, wie es in der Tat der Fall ist, ein Gott oder doch etwas Göttliches, dann wird er wohl auch nichts Schlechtes sein. Die beiden Reden aber, die nun eben über ihn gehalten wurden, sprachen von ihm so, als wäre er etwas Derartiges, und damit haben sie sich nun eben an Eros verfehlt. Im übrigen erwies sich ihre Einfalt freilich als recht artig, haben sie doch, während sie nichts Gesundes und auch nichts Wahres aussagten, sich den äußeren Anschein gegeben, als wären sie weiß was, wenn sie ein paar Leutchen zum besten haben und ihre Anerkennung finden könnten. Ich sehe mich also genötigt, eine Reinigung vorzunehmen, mein Lieber. Für solche, die sich in der Götterlehre verfehlen, gibt es aber eine alte Art der Reinigung. Homer kannte sie freilich noch nicht, wohl aber Stesichoros; als er nämlich sein Augenlicht verlor, weil er Helena geschmäht hatte, da blieb er, anders als Homer, nicht im Ungewissen, sondern als musisch Gebildeter sah er den Grund ein und dichtete sogleich sein:

Unrichtig war, was ich behauptet:
Nie hast du jenes Schiff bestiegen,
Nie hast du Troias Burg erreicht.

Sobald er dann die ganze sogenannte Palinodie verfaßt hatte, wurde er augenblicklich wieder sehend. Ich will nun aber klüger sein als die beiden, wenigstens in dieser Beziehung. Bevor mir nämlich etwas zustößt, weil ich den Eros geschmäht habe, versuche ich, ihm die Palinodie zu entrichten, mit entblößtem Haupt, und nicht aus Scham verhüllt wie vorhin.

PHAIDROS: Das ist das Allerangenehmste, Sokrates, was du mir sagen kannst.

21. SOKRATES: Du siehst also ein, wie unverschämt der Wortlaut der beiden Reden war, sowohl der meinen wie auch der anderen, die du aus deinem Büchlein vorgelesen hast. Wenn uns da zufällig jemand zugehört hätte, irgendein edler Mann von sanftem Gemüt, der in einen anderen von ebensolcher Art verliebt wäre oder früher einmal verliebt gewesen ist – wenn er uns also zugehört hätte, wie wir behaupteten, daß die Liebhaber wegen kleinlicher Ursachen einen großen Streit erheben und wie sie auf ihre Lieblinge eifersüchtig seien und sich als verderblich erwiesen, glaubst du wohl nicht, es wäre ihm so vorgekommen, als hörte er Leuten zu, die unter Matrosen aufgewachsen sind und nie eine edle Liebe gesehen haben? Und daß er uns nicht von ferne zustimmen würde, wie wir den Eros tadelten?

PHAIDROS: Beim Zeus, das ist wohl möglich, Sokrates.

SOKRATES: Aus Scham vor diesem Manne also und weil ich den Eros selbst fürchte, möchte ich gleichsam mit dem frischen Trank einer Rede den salzigen Geschmack von dem abspülen, was wir vorhin gehört haben. Aber auch Lysias gebe ich den Rat, er möge so rasch als möglich schreiben, daß man – unter gleichen Umständen – eher einem Liebhaber als einem Nichtverliebten zu Gefallen sein soll.

PHAIDROS: Nun ja, sei gewiß, daß das so geschehen wird. Denn wenn du das Lob des Verliebten sprichst, dann muß unter allen Umständen Lysias von mir genötigt werden, auch hierüber eine Rede zu schreiben.

SOKRATES: Ja, das glaube ich auch, solange du der bleibst, der du bist.

PHAIDROS: So beginne also getrost mit deiner Rede!

SOKRATES: Doch wo ist denn der Knabe, zu dem ich vorhin sprach? Er soll nun auch das Folgende hören und nicht etwa dem Nichtverliebten zu Gefallen sein, nur weil er das nicht gehört hat.

Phaidros: Da, neben dir ist er, ganz nahe, und immer ist er hier, sooft du nur willst.

22. Sokrates: So wisse denn, schöner Knabe, daß die vorige Rede von Phaidros war, dem Sohne des Pythokles, einem Mann aus Myrrhinos; dagegen die, die ich jetzt halten will, von Stesichoros, dem Sohne des Euphemos, aus Himera. Ihr Wortlaut aber soll folgender sein:

»Unrichtig ist, wenn jemand behauptet, daß man, wenn ein Liebhaber zur Stelle ist, doch eher dem Nichtverliebten zu Gefallen sein soll, und zwar deshalb, weil jener von Sinnen, dieser aber bei gesundem Verstande sei. Ja, wenn es einfach so wäre, daß der Wahnsinn etwas Schlechtes ist, dann würde das freilich richtig sein. Nun verdanken wir aber die Entstehung der größten Güter einem Wahnsinn, freilich einem, der durch göttliche Gabe gegeben wird. Denn die Prophetin in Delphi und die Priesterinnen in Dodona haben ja im Wahnsinn für Griechenland viel Gutes getan, in privaten und in öffentlichen Angelegenheiten; waren sie aber bei gesundem Verstande, so leisteten sie nur Kärgliches oder gar nichts. Und wollten wir auch die Sibylle und noch alle anderen erwähnen, die durch die göttliche Sehergabe manchen Menschen vieles vorausgesagt und sie damit für die Zukunft auf den richtigen Weg gewiesen haben, dann müßten wir allbekannte Dinge erzählen und viel zu ausführlich werden.

Doch das verdient als Zeugnis vermerkt zu werden, daß auch diejenigen unter den Alten, die die Namen geprägt haben, den Wahnsinn weder für schändlich noch für einen Schimpf gehalten haben; sonst hätten sie nicht die schönste Kunst, durch die die Zukunft beurteilt wird, gerade mit diesem Namen in Beziehung gebracht und sie ›Wahnsagekunst‹ (Manike) genannt. Aber sie haben es so festgesetzt, weil sie der Meinung waren, sie sei etwas Schönes, sofern sie durch göttliche Schickung entsteht. Weil aber die heutigen Menschen nicht mehr wissen, was schön ist, haben sie an Stelle des N ein R gesetzt und sie ›Wahrsagekunst‹ (Mantike) genannt. Ebenso nannten sie ja auch jene Art der Zukunftserforschung, wie sie von den Verständigen mit Hilfe der Vögel und anderer Zeichen betrieben wird, ›Wißsagekunst‹ (Oionoistike), weil sie durch vernünftige Überlegung dem menschlichen Wissen Einsicht und Kenntnis verleiht, und diese nennen nun die Neueren ›Weissagekunst‹ (Oiōnistike), wobei sie mit dem langen ō wichtig tun. Soviel nun die Wahrsagekunst die Weissagekunst an Vollkommenheit und Würde übertrifft, dem Namen und auch der Sache nach, um so schöner ist auch nach dem Zeugnis der Alten der Wahnsinn als der gesunde Verstand; denn jener kommt vom Gotte, dieser aber vom Menschen.

Aber auch gegen Krankheiten und die schwersten Prüfungen, die irgendwoher aus einem alten Zorn einigen Geschlechtern auferlegt sind, hat der Wahnsinn das Mittel zur Befreiung gefunden, wenn er in ihnen auftrat und denen, die dessen bedurften, die Zukunft enthüllte, indem er seine Zuflucht zu Gebeten und zum Dienst an den Göttern nahm; dadurch gelangte er zu Reinigungen und Weihen und machte den von ihm Berührten gesund, für die gegenwärtige und für die zukünftige Zeit, und fand für den echten Wahnsinnigen und Besessenen das Mittel zur Befreiung von den vorhandenen Übeln.

Die dritte Art der Besessenheit und des Wahnsinns aber kommt von den Musen. Wenn sie eine empfindsame und unberührte Seele ergreift, erweckt sie sie und begeistert sie zu Gesängen und anderen Werken der Dichtkunst, und indem sie tausend Taten der Alten verherrlicht, bildet sie die Nachkommen. Wer aber zu den Türen der Dichtung kommt ohne den Wahnsinn, der von den Musen stammt, und überzeugt ist, daß er allein dank der Kunstfertigkeit ein rechter Dichter werden könne, der ist selbst der Weihe bar, und auch die Dichtkunst dessen, der bei gesundem Verstande ist, wird von der des Wahnsinnigen völlig in den Schatten gestellt.

23. So vieles und noch mehr kann ich dir von den guten Werken des Wahnsinns sagen, der von den Göttern kommt. Wir wollen uns also vor der Sache selbst nicht fürchten und uns auch durch keine Aussage verwirren lassen, die uns mit der Behauptung in Schrecken versetzen möchte, daß man lieber den Besonnenen als den leidenschaftlich Bewegten zum Freunde nehmen soll. Erst dann mag sie den Siegespreis davontragen, wenn sie außerdem noch bewiesen hat, daß die Liebe dem Verliebten und dem Geliebten nicht zum Heil von den Göttern gesandt wird. Wir haben im Gegenteil zu beweisen, daß es zum höchsten Glücke dient, wenn die Götter diese Art von Wahnsinn verleihen. Dieser Beweis wird den klugen Köpfen zwar unglaubwürdig erscheinen, den wahren Weisen aber glaubhaft. Wir müssen also zuerst über die Natur der Seele, der göttlichen und der menschlichen, die richtige Einsicht gewinnen, indem wir ihre Leiden und Taten betrachten.

24. Am Anfang des Beweises aber steht der Satz: Eine jede Seele ist unsterblich. Denn das aus sich selbst Bewegte ist unsterblich; was aber anderes bewegt und von anderem bewegt wird, das zeigt in seiner Bewegung und damit auch in seinem Leben einen Unterbruch. Einzig das sich selbst Bewegende, weil es nämlich sich selbst nie verläßt, hört auch nie auf, bewegt zu werden, sondern wird auch für alles andere, was bewegt wird, Quelle und Ursprung der Bewegung. Der Ursprung aber ist ungeworden; denn aus einem Ursprung muß alles Werdende entstehen; er selbst aber kommt aus nichts. Denn wenn der Ursprung aus irgend etwas entstünde,

so könnte er doch wohl nicht aus dem Ursprung entstehen. Nachdem er also keine Entstehung hat, muß er notwendigerweise auch unzerstörbar sein. Denn wenn der Ursprung zugrunde ginge, könnte weder er selbst je aus irgend etwas entstehen, noch etwas anderes aus ihm, da ja alles aus dem Ursprung entstehen muß. So ist also der Ursprung der Bewegung das sich selbst Bewegende; dies aber kann weder untergehen noch entstehen, sonst müßte alles, sowohl der Himmel als die ganze Schöpfung, zusammenfallen und stillstehen, und sie hätten nie wieder etwas, durch das sie bewegt und zum Entstehen gebracht werden könnten. Nachdem sich also gezeigt hat, daß das von sich selbst Bewegte unsterblich ist, wird sich niemand zu sagen scheuen, daß eben dies das Wesen und der Begriff der Seele sei. Denn jeder Leib, der seine Bewegung von außen her erhält, ist unbeseelt, wer sie aber in sich selbst und aus sich selbst hat, der ist beseelt; denn gerade darin besteht die Natur der Seele. Wenn sich das aber so verhält, daß nichts anderes als die Seele das sich selbst Bewegende ist, dann muß doch wohl die Seele unentstanden und unsterblich sein.

25. Damit genug über ihre Unsterblichkeit; von ihrem Wesen ist nun folgendes zu sagen: zu schildern, wie sie wirklich ist, das bedürfte in jeder Hinsicht einer ganz und gar göttlichen und langen Abhandlung; doch wem sie gleicht, das kann man mit einer menschlichen und kürzeren darstellen, und auf diese Art wollen wir nun vorgehen. Sie gleicht also der Kraft, die einem befiederten Gespann und einem Wagenlenker innewohnt. Pferde und Wagenlenker der Götter nun sind alle gut und von guter Herkunft; die der anderen aber sind gemischt. Bei uns nun lenkt zunächst der Führer das Gespann; darauf erweist sich ihm das eine Pferd als fromm und gut und von ebensolcher Herkunft, das andere dagegen von entgegengesetzter Herkunft und Beschaffen-

heit. Die Lenkung des Wagens ist also bei uns notwendig beschwerlich und mühsam. Wieso nun ein Lebewesen ›sterblich‹ und ›unsterblich‹ genannt werden kann, das müssen wir nun zu sagen versuchen. Alles, was Seele ist, sorgt für das gesamte Unbeseelte; es durchzieht den ganzen Himmelsraum, bald in dieser, bald in jener Gestalt. Ist sie nun vollkommen und befiedert, so schwebt sie in der Höhe und durchwaltet die ganze Welt. Hat sie aber die Federn verloren, so schwebt sie umher, bis sie auf etwas Festes stößt, wo sie seßhaft wird und einen erdigen Leib annimmt, der sich selbst zu bewegen scheint, dank der ihr eigenen Kraft, und dieses Ganze, Seele und Leib zusammengefügt, wurde ›Lebewesen‹ genannt und bekam den Beinamen ›sterblich‹. Den Namen ›unsterblich‹ dagegen erhält sie auch nicht aus einem einzigen erwiesenen Grunde, sondern ohne einen Gott zu sehen und zu erkennen, bilden wir ihn uns als ein unsterbliches Lebewesen, das zwar eine Seele, doch auch einen Leib hat, bei dem diese aber für alle Zeit zusammengefügt sind. Mag sich das nun so verhalten, wie es dem Gotte gefällt, und so sei auch davon geredet; nun wollen wir uns aber mit der Ursache für den Verlust der Federn befassen, warum diese von einer Seele abfallen. Es ist ungefähr folgende:

26. Das Vermögen des Gefieders ist es, das Schwere hinaufzuführen und es in die Höhe zu heben, wo das Geschlecht der Götter wohnt, und von allem, was zum Leibe gehört, hat es am meisten Anteil am Göttlichen verliehen. Das Göttliche aber ist das Schöne, das Weise und alles Derartige. Davon also nährt sich und wächst die Seele am meisten; durch das Häßliche aber und Schlechte und alles Gegenteilige schwindet sie und geht zugrunde. Zeus aber, der große Führer im Himmel, lenkt seinen gefiederten Wagen und fährt als erster einher und ordnet und waltet über alles. Hinter ihm folgt das Heer der Götter und Dämonen, in elf Scharen geordnet;

denn Hestia bleibt im Hause der Götter, als einzige. Alle anderen, die in der Zahl der Zwölf als regierende Götter eingereiht sind, führen ihre Schar in der Reihenfolge, in der sie eingereiht sind. Zahlreich und herrlich schön sind denn auch die Schauspiele und Umzüge im Himmelsraum, die das Geschlecht der seligen Götter aufführt, wozu jeder von ihnen das Seine beiträgt. Und wer immer das will und vermag, der folgt ihnen; denn der Neid ist vom göttlichen Reigen ausgeschlossen. Wenn sie aber zum Mahle und Gelage gehen, nehmen sie ihren Weg bergauf, das steile Himmelsgewölbe hinan. Da fahren denn die Wagen der Götter mit Leichtigkeit, sind sie doch im Gleichgewicht und deshalb nicht schwer zu zügeln. Die anderen aber haben die größte Mühe; denn das eine Pferd, das an der Schlechtigkeit Anteil hat, drückt hinunter; es drängt zur Erde und macht sich dem Wagenlenker schwer, von dem es nicht gut erzogen worden ist. Da steht denn der Seele Mühsal und äußerster Kampf bevor. Diejenigen Seelen zwar, die unsterblich genannt werden, setzen ihren Weg, wenn sie oben sind, nach außen fort und stehen nun auf dem Rücken des Himmelsgewölbes. Wenn sie aber dort stehen, trägt sie der Kreislauf ringsum, und sie schauen, was außerhalb des Himmels ist.

27. Den überhimmlischen Ort aber hat noch nie ein Dichter dieser Welt besungen, und es wird ihn auch nie einer würdig besingen. Damit hat es aber folgendes auf sich – denn wenn man je das Wagnis auf sich nehmen soll, die Wahrheit zu sagen, so ist es dann, wenn man ohnehin gerade über die Wahrheit reden will. Das farblose, formlose und stofflose wahrhaft seiende Wesen, das einzig dem Führer der Seele, der Vernunft, sichtbar ist und um sich das Geschlecht des wahren Wissens schart, es hält diesen Ort inne. Und da sich nun der Geist eines Gottes von unvermischtem Verstand und Wissen nährt, und ebenso eine jede Seele, die gerne das

aufnehmen möchte, was ihr zukommt, so freut sie sich, im Laufe der Zeit das Seiende zu schauen, und nährt sich vom Anblick des Wahren und labt sich daran, bis sie der Kreislauf ringsum wieder an die vorige Stelle zurückbringt. Auf dieser Umfahrt aber sieht sie die Gerechtigkeit selbst, sieht auch die Besonnenheit und sieht das Wissen, nicht jenes, dem ein Werden zukommt, auch nicht jenes, das ein anderes ist, je nachdem es sich auf den oder jenen von den Gegenständen bezieht, die wir jetzt als seiende bezeichnen, sondern das wahrhafte Wissen, das sich an dem wahrhaft Seienden zeigt. Und nachdem sie gleicherweise auch das andere Seiende gesehen und sich daran erlabt hat, senkt sie sich wieder ins Innere des Himmels und kommt nach Hause zurück. Und wenn sie heimkommt, stellt der Wagenlenker die Pferde an die Krippe und wirft ihnen Ambrosia vor und gibt ihnen nachher Nektar zu trinken.

28. Das ist die Lebensweise der Götter. Von den anderen Seelen aber erhebt diejenige, die den Göttern am besten Gefolge leistete, das Haupt ihres Wagenlenkers in den Raum außerhalb und wird im Kreislauf mit herumgeführt, voller Angst zwar vor den Pferden und deshalb das Seiende kaum sehend. Eine zweite erhebt sich bisweilen, taucht aber dann wieder unter, und von den Rossen gewaltsam dahingerissen, sieht sie zwar einiges, aber anderes wieder nicht. Und die übrigen sehnen sich zwar nach oben und folgen alle; doch fehlt ihnen die Kraft, und sie werden unter der Oberfläche herumgetrieben, wobei sie einander schlagen und stoßen und jede sich der anderen vorzudrängen sucht. So entsteht denn Verwirrung und Streit und bitterer Schweiß, wobei infolge der Untüchtigkeit der Wagenlenker viele Seelen lahm geschlagen werden und viele sich viele Federn zerbrechen. Sämtliche aber ziehen nach allen Anstrengungen von dannen, ohne daß ihnen der Anblick des Seienden zuteil gewor-

den ist, und nach ihrem Weggang halten sie sich an eine Nahrung, die aus bloßen Meinungen besteht. Daher kommt auch der große Eifer zu sehen, wo sich das Feld der Wahrheit befindet: erstens stammt die Weide, die dem edelsten Teile der Seele angemessen ist, aus jener Wiese, und zweitens ist das eben die Nahrung für die Natur des Gefieders, durch das die Seele emporgehoben wird.

Und das ist nun die Satzung der Adrasteia: Jede Seele, die im Gefolge eines Gottes etwas von den wahren Dingen geschaut hat, ist ungefährdet bis zum nächsten Kreislauf, und wenn sie das stets wieder zustande bringt, bleibt sie allezeit unbeschädigt. Wenn sie aber nichts sieht, weil sie nicht nachzufolgen vermag, und sie durch irgendein Mißgeschick von Vergessenheit oder Schlechtigkeit erfüllt und davon niedergedrückt wird und deshalb die Flügel sinken läßt und auf die Erde herabfällt, dann gilt es als Gesetz, diese Seele bei der ersten Zeugung noch in keine tierische Natur einzupflanzen. Jene, die am meisten gesehen hat, geht ein in den Lebenskeim eines Mannes, der ein Freund der Weisheit (Philosoph) oder der Schönheit oder ein Mensch mit musischer Bildung werden soll, oder einer, der sich auf die Liebe versteht; die zweite in den Keim eines Königs, der den Gesetzen gehorcht oder ein guter Krieger ist oder sich wohl auf das Herrschen versteht; die dritte in den eines Politikers, eines Wirtschafts- oder Finanzmannes; die vierte in den eines Wettkämpfers, der anstrengende Übungen liebt, oder eines, der sich mit der Heilung des Leibes befassen wird. Die fünfte wird das Leben eines Sehers oder sonst eines Priesters führen; zu der sechsten wird das Leben eines Dichters oder eines anderen nachahmenden Künstlers passen, zu der siebenten das eines Handwerkers oder Bauers, zu der achten das eines Sophisten oder Volksschmeichlers, zu der neunten schließlich das eines Tyrannen.

29. Von diesen allen nun erhält der, der gerecht lebt, ein besseres Teil, wer aber ungerecht lebt, ein schlechteres. Denn dorthin, wo jede Seele herkommt, kehrt sie im Laufe von zehntausend Jahren nicht wieder zurück; vor dieser Zeit wird sie nämlich nicht befiedert, ausgenommen die Seele des Menschen, der sich ehrlich der Philosophie ergeben oder auf philosophische Art Knaben geliebt hat. Diese können im dritten tausendjährigen Kreislauf, wenn sie dreimal hintereinander ein solches Leben gewählt haben und dadurch befiedert worden sind, im dreitausendsten Jahre wieder zurückkehren. Die anderen dagegen, sobald sie ihr erstes Leben beendet haben, kommen vor Gericht, und nach dem Urteilsspruch gehen die einen in die Zuchthäuser unter der Erde und verbüßen dort ihre Strafe, während die anderen durch das Gericht an einen himmlischen Ort erhoben werden und dort ein Leben verbringen, das dem entspricht, das sie in der menschlichen Gestalt geführt haben. Aber im tausendsten Jahre kommen diese und jene zur Verlosung und zur Wahl ihres zweiten Lebens, und da wählt dann ein jeder, welches er will. Dabei geht auch etwa eine menschliche Seele in das Leben eines Tieres ein, und aus einem Tier, wer früher ein Mensch gewesen ist, wieder in einen Menschen. Aber eine Seele, die niemals die Wahrheit geschaut hat, kann auch nie in diese Gestalt eintreten.

Denn der Mensch muß gemäß dem, was man Idee nennt, Einsicht gewinnen, indem er von den zahlreichen Wahrnehmungen zu dem kommt, das durch die Überlegung zu einer Einheit zusammengefaßt wird. Das aber ist nichts anderes als die Wiedererinnerung an das, was unsere Seele einst gesehen hat, als sie gemeinsam mit dem Gott dahinfuhr, als sie auf das herabsah, von dem wir nun sagen, daß es *sei*, und als sie ihren Blick zu dem wahrhaft Seienden emporhob. Deshalb ist es auch gerecht, daß einzig das Denken des Philosophen beflügelt wird; denn mit seiner Erinnerung ist er stets nach Kräften bei jenen Dingen, dank denen ein Gott eben göttlich ist, dadurch, daß er sich mit ihnen beschäftigt. Der Mensch allein, der nun von solchen Erinnerungen auf richtige Art Gebrauch macht und immer in vollkommenen Weihen geweiht ist, wird wahrhaft vollkommen. Indem er aber die menschlichen Bestrebungen aufgibt und mit den göttlichen umgeht, wird er von der Menge zurechtgewiesen, weil er verdreht sei; daß er aber gottbegeistert ist, das hat die Menge nicht gemerkt.

30. Und das ist nun der Punkt, zu dem unsere ganze Untersuchung über die vierte Art des Wahnsinns gelangt ist: wenn man sich beim Anblick der Schönheit hienieden an jene wahre Schönheit erinnert, so bekommt man Flügel, und wenn man dann neu befiedert ist und auffliegen möchte, dazu aber nicht imstande ist, sondern wie ein Vogel hinaufschaut und sich um die Dinge hier unten nicht kümmert, so gibt das Anlaß zu der Beschuldigung, man befinde sich im Zustand des Wahnsinns. Somit ist also dies unter allen Arten von göttlicher Besessenheit die beste und die mit der besten Herkunft, sowohl für den, der sie hat, als für den, der mit ihr in Berührung kommt. Und der Verliebte, der an dieser Art Wahnsinn teilhat, wird ein Liebhaber des Schönen genannt. Denn, wie gesagt, jede Seele eines Menschen hat schon von Natur das Seiende geschaut; sonst wäre sie gar nicht in dieses Lebewesen hineingekommen. Es ist aber nicht für jede leicht, sich vom Hiesigen aus an jenes zu erinnern, weder für die, die damals das Jenseitige nur kurz geschaut haben, noch für die, die hierher gefallen sind und dann das Unglück hatten, daß sie sich durch irgendwelchen Umgang zur Ungerechtigkeit verleiten ließen und das Heilige, das sie damals geschaut, wieder vergessen haben. Nur wenige bleiben also übrig, die über eine genügend starke Erinnerung verfügen. Wenn diese

aber die Abbilder des Jenseitigen sehen, werden sie erschüttert und sind ihrer selbst nicht mehr mächtig. Worin aber dieses Erlebnis besteht, wissen sie nicht, weil sie es nicht genügend wahrnehmen können.

Denn von Gerechtigkeit und Besonnenheit und allem, was sonst den Seelen ehrwürdig ist, findet sich in den Abbildern hienieden kein Glanz; sondern durch trübe Organe schauen nur wenige mit Mühe die Herkunft des Nachgebildeten, indem sie auf die Bilder zugehen. Die Schönheit aber war damals herrlich anzusehen, als wir, zu einem glücklichen Chor vereint, im Gefolge des Zeus und andere mit einem anderen Gotte, den seligen und göttlichen Anblick schauten und mit jener Weihe geweiht wurden, die man als die glückseligste bezeichnen darf. Diese feierten wir, selbst noch ohne Fehl und unberührt von den Übeln, die unser in späterer Zeit warteten, und von fehlerlosen, einfachen, unwandelbaren und beglückenden Gesichten wurden wir geweihte Zeugen, in reinem Glanze selbst rein seiend und unbelastet von dem, was wir heute als Leib bezeichnen und mit uns herumtragen, wie in eine Art Muschel eingeschlossen. Dies sei der Erinnerung zuliebe gesagt; ihretwegen haben wir nun, aus Sehnsucht nach jenen Erlebnissen, ausführlicher erzählt.

31. Was nun die Schönheit betrifft, so strahlte sie, wie gesagt, als wirklich Seiende unter jenem anderen Seienden. Und auch, als wir hierher gekommen, erfaßten wir sie durch den hellsten unserer Sinne als das, was am hellsten strahlte. Denn das Gesicht ist bei uns der schärfste der leiblichen Sinne, durch den freilich die Einsicht nicht geschaut wird. Denn gar wundersame Begierden würde sie in uns entstehen lassen, wenn sie ein solch klares Bild von sich in unser Gesicht eingehen ließe, und so auch alles andere, was liebenswert ist. Einzig der Schönheit ist das nun zuteil geworden, so daß sie das ist, was am meisten hervorleuchtet und zur Liebe reizt.

Wer nun nicht neu geweiht oder wer verdorben ist, den zieht es von hier nicht heftig dorthin, zu der Schönheit selbst, wenn er das sieht, was hier ihren Namen trägt; darum verehrt er auch nicht im Anschauen, sondern gibt sich der Lust hin und sucht auf viehische Art sich zu vermischen und zu begatten, und, dem Frevelmut gesellt, scheut er sich nicht und schämt sich nicht, widernatürlicher Lust nachzugehen. Wer aber eben wieder geweiht ist und wer die damaligen Dinge vielfach geschaut hat: wenn der ein gottähnliches Angesicht, als ein vollkommenes Abbild der Schönheit, oder die (entsprechende) Erscheinung eines Leibes sieht, so erfaßt ihn zuerst ein Schauder, und es befällt ihn etwas von den Ängsten von damals. Dann aber blickt er es (den schönen Gegenstand) an; er verehrt ihn wie einen Gott, und wenn er nicht den Ruf eines übertriebenen Wahnsinns fürchtete, würde er seinem Liebling wie einem Bilde oder einem Gott Opfer darbringen. Bei seinem Anblick aber befällt ihn, wie nach einem Fieberschauer, eine Verwandlung, mit Schweißausbruch und ungewohnter Hitze. Denn indem er die Ausströmung der Schönheit durch die Augen aufnimmt, wird er durchwärmt, und dadurch wird das Gefieder befeuchtet. Die Erwärmung aber bewirkt, daß um den Keim des Gefieders das wegschmilzt, was sich schon lange in Verhärtung um ihn zusammengeschlossen und ihn am Wachstum verhindert hat. Wenn ihm nun aber Nahrung zufließt, schwillt der Kiel der Federn und drängt, aus der Wurzel hervorzuwachsen, an der ganzen Gestalt der Seele; denn ehemals war sie ganz befiedert. [32.] Dabei wallt und quillt alles an ihr auf, und was für die Zahnenden die Schmerzen an ihren Zähnen sind, wenn diese eben hervorwachsen: ein Jucken und ein Unbehagen, genau dasselbe empfindet die Seele dessen, dem das Gefieder hervorzuwachsen beginnt: sie wallt auf, empfindet ein Unbehagen und einen Juckreiz, wenn sie das Gefieder hervorbrechen läßt.

Wenn nun die Seele die Schönheit des Knaben erblickt und die von dorther einfallenden und herbeiströmenden Teilchen (mere) in sich aufnimmt und dadurch befeuchtet wird (was man deshalb als Sehnsucht [himeros] bezeichnet), so erholt sie sich von ihrem Schmerz und ist froh. Bleibt sie aber einsam und trocknet aus, so verdorren die Enden der Ausgänge, wo das Gefieder durchstößt, schrumpfen zusammen und hemmen dadurch den Wachstumsdrang des Gefieders. Doch dieser, zusammen mit der Sehnsucht eingeschlossen, klopft innen wie die Pulsadern und stößt gegen den Ausgang, bei dem er sich gerade befindet, so daß die Seele ringsum überall von den Stichen rasenden Schmerz empfindet; andererseits aber macht die Erinnerung an den Schönen sie froh. Die Mischung dieser beiden Gefühle bewirkt, daß sich die Seele über diesen widersinnigen Zustand quält und in ihrer Hilflosigkeit rasend wird, und in ihrer Raserei kann sie weder in der Nacht schlafen noch bei Tage irgendwo Ruhe finden. Sehnsüchtig läuft sie dann überallhin, wo sie meint, sie könne den erblicken, der die Schönheit besitzt. Hat sie ihn dann gesehen und neue Sehnsucht in sich aufgenommen, so beginnt sie das zu lösen, was sich vorher zusammengekrampft hatte. Sie kann wieder aufatmen, fühlt sich frei von Stichen und Schmerzen und genießt für den Augenblick wieder jene süßeste Lust. Deshalb verläßt sie auch aus freien Stücken den Schönen nicht und zieht ihm auch keinen anderen vor, sondern vergißt Mutter und Brüder und alle Freunde und kümmert sich nicht darum, wenn ihr Hab und Gut infolge ihrer Gleichgültigkeit zugrunde geht. Und indem sie alles Bräuchliche und Anständige, worauf sie sich vorher soviel zugute getan hat, gering schätzt, ist sie bereit, als Sklave zu dienen und, wo es einer nur zuläßt, möglichst nahe beim Gegenstand ihrer Sehnsucht zu ruhen. Denn außer ihrer Verehrung für den, der die Schönheit besitzt, hat sie in ihm auch den einzigen Arzt für die größten Schmerzen gefunden. Und diesen Zustand, du schöner Knabe, an den ich meine Rede richte, bezeichnen die Menschen als Liebe; wenn du aber hörst, wie die Götter ihn nennen, so wirst du wahrscheinlich lachen, weil dir der Ausdruck so neuartig vorkommt. Ich glaube, es sind einige Homeriden, die in ihren unbekannten Schriften zwei Verse auf den Eros sprechen, von denen der zweite recht mutwillig und nicht eben wohllautend ist. So singen sie:

Wahrlich, die Sterblichen nennen ihn den geflügelten Eros,
Pteros aber die Götter, vom Zwange, sich zu befiedern.

Es steht dir nun frei, ihnen zu glauben; es steht dir auch frei, das nicht zu tun. Auf alle Fälle aber trifft es zu, daß gerade das der Zustand der Liebenden und die Ursache davon ist.

33. Wenn nun einer ergriffen wird, der zu den Begleitern des Zeus gehört, so vermag er die Last des geflügelten Gottes würdevoller zu ertragen. Die Diener des Ares dagegen und alle, die mit ihm ringsum gewandelt sind, wenn sie vom Eros ergriffen werden und meinen, es geschehe ihnen von seiten des Geliebten ein Unrecht, so sind sie bereit, zu morden und sich selbst und den Liebling hinzuopfern. Und so einem jeden Gott gemäß, zu dessen Chor ein jeder gehört hat; ihn ehrend und ihn nach Möglichkeit nachahmend, lebt er, solange er noch unverdorben ist und sein erstes Dasein hienieden durchlebt, und auf diese Weise benimmt er sich auch im Verkehr mit seinen Geliebten und den anderen. Und auch in der Liebe zu schönen Knaben, da trifft ein jeder die Wahl nach seiner Art, und wie wenn dann der Geliebte der Gott selbst wäre, so macht er ihn für sich zurecht und schmückt ihn wie ein Götterbild, um ihn zu verehren und zu feiern. Die dem Zeus gehören, suchen danach, daß die Seele dessen, der von ihnen geliebt wird, eine Art Zeus sei. Sie sehen also darauf, ob er ein Philosoph und eine Führernatur ist, und

wenn sie ihn dann gefunden und liebgewonnen haben, tun sie alles, daß er es wirklich wird. Und wenn das eine Beschäftigung ist, auf die sie sich früher nicht eingelassen haben, so versuchen sie es jetzt zu lernen, wo sie nur können, oder gehen selbst der Forschung nach. Indem sie nun diesen Spuren folgen, gelangen sie dazu, bei sich selbst die Natur ihres eigenen Gottes zu finden, weil sie genötigt sind, angespannt auf den Gott zu blicken. Und indem sie ihn mit der Erinnerung anrühren, nehmen sie voll Begeisterung von ihm Sitten und Bestrebungen an, so weit es einem Menschen möglich ist, an einem Gotte Anteil zu bekommen, und indem sie dies dem Geliebten zuschreiben, schätzen sie ihn um so mehr. Und wenn sie von Zeus schöpfen, so lassen sie es wie die Bacchantinnen auf die Seele des Geliebten überfließen und machen ihn ihrem Gotte so ähnlich als möglich. Die aus dem Gefolge der Hera aber suchen einen von königlicher Art, und wenn sie ihn finden, tun sie an ihm ganz dasselbe. Und die dem Apollon oder sonst einem Gotte angehören, richten ihren Gang nach dem Gotte und suchen bei ihrem Knaben die entsprechende Anlage. Und wenn sie ihn gefunden haben, so führen sie ihn dazu, so weit es jedem möglich ist, daß er in seinen Bestrebungen und in seinem Aussehen jenem Gotte gleich wird, indem sie selbst diesen nachahmen und indem sie ihren Liebling dazu überreden und nach diesem Maße bilden. Dabei lassen sie ihrem Liebling gegenüber keinen Neid und keine kleinliche Mißgunst aufkommen; vielmehr tun sie es in der Weise, daß sie versuchen, ihn möglichst zur völligen Ähnlichkeit mit ihnen selbst und mit dem Gotte zu führen, den sie verehren. So schön und beglückend also ist der Eifer der wahrhaft Liebenden und die Weihe, sofern sie das, wonach sie eifern, auf dem Wege zu verwirklichen suchen, den ich weise – so schön und beglückend also sind Eifer und Weihe, die dem Geliebten von einem durch den Eros wahnsinnigen Freunde zuteil werden, wenn er einmal erobert ist. Wer aber erobert ist, wird auf folgende Weise gewonnen:

34. Wir haben zu Beginn dieses Mythos an jeder Seele drei Teile unterschieden, nämlich zwei pferdeartige Gestalten und als dritte die Gestalt eines Wagenlenkers; dabei wollen wir auch jetzt bleiben. Von den beiden Pferden, sagten wir, sei das eine gut, das andere nicht. Worin aber die Vortrefflichkeit des guten und die Schlechtigkeit des schlechten besteht, das haben wir nicht erörtert; doch jetzt soll es gesagt sein. Das eine also von den beiden, das sich in besserem Zustande befindet, ist von geradem Wuchs und wohlgegliedert, hält den Nacken hoch, hat eine leicht gebogene Linie, weiße Haare und schwarze Augen; es zeigt Ehrliebe, verbunden mit Besonnenheit und Schamhaftigkeit, ist ein Gefährte der wahren Meinung und wird ohne Schläge, nur durch Ermahnung und Wort gelenkt. Das andere dagegen ist krumm, klobig, schlecht gebaut, hart im Nacken, mit kurzem Hals und stumpfer Nase, von schwarzer Farbe, mit glasigen und blutunterlaufenen Augen, ein Gefährte von Übermut und Prahlerei, zottig um die Ohren, stumpf und kaum der stachelbesetzten Peitsche nachgebend. Wenn nun der Wagenlenker den liebreizenden Anblick sieht und, durch diesen Eindruck in seiner Seele durchglüht, ganz erschüttert wird durch den Stachel des Kitzels und der Sehnsucht, so hält das Pferd, das dem Führer wohl gehorcht und das immer und auch jetzt von der Scham beherrscht wird, sich selbst zurück und bespringt den Geliebten nicht; das andere aber kehrt sich nicht mehr weder an Stachel noch an Peitsche des Wagenlenkers, sondern stürzt mit heftigen Sprüngen dahin, und indem es seinen Gespanen und den Wagenlenker in die größte Schwierigkeit versetzt, zwingt es sie, zum Liebling heranzugehen und der Freuden der Liebeslust zu gedenken.

Am Anfang stemmen sich zwar die beiden dagegen und wehren sich, daß man sie zu etwas Schlimmem und Gesetzwidrigem nötigen will. Wenn sich dann aber das Übel nicht eindämmen läßt, werden sie eben mitgerissen, geben den Widerstand auf und willigen in das ein, was man von ihnen verlangt.

35. Sie kommen also zu ihm hin und sehen des Lieblings strahlendes Angesicht. Sieht das nun der Wagenlenker, so wird seine Erinnerung zum Wesen der Schönheit getragen, und er sieht sie wieder, wie sie mit der Besonnenheit auf heiligem Boden steht. Und wenn er das sieht, so erbebt er und fällt vor Ehrfurcht rückwärts, und gleichzeitig muß er die Zügel so heftig zurückreißen, daß beide Pferde sich auf ihre Hüften setzen, das eine freiwillig, weil es sich nicht dagegen sperrt, das ungebärdige aber nur mit großem Widerstreben. Und indem nun beide weiter zurückgehen, benetzt das eine vor Scham und Schrecken die ganze Seele mit Schweiß; das andere aber, sobald der Schmerz vorüber ist, den ihm das Gebiß und der Sturz beigebracht hatte, und es sich kaum erst erholt hat, beginnt vor Zorn zu schimpfen und den Wagenlenker und seinen Gespanen mit Schmähungen zu überschütten, sie hätten aus Feigheit und Unmännlichkeit ihren Platz verlassen und ihre Zusage gebrochen. Und indem es sie neuerdings nötigt, gegen ihren Willen vorwärts zu gehen, läßt es sich kaum erbitten, das auf ein anderes Mal zu verschieben. Ist dann aber die festgesetzte Zeit gekommen und jene tun dergleichen, als dächten sie nicht mehr daran, so erinnert es sie mit Gewalt, beginnt zu wiehern und schleppt sie gewaltsam dahin, daß sie sich dem Geliebten wieder mit denselben Worten nahen. Sind sie dann in seiner Nähe, bückt es sich nach vorn, stellt den Schweif in die Höhe, beißt in den Zaum und zieht ohne Zurückhaltung. Doch der Wagenlenker fühlt noch stärker als vorhin dieselbe

Empfindung; er beugt sich rückwärts, als sähe er die Schranke vor sich, und reißt den Zaum in den Zähnen des ungebärdigen Pferdes noch gewaltsamer zurück, bringt die schmähsüchtige Zunge und die Backen zum Bluten und bereitet ihm Schmerzen, indem er seine Beine und Schenkel zu Boden drückt. Ist aber das schlechte Pferd zu wiederholten Malen so behandelt worden und hat von seinem Übermut abgelassen, so folgt es nun demütig der vernünftigen Leitung des Wagenlenkers und vergeht vor Scham, wenn es den Schönen erblickt. So ergibt es sich dann, daß die Seele des Liebhabers dem Liebling zurückhaltend und ängstlich nachfolgt.

36. Und diesem wird nun jede Verehrung dargebracht wie einem Gott, wobei der Verliebte sich nicht nur den Anschein gibt, sondern es ihm in der Tat so zumute ist, während er selbst eine natürliche Freundschaft zu dem empfindet, der ihm zu Diensten ist. Und wenn er auch vordem von seinen Freunden oder sonst von jemandem zu Unrecht überredet worden ist durch die Behauptung, es sei schimpflich, sich einem Verliebten zu nahen, und er deswegen den Liebenden abwies, so führen ihn nun doch im weiteren Verlauf der Zeit seine Jugend und der Zwang der Umstände so weit, daß er ihm den Verkehr erlaubt. Denn es ist ja nicht gesagt, daß ein Schlechter nur mit einem Schlechten befreundet sein könne oder daß ein Guter nicht der Freund eines Guten werden dürfe. Wenn er ihn nun aber zuläßt und ihm Gespräch und Umgang erlaubt, so setzt das Wohlwollen des Verliebten, das er nun aus der Nähe spürt, den Geliebten in Erregung, da er nun innewird, daß alle anderen Freunde und Verwandten ihm überhaupt keine Freundschaft erweisen im Vergleich zu seinem begeisterten Freunde. Führt er nun aber eine Zeitlang mit diesem Tun fort und nähert sich ihm in vertrautem Verkehr auf den Turnplätzen und wo sie sonst zusammen-

kommen, so ergießt sich die Quelle jenes Stromes, den Zeus, in Ganymed verliebt *Liebreiz* genannt hat, in reichem Maße zu dem Liebhaber; ein Teil davon ergießt sich in ihn, während ein anderer, wenn dieser davon erfüllt ist, wieder hinausfließt. Und so wie ein Windstoß oder ein Widerhall von glatten und harten Gegenständen zurückprallt und dorthin zurückgeworfen wird, wo er herkam, so geht auch der Strom des Schönen wiederum durch die Augen zum schönen Knaben zurück, und wenn er auf dem Wege, der natürlicherweise in die Seele führt, dort angekommen ist und sie erfüllt hat, so befeuchtet er die Stellen, wo die Federn herauskommen, und fördert das Wachstum der Flügel und erfüllt auch die Seele des Geliebten mit Liebe.

So liebt er nun, weiß aber nicht, wen, und weiß auch nicht, wie ihm geschehen ist, noch vermöchte er es zu erklären. Sondern wie wenn jemand von einem anderen die Augenkrankheit bekommen hat, kann er den Grund davon nicht angeben, und es entgeht ihm, daß er sich selbst in dem Liebenden wie in einem Spiegel sieht: wenn jener anwesend ist, wird er, gerade so wie dieser, von seinem Schmerz befreit; ist er aber nicht anwesend, so sehnt er sich wiederum gerade so, wie er selbst ersehnt wird, indem er die Gegenliebe als Abbild der Liebe in sich trägt. Er nennt sie aber nicht Liebe und hält sie auch nicht für das, sondern für Freundschaft. Und ähnlich wie jener, nur nicht so heftig, begehrt er ihn zu sehen, zu berühren, zu küssen und bei ihm zu liegen, und wie zu erwarten ist, tut er auch bald darauf alles das. Wenn sie nun beisammenliegen, hat das unbändige Pferd des Liebhabers dem Wagenlenker manches zu sagen und verlangt als Entgelt für die vielen Mühen einen kleinen Genuß. Das des Lieblings dagegen weiß nichts zu sagen; aber von Begierde erfüllt und ohne sich darüber klar zu sein, umfängt es den Liebhaber und küßt ihn und herzt ihn als seinen wohlwollendsten Freund. Und wenn sie beisammenliegen, dann ist er so weit, daß er sich wohl nicht mehr weigert, seinerseits dem Liebenden zu Gefallen zu sein, wenn er darum bittet. Der Gespane andererseits, im Verein mit dem Wagenlenker, sträubt sich aber dagegen, aus Scham und aus Vernunft.

37. Wenn nun die besseren Kräfte der Seele, die zu einer geordneten Lebensweise und zur Philosophie hinführen, die Oberhand gewinnen, so verbringen sie schon hier ein glückseliges und einträchtiges Leben, da sie sich selbst beherrschen und gesittet sind, indem sie das in sich unterworfen haben, worin die Schlechtigkeit der Seele, das aber befreit haben, worin ihre Tüchtigkeit wohnte. Sterben sie aber, so haben sie, beflügelt und leicht geworden, in dem einen dieser drei wahrhaft olympischen Kämpfe schon gesiegt, und das bedeutet ein Gut, wie es kein größeres weder menschliche Besonnenheit noch göttlicher Wahnsinn einem Menschen zu geben vermag. Führen sie aber ein weniger edles, unphilosophisches, aber doch ehrliebendes Leben, so werden leicht einmal, beim Trunk oder sonst in einem sorglosen Augenblick, die beiden zügellosen Pferde die Seelen unbewacht finden und sie zusammenführen, daß sie das wählen, was die Menge für das Seligste hält, und es vollbringen. Und haben sie das einmal vollbracht, so genießen sie es auch in der Folgezeit wieder, freilich nur selten, weil es doch etwas ist, das sie nicht mit der Zustimmung des ganzen Denkens tun. Freunde sind nun also auch diese beiden, freilich in geringerem Maße als jene; sie leben füreinander, solange ihre Liebe dauert, und auch noch, wenn sie darüber hinaus sind, im Bewußtsein, gegenseitig die größten Treupfänder gegeben und empfangen zu haben, die man nach ihrer Meinung nicht wieder auflösen darf, um eines Tages wieder in Feindschaft zu geraten. Bei ihrem Tode aber verlassen sie ihren Leib,

unbefiedert zwar, doch bestrebt gewesen, sich zu befiedern, und tragen so einen nicht geringen Preis für ihren Liebeswahnsinn davon. Denn in die Finsternis und zum Gang unter die Erde zu kommen, ist für die, die schon den himmlischen Wandel angetreten haben, durch das Gesetz nicht mehr bestimmt; sondern sie dürfen ein lichtes Leben führen und mit den anderen selig dahinwandeln, und wenn sie befiedert werden, dann dürfen sie es, um ihrer Liebe willen, gleichzeitig werden.

38. Diese so großen und so göttlichen Gaben, mein Lieber, wird dir die Freundschaft des Liebhabers schenken. Die Vertraulichkeit aber von seiten des Nichtverliebten, gemischt mit sterblicher Besonnenheit, waltet auch nur über Sterbliches und Kärgliches und erzeugt in der geliebten Seele jene Unfreiheit, die zwar von der Menge als Tüchtigkeit gelobt wird, und bringt sie dazu, daß sie neuntausend Jahre lang ruhelos auf der Erde und vernunftlos unter der Erde weilen muß.

Das ist unsere Palinodie, geliebter Eros, die schönste und beste, die wir nach unseren Kräften dargebracht und als unsere Schuld entrichtet haben und die wir, in jeder Hinsicht und besonders in den einzelnen Ausdrücken, des Phaidros wegen, ein wenig in dichterischer Sprache abfassen mußten. Mögest du der ersten Rede Verzeihung und dieser zweiten da deine Gunst schenken und mir, huldvoll und gnädig, die Kunst der Liebe, die du mir verliehen hast, nicht wieder im Zorn wegnehmen oder abschwächen. Sondern verleihe mir, daß ich noch mehr als jetzt von den Schönen geschätzt werde. Haben wir aber, Phaidros und ich, in der vorigen Rede etwas gesagt, das dein Mißfallen erregt, so gib die Schuld dem Lysias, dem Vater der Rede, und mach, daß er keine solchen Reden mehr verfaßt, sondern lenke ihn zur Philosophie, wie sich sein Bruder Polemarchos ihr zugewendet hat, damit auch sein Liebhaber hier nicht mehr nach beiden Seiten schwankt, sondern nach philosophischen Grundsätzen sein Leben schlechthin nach der Liebe richte.«

39. PHAIDROS: Ich schließe mich deinem Gebet an, Sokrates, daß es so geschehen möge, wenn das für uns besser ist. Über deine Rede aber bin ich schon lange voll Bewunderung, wieviel schöner du sie abgefaßt hast als die erste. Ich muß deshalb befürchten, Lysias könnte mir kläglich vorkommen, wenn er die Absicht haben sollte, ihr eine andere gegenüberzustellen. Denn gerade kürzlich, du Wunderbarer, hat ihm einer von unseren Politikern in einer Schmährede eben das vorgeworfen und ihn während seiner ganzen Schmährede einen Redenschreiber (Logographen) genannt. Wohl möglich, daß er sich nun aus Empfindlichkeit des Schreibens enthalten wird.

SOKRATES: Das ist doch eine lächerliche Meinung, junger Mann, die du da vorbringst. Und was deinen Freund betrifft, da gehst du völlig fehl, wenn du ihn für so empfindlich hältst. Aber vermutlich meinst du gar, der Schmähende habe das, was er ihm sagte, wirklich als Tadel gemeint.

PHAIDROS: Offenbar war es ja so, Sokrates. Und du weißt selbst auch ganz genau, daß die einflußreichsten und geachtetsten Männer in den Städten sich scheuen, Reden zu schreiben und eigene Schriften zu hinterlassen, weil sie den Ruf fürchten, man könnte sie in der Folgezeit als Sophisten bezeichnen.

SOKRATES: Eine glückliche Wendung, Phaidros! (wobei dir entgangen ist, daß der Ausdruck von der »großen Wendung des Nils« herkommt). Und, abgesehen von der Wendung, entgeht dir auch, daß gerade die unter den Staatsmännern, die am meisten auf sich halten, auch den größten Drang haben, Reden zu verfassen und Schriften zu hinterlassen. Sie sind es ja auch, die, wenn sie eine Rede geschrieben haben, für ihre Lobsprecher eine solche Vorliebe zeigen, daß sie am Anfang diejenigen erwähnen, die ihnen jeweils ihr Lob spenden.

PHAIDROS: Wie meinst du das? Ich verstehe dich nicht.

SOKRATES: Du weißt doch, daß bei der Schrift eines Staatsmannes am Anfang der Name des Lobsprechers geschrieben steht?

PHAIDROS: Wieso?

SOKRATES: »Es hat gefallen«, so beginnt er etwa, »dem Rat« oder »dem Volk« oder beiden zusammen, und »Der und der hat vorgeschlagen ...«, womit der Schreiber sich selbst sehr ehrenvoll erwähnt und lobend hervorhebt. Und daraufhin fährt er fort, indem er den Lobsprechern seine Weisheit dartut, und verfaßt manchmal eine ellenlange Schrift. Oder scheint dir, ein solches Schriftstück sei etwas anderes als eine schriftlich abgefaßte Rede?

PHAIDROS: Nein.

SOKRATES: Bleibt nun eine solche Rede auf dem Programm, so verläßt der Verfasser voller Freude den Schauplatz. Wird sie aber gestrichen und bleibt ihm der Ruhm des Logographen und die Verfasserwürde vorenthalten, so trauert er mit seinen Freunden.

PHAIDROS: Ja, sogar sehr.

SOKRATES: Und offensichtlich nicht deshalb, weil sie diese Bestrebung verachten, sondern weil sie sie bewundern.

PHAIDROS: Ja, gewiß.

SOKRATES: Wenn nun ein Redner oder ein König so weit kommt, daß er das Ansehen eines Lykurgos oder Solon oder Dareios gewinnt und zugleich in seiner Stadt ein unsterblicher Logograph wird – kommt sich der nicht schon zu seinen Lebzeiten selbst wie ein Gott vor, und die nach ihm kommen, haben dieselbe Meinung von ihm, wenn sie auf seine Schriften schauen?

Phaidros: Ja, sogar sehr.

Sokrates: Glaubst du, daß einer von diesen, mag er auch dem Lysias noch so abgeneigt sein, ihm nun gerade das vorwerfen wird, nämlich daß er Reden schreibt?

Phaidros: Das ist nicht eben wahrscheinlich nach dem, was du sagst. Sonst müßte er offenbar gerade das zum Vorwurf machen, was er selbst mit Leidenschaft betreibt.

40. Sokrates: Das ist also jedermann klar, daß das Redenschreiben an sich keine Schande ist.

Phaidros: Wie sollte es auch?

Sokrates: Dagegen, glaube ich, ist es dann schändlich, wenn man nicht gut spricht oder schreibt, sondern häßlich und schlecht.

Phaidros: Ja, das ist klar.

Sokrates: Worin besteht nun aber das Wesen des schönen oder des häßlichen Schreibens? Sollen wir uns, Phaidros, darüber etwa bei Lysias erkundigen oder sonst bei jemandem, der irgendeinmal geschrieben hat oder noch schreiben wird, sei es eine politische Schrift oder eine private, in gebundener Form als Dichter oder in ungebundener als Laie?

Phaidros: Du fragst, ob wir sollen? Warum sollte denn sozusagen einer leben, wenn nicht um dieser Freuden willen? Doch sicher nicht für die, bei denen man sich zuerst abplagen muß, weil man sonst nicht zum Genuß kommt, wie das ja bei fast allen leiblichen Vergnügungen der Fall ist; deswegen bezeichnet man sie ja auch mit Recht als niedrig.

Sokrates: Es scheint ja, wir haben Zeit genug. Zudem glaube ich, daß die Grillen, die nach ihrer Art im heißen Sommer über unseren Köpfen zirpen und sich unterhalten, dabei auf uns herabschauen. Wenn die nun sähen, daß auch wir beide, gerade wie die anderen Leute zur Mittagszeit, nicht miteinander reden, sondern aus geistiger Trägheit einnicken und uns von ihnen in Schlaf singen lassen, dann würden sie uns wohl mit Recht auslachen und meinen, es seien ein paar Knechte bei ihnen eingekehrt, gerade wie Schafe, die bei der Quelle ihr Mittagsschläfchen halten. Wenn sie dagegen sehen, daß wir miteinander reden und an ihnen wie an Sirenen vorbeifahren, ohne uns einschläfern zu lassen, dann werden sie uns wohl die Ehrengabe, die ihnen die Götter für die Menschen verliehen haben, voller Hochschätzung zuwenden.

41. PHAIDROS: Was haben sie denn für eine Gabe? Ich glaube, das habe ich noch nie gehört.

SOKRATES: Das darf aber doch nicht sein, daß ein Musenfreund von diesen Dingen nichts gehört hat. Also man erzählt, die Grillen seien einst Menschen gewesen, und zwar von denen, die vor der Geburt der Musen lebten. Als aber die Musen geboren wurden und der Gesang ans Licht trat, da sind einige von den Menschen jener Zeit so außer sich geraten vor Lust, daß sie singend Speise und Trank vergaßen und dahinstarben, ohne es zu merken. Aus diesen entsteht seitdem das Geschlecht der Grillen, und die Musen verliehen ihnen die Gabe, daß sie von Geburt an keiner Speise bedürfen, sondern ohne zu essen und zu trinken sogleich singen, bis sie sterben, und daß sie dann nachher zu den Musen kommen und ihnen melden, wer von den Menschen hier eine jede von ihnen verehre. Der Terpsichore geben sie die an, die sie in den Tanzchören verehrt haben, und empfehlen sie ihrer Vorliebe; der Erato die, die ihr mit Liebesliedern huldigten, und so auch den anderen Musen, entsprechend der Art, wie jede geehrt wurde. Der ältesten aber, Kalliope, und Urania, die gleich nach ihr kommt, geben sie die an, die ihr Leben mit der Philosophie verbringen und die Kunst dieser beiden Musen ehren, indem sie ja vor allen übrigen Musen die schönsten Stimmen hören lassen, da sie über den Himmel und über die göttlichen und menschlichen Reden gesetzt sind. Aus manchen Gründen also müssen wir etwas reden und dürfen am Mittag nicht schlafen.

PHAIDROS: So wollen wir also reden.

42. SOKRATES: Nicht wahr, was wir zu untersuchen uns vorgenommen haben, das wollen wir nun erörtern, nämlich die Frage, auf welche Art das Reden und das Schreiben schön ist, und auf welche nicht.

PHAIDROS: Offenbar.

SOKRATES: Ist es denn für das, was gut und schön geredet werden soll, nicht eine Voraussetzung, daß das Denken des Redenden die Wahrheit über das weiß, was er sagen will?

PHAIDROS: Mir ist darüber folgendes zu Gehör gekommen: es sei für den, der ein Redner werden will, nicht nötig, das zu lernen, was tatsächlich richtig ist, sondern nur das, was den Leuten, die darüber zu entscheiden haben, so scheint; und auch nicht das, was tatsächlich gut oder schön ist, sondern was so scheint. Denn nur daraus ergebe sich das Überreden, und nicht aus der Wahrheit.

SOKRATES: »Niemals wahrlich darf man verwerfen ein Wort«, Phaidros, das Weise gesprochen haben, sondern muß prüfen, ob sie nicht etwas Richtiges sagen; und so darf denn auch das eben Gesagte nicht übergangen werden.

PHAIDROS: Ja, du hast recht.

SOKRATES: So wollen wir es denn auf folgende Art untersuchen.

PHAIDROS: Auf welche?

SOKRATES: Nimm einmal an, ich wollte dich überreden, du solltest dir ein Pferd anschaffen, um gegen die Feinde zu ziehen, wir wüßten aber beide nicht, was ein Pferd ist, hingegen wäre mir zufällig über dich gerade das bekannt, daß Phaidros unter den zahmen Tieren das für ein Pferd hält, das die längsten Ohren hat ...

PHAIDROS: Das wäre ja zum Lachen, Sokrates.

SOKRATES: Das noch nicht. Aber wenn ich dich dann ernsthaft überreden wollte und eine Rede verfaßte, ein Lob auf den Esel, und ihn als »Pferd« bezeichnete und sagte, daß es von größtem Wert sei, dieses Tier zu besitzen, zu Hause wie auch im Felde, brauchbar, um von seinem Rücken herab zu kämpfen, und tüchtig, das Gepäck zu tragen, und noch zu manch anderem verwendbar ...

PHAIDROS: Das wäre nun freilich ganz und gar lächerlich.

SOKRATES: Aber es ist denn nicht besser, es sei jemand ein lächerlicher Freund als ein ernst zu nehmender Feind?

PHAIDROS: Offenbar.

SOKRATES: Wenn nun der ausgebildete Redner, der nicht weiß, was gut und was böse ist, es mit einer Stadt zu tun hat, in der es ebenso steht, und sie überreden will, wobei er keinesfalls über einen Esel sein Lob spricht, als sei er ein Pferd, sondern über das Schlechte, als sei es etwas Gutes, und wenn er so die Leute, um deren Meinungen er sich bemüht hat, nun überredet, Schlechtes zu tun statt Gutes – was für eine Frucht, glaubst du, wird die Redekunst dann aus dieser Saat ernten?

PHAIDROS: Wohl keine anständige.

43. SOKRATES: Doch haben wir etwa, mein Bester, die Kunst der Rede härter geschmäht, als sich gebührt? Sie könnte vielleicht sagen: »Was schwatzt ihr denn da, ihr wunderlichen Leute? Ich zwinge ja niemanden, der die Wahrheit nicht kennt, reden zu lernen; sondern, wenn mein Rat etwas gilt, so erwirbt er sich zuerst jene und nimmt dann mich noch dazu. Das aber behaupte ich nun mit allem Nachdruck, daß auch der, der das Seiende weiß, ohne mich nicht imstande ist, kunstgerecht zu überreden.«

PHAIDROS: Und hätte sie nicht recht mit diesen Worten?

SOKRATES: Einverstanden, sofern wenigstens die Reden, die gegen sie auftreten, das Zeugnis ablegen, daß sie eine Kunst ist. Denn mir ist, als höre ich einige Reden auftreten, die behaupten, sie lüge und sie sei gar keine Kunst, sondern nur ein kunstloses Treiben. »Eine echte Kunst des Redens«, sagt der Lakonier, »ohne die Wahrheit erfaßt zu haben, gibt es nicht und wird es auch später nie geben.«

PHAIDROS: Diese Reden brauchen wir, Sokrates. Führe sie herein und frage sie aus, was sie sagen und wie sie es sagen.

SOKRATES: So kommt herbei, ihr hübschen Kinderlein, und überzeugt den Phaidros da, den Vater schöner Kinder, daß er, wenn er nicht genügend philosophiert, auch nie über irgend etwas wird reden können. Phaidros soll also antworten.

PHAIDROS: Fragt nur!

SOKRATES: Ist denn, im ganzen gesehen, die Rhetorik nicht eine Kunst der Seelenführung durch Worte, nicht nur vor Gericht und bei den anderen öffentlichen Versammlungen, sondern auch bei privaten Zusammenkünften, und zwar eine Kunst, die sich gleich bleibt, ob es um geringe oder um große Fragen geht, und von gleichem Wert ist, sofern sie wenigstens richtig angewendet wird, ob sie sich auf schwerwiegende oder auf unwichtige Dinge bezieht. Oder was hast du darüber gehört?

PHAIDROS: Ganz etwas anderes, beim Zeus! Sondern es wird eigentlich nur über die Rechtshändel kunstmäßig geredet und geschrieben, und auch in Volksreden spricht man so; von weiterem aber habe ich nichts gehört.

SOKRATES: Hast du denn einzig von den »Anleitungen zur Redekunst« des Nestor und des Odysseus gehört, die sie vor Ilion zu ihrer Mußezeit geschrieben haben, und von denen des Palamedes ist dir nie etwas zu Gehör gekommen?

PHAIDROS: Nein, beim Zeus, nicht einmal von denen des Nestor, falls du nicht etwa den Gorgias zu einer Art Nestor oder den Thrasymachos oder den Theodoros zu einem Odysseus machst.

44. SOKRATES: Mag sein – doch lassen wir diese. Sage mir lieber, was tun denn vor Gericht die gegnerischen Parteien? Reden sie nicht gegeneinander? Oder wie sollen wir das nennen?

PHAIDROS: Ja, gerade so.

SOKRATES: Und zwar über das Gerechte und das Ungerechte?

PHAIDROS: Ja.

SOKRATES: Nicht wahr, wer das mit Kunst tut, der wird zustande bringen, daß ein und dasselbe den gleichen Leuten das einemal als gerecht, wenn er dagegen will, auch als ungerecht erscheint?

PHAIDROS: Ohne Zweifel.

SOKRATES: Und in der Rede vor dem Volk, daß der Stadt ein und dasselbe bald als gut und bald wiederum als das Gegenteil erscheint?

PHAIDROS: Ja, so ist es.

SOKRATES: Und nun zum eleatischen Palamedes: wir wissen doch, daß er mit solcher Kunst redet, daß den Zuhörern ein und dasselbe als gleich und ungleich, als eines und vieles, und ferner als ruhig und bewegt erscheint.

PHAIDROS: Jawohl.

SOKRATES: Nicht nur vor Gericht also kommt die Kunst der Gegenrede vor und vor dem Volk, sondern es wird offenbar für alles, was geredet wird, nur diese eine Kunst geben – sofern es überhaupt eine gibt –, durch die man in den Stand gesetzt wird, jedes Ding jedem anderen Ding ähnlich zu machen, und zwar vor allen möglichen Leuten, und, wenn ein anderer es ähnlich macht und es dann verbirgt, das ans Licht zu bringen.

PHAIDROS: Wie meinst du denn das?

SOKRATES: Wer sucht, meine ich, dem wird es dadurch klar. Entsteht eher Täuschung in den Dingen, die stark voneinander verschieden sind, als in denen, die es nur schwach sind?

PHAIDROS: In denen, die nur wenig verschieden sind.
SOKRATES: Doch wenn du nur Schritt für Schritt vorgehst, dann wirst du doch eher unvermerkt zum Gegenteil gelangen, als wenn du einen großen Schritt machst.
PHAIDROS: Wie wäre das anders möglich?
SOKRATES: Wer also einen anderen täuschen will, selbst aber nicht getäuscht sein möchte, der muß die Ähnlichkeit und die Unähnlichkeit des Seienden genau auseinanderkennen.
PHAIDROS: Ja, das ist allerdings nötig.
SOKRATES: Wenn aber jemand die Wahrheit über etwas nicht kennt, wird er dann imstande sein, die Ähnlichkeit mit dem, was er nicht kennt, in anderen Dingen festzustellen, mag diese nun klein oder groß sein?
PHAIDROS: Unmöglich!
SOKRATES: Wenn man sich also eine Meinung bildet, die dem Seienden nicht entspricht, sondern wenn man sich darüber täuscht, dann ist doch klar, daß dieses Übel infolge irgendwelchen Ähnlichkeiten in uns eingedrungen ist.
PHAIDROS: Ja freilich, so geht es.
SOKRATES: Ist es nun möglich, daß jemand über die Kunst verfügt, Schritt für Schritt vorzugehen, indem er auf Grund der Ähnlichkeiten immer wieder von dem Seienden zu seinem Gegenteil ableitet, oder aber sich selbst vor dieser Methode zu hüten, wenn er nicht erkannt hat, was ein jedes von dem Seienden wirklich ist?
PHAIDROS: Niemals.
SOKRATES: Wer also die Wahrheit nicht weiß, mein Freund, sondern nur Meinungen nachgejagt ist, der wird offenbar nur eine lächerliche Redekunst zustande bringen und eine, die gar keine Kunst ist.
PHAIDROS: Das wird wohl so sein.
45. SOKRATES: Willst du nun in der Rede des Lysias, die du auf dir trägst, und in den beiden, die ich vorgetragen habe,

etwas von dem sehen, das wir entweder als kunstvoll oder als kunstlos bezeichnen?

PHAIDROS: Mit größter Vorliebe; denn jetzt reden wir nur so daher, ohne schlüssige Beispiele.

SOKRATES: Und doch sind offenbar durch einen glücklichen Zufall jene beiden Reden so gesprochen worden, daß sie wohl ein Beispiel enthalten, wie jemand, der die Wahrheit weiß, mit Worten spielend seine Zuhörer irreführen kann. Ich schreibe das freilich den Göttern zu, lieber Phaidros, die an diesem Orte wohnen; vielleicht sind es aber auch die Künder der Musen, die Sänger über unseren Häuptern, die uns mit ihrem Hauch diese Gabe geschenkt haben. Denn ich habe doch sonst an der Kunst des Redens keinen Anteil.

PHAIDROS: Das mag so sein, wie du sagst; nur mach uns klar, was du meinst.

SOKRATES: Nun denn, so lies von der Rede des Lysias den Anfang!

PHAIDROS: »Über meinen Fall bist du unterrichtet und hast auch gehört, was uns nach meiner Ansicht unter diesen Umständen zuträglich ist. Ich möchte aber, daß mir nicht etwa deshalb meine Bitte nicht erfüllt wird, weil ich zufällig nicht dein Liebhaber bin. Denn gerade jene Leute reut das dann jeweils ...«

SOKRATES: Hör auf! Wir müssen nun also sagen, worin dieser einen Fehler macht und gegen die Regeln der Kunst verstößt; oder nicht?

PHAIDROS: Ja.

46. SOKRATES: So viel ist doch nun jedem klar, daß wir über einige dieser Fragen gleicher Meinung, über andere aber uneinig sind.

PHAIDROS: Ich glaube, ich verstehe, was du meinst; doch sag es noch deutlicher.

SOKRATES: Wenn jemand das Wort »Eisen« oder »Silber« ausspricht, so verstehen wir doch alle dasselbe darunter?

PHAIDROS: Ja, durchaus.

SOKRATES: Wie ist es aber, wenn er sagt »gerecht« oder »gut«? Neigt da nicht der eine zu dem, der andere zu jenem, und wir selbst befinden uns gegenseitig und mit uns selbst in einem Zwiespalt?

PHAIDROS: Ja, gewiß.

SOKRATES: In einigem stimmen wir also überein, in anderem dagegen nicht.

PHAIDROS: So ist es.

SOKRATES: In welchem Falle sind wir nun leichter zu täuschen, und in welchen Fällen hat also die Rhetorik größere Macht?

PHAIDROS: Offenbar dort, wo wir schwanken.

SOKRATES: Wer also die Kunst der Rhetorik ausüben will, der muß zuerst diese beiden Fälle methodisch getrennt und ein Kennzeichen für die beiden Arten erfaßt haben, sowohl für die, wo die Menge notwendig schwanken muß, als für die, wo sie nicht schwankt.

PHAIDROS: Ja, wer das erfaßt hat, Sokrates, der dürfte freilich einen richtigen Begriff von der Sache gewonnen haben.

SOKRATES: Und daraufhin, glaube ich, darf er bei keinem Fall, an den er herantritt, im unklaren bleiben, sondern muß genau wahrnehmen, zu welcher der beiden Arten das nun gehört, worüber er sprechen will.

PHAIDROS: Ohne Zweifel.

SOKRATES: Und nun die Liebe: sagen wir wohl, sie gehöre zu dem, was strittig ist, oder zu dem, was nicht strittig ist?

PHAIDROS: Doch sicher zu dem, was strittig ist. Oder meinst du, sie hätte dich sonst sagen lassen, was du nun eben über sie gesagt hast: daß sie ein Verderben sei für den Geliebten wie für den Liebenden, und dann doch wieder, daß sie das größte der Güter sei?

SOKRATES: Sehr wohl gesprochen! Doch sag nun auch – denn vor lauter Begeisterung kann ich mich nicht mehr so recht erinnern –, ob ich am Anfang meiner Rede den Begriff der Liebe bestimmt habe.

PHAIDROS: Ja, beim Zeus, und zwar mit unübertrefflicher Genauigkeit.

SOKRATES: O wieviel kunstvoller in Reden sind doch nach deinen Worten die Nymphen des Acheloos und Pan, der Sohn des Hermes, als Lysias, des Kephalos Sohn! Oder habe ich nicht recht, und hat vielmehr Lysias am Anfang seiner Rede uns genötigt, die Liebe als eines von dem Seienden aufzufassen, wie er selbst es gewollt hat? Und hat er dann im Hinblick darauf alles zusammengestellt und den übrigen Teil seiner Rede zu Ende geführt? Möchtest du, daß wir ihren Anfang noch einmal lesen?

PHAIDROS: Ja, wenn du meinst. Was du freilich suchst, steht nicht darin.

SOKRATES: Lies, damit ich ihn selbst höre!

47. PHAIDROS: »Über meinen Fall bist du unterrichtet und hast auch gehört, was uns nach meiner Ansicht unter diesen Umständen zuträglich ist. Ich möchte aber, daß mir nicht etwa deshalb meine Bitte nicht erfüllt wird, weil ich zufällig nicht dein Liebhaber bin. Denn gerade jene Leute reut das dann jeweils, was sie etwa Gutes getan haben, sobald ihre Begierde gestillt ist ...«

SOKRATES: Er scheint freilich bei weitem nicht das zu tun, was wir verlangen, versucht er doch, nicht einmal vom Anfang, sondern vom Ende aus seine Rede rückwärts in umgekehrter Richtung zu durchschwimmen, und beginnt mit dem, was ein Liebhaber zu seinem Geliebten sagen würde, wenn er am Ende angekommen ist. Oder habe ich nicht recht, Phaidros, geliebtes Haupt?

PHAIDROS: Ja, es ist freilich ein Ende, Sokrates, über das er seine Rede hält.

SOKRATES: Und im übrigen? Hast du nicht den Eindruck, daß der ganze Inhalt seiner Rede wirr durcheinandergeworfen ist? Oder erscheint irgendein zwingender Grund, warum das, was an zweiter Stelle gesagt wurde, gerade an die zweite Stelle gesetzt werden mußte, oder sonst etwas, was er gesagt hat? Denn ich, der ich freilich nichts davon verstehe, hatte den Eindruck, der Verfasser habe ganz wacker das gesagt, was ihm gerade einfiel. Hast du aber einen zwingenden Grund, der sich aus der Kunst des Redenschreibens ergibt, nach dem er das gerade so in dieser Reihenfolge hat nebeneinandersetzen müssen?

PHAIDROS: Das ist brav von dir, daß du mir die Fähigkeit zutraust, seine Absichten so genau zu durchschauen.

SOKRATES: Aber das wirst du doch zugeben, denke ich: daß jede Rede wie ein Lebewesen organisch aufgebaut sein und ihren eigenen Leib haben muß, so daß sie weder ohne Kopf noch ohne Füße ist, sondern Mitten und Enden hat, die so geschrieben sind, daß sie zueinander und zu dem Ganzen in einem passenden Verhältnis stehen?

PHAIDROS: Wie sollte ich nicht?

SOKRATES: So untersuch nun die Rede deines Freundes, ob sie dem entspricht oder nicht, und du wirst finden, daß sie sich in nichts von der Grabschrift unterscheidet, die, wie man behauptet, für den Phryger Midas verfaßt worden ist.

PHAIDROS: Was ist das für eine, und was hat es damit für eine Bewandtnis?

SOKRATES: Sie lautet so:

Eherne Jungfrau bin ich und lieg auf dem Grabe des Midas.
Wenn noch Wasser fließt und ragende Bäume erblühen,

Bleibe ich hier am Orte, am vielbeweineten Grabe,
Tue den Wanderern kund: allhier liegt Midas begraben.

Daß es hier nicht darauf ankommt, was man zuerst und was man zuletzt liest, denke ich, merkst du doch.

PHAIDROS: Du spottest über unsere Rede, Sokrates.

48. SOKRATES: So lassen wir sie beiseite, sonst wirst du noch verärgert – wenn sie mir auch viele Beispiele zu enthalten scheint, aus deren Betrachtung man Nutzen ziehen könnte, nur darf man ja nicht versuchen, sie nachzuahmen. Doch gehen wir zu den anderen Reden über; denn ich habe den Eindruck, daß in ihnen etwas enthalten war, das denen zu beachten wohl ansteht, die Betrachtungen über Reden anstellen wollen.

PHAIDROS: Was meinst du denn?

SOKRATES: Sie standen sich doch wohl als Gegner gegenüber. Die eine behauptete nämlich, daß man dem Verliebten, die andere, daß man dem Nichtverliebten zu Gefallen sein muß.

PHAIDROS: Und zwar eine jede auf sehr mannhafte Art.

SOKRATES: Ich glaubte schon, du würdest den richtigen Ausdruck brauchen: auf wahnsinnige Art. Denn gerade das war der, den ich suchte. Eine Art Wahnsinn sei nämlich die Liebe, sagten wir doch; nicht wahr?

PHAIDROS: Ja.

SOKRATES: Und vom Wahnsinn gebe es zwei Arten: die eine sei aus menschlichen Krankheiten entstanden, die andere aus einer göttlichen Abweichung von den gewöhnlichen Normen.

PHAIDROS: Ja, gewiß.

SOKRATES: Den göttlichen Wahnsinn aber teilten wir nach vier Göttern in vier Teile, wobei wir die seherische Inspiration dem Apollon zuschrieben, die der Weihen dem Dionysos, die dichterische wiederum den Musen, die vierte aber der

Aphrodite und dem Eros, wobei wir diese als Liebeswahnsinn bezeichneten und sagten, er sei der beste von allen. Und indem wir, ich weiß nicht wie, den Zustand der Verliebtheit schilderten und dabei vielleicht etwas Wahres berührten, vielleicht aber auch nach einer anderen Seite gerieten, haben wir eine nicht ganz unglaubwürdige Rede zusammengemischt und so, züchtig und fromm, einen mythischen Hymnos auf Eros angestimmt, auf meinen und deinen Herrn, Phaidros, und den Beschützer schöner Knaben.

PHAIDROS: Ja, und ich freute mich sehr, ihn anzuhören.

49. SOKRATES: Das wollen wir nun also daraus entnehmen, wie von dem Tadeln die Rede zum Loben hinüberwechselte.

PHAIDROS: Wie meinst du nun das?

SOKRATES: Mir scheint, daß sonst wirklich alles nur im Scherz gesprochen wurde. Was aber die beiden Dinge betrifft, die uns ein Zufall hat sagen lassen, so wäre es wohl etwas Dankbares, wenn wir ihre Bedeutung kunstgemäß erfassen könnten.

PHAIDROS: Von welchen denn?

SOKRATES: Daß man das vielfach Zerstreute zusammenschauend zu einer einzigen Sicht (Idee) bringt, so daß man, jedes einzelne bestimmend, klarmacht, worüber man jedesmal gerade lehren will, wie wir es eben jetzt mit dem Eros gemacht haben: nachdem einmal, ob gut oder schlecht, gesagt worden war, was er nach unserer Bestimmung ist, hat die Rede von da aus wenigstens das eine bekommen, daß sie klar ist und mit sich selbst übereinstimmt.

PHAIDROS: Was verstehst du aber unter der zweiten Redeform, Sokrates?

SOKRATES: Daß man dann wiederum imstande ist, nach Einzelideen zu zerlegen, nach den Gliedern, wie sie von Natur gewachsen sind, und nicht zu versuchen, ein einzelnes Stück nach Art eines schlechten Koches zu zerbrechen. Vielmehr so wie vorhin die beiden Reden das Unverständige des Denkens als einen Begriff zusammennahmen, und so wie aus unserem Leibe, als aus einem, zweifache und gleichnamige Teile herauswachsen, die man als rechte und linke bezeichnet, so glaubten die Reden, daß auch der Teil der Uneinsichtigkeit in uns als ein einheitlicher von Natur in uns gewachsen sei, und so schnitt die eine den einen Teil auf der Linken ab und zerschnitt ihn dann nochmals und ließ nicht eher ab, bis sie darin eine sozusagen linke Liebe fand und diese dann schmähte, mit vollem Recht übrigens, während uns die andere zu dem führte, was vom Wahnsinn auf der rechten Seite liegt. Und indem sie dort eine Liebe fand und vor Augen stellte, die zwar denselben Namen trägt wie jene, aber von göttlicher Art ist, pries sie diese, weil wir ihr die größten Güter verdankten.

PHAIDROS: Da hast du völlig recht.

50. SOKRATES: Davon bin ich selbst ein Liebhaber, Phaidros, von den Einteilungen und Zusammenfassungen, um sowohl reden als denken zu können. Und wenn ich einem anderen die Fähigkeit zutraue, daß er von Natur sein Augenmerk auf das Eine und das Viele richten kann, so folge ich seiner Spur wie der eines Gottes. Ob ich nun denjenigen, die das zu tun vermögen, den richtigen Namen gebe oder nicht, das weiß Gott; ich nenne sie aber bis jetzt Dialektiker. Doch sage nun auch, wie man die nennen soll, die ihre Belehrung von dir und von Lysias empfangen haben. Oder ist etwa das die Kunst der Reden, die Thrasymachos und die anderen angewendet haben und durch die sie selbst im Reden gewandt worden sind und auch andere dazu machen, falls es welche gibt, die bereit sind, ihnen wie Königen Geschenke zu bringen?

PHAIDROS: Königartige Männer sind sie zwar; aber das verstehen sie doch nicht, wonach du fragst. Doch glaube ich, daß du recht hast, wenn du diese Art als die dialektische bezeichnest; die rhetorische hingegen scheint sich unserer Kenntnis noch zu entziehen.

SOKRATES: Wie meinst du das? Das wird wohl etwas Schönes sein, was nach Wegfall von dem doch noch durch bloße Kunst erlangt werden kann. Dabei brauchen wir das durchaus nicht gering zu achten, du nicht und ich nicht, sondern wollen sagen, was das ist, das von der Rhetorik dann noch übrigbleibt.

PHAIDROS: Noch sehr viel, Sokrates, nämlich alles das, was in den Büchern über die Redekunst steht.

51. SOKRATES: Gut, daß du daran erinnerst. Erstens also, denke ich, die Einleitung, mit der man eine Rede beginnen soll. Das ist es doch, nicht wahr, was du als die Feinheiten der Rede bezeichnest?

PHAIDROS: Ja.

SOKRATES: Und zweitens dann die Darstellung und darin die Zeugnisse; als drittes die Beweise und als viertes die Wahrscheinlichkeiten. Und dann auch noch von einer Beglaubigung und Nebenbeglaubigung, meine ich, spricht jener Mann aus Byzanz, der gewissermaßen der geschickteste Daidalos der Rede ist.

PHAIDROS: Du meinst den wackeren Theodoros?

SOKRATES: Wen sonst? Und daß man eine Widerlegung und eine Nebenwiderlegung vorbringen müsse, bei der Anklage wie bei der Verteidigung. Und den Euenos, den allerschönsten Mann aus Paros, werden wir den nicht ins Treffen führen, ihn, der als erster die Andeutung erfunden hat und das Nebenlob? Einige sagen sogar, er habe auch den Nebentadel in Verse gebracht, dem Gedächtnis zuliebe; denn er ist ein gescheiter Mann. Den Teisias aber und den Gorgias wollen wir ruhen lassen, welche entdeckt haben, daß man das Scheinbare höher schätzen müsse als das Wahre, und die machen, daß das Kleine groß und das Große klein erscheint durch die Gewalt der Rede, die vom Neuen auf altertümliche und vom Alten auf moderne Art reden und die die Gedrängtheit der Rede und ebenso die unendliche Länge über jeden Gegenstand erfunden haben. Als mich aber eines Tages Prodikos davon sprechen hörte, lachte er und behauptete, er allein habe erfunden, was für Reden die Kunst brauche; sie dürften nämlich weder lang noch kurz, sondern müßten von mittlerer Länge sein.

PHAIDROS: Sehr gescheit bemerkt, Prodikos!

SOKRATES: Und von Hippias wollen wir nicht reden? Ich glaube, dieser Gast aus Elis stimmte ihm auch bei.

PHAIDROS: Warum auch nicht?

SOKRATES: Und wie wollen wir ferner der Sammlung von Reden des Polos Erwähnung tun, zum Beispiel des Abschnittes von der Wiederholung der Wörter und von der Anwendung von Sinnsprüchen und bildlichen Reden, und ebenso des Likymnios Wörtersammlung, die er jenem zum Geschenk gemacht hat zur Erzielung des Wohlklangs der Rede?

PHAIDROS: Fand sich aber nicht auch bei Protagoras einiges dieser Art, Sokrates?

SOKRATES: Ja, einiges über das richtige Sprechen, lieber Knabe, und sonst noch manches Schöne. Doch in den jammervollen Klagereden, die man anwendet, um über das Alter oder die Armut zu klagen, da scheint mir doch die Kraft des Chalkedoniers Meister geworden zu sein. Und im weiteren hat sich der Mann auch fähig gezeigt, eine Menge in Wut zu versetzen und zugleich auch wieder, die Erzürnten durch die Zauberkraft seiner Rede zu besänftigen, wie er sagte. Und seine besondere Stärke hatte er im Verleumden und im Entkräften von Verleumdungen, aus welchem Grund auch immer. Über den Schluß der Reden aber herrscht offenbar bei allen dieselbe Meinung, wobei ihn einige als Wiederholung bezeichnen und andere ihm einen anderen Namen geben.

PHAIDROS: Du meinst damit, daß man am Ende zu einer Zusammenfassung den Zuhörern noch einmal alles in Erinnerung ruft, was man gesagt hatte.

SOKRATES: Ja, das meine ich. Und wenn du sonst noch irgend etwas über die Kunst der Reden zu sagen hast ...

PHAIDROS: Nur noch Kleinigkeiten, die nicht der Rede wert sind.

SOKRATES: Lassen wir also die Kleinigkeiten! Das Gesagte aber wollen wir uns bei Lichte noch etwas besser besehen: welche Bedeutung es nämlich hat hinsichtlich der Kunst, und wann es die hat.

PHAIDROS: Doch eine sehr große, Sokrates, wenigstens dort, wo viele Leute zusammenkommen.

SOKRATES: Ja, das hat sie. Doch sieh nun zu, mein sehr Verehrter, ob auch du denselben Eindruck hast wie ich, daß nämlich ihr Gewebe locker geworden ist.

PHAIDROS: Zeig es doch!

52. SOKRATES: So sage mir einmal: wenn jemand zu deinem Freunde Eryximachos oder zu seinem Vater Akumenos käme und sagte: »Ich verstehe mich darauf, dem Körper solche Mittel zu verabreichen, daß ich ihn, wenn ich will, erhitzen oder abkühlen kann oder ihm Erbrechen oder, je nach meinem Belieben, Abführen verursache oder sonst noch vieles dieser Art. Und weil ich mich darauf verstehe, erhebe ich den Anspruch, ein Arzt zu sein und jeden anderen auch dazu zu machen, dem ich die Kenntnis von diesen Dingen vermittle« – was, meinst du, werden sie sagen, wenn sie das gehört haben?

PHAIDROS: Was sonst, als ihn fragen, ob er dazu auch wisse, wem und zu welcher Zeit er jedes von diesen Mitteln anwenden müsse, und bis zu welchem Grade?

SOKRATES: Wenn er nun erwiderte: »Nein, davon weiß ich

gar nichts, sondern ich verlange, daß der, der das von mir gelernt hat, von sich aus das leisten kann, was du fragst«?

PHAIDROS: Ich glaube, dann würde er sagen: »Dieser Mensch ist verrückt. Weil er irgendwo aus einem Büchlein etwas vernommen oder zufällig zu ein paar Heilmitteln gekommen ist, meint er nun, er sei ein Arzt, obschon er gar nichts von dieser Kunst versteht.«

SOKRATES: Und ferner, wenn nun jemand zu Sophokles oder zu Euripides käme und behauptete, er verstehe sich darauf, über eine geringe Sache endlose, oder über eine große Sache ganz kurze Reden abzufassen oder, ganz nach seinem Belieben, auch klägliche oder, im Gegensatz dazu, furchterregende und drohende ... und was dergleichen mehr ist. Und wenn er dann glaubt, indem er das lehre, vermittle er die Kunst, eine Tragödie zu dichten?

PHAIDROS: Ich denke, auch sie würden lachen, Sokrates, wenn einer meint, eine Tragödie sei etwas anderes als die Komposition aus diesen Teilen, und zwar so, daß sie gegenseitig zueinander und zum Ganzen passen.

SOKRATES: Freilich würden sie ihm wohl nicht einen groben Verweis geben, sondern so, wie wenn ein musikalisch Gebildeter einem Manne begegnet, der meint, er verstehe etwas von Harmonie, weil er zufällig weiß, wie man eine Saite ganz hoch oder ganz tief stimmen kann. Der würde auch nicht grob zu ihm sagen: »Du spinnst ja, du Wicht!« Sondern als Musiker wird er sich etwas feiner ausdrücken: »Mein Bester, natürlich muß das einer auch können, wenn er etwas von Harmonie verstehen will; das hindert indes nicht, daß einer, der deine Fertigkeit besitzt, auch nicht einen Deut von der Harmonie versteht. Denn du besitzest nur die Kenntnisse, die der Harmonie notwendig vorausgehen müssen, aber noch nichts von dem, was die Harmonie selbst ausmacht.«

PHAIDROS: Sehr richtig!

SOKRATES: Und auch Sophokles würde zu dem, der sich vor ihm und Euripides aufspielen will, wohl sagen, er besitze wohl die Vorkenntnisse zur Tragödie, aber nicht das, was die Tragödie selbst ausmacht. Und auch Akumenos würde sagen, das sei das, was der Heilkunde vorausgehen muß, aber nicht die Heilkunde selbst.

PHAIDROS: Ja, allerdings.

53. SOKRATES: Was aber, glauben wir, würde der Adrastos mit der honigsüßen Stimme oder auch Perikles sagen, wenn ihnen das zu Ohren käme, wie wir jetzt die wunderschönen Kunststücke behandelt haben, die Kurzreden und die Gleichnisreden und all das übrige, von dem wir bei der Besprechung sagten, wir müßten es uns bei Lichte besehen – würden sie sich wohl verdrießlich zeigen und sich, wie ich und du in unserer Unfeinheit, gegen jene unhöflich äußern, die das geschrieben haben und die das lehren, als sei es eine wirkliche Kunst der Rhetorik? Oder würden sie, weil sie gescheiter sind als wir, auch uns beide schelten und sagen: »O Phaidros und Sokrates, man darf doch nicht böse werden, sondern muß Nachsicht üben, wenn ein paar Leute, die über die Dialektik nicht Bescheid wissen, dann auch nicht imstande waren, das Wesen der Rhetorik zu bestimmen, und wenn sie sich, aus diesem Mangel heraus, eingebildet haben, weil sie die notwendigen Vorkenntnisse für diese Kunst besitzen, hätten sie die Rhetorik selbst gefunden, und wenn sie dann anderen diese Einzelkenntnisse beibringen und dabei meinen, sie hätten sie in vollendeter Art in der Rhetorik unterwiesen – jedoch die einzelnen dieser Elemente glaubwürdig anzubringen und das Ganze zusammenzustellen, was übrigens eine Kleinigkeit sei, das müßten sich die Schüler von sich aus bei ihren Reden selbst verschaffen«?

PHAIDROS: Ja, wahrhaftig, Sokrates, so mag es um diese Kunst bestellt sein, die diese Männer bei ihrem Unterricht und in ihren Schriften als Rhetorik ausgeben, und ich glaube, was du gesagt hast, ist richtig. Nun aber die Kunst des wirklichen und überzeugenden Redners, wie und wo kann man sich die verschaffen?

SOKRATES: Mit dem Vermögen, Phaidros, zu einem vollkommenen Kämpfer zu werden, ist es wahrscheinlich, ja sogar notwendig genau gleich wie auf anderen Gebieten: Hast du von Natur die Anlage zum Redner, so wirst du ein berühmter Redner werden, sofern du auch Wissenschaft und Übung damit verbindest. Wo es dir aber an den beiden fehlt, da wirst du auch unvollkommen bleiben. Soweit es sich aber dabei um Kunst handelt, scheint mir doch der Weg, den Lysias und Thrasymachos eingeschlagen haben, nicht der richtige zu sein.

PHAIDROS: Sondern welcher denn?

SOKRATES: Es scheint doch, mein Bester, daß wahrscheinlich Perikles in der Rhetorik von allen der Vollkommenste gewesen ist.

PHAIDROS: Wieso?

54. SOKRATES: Alle wirklich bedeutenden Künste verlangen doch außerdem nach jenem geschwätzigen und erhabenen Gerede über die Natur; denn das Hoheitsvolle und allseitig Erfolgreiche kommt scheinbar von dort her. Und eben das hatte sich Perikles zu seiner guten Begabung hinzu erworben. Denn ich glaube, weil er mit Anaxagoras, der ja von solcher Art war, zusammengekommen ist, weil er von jenem erhabenen Gerede erfüllt wurde und weil er zur Natur der Einsicht und der Uneinsicht vordrang, über die ja Anaxagoras seine vielen Reden hielt: so hat er von daher in die Redekunst das hinübergezogen, was ihr förderlich war.

PHAIDROS: Wie meinst du das?

SOKRATES: Mit der Heilkunst verhält es sich doch gerade so wie mit der Redekunst.

PHAIDROS: Wieso denn?

SOKRATES: Bei beiden gilt es, die Natur zu erkennen, bei der einen die des Leibes, bei der anderen die der Seele, sofern du nicht nur durch Routine und Erfahrung, sondern mit bewußter Kunst jenem durch Vermittlung von Arzneien und Speisen Gesundheit und Kraft verschaffen, dieser durch vorbildliches Reden und Betragen die gewünschte Überzeugung und Tüchtigkeit beibringen willst.

PHAIDROS: Es macht wenigstens den Anschein, Sokrates, es sei so.

SOKRATES: Glaubst du nun, du könnest die Natur der Seele richtig erkennen, unabhängig von der Natur des Ganzen?

PHAIDROS: Wenn man freilich dem Asklepios-Schüler Hippokrates glauben soll, so ist es nicht einmal beim Leibe möglich, ohne auf diesem Wege vorzugehen.

SOKRATES: Ja, mein Freund, er hat ganz recht. Doch müssen wir neben dem Hippokrates auch unsere Vernunft fragen und sehen, ob sie damit übereinstimmt.

PHAIDROS: Das gebe ich zu.

55. SOKRATES: So prüfe denn, was Hippokrates und die wahre Vernunft von der Natur sagt. Muß man nicht in dieser Weise über die Natur eines jeden Dinges nachdenken: zuerst, ob das einfach ist, worin wir selber Künstler sein und dann auch einen anderen darin gewandt machen wollen? Dann aber, wenn es einfach ist, müssen wir sein Vermögen betrachten: wie dieses sei von Natur, mit dem es wirkt, und worauf es sich auswirkt, und wie jenes sei, das auf es wirkt und woher es sich auswirkt. Hat es aber mehrere Gestalten, so müssen wir sie zählen und sehen, wie dort bei der einen, so nun bei jeder einzelnen, was jede ihrer Natur nach ausrichten und was sie erleiden kann und von wem.

PHAIDROS: So mag es wohl geschehen, Sokrates.

SOKRATES: Ohne das würde die Methode freilich dem Gang

eines Blinden gleichen. Aber man darf doch jemanden, der bei irgendeinem Gegenstand auf kunstgemäße Art vorgeht, nicht mit einem Blinden oder Tauben vergleichen, sondern wenn jemand einem anderen auf kunstgemäße Art Reden mitteilt, so wird er selbstverständlich das Wesen der Natur jenes Gegenstandes genau aufzeigen, auf den er seine Worte bezieht. Und das wird wohl die Seele sein.

PHAIDROS: Was denn sonst?

SOKRATES: Darauf ist ja seine ganze Anstrengung gerichtet. Denn hier will er doch Überzeugung hervorbringen. Nicht wahr?

PHAIDROS: Ja.

SOKRATES: Es ist also klar, daß Thrasymachos, oder wer es sonst sei, der eine ernstgemeinte »Kunst der Rhetorik« herausgibt, zunächst mit allem Scharfsinn die Seele beschreiben und anschaulich machen wird, ob sie eins und gleichartig ist, oder vielartig wie die Gestalt des Leibes. Denn das heißt nach unserer Meinung die Natur eines Gegenstandes zeigen.

PHAIDROS: Ja, allerdings.

SOKRATES: Und dann zweitens, wodurch sie eine Wirkung ausübt und was für eine, oder eine Wirkung erfährt und von wem.

PHAIDROS: Zweifellos.

SOKRATES: Drittens dann, wenn er die Arten der Rede und der Seele und ihr verschiedenes Verhalten auseinandergesetzt hat, durchgeht er ihre Gründe, indem er ihre gegenseitigen Beziehungen feststellt und lehrt, was für eine Seele durch welche Reden und aus welchem Grunde im einen Falle notwendigerweise überredet wird, im anderen aber nicht.

PHAIDROS: Ja, so wäre es freilich am schönsten, scheint mir.

SOKRATES: Auf keinen Fall, mein Lieber, kann man das, was auf andere Weise dargelegt oder gesprochen wird, je auf kunstgemäße Art sagen oder schreiben, weder das noch etwas anderes. Die Leute aber, von denen du gehört hast, daß sie jetzt eine »Kunst der Reden« schreiben, sind Schelme und Hehler, obschon sie über die Seele ganz schön Bescheid wissen. Bevor sie aber auf diese Art reden und schreiben, lassen wir uns von ihnen nicht weismachen, daß sie kunstgemäß schreiben.

PHAIDROS: Auf welche Art?

SOKRATES: Die bestimmten Ausdrücke dafür anzuwenden ist nicht leicht. Doch wie man schreiben muß, daß es so kunstgemäß als möglich ist, das will ich sagen.

PHAIDROS: So sag es denn!

56. SOKRATES: Nachdem das Vermögen der Rede einmal darin besteht, daß sie eine Seelenführung ist, muß derjenige, der ein rechter Redner sein will, unbedingt wissen, wie viele Arten die Seele aufweist. Es gibt also soundso viele und so oder so beschaffene, woher es auch kommt, daß die einen Menschen so, die anderen anders geartet sind. Hat man nun diese Unterscheidung so getroffen, so gibt es im weiteren auch soundso viele Arten von Reden, eine jede von besonderer Beschaffenheit. Die einen Menschen nun, die so beschaffen sind, lassen sich von den so beschaffenen Reden aus dem so beschaffenen Grunde leicht zu den so beschaffenen Dingen überreden, während sich die anders beschaffenen aus dem anderen Grunde nur schwer überreden lassen. Hat er das hinlänglich begriffen, so muß er nachher sehen, wie diese Dinge in der Wirklichkeit sind und sich dort auswirken, und muß das mit feinem Spürsinn verfolgen können, sonst wird er nie mehr als nur gerade die Reden wissen, die er damals als Schüler gehört hat. Wenn er dagegen richtig zu sagen weiß, was für einer durch was für Worte überzeugt werden kann, und auch imstande ist, wenn er ihn antrifft, ihn zu erkennen und zu sich selbst zu sagen: Das ist nun der, und so eine Natur, von der damals die Rede war, steht nun in Wirklich-

keit vor dir, bei der du gerade diese Worte auf diese Art anwenden mußt, um sie von diesen Dingen zu überzeugen – wenn er nun alle diese Bedingungen erfüllt und dazu nun noch den richtigen Zeitpunkt zu wählen weiß, wo er reden und wo er innehalten muß, und wenn er ferner für die kurzgefaßten und die mitleid- oder furchterregenden Reden und für alle anderen Arten, die er etwa gelernt hat, den günstigen und den ungünstigen Augenblick unterscheiden kann – dann hat seine Kunst Schönheit und Vollkommenheit erreicht, früher aber nicht. Denn wenn es jemand auch nur an einem davon fehlen läßt, beim Reden, beim Lehren oder beim Schreiben, und dann aber doch behauptet, daß er kunstgemäß rede, so hat eben der recht, der ihm das nicht glaubt. »Nun also, Phaidros und Sokrates«, wird vielleicht unser Schriftsteller sagen, »seid ihr auch dieser Meinung?« Oder müssen wir wohl unter der sogenannten »Kunst der Reden« etwas anderes verstehen?

PHAIDROS: Etwas anderes ist nicht möglich, Sokrates. Und doch scheint sie eine schwierige Aufgabe zu sein.

SOKRATES: Du hast recht. Wir müssen deswegen alles Gesagte von Grund auf umstürzen und erwägen, ob sich zu ihr nicht irgendwo ein leichterer und kürzerer Weg zeigt, damit wir nicht unnötigerweise einen langen und beschwerlichen einschlagen, während es doch einen kurzen und bequemen gibt. Doch wenn du von irgendwoher Hilfe weißt, als Hörer des Lysias oder eines anderen, so rufe dir das wieder ins Gedächtnis und versuche, es zu sagen.

PHAIDROS: Wenn es bloß auf einen Versuch ankäme, wüßte ich wohl etwas. Doch jetzt habe ich gerade nichts so zur Hand.

SOKRATES: Willst du also, daß ich dir einen Ausspruch sage, den ich von Leuten gehört habe, die sich mit diesen Dingen abgeben?

PHAIDROS: Warum nicht?
SOKRATES: Nun also, Phaidros, man sagt, es sei gerecht, auch die Sache des Wolfes zu vertreten.
PHAIDROS: So mach das nur!
57. SOKRATES: Sie behaupten also, man dürfe da nicht so wichtig tun damit und es mit geschraubten Worten so hoch hinauf erheben. Denn wie wir ja auch schon am Anfang dieses Gesprächs gesagt haben, braucht der, der künftig ein tüchtiger Redner sein will, von der Wahrheit ganz und gar nichts zu besitzen, weder darüber, welche Dinge gerecht und gut seien, noch darüber, welche Menschen von Natur oder durch Erziehung so beschaffen sind. Denn vor Gericht kümmere sich niemand auch nur im geringsten um die Wahrheit in diesen Dingen, sondern einzig darum, ob es überzeugend sei; das aber sei das Vermutbare; daran müsse sich also halten, wer kunstgemäß reden wolle. Denn andererseits dürfe man manchmal das wirklich Geschehene gar nicht sagen, sofern es nicht die Vermutbarkeit für sich habe, sondern eben nur das Vermutbare, sowohl in der Anklage als in der Verteidigung. Und der Redner müsse also ganz und gar auf das ausgehen, was wahrscheinlich ist, und dem Wahren freundlich Lebewohl sagen; denn daß sich jenes in der ganzen Rede findet, das mache die ganze Kunst aus.
PHAIDROS: Du hast ja nun gerade das vorgebracht, Sokrates, was jene behaupten, die sich anheischig machen, die wahren Künstler im Reden zu sein. Denn ich erinnere mich, daß wir vorhin etwas Derartiges kurz berührt haben; offenbar ist das für die, die sich mit diesen Dingen abgeben, ein sehr wichtiger Punkt.
SOKRATES: Aber du hast ja fürwahr den Teisias selbst gar ausführlich studiert! So mag uns denn Teisias auch sagen, ob er unter dem Vermutbaren etwas anderes versteht als die Meinung der Menge.

PHAIDROS: Was denn sonst?

SOKRATES: Da hat er also offenbar einen wahren Fund von Weisheit und Kunstverständnis zugleich getan, als er schrieb, wenn ein Schwacher und gleichzeitig Tapferer einen Starken und Feigen niedergeschlagen und ihm den Mantel oder sonst etwas weggenommen habe und dann vor Gericht geführt werde, dann dürfe keiner von den beiden die Wahrheit sagen. Der Feige könne nicht gestehen, daß er von jenem Tapferen allein niedergeschlagen worden sei, und dieser müsse dartun, daß sie allein waren, müsse aber dabei das Argument geltend machen: »Wie könnte ich, mit meinen schwachen Kräften, mich an so einen Mann wagen?« Und dieser wiederum wird seine Feigheit kaum eingestehen; aber wenn er es mit einer anderen Lüge versucht, wird er vielleicht gerade damit seinem Gegner irgendeinen Beweis in die Hand geben. Nicht wahr, Phaidros?

PHAIDROS: Ja, natürlich.

SOKRATES: O weh, da hat offenbar Teisias auf schreckliche Art eine Geheimkunst entdeckt, er oder sonst jemand, wer das auch sein mag und wie auch der Name lautet, mit dem er sich gerne nennen läßt. Doch, mein Freund, wollen wir folgendes zu ihm sagen oder nicht ...?

PHAIDROS: Was denn?

58. SOKRATES: »Lieber Teisias, schon lange bevor auch du herkamst, haben wir gerade gesagt, daß sich dieses Vermutbare für die Menge aus einer Ähnlichkeit mit dem Wahren ergibt. Doch haben wir jetzt eben dargetan, daß überall der die Ähnlichkeiten am besten zu finden weiß, der auch über die Wahrheit Bescheid weiß. Wenn du also irgend etwas Neues über die Kunst der Reden sagen willst, hören wir dir gerne zu; im anderen Fall halten wir uns an das, was wir uns jetzt eben zurechtgelegt haben: wenn jemand nicht die verschiedenen Naturen der Zuhörer aufzählen und die Ge-

genstände nach ihren besonderen Arten auseinanderhalten und jedes einzelne unter einen Begriff zusammenfassen kann, so wird er nie ein wahrer Künstler in den Reden sein, soweit das für einen Menschen überhaupt möglich ist. Dazu aber wird er es niemals bringen, ohne daß er sich häufig praktisch darin übt; doch dieser Mühe wird sich der Besonnene nicht unterziehen, um mit den Menschen zu reden und zu verhandeln, sondern damit er das reden kann, was den Göttern wohlgefällig ist, und in allem nach Kräften ihnen wohlgefällig handelt. Denn das, Teisias, sagen doch die Leute, die weiser sind als wir: der Einsichtige muß sich nicht bemühen, seinen Mitknechten gefällig zu sein, oder dann das nur nebenbei, sondern den Herren, die gut sind und aus dem Guten stammen. Du darfst dich also nicht wundern, wenn der Weg lang ist; denn um großer Dinge willen müssen wir ihn durchlaufen und nicht wegen dessen, was du meinst. Es wird aber, wie unsere Rede dartut, auch das aufs schönste aus jenem anderen sich ergeben, wenn jemand nur will.«

PHAIDROS: Sehr schön scheint mir das gesagt, Sokrates – vorausgesetzt, daß einer auch dazu imstande ist.

SOKRATES: Für den, der nach dem Schönen strebt, ist es auch schön, das auf sich zu nehmen, was sich einem daraus zu ertragen ergibt.

PHAIDROS: Ja, sicherlich.

SOKRATES: Damit soll es genug sein über die Frage von Kunst und Unkunst hinsichtlich der Reden.

PHAIDROS: Ja, allerdings.

SOKRATES: Es bleibt also noch die Angemessenheit oder Unangemessenheit des Schreibens übrig, wo seine Anwendung schicklich ist und wo sie sich nicht ziemt. Nicht wahr?

PHAIDROS: Ja.

59. SOKRATES: Weißt du denn, wie du in bezug auf die Reden

Gott am ehesten gefallen kannst, indem du sie praktisch übst oder indem du darüber sprichst?

PHAIDROS: Durchaus nicht; aber etwa du?

SOKRATES: Ich kann wenigstens eine Sage darüber erzählen, die von den Früheren stammt. Und diese wissen ja die Wahrheit; wenn wir sie aber selbst finden könnten, würden wir uns da wohl noch irgendwie um die menschlichen Meinungen kümmern?

PHAIDROS: Eine lächerliche Frage! Doch erzähle nun, was du gehört haben willst.

SOKRATES: Nun also, ich habe gehört, in der Nähe von Naukratis in Ägypten sei einer von den dortigen alten Göttern gewesen, dem auch der Vogel, den man Ibis nennt, heilig war; der Gott selbst habe Theuth geheißen. Der habe als erster die Zahl und das Rechnen erfunden, auch die Geometrie und die Astronomie, ferner die Brettspiele und Würfelspiele, und schließlich auch die Buchstaben. Im weiteren habe damals König Thamus über ganz Ägypten regiert, und zwar in der großen Stadt des oberen Landes, die die Hellenen das ägyptische Theben nennen; den Gott aber heißen sie Ammon. Zu diesem sei Theuth gekommen und habe ihm seine Künste vorgeführt und gesagt, man sollte diese auch den übrigen Ägyptern mitteilen. Der König fragte, was für einen Nutzen denn jede dieser Künste bringe, und als jener es erklärte, tadelte er das eine und lobte das andere, je nachdem ihm diese Erklärung gut schien oder nicht. Zu jeder dieser Künste also habe Thamus dem Theuth manches dafür und manches dagegen eröffnet; doch würde es zu weit führen, das alles zu erzählen. Als nun aber die Reihe an den Buchstaben war, sagte Theuth: »Diese Kenntnis, o König, wird die Ägypter weiser und ihr Gedächtnis besser machen; denn als ein Heilmittel für das Gedächtnis und für die Weisheit ist sie erfunden worden.« Der König erwiderte: »Kunstvollster

Theuth, der eine hat die Fähigkeit, das hervorzubringen, was zu einer Kunst gehört, der andere vermag zu beurteilen, welches Maß von Schaden oder Nutzen sie denen bringt, die sie anwenden wollen. Du, der Vater der Buchstaben, sagtest nun aus Voreingenommenheit gerade das Gegenteil von dem, was sie bewirken. Denn diese Erfindung wird die Lernenden in ihrer Seele vergeßlich machen, weil sie dann das Gedächtnis nicht mehr üben; denn im Vertrauen auf die Schrift suchen sie sich durch fremde Zeichen außerhalb, und nicht durch eigene Kraft in ihrem Innern zu erinnern. Also nicht ein Heilmittel für das Gedächtnis, sondern eines für das Wiedererinnern hast du erfunden. Deinen Schülern verleihst du aber nur den Schein der Weisheit, nicht die Wahrheit selbst. Sie bekommen nun vieles zu hören ohne eigentliche Belehrung und meinen nun, vielwissend geworden zu sein, während sie doch meistens unwissend sind und zudem schwierig zu behandeln, weil sie sich für weise halten, statt weise zu sein.«

PHAIDROS: Sokrates, wie leicht verstehst du doch Geschichten zu erzählen, die aus Ägypten stammen oder sonst irgendwoher, wo du nur willst.

SOKRATES: Es gibt aber auch Leute, mein Freund, die behaupten, die Reden der Eiche im Heiligtum des Zeus zu Dodona seien die ersten Wahrsagungen gewesen. Die damaligen Menschen, weil sie nicht so weise waren wie wir jüngere, brauchten also in ihrer Einfalt bloß auf eine Eiche oder einen Felsen zu hören, wenn diese nur wahrsagten. Dir aber kommt es vielleicht sehr darauf an, wer das ist, der etwas sagt, und woher er stammt; denn du schaust nicht nur darauf, ob sich die Sache so verhält oder nicht.

PHAIDROS: Du hast recht mit deinem Tadel; auch mir scheint es sich mit den Buchstaben so zu verhalten, wie der Thebaner sagt.

60. SOKRATES: Wer also glaubt, er habe in seinen Schriften eine Kunstanweisung hinterlassen, und auch, wer diese in der Meinung aufnimmt, es werde sich aus den Schriften etwas Genaues und Sicheres ergeben, der ist wohl von großer Einfalt erfüllt und weiß in der Tat nichts von der Voraussage des Ammon; denn er meint, geschriebene Reden seien etwas mehr als eine Gedächtnisstütze für den, der das ohnehin weiß, worüber die Schriften handeln.

PHAIDROS: Sehr richtig.

SOKRATES: Denn dieses Mißliche, Phaidros, hat eben die Schrift an sich und ist darin in Wahrheit der Malerei ähnlich. Auch deren Erzeugnisse stehen ja da wie lebendige Wesen; wenn du sie aber etwas fragst, dann schweigen sie sehr erhaben still. Genau so die Reden: du könntest meinen, sie verständen etwas von dem, was sie sagen. Willst du aber über das Gesagte noch etwas erfahren und stellst ihnen eine Frage, so sagen sie immer nur ein und dasselbe aus. Ist sie aber einmal geschrieben, so treibt sich eine jede Rede überall umher, bei denen, die sie verstehen, ganz ebenso wie bei denen, für die sie sich nicht ziemt, und sie weiß nicht, zu wem sie reden soll und zu wem nicht. Wird sie aber beleidigt und ungerecht geschmäht, so bedarf sie stets der Hilfe ihres Vaters. Denn allein vermag sie sich nicht zu ehren noch sich zu helfen.

PHAIDROS: Ja, auch das hast du ganz richtig gesagt.

SOKRATES: Wollen wir uns denn also nicht nach einer anderen Rede umsehen, einer echtbürtigen Schwester von dieser: wie sie entsteht und wieviel besser und zu größerer Wirkung sie gedeiht als jene?

PHAIDROS: Welche meinst du, und wie soll sie entstehen?

SOKRATES: Es ist jene, die, mit einem Wissen verbunden, in der Seele des Lernenden geschrieben wird, die sich selbst zu wehren vermag und die am richtigen Ort zu reden und zu schweigen weiß.

PHAIDROS: Du meinst die lebendige und beseelte Rede des Wissenden, von der man wohl die geschriebene mit Recht ein Abbild nennen darf?

61. SOKRATES: Ja, allerdings. So sage mir denn folgendes: Wird ein einsichtiger Bauer den Samen, an dem ihm besonders liegt und aus dem er Früchte ziehen möchte, in allem Ernst des Sommers in die Adonisgärtchen streuen und sich dann freuen, wenn er diese in acht Tagen schön aufgehen sieht? Oder macht er das wohl nur des Spiels und des Festes wegen so, sofern er es überhaupt macht, während er das, woran ihm ernstlich liegt, in Anwendung der Kunst des Landbaus an den passenden Ort säen und dann zufrieden sein wird, wenn das, was er gesät hat, im achten Monat zur völligen Reife kommt?

PHAIDROS: Ja, Sokrates, so etwa wird er es machen: hier im Ernst, dort im anderen Sinne, wie du sagst.

SOKRATES: Wenn aber jemand das Wissen vom Gerechten und Schönen und Guten hat, können wir dann von ihm sagen, er besitze weniger Einsicht als der Bauer, was seinen Samen betrifft?

PHAIDROS: Ganz gewiß nicht.

SOKRATES: Im Ernst wird er also seine Sache nicht ins Wasser schreiben, das heißt mit Tinte durch ein Rohr in Form von Reden aussäen, die doch nicht imstande sind, sich selbst durch das Wort zu helfen, aber auch nicht imstande, auf rechte Art die Wahrheit zu lehren.

PHAIDROS: Wahrscheinlich nicht.

SOKRATES: Nein, sicher nicht. Sondern diese Gärtchen in Form von Buchstaben wird er offenbar nur aus Spielerei besäen und vollschreiben, und zwar so, daß er beim Schreiben einen Schatz von Erinnerungen sammelt, für sich selbst auf die Zeit hin, wo er in das vergeßliche Alter gelangt, und auch für jeden anderen, der seiner Spur folgt. Er wird sich freuen, wenn er sieht, wie sie zart gedeihen. Und wenn sich andere mit anderen Spielen abgeben, an Trinkgelagen sich begießen und was sonst noch dazu gehört, dann wird jener, glaube ich, statt dessen mit den genannten Reden spielen und seine Zeit so verbringen.

PHAIDROS: Ein wunderschönes Spiel stellst du einem nichtswürdigen gegenüber, Sokrates: das des Mannes, der mit Reden spielen kann, indem er Mythen dichtet über die Gerechtigkeit und über anderes, wovon du sprichst.

SOKRATES: So ist es freilich, mein lieber Phaidros. Noch viel schöner aber, glaube ich, wird der ernsthafte Eifer um diese Dinge, wenn sich jemand eine geeignete Seele auswählt und dann, mit Hilfe der dialektischen Kunst, in ihr Reden pflanzt und sät, die vom Wissen begleitet sind, Reden, die sich selbst und dem Pflanzenden helfen können und nicht unfruchtbar sind, sondern Samen tragen, aus dem je nach den verschiedenen Charakteren auch andere Reden erwachsen, die imstande sind, den Betreffenden für immer unsterblich zu erhalten und ihren Besitzer so glückselig zu machen, als das einem Menschen überhaupt möglich ist.

PHAIDROS: Was du sagst, ist freilich noch viel schöner.

62. SOKRATES: Nachdem wir uns über diesen Punkt verständigt haben, Phaidros, können wir nun auch über den anderen entscheiden.

PHAIDROS: Worüber denn?

SOKRATES: Eben das, was wir eigentlich haben betrachten wollen und was uns dann hierher geführt hat: daß wir uns mit dem Tadel auseinandersetzen wollten, den man dem Lysias wegen des Redenschreibens gemacht hat, und untersuchen wollten, welche von den Reden selbst mit Kunst und welche ohne Kunst geschrieben würden. Ich habe nun den Eindruck, daß ganz ordentlich klar geworden ist, was kunstvoll sei und was nicht.

PHAIDROS: Ja, diesen Eindruck hatte ich auch. Doch wiederhole mir noch einmal, wie das war.

SOKRATES: Bevor jemand die Wahrheit weiß über alles das, wovon er redet und schreibt; bevor er imstande ist, ein jedes gemäß seiner besonderen Art zu bestimmen, und wenn er es bestimmt hat, es wiederum in seine Arten bis zum Unteilbaren zu teilen; bevor er ferner auch über die Natur der Seele in gleicher Weise durch und durch Bescheid weiß und dadurch die zu jeder Seele passende Art herausfindet und seine Rede entsprechend gestaltet und ausschmückt, indem er einer vielgestaltigen Seele auch vielgestaltige und alle Töne umfassende, einer einfachen aber auch einfache Reden bietet – bevor das der Fall ist, werde es also nicht möglich sein, daß das Geschlecht der Reden kunstgemäß und entsprechend seiner Eigenart behandelt wird, weder zum Zweck der Belehrung noch zu dem der Überredung, wie uns die ganze vorangehende Untersuchung gezeigt hat.

PHAIDROS: Ja, durchaus. Gerade so etwa ist uns die Sache erschienen.

63. SOKRATES: Wie steht es aber mit der Frage, ob es etwas Schönes oder etwas Häßliches ist, Reden zu halten oder schriftlich abzufassen, und in welchem Fall es berechtigt sei, das als einen Grund zum Tadel zu bezeichnen? Hat uns denn das, was wir eben vorhin sagten, keine Klarheit verschafft ...?

PHAIDROS: Was denn?

SOKRATES: Wenn Lysias oder sonst jemand irgendwann etwas geschrieben hat oder schreiben wird, sei es zu privaten oder öffentlichen Zwecken, indem er etwa Gesetze vorschlägt oder eine politische Schrift verfaßt, und wenn er dann glaubt, es sei da eine große Zuverlässigkeit und Klarheit darin, daß in diesem Falle der Schreibende einen Tadel verdient, mag diesen jemand aussprechen oder nicht. Denn im Wachen und im Schlafen keine Einsicht zu haben, was gerecht und was ungerecht oder was gut und was schlecht ist, das kann in der Tat dem verdienten Tadel nicht entgehen, und wenn auch die ganze Menge es lobte.

PHAIDROS: Nein, gewiß nicht.

SOKRATES: Wer sich dagegen bewußt ist, daß in der geschriebenen Rede, und zwar über jeden Gegenstand, notwendig ein gutes Stück Spiel dabei sein muß und daß keine solche Rede, weder in gebundener noch in ungebundener Form, es je verdient, allzu ernst genommen zu werden weder beim Schreiben noch beim mündlichen Vortrag (so wie etwa die Rhapsoden ihre Reden ohne echte Fragestellung und ohne belehrende Absicht, bloß zum Zweck der Überredung vortragen), sondern daß in Wirklichkeit auch die besten unter ihnen bloß als Gedächtnisstütze für die Wissenden entstanden sind, daß dagegen allein nur in jenen gesprochenen Reden etwas Einleuchtendes und Vollkommenes und den Eifer Lohnendes enthalten sei, die belehren wollen und der Unterweisung halber vorgetragen werden und die in Tat und Wahrheit in die Seele hineingeschrieben werden und das Gerechte, das Schöne und das Gute zum Gegenstand haben; solche Reden aber müsse einer gleichsam als seine eigenen und echten Kinder bezeichnen, zuerst wenn eine in ihm steckt, die er selbst erfunden hat, und dann, wenn Abkömmlinge von ihr, die zugleich ihre Brüder sind, in würdiger Gestalt in den Seelen anderer erwachsen sind; alle anderen aber läßt er beiseite – so beschaffen wird etwa der Mann sein, Phaidros, wie wir beide, ich und du, wünschen möchten, daß du und ich so würden.

PHAIDROS: Ja, gerade das möchte und wünsche ich, was du da sagst.

64. SOKRATES: Und nun haben wir wohl genug gescherzt über die Reden. Geh du jetzt zu Lysias und sag ihm, wir beide

seien zu der Quelle und zum Musensitz der Nymphen hinabgestiegen und hätten uns dort Reden angehört, die uns für Lysias einen Auftrag gaben und für jeden, der sonst noch Reden verfaßt, und auch für Homer und jeden anderen, der Verse mit oder ohne Begleitung von Gesang gedichtet hat, und drittens für Solon und jeden, der auf dem Gebiet der politischen Reden Schriften verfaßt hat, die er als »Gesetze« bezeichnete; einem jeden von diesen sollten wir sagen: Wenn er dies verfaßt hat und dabei wußte, wie sich das Wahre verhält, und wenn er, indem er sich auf die Beweisführung über das, was er geschrieben hat, einläßt, demselben Hilfe zu leisten weiß und so zu reden vermag, daß er selbst dadurch zeigt, wie wenig das Geschriebene daneben wert ist – daß man einen solchen Mann nicht wie jemanden bezeichnen muß, der seinen Namen nach diesen Dingen trägt, sondern nach jenen, auf die er im Ernst sein Streben gerichtet hat.

PHAIDROS: Und welche Namen teilst du ihm also zu?

SOKRATES: Ihn einen Weisen zu nennen, Phaidros, scheint mir zwar etwas zu hoch gegriffen und sich allein für einen Gott zu gebühren. Aber einen Freund der Weisheit, einen Philosophen, oder so etwas Ähnliches: das würde eher für ihn passen und ihm besser anstehen.

PHAIDROS: Und würde auch nicht gegen die Sitte verstoßen.

SOKRATES: Wer dagegen nichts Wertvolleres hat als das, was er nach langem Hinundherdrehen und Aneinanderfügen und Auseinandernehmen verfaßt und geschrieben hat, den wirst du wohl mit Recht einen Dichter oder Verfasser von Reden oder Gesetzschreiber nennen?

PHAIDROS: Warum auch nicht?

SOKRATES: Das also sage deinem Freunde.

PHAIDROS: Und du? Wie wirst du's halten? Denn auch deinen Freund dürfen wir nicht übergehen.

SOKRATES: Welchen denn?
PHAIDROS: Den schönen Isokrates. Was willst du dem für eine Botschaft bringen? Und was wollen wir sagen, daß er für ein Mensch sei?
SOKRATES: Isokrates ist noch jung, Phaidros; was mir aber von ihm ahnt, will ich dir sagen.
PHAIDROS: Was ist das denn?
SOKRATES: Ich habe den Eindruck, daß seine natürlichen Anlagen zu gut sind, als daß man ihn mit den Reden nach der Art des Lysias vergleichen dürfte, und daß er dazu auch einen edleren Charakter hat. Es wäre also gar kein Wunder, wenn er mit vorrückendem Alter gerade auf dem Gebiet der Reden, an denen er sich gegenwärtig versucht, alle anderen, die sich je mit Reden befaßt haben, weiter hinter sich zurückließe, als wenn sie Kinder wären; und wenn ihn das nicht mehr befriedigte, daß ihn dann ein göttlicher Trieb zu noch Größerem führte. Denn von Natur aus, Phaidros, wohnt dem Denken dieses Mannes eine Art Weisheitsliebe (Philosophie) inne. Das ist es also, was ich, im Namen dieser Götter hier, meinem Liebling Isokrates verkünden will – und du das andere dem deinen, dem Lysias.
PHAIDROS: Das soll geschehen. Aber jetzt wollen wir gehen, nachdem nun auch die Hitze gelinder geworden ist.
SOKRATES: Es gehört sich doch, daß wir zuerst den Göttern hier ein Gebet sprechen, bevor wir gehen?
PHAIDROS: Ja, gewiß.
SOKRATES: »Lieber Pan und ihr anderen Götter, die ihr an diesem Orte wohnt! Verleihet mir, in meinem Inneren schön zu werden, und daß alles, was ich von außen her habe, dem Inneren befreundet sei. Als reich möge mir der Weise gelten, und ich möchte gerade eine solche Menge Geld besitzen, wie sie nur ein Maßvoll-Besonnener tragen und mit sich führen kann.«

Bedürfen wir noch etwas anderes, Phaidros? Für mich ist dieses Gebet angemessen.

Phaidros: Schließe auch mich in deine Bitten ein; denn Freunde haben alles gemeinsam.

Sokrates: Und nun wollen wir gehen.

REGISTER

Lizenzausgabe mit Genehmigung des
Artemis Verlages, Zürich und München
für die Büchergilde Gutenberg,
Frankfurt am Main, Olten, Wien

Typographie: Hans Peter Willberg
Schutzumschlag- und Einbandgestaltung: Brigitte Willberg
Satz aus der Garamond (Lasercomp), LibroSatz, Kriftel
Papier: holzfrei weiß Werkdruck
der Papierfabrik Scheufelen, Lenningen
Druck: Wilhelm Röck GmbH, Weinsberg
Bindearbeiten: G. Lachenmaier, Reutlingen
Printed in Germany
ISBN 3 7632 3118 8